शरतचन्द्र

शरतचन्द्र का जन्म 15 सितम्बर, 1876 को हुगली, पश्चिम बंगाल के देवानंदपुर में हुआ। उनकी प्रमुख कृतियाँ हैं—'पंडित मोशाय', 'बैकुंठेर बिल', 'मेज दीदी', 'दर्पचूर्ण', 'श्रीकान्त', 'अरक्षणीया', 'निष्कृति', 'मामलार फल', 'गृहदाह', 'शेष प्रश्न', 'देवदास', 'बाम्हन की लड़की', 'विप्रदास', 'देना पावना', 'पथेर दाबी' और 'चरित्रहीन'।

'चरित्रहीन' पर 1974 में फिल्म बनी। 'देवदास' पर तीन बार फिल्म का निर्माण हो चुका है। इसके अतिरिक्त 'परिणीता' पर दो बार और 'बड़ी दीदी' तथा 'मँझली बहन' आदि पर भी फिल्में बन चुकी हैं। 'श्रीकान्त' पर टी.वी. सीरियल का निर्माण हुआ।

निधन : 16 जनवरी, 1938

अनुवाद : विमल मिश्र

विमल मिश्र का जन्म 9 जनवरी, 1932 को हुआ। उन्होंने राँची विश्वविद्यालय से एम.ए. (हिन्दी) किया। 1950 से 1956 तक देवघर के एक मिडिल स्कूल में शिक्षक रहे। 1956 से 1965 तक देवघर कॉलेज, देवघर में असिस्टेंट लाइब्रेरियन और 1965 से 1997 तक कोलकाता के एक विख्यात हायर सेकंडरी स्कूल में शिक्षक रहे। कई पत्र-पत्रिकाओं में उनकी कहानियाँ व कविताएँ प्रकाशित हुईं। उन्होंने कोलकाता प्रवास काल में बांग्ला की तीस श्रेष्ठ कृतियों का अनुवाद किया। उन्हें बांग्ला से हिन्दी में अनुवाद के लिए 1981 में निखिल भारत बंग साहित्य सम्मेलन के 'देश' तथा 1986 में राजभाषा विभाग, बिहार सरकार के पुरस्कार से सम्मानित किया।

निधन : 2015

पथ का दावा

शरतचन्द्र

अनुवाद
विमल मिश्र

राधाकृष्ण पेपरबैक्स

बांग्ला से हिन्दी में पहली बार शुद्ध एवं सम्पूर्ण अनुवाद

पहला पुस्तकालय संस्करण
राधाकृष्ण प्रकाशन प्राइवेट लिमिटेड द्वारा
2011 में प्रकाशित

राधाकृष्ण पेपरबैक्स में
पहला संस्करण : 2011
तीसरा संस्करण : 2024
चौथा संस्करण : 2026

राधाकृष्ण पेपरबैक्स : उत्कृष्ट साहित्य के जनसुलभ संस्करण

राधाकृष्ण प्रकाशन प्राइवेट लिमिटेड
जी-17, जगतपुरी, दिल्ली-110 051
द्वारा प्रकाशित

शाखाएँ : अशोक राजपथ, साइंस कॉलेज के सामने, पटना-800 006
पहली मंजिल, दरबारी बिल्डिंग, महात्मा गांधी मार्ग, प्रयागराज-211 001
1, अनमोल सोराबजी संतुक लेन, धोबी तलाव, मरीन लाइंस, मुम्बई-400 002
वेबसाइट : www.radhakrishnaprakashan.com
ई-मेल : info@radhakrishnaprakashan.com

बी.के. ऑफसेट
नवीन शाहदरा, दिल्ली-110 032
द्वारा मुद्रित

मूल्य : ₹350

PATH KA DAAVA
Novel by Sharatchandra
Translated by Vimal Mishra

ISBN : 978-81-8361-424-5

भूमिका

यह है बंगला के सर्वश्रेष्ठ उपन्यासकार शरत्चन्द्र चट्टोपाध्याय द्वारा लिखा गया 'पथेर दाबी' का नया अनुवाद 'पथ का दावा'। इसके पहले 'पथेर दाबी' का हिन्दी अनुवाद 'पथ के दावेदार' के नाम से छप चुका है। सवाल यह उठता है कि जब हिन्दी में 'पथेर दाबी' का अनुवाद 'पथ के दावेदार' के नाम से पहले से ही उपलब्ध था, तो फिर यह नया क्यों?

हिन्दी पाठकों को सबसे पहले मैं यह बता दूँ कि हिन्दी के 'दावेदार' शब्द के लिए बंगला में 'दाबिदार' शब्द है। यहाँ यह भी बताना जरूरी है कि शरत् बाबू ने 'पाथेर दाबिदार' नाम का कोई उपन्यास नहीं लिखा है। उन्होंने 'पथेर दाबी' नाम का उपन्यास लिखा है। हालाँकि अनुवादक महोदय ने इस नाम का गलत अनुवाद करके हिन्दी पाठकों के सामने 'पथ के दावेदार' उपन्यास को रख दिया। हिन्दी-जगत् में यह भ्रामक और गलत नाम दशकों से चलता रहा।

शरत् बाबू ने इस उपन्यास का नाम 'पथेर दाबी'–जिसका हिन्दी अनुवाद होगा : 'पथ का दावा' न कि 'पथ के दावेदार', इसलिए रखा था कि इस उपन्यास के कथानक का मूल आधार है 'पथ का दावा' नाम की समिति। इसके क्रान्तिकारी सदस्य भारत को गुलामी की जंजीर से मुक्त कराने के लिए जान की बाजी लगाने को तत्पर हैं।

इस समिति का नाम सबसे पहले इस पुस्तक की पृष्ठ संख्या-86 में आया है। मैं इसकी कतरन संलग्न कर दे रहा हूँ। शरत् रचनावली-(3) तुलिकलम : 1 ए, कॉलेज को, कलकत्ता-9, सोलहवाँ संस्करण, पृ. 86 द्रष्टव्य है। और यहीं अनुवादक महोदय ने 'पथेर दाबी' का हिन्दी अनुवाद 'पथ के दावेदार' कर दिया, जो कि बिलकुल

गलत है। पहले की अनूदित पुस्तक–'पथ के दावेदार' की पृष्ठ संख्या 65 पर यह गलती देखी जा सकती है। अनुवादक महोदय को बंगला का कितना ज्ञान था, यह इस बात का द्योतक है। उनके हिन्दी और बंगला-ज्ञान के बारे में मैं नीचे सबूतों के साथ बात करूँगा।

पहले एक जरूरी बात! वह यह कि जैसे किसी भाषा विशेष का हर जानकार रचनाकार नहीं हो सकता ठीक वैसे ही किन्हीं दो भाषाओं का हर जानकार अनुवादक नहीं हो सकता। कुछ है जो किसी को रचनाकार बनाता है और किसी को अनुवादक। मूल रचनाकार अपनी रौ में लिखता जाता है, उस पर कोई बंदिश नहीं होती, कहीं किसी चूक की परवाह नहीं होती। मूल रचनाकार राह बदल सकता है। कहीं भी मुड़ जा सकता है, उसे किसी को जवाब नहीं देना पड़ता है। लेकिन अनुवादक को रेलगाड़ी की तरह पटरी पर चलना पड़ता है। जैसे इंजन के ड्राइवर की जिम्मेदारी होती है मुसाफिरों को उनके गन्तव्य तक सुरक्षित पहुँचाने की, ठीक वैसी ही जिम्मेदारी अनुवादक की होती है मूल रचना के भाव को अनूदित रचना में समेकित करने की। अनुवादक को जवाब देना पड़ता है–प्रकाशक को, पाठकों को और मूल पुस्तक के रचनाकार को।

जो अनुवादक जितना सहृदय होगा उतनी ही जल्दी वह भाव को ग्रहण कर सकेगा और उतनी जल्दी ही उसके दिमाग में मूल रचना के शब्दों का समानार्थी शब्द कौंधेगा। अनुवादक को अर्थग्रहण, बिम्ब-विधान और भावानुभूति की प्रक्रियाओं से होकर गुजरना पड़ता है। इस बात को समझने के लिए किसी मकान की दीवार पर लटकी तख्ती पर लिखे अँगरेजी के शब्द 'टू लेट' का अनुवाद करके देखिए। साथ ही किसी ऑफिस के दरवाजे पर लिखे 'नो एडमिशन' का अनुवाद करके देखिए।

आमतौर पर लोगों को यह कहते सुनता हूँ कि यह भावानुवाद है, यह शब्दानुवाद है। मेरा कहना है कि अनुवाद भाव का ही होता है, शब्द का अनुवाद नहीं होता। शब्द जब वाक्य में प्रयुक्त होता है तब वह शब्द नहीं रह जाता। वह वाक्य का पद बन जाता है और वाक्य के सभी पद मिलकर किसी भाव को सम्प्रेषित करते हैं और अनुवादक उस सम्प्रेषित भाव की अनुभूति करता है तथा भावानुभूति को शब्दशः अभिव्यक्त करता है। वहाँ तो शब्द का कोई निजी अस्तित्व ही नहीं

होता, फिर शब्दानुवाद होगा कैसे? वैसे खानापूर्ति के लिए किए गए अनुवाद को शब्दानुवाद कहकर सन्तोष किया जा सकता है, परन्तु वैसी स्थिति में उस अनुवाद से न तो कोई अर्थ व्यंजित होता है, न बिम्ब बनता है दिमाग में और न हृदय में भावानुभूति होती है।

मुझे याद आते हैं मूल 'चरित्रहीन' के दो वाक्य और उनके अनुवाद, जो पहले के अनूदित 'चरित्रहीन' के अनुवादक ने किए हैं। वे हैं–(1) किछु भाबबेन ना और (2) किछु मने करबेन ना। पहले अनुवाद किया गया है–कुछ मत सोचिएगा और दूसरे का–मन में कुछ लाइएगा नहीं।

'कुछ मत सोचिए' से दिनकर के 'कुरुक्षेत्र' की एक पंक्ति याद आती है, जो शायद कुछ इस प्रकार है–'जो कहे कुछ मत सोचो वह जुल्मी है, अत्याचारी है, दासता का प्रचारक है।'

उक्त दोनों वाक्यों का अनुवाद कुछ इस प्रकार होगा–अन्यथा न लीजिए, बुरा न मानिए।

अनुवाद तो भावाभिव्यक्ति ही है। भावाभिव्यक्ति का एक उदाहरण मैं देता हूँ; एक गुरु ने अपने दो शिष्यों को सामने खड़े एक सूखे पेड़ को दिखाकर कहा–'उस पेड़ को देखकर तुम्हारे मन में जो भाव आता है, उसे शब्दों में प्रकट करो।

एक ने कहा–'शुष्कम् काष्ठम् तिष्ठति अग्रे।

दूसरे ने कहा–'नीरस तरुवर विलसति पुरतः।

अनुवादक को समानार्थी शब्दों का प्रयोग करते समय बड़ी सावधानी बरतनी पड़ती है। नहीं तो अर्थ का अनर्थ हो जाता है–मसलन, गुरु के कहने पर एक शिष्य भड़भूँजिन के पास जाकर बोला–'ऐ मेरे बाप की बहू, मेरा चना भून दो। उसकी बात सुनकर भड़भूँजिन उसे मारने दौड़ी। बाद में गुरु ने जाकर उसकी भड़भूँजिन से कहा–'ऐ माँ, मेरा चना भून दो। भड़भूँजिन ने चना भून दिया।

शिष्य ने पूछा–दोनों का अर्थ तो एक ही है।

गुरु ने कहा–'पर दोनों का निहितार्थ अलग है। कहने का मतलब यह है कि अनुवादक को किसी शब्द का प्रयोग करते वक्त ठिठककर सोचना चाहिए। ऐसा नहीं करना चाहिए कि दिहाड़ी के लिए जो मन में आया, लिख दिया। यह भी नहीं देखा कि लिखा हुआ वाक्य सही है या गलत या उसका कोई अर्थ भी निकलता है या नहीं। पाठकों की

जानकारी के लिए मैं 'पथ के दावेदार' की कुछ पंक्तियाँ उद्धृत कर रहा हूँ। उन्हें पढ़िए और सोचिए कि क्या कोई हिन्दी का जानकार ऐसा लिख सकता है? ये सब-की-सब लिप्यन्तर है, अनुवाद नहीं।

वैसे तो 'पथ के दावेदार' पुस्तक लिप्यन्तर का ज्वलन्त उदाहरण है। इसमें ऐसे-ऐसे वाक्य भरे पड़े हैं जिनका कोई अर्थ नहीं निकलता और जो हिन्दी के वाक्य ही नहीं हैं। 'पथ के दावेदार' और 'पथ का दावा' के दस-बीस पृष्ठों को ही मिलाकर पढ़ने से मेरे कथन की पुष्टि हो जाएगी। फिर भी पाठकों के लिए मैं 'पथ के दावेदार' के तीन छोटे-छोटे अंशों को उद्धृत कर रहा हूँ :

1. पृ. सं. 71 देखिए—अपूर्व तीव्र कंठ से बोला—'दल के खाते में झटपट नाम लिख लेने से ही तो कुछ नहीं होता, उसका फलाफल समझा देना पड़ता है।
2. पृ. सं. 164—व्रजेन्द्र के हाथ में ही अपने को हर तरह से सौथ चुकने पर ही फिर साँस लेकर रक्षा मिलती।
3. पृ. सं. 166—मजदूरों के खून के कारखाने के रास्ते में क्या नदी बहाना चाहते हो?

मैं बेझिझक यह कहता हूँ कि 'पथ के दावेदार' के अनुवादक को न हिन्दी आती थी, न बंगला। उपर्युक्त पंक्तियाँ यह साबित करती हैं कि उन्हें हिन्दी का कितना ज्ञान था। अब उनके बंगला-ज्ञान का निदर्शन सिर्फ तीन शब्दों से देता हूँ। वे शब्द हैं—माताल, ताई और मने होआ।

बंगला के माताल शब्द का हिन्दी में अर्थ है—शराबी या नशे में धुत। लेकिन 'पथ के दावेदार' के अनुवादक ने माताल शब्द के लिए हिन्दी में मतवाला शब्द का प्रयोग किया है—पृ. 157 देखिए। यहाँ तक कि 'चरित्रहीन' पुस्तक में भी वे मतवाला का ही प्रयोग करते रहे।

दूसरा शब्द है—ताई। बंगला में ताई के कई अर्थ हैं। लेकिन जिस प्रसंग का उल्लेख कर रहा हूँ, उस प्रसंग में इसका अर्थ है—'इसीलिए'। शायद यह बताने की जरूरत नहीं कि शब्द का अर्थ प्रसंग के अनुसार बदलता है। हिन्दी के कल, नल, फल, बल, हल, हार, माँग आदि का अर्थ प्रसंग के अनुसार बदल जाता है। अंग्रेजी शब्द डेजर्ट को लेकर एक वाकया याद आता है। अंग्रेजी से हिन्दी में

अनुवाद करने के लिए बहुत सारे वाक्य कॉलेज की परीक्षा में दिए गए थे, जिनमें एक वाक्य था–ही डेजर्टेड हिज वाइफ। एक लड़के ने इसका अनुवाद किया था–उसने अपनी पत्नी को मरुभूमि बना दिया।

सो ताई का 'पथ के दावेदार' के अनुवादक ने अनुवाद किया है– 'इसी से'। 'चरित्रहीन' पुस्तक में भी उक्त अनुवादक ने ताई के लिए 'इसी से' का प्रयोग किया है। 'इसीलिए' और 'इसी से' में कितना अन्तर है, इसे मैं एक वाक्य के द्वारा स्पष्ट कर देना चाहूँगा–इस कलम से लिखना मुझे अच्छा लगता है, इसीलिए मैं हमेशा इसी से लिखता हूँ।

तीसरा शब्द है, मने होआ। आमतौर पर इसका प्रयोग हिन्दी में 'लगना' शब्द के अर्थ में होता है। मगर 'पथ के दावेदार' के अनुवादक ने बंगला के इस शब्द के लिए हिन्दी में कहीं भी 'लगना' शब्द का प्रयोग नहीं किया है। 'चरित्रहीन' पुस्तक में भी ऐसा ही हुआ है। जहाँ-जहाँ 'मने होलो' (लगा) का प्रयोग हुआ है, वहाँ-वहाँ 'लगा' की जगह 'जान पड़ा, मालूम पड़ा, ज्ञात हुआ' का प्रयोग किया गया है। 'लगा' और 'जान पड़ा' आदि के अर्थ में बड़ा अन्तर है। इस सूक्ष्म अर्थ-भेद को न समझ पानेवाले एक सज्जन से एक दिन मेरा पाला पड़ गया। हुआ यह कि मैंने उनसे शिकायत के स्वर में कहा कि देखिए– 'पथ के दावेदार' के अनुवादक ने बंगला शब्द 'मने होआ' के लिए हिन्दी में 'लगा' न लिखकर 'जान पड़ा, मालूम हुआ, ज्ञात हुआ' लिखा है। वे डॉक्टरेट डिग्रीधारी हिन्दी के अध्यापक हैं। उन्होंने तपाक से कह दिया, आप हिन्दी नहीं जानते। लगा और जान पड़ा दोनों समानार्थी हैं। उनकी बात सुनकर मैं दंग रह गया। मैंने तीन वाक्य कहकर उनसे उन पर विचार करने के लिए कहा–'(1) पहली नजर में पुलिस को लगा कि यह आत्महत्या का मामला है, लेकिन तहकीकात करने पर जान पड़ा कि यह हत्या का मामला है। (2) लगा, सूरज समुद्र से निकला और जान पड़ा, सूरज समुद्र से निकला, (3) लगा, वह खूनी है और जान पड़ा, वह खूनी है। उन्होंने बेझिझक कह दिया, लगा और जान पड़ा में कोई अन्तर नहीं है। मैं उनके हिन्दी ज्ञान पर विचार करने लगा, तो याद आया जब मैं 'चरित्रहीन' का अनुवाद कर रहा था। तब 'ज्ञान' और 'होश' शब्दों को लेकर उनसे मतभेद हुआ था। बात यह थी कि 'चरित्रहीन' के उक्त अनुवादक ने बंगला में प्रयुक्त ज्ञान-शून्य होये को

हिन्दी में 'ज्ञान-शून्य होकर' कर दिया था। मैंने उसकी जगह 'होशोहवास खोकर' कर दिया था। उसे देखकर वे भड़क उठे, बोले– 'ज्ञान' और 'होश' दोनों एक हैं। फिर इसे (ज्ञान-शून्य) काटने और उसकी जगह 'होशोहवास खोकर' लिखने की क्या जरूरत थी? मैंने कहा, यहाँ 'ज्ञान' शब्द का जिस प्रसंग में प्रयोग हुआ है उसका अर्थ है 'बेहोश होना'। बंगला में भी 'ज्ञान' शब्द का प्रयोग उसी अर्थ में होता है जिस अर्थ में हिन्दी में ज्ञान शब्द का प्रयोग होता है। मैंने पूछ दिया था कि क्या हिन्दी में 'बेहोश' की जगह 'ज्ञान-शून्य' का प्रयोग होगा? उन्होंने जोर देकर कहा था–बिलकुल होगा।

मैंने उन्हें समझाने की लाख कोशिश की कि हिन्दी में 'ज्ञान' और 'होश' का अर्थ एक नहीं है। 'ज्ञान' अध्ययन, चिन्तन और साहचर्य से अर्जित किया जाता है और 'होश' अर्जित नहीं किया जाता, यह एक जैविक प्रक्रिया है। किसी बीमारी की वजह से हमारा 'होश' (चेतना) चला जाता है और उपचार करने पर लौट आता है। मगर उन्होंने मेरी एक नहीं सुनी और अपनी बात पर अड़े रहे। कैसे वे अपने छात्रों को हिन्दी का ज्ञान–हिन्दी का होश–देते होंगे, कौन जाने!

मैंने यह प्रसंग यह बताने के लिए उठाया कि यदि ऐसे लोग अनुवाद के क्षेत्र में आ जाएँगे तो मूल रचना के भाव का सम्प्रेषण उसके अनुवाद में नहीं होगा।

'पथ के दावेदार' में 'पथेर दाबी' के बहुत सारे अंशों का समावेश ही नहीं किया गया है। मतलब यह कि 'पथेर दाबी' के बहुत सारे अंशों का अनुवाद ही नहीं किया गया है। उन अंशों को छोड़ दिया गया है– कहीं पृष्ठ छोड़ दिया गया है, कहीं पैराग्राफ छोड़ दिए गए हैं, कहीं पैराग्राफ के बीच की पंक्ति या पंक्तियाँ छोड़ दी गई हैं, तो कहीं पंक्ति के बीच का शब्द छोड़ दिया गया है। अगर अशोक जी यह प्रयास नहीं करते, तो हिन्दी-जगत् कभी यह जान ही नहीं पाता कि 'पथेर दाबी' के लगभग 60-70 पृष्ठों का अनुवाद ही नहीं किया गया है। अशोक जी के प्रयास का ही यह नतीजा है कि हिन्दी-जगत् को यह जान पड़ा कि शरत् साहित्य का वास्तव में अनुवाद हुआ ही नहीं है। यहाँ मैंने 'जान पड़ा' का जान-बूझकर प्रयोग किया है ताकि उसकी जगह 'लगा' लगाकर देखा जा सके कि वाक्य का क्या अर्थ निकलता है। जिस उपन्यास के कुल मिलाकर करीब-करीब 60-70 पृष्ठों का अनुवाद ही

नहीं किया गया हो, उसे पढ़कर पाठक क्या समझ सकता है! मैं तो हिन्दी पाठकों को इस बात के लिए शाबाशी देता हूँ कि बहुत कुछ न पढ़कर भी वे सब कुछ समझ गए।

अब तक हिन्दी-जगत् को यह वहम था कि उसके साहित्य-भंडार में शरत-साहित्य का हिन्दी अनुवाद उपलब्ध है और हिन्दी पाठक इस मुगालते में थे कि उन्होंने शरत्-साहित्य पढ़ा है। अशोक जी के प्रयास से अब हिन्दी-जगत् को वास्तव में शरत्-साहित्य का हिन्दी अनुवाद उपलब्ध होगा। अशोक जी के इस प्रयास के लिए हिन्दी-जगत् सदा उनका ऋणी रहेगा।

मैं तो सबूतों के साथ कह रहा हूँ,
किसी को मिर्ची लगे, तो मैं क्या करूँ।

'पथ का दावा' का अनुवाद जब सम्पादन के लिए मेरे पास आया तब मेरी दाहिनी आँख की समस्या के चलते उसका सम्पादन करने में मुझे कठिनाई हो रही थी। ऐसी स्थिति में हिन्दी के उदीयमान कवि और 'यथार्थ-दंश' के सम्पादक उमाशंकर राव 'उरेन्दु' ने मेरी मदद की। उनकी इस मदद के लिए मैं उन्हें धन्यवाद देता हूँ।

—विमल मिश्र

पथ का दावा

पहला परिच्छेद

अपूर्व के साथ उसके दोस्तों का नीचे लिखे तरीके से प्रायः ही बहस-मुबाहिसा हुआ करता था।

दोस्त लोग कहते–'अपू, तुम्हारे बड़े भाई लोग प्रायः कुछ भी नहीं मानते हैं, और दुनिया में ऐसी कोई बात ही नहीं है, जिसे तुम नहीं मानते और न सुनते हो।'

अपूर्व कहता–'हाँ, ऐसी बात है, जैसे, मैं अपने भाइयों का कहा नहीं मानता और तुम लोगों की सलाह नहीं सुनता।'

दोस्त लोग पुराने मजाक को दोहराते हुए कहते–'तुमने कॉलेज में पढ़कर एम.एस.सी. पास किया, मगर तब भी तुम अभी भी चोटी रखते हो। तुम्हारी चोटी के जरिए तुम्हारे दिमाग में बिजली पहुँचती है क्या?'

अपूर्व जवाब देता–'एम.एस-सी. की पाठ्य पुस्तकों में कहीं यह तो नहीं लिखा हुआ है कि चोटी नहीं रखनी चाहिए। इसलिए मेरे मन में यह खयाल पैदा नहीं हुआ है कि चोटी रखना बुरी बात है। और बिजली की आवाजाही के बारे में आज तक पूरा आविष्कार नहीं हुआ है। विश्वास न हो तो विद्युत-शास्त्र के अध्यापकों से पूछकर देख लो।'

दोस्त लोग तंग आकर कहते–'तुमसे बहस करना बेकार है।'

अपूर्व हँसकर कहता–'तुम लोगों का यह कहना एकदम सही है, लेकिन तब भी तुम लोगों को होश नहीं आता है।'

दरअसल बात यह थी कि अपूर्व के डिपुटी मजिस्ट्रेट पिता की कथनी और करनी से उत्साहित होकर उसके बड़े और मँझले भाई जब खुलेआम मुर्गी और होटल की रोटी खाने लगे और नहाने से पहले बदन से निकालकर कील पर लटकाकर रखे जनेऊ को फिर से पहनना भूल जाने लगे, और यह कहकर हँसी-मजाक करने लगे कि जनेऊ को धोबी से धुलवा और इस्तरी करवाकर लाने से सहूलियत होगी, तब तक अपूर्व का जनेऊ नहीं हुआ था। वह छोटा था, तो भी उसने बहुत दिन माँ को दुख के साथ आँसू बहाते देखा था। माँ कुछ भी नहीं

कहती थीं। एक तो उनके कहने पर भी लड़के सुनते नहीं थे, दूसरे, पति के साथ बेकार में झगड़ा हो जाया करता था। वे अपने ससुरालवालों के पुरोहिताई के धन्धे की खिल्ली उड़ाकर कहते—लड़के अगर अपने मामाओं-जैसे न बनकर अपने बाप जैसे बन जाएँ तो क्या किया जा सकता है। मुझे तो ऐसा नहीं लगता कि उनका सिर इसलिए काट लेना चाहिए कि वे सिर पर चोटी न रखकर टोपी पहनते हैं।'

जब उन्होंने ऐसा कहा था तब से लेकर अब तक करुणामयी अपने लड़कों के बारे में बिलकुल मुँह नहीं खोलती थीं, सिर्फ अपने आचार-विचार का खुद ही चुपचाप बिना किसी टीमटाम के पालन किया करती थीं। उसके बाद पति के मरने पर विधवा होकर वे घर में रहते हुए भी एक तरह से घर से बिलकुल स्वतन्त्र हो गई थीं। ऊपर के जिस कमरे में वे रहती थीं, उसी की बगलवाले बरामदे में थोड़ी-सी जगह को घेरकर उन्होंने अपना भंडार-घर और रसोईघर बनाया था। वहीं वे अपने हाथों अपना खाना बनाया करती थीं। बहुओं के हाथ का बना खाना वे खाना नहीं चाहती थीं।

इधर अपूर्व ने सिर पर चोटी रखी थी, कॉलेज में छात्रवृत्ति और मेडल लेकर जैसे वह पास किया करता था वैसे ही घर में एकादशी-पूर्णिमा में उपवास करने और पूजा-पाठ करने से बाज नहीं आता था। मैदान में फुटबॉल, क्रिकेट और हॉकी खेलने में उसे जितना उत्साह था उससे कम उत्साह सवेरे माँ के साथ गंगा नहाने जाने में नहीं था। उसके इस रंग-ढंग को देखकर भाभियाँ बीच-बीच में ठिठोली करके कहतीं—'अपू, तुम्हारी पढ़ाई-लिखाई तो खत्म हुई, अब लुटिया-लंगोटी लेकर बाकायदा साधु-वाधु बन जाओ। देखती हूँ, तुमने तो ब्राह्मणों के घर की विधवा को भी मात दे दी।'

अपूर्व मुस्कुराकर जवाब देता—'ब्राह्मणों के घर की विधवा को क्या मैं शौक से मात देता हूँ भाभी? माँ के कोई बेटी-वेटी नहीं है, उसकी उम्र हो गई है। अचानक वह असमर्थ हो जाए, तो मैं एक मुट्ठी चावल तो पका दे सकूँगा। रही बात लुटिया-लंगोटी की, सो वह कहाँ जानेवाली है! जब तुम लोगों की घर-गिरस्ती में हूँ तब एक न एक दिन तो मुझे उसका सहारा लेना ही पड़ेगा।'

बड़ी भाभी मुँह लटकाकर कहती—'क्या करूँ अपू, यह है हमारी तकदीर।'

'सो तो है' कहकर अपूर्व चला जाता, मगर माँ से जाकर कहता—'माँ, यह तुम गलत काम करती हो। बड़े और मँझले भैया चाहे जो भी क्यों न करें, भाभियाँ तो न ही मुर्गा खाती हैं, न ही होटल में डिनर करती हैं, तुम क्या हमेशा अपने हाथों खाना बनाकर खाओगी?'

माँ कहती—'एक जून एक मुट्ठी चावल उबाल लेने में मुझे तो कोई तकलीफ नहीं होती है बेटा और जब लाचार हो जाऊँगी तब तक तेरी बहू घर में आ जाएगी।'

अपूर्व कहता—'तब किसी ब्राह्मण पंडित के घर से बहू मँगवा क्यों नहीं लेतीं माँ? यह सही बात है कि उसे खिलाने की मेरी औकात नहीं है, मगर तुम्हारी तकलीफ देखता हूँ, तो लगता है कि बड़े भाइयों का मोहताज बनकर ही रहूँगा।'

माँ अपने बेटे पर गर्व करके अपनी दोनों आँखों में चमक लाकर कहतीं—'ऐसी बात तू अपनी जबान पर भी मत लाना अपू। किसने कहा कि एक बहू को खिलाने की तेरी औकात नहीं है? तू चाहे तो घर के सभी को बिठाकर खिला सकता है।'

'तुम अजीब बात करती हो माँ। तुम सोचती हो कि पूरे भारत में तुम्हारे बेटे-जैसा किसी दूसरे का बेटा नहीं है।' यह कहकर वह निकलते आँसुओं को छिपाकर जल्दी से हट गया।

लेकिन अपनी औकात और हैसियत के बारे में अपूर्व चाहे जो भी कहे, पर ऐसा नहीं था कि उसके ऐसा कहने की वजह से ऐसे लोग, जिनकी बेटियाँ शादी के लायक हो गई थीं, रिश्ता लेकर उसके घर नहीं आते थे। झुंड के झुंड लोग आते थे और विनोद बाबू को जगह-बेजगह रिश्ता करने के लिए कह-कहकर उन लोगों ने उनका जीना दूभर कर दिया था।

विनोद आकर माँ से कहते—'माँ, कहीं कोई आचारवान, जप-तप करनेवाली लड़की हो, तो उससे अपने बेटे की शादी करा डालो। नहीं तो, देखता हूँ, मुझे घर छोड़कर भागना पड़ेगा। बाहर से लोग यह समझते हैं कि बाप का बड़ा लड़का होने के नाते मैं ही शायद घर का मुखिया हूँ।'

बेटे के कटु शब्दों को सुनकर करुणामयी मन-ही-मन अत्यन्त क्षुब्ध होती थीं, मगर यहीं वे अपने आपको हरगिज विचलित नहीं होने देती थीं। मृदु हालाँकि दृढ़ स्वर में कहतीं—'लोग तो गलत नहीं सोचते हैं बेटा! जब वे नहीं रहे तब तुम्हीं तो घर के मुखिया हो। लेकिन अपूर्व के बारे में तुम किसी को वचन मत देना। मैं न रूप चाहती हूँ न रुपया-पैसा—नहीं विनू, मैं खुद लड़की को देख-भालकर पसन्द करूँगी, तब जाकर वचन दूँगी।'

'अच्छी बात है, तुम्हीं लड़की को देख-भाल करके वचन देना। लेकिन जो कुछ करना है, जरा जल्दी करो। सब्जबाग दिखाकर लोगों को परेशान मत करो।' यह कहकर विनोद गुस्सा करके चले जाते।

करुणमयी ने मन-ही-मन ठान लिया था। नहाने के घाट पर एक बड़ी गुणवती लड़की कुछ दिनों से उनकी आँखों में चढ़ी थी। वह लड़की अपनी माँ के साथ प्रायः ही गंगा नहाने आया करती थी। गुप्त रूप से उन्होंने यह जानकारी हासिल कर ली थी कि वे लोग उनकी जाति-बिरादरी के हैं। नहाने के बाद वह लड़की शिव की पूजा करती, करुणामयी छिपकर गौर से यह देखतीं कि पूजा करने में उससे कहीं कोई भूल-चूक होती है या नहीं। उन्हें और भी कुछ जानने को था और इसके लिए वे निश्चिन्त भी नहीं थीं। उनकी इच्छा थी कि सारी जानकारी अगर अनुकूल होगी तो अगले वैशाख में वे अपने बेटे का ब्याह करा देंगी।

ऐसे समय अपूर्व ने आकर अचानक खबर दी–'माँ, मुझे एक अच्छी-सी नौकरी मिल गई है।'

करुणामयी खुश होकर बोलीं–'तू क्या कहता है रे! अभी हाल ही में तूने पास किया, इसी बीच तुझे नौकरी दी किसने?'

अपूर्व ने मुस्कुराते हुए कहा–'जिसको गरज थी, उसने दी।' यह कहकर उसने सारी घटना कह सुनाई–'मेरे कॉलेज के प्रिंसिपल ने यह जुगाड़ कर दिया है। बोथा कम्पनी ने बर्मा के रंगून शहर में एक नया ऑफिस खोला है। वे लोग किसी विद्वान, बुद्धिमान और सच्चरित्र बंगाली युवक को सारा कार्य-भार देकर वहाँ भेजना चाहते हैं। मकान किराया के अलावा फिलहाल चार सौ रुपए मासिक वेतन दिया जाएगा और अगर कम्पनी को लालबत्ती न जलानी पड़े तो छह महीने बाद और भी दो सौ रुपए दिए जाएँगे।' इतना कहकर वह हँसने लगा।

मगर बर्मा का नाम सुनकर करुणामयी का चेहरा उतर गया, वे बेधड़क बोलीं–'तू क्या पागल हो गया है अपू? उस देश में क्या आदमी जाता है? मैंने सुना है, वहाँ के लोग जात, धर्म, आचार-विचार कुछ नहीं मानते हैं। ऐसे देश में मैं तुझे भेज दूँगी? ऐसे रुपए की मुझे जरूरत नहीं।'

माँ के विरोध से अपूर्व डरकर बोला–'तुम्हें भले ही रुपए की जरूरत नहीं हो, लेकिन मुझे तो है माँ। तब भी तुम कहोगी, तो मैं भिखारी बनकर भी रह सकता हूँ, लेकिन जीवन में क्या ऐसा मौका फिर मिलेगा? तुम्हारे बेटे में जितनी समझ-बूझ है उतनी शहर के हर घर के लड़के में है। इसलिए बोथा कम्पनी का काम मेरे बिना रुका नहीं रहेगा, लेकिन प्रिंसिपल साहब ने तो मेरी तरफ से बिलकुल वचन दे दिया है। वे बेहद शर्मिन्दा होंगे। इसके अलावा घर की माली हालत कैसी है, यह तो तुमसे छिपी नहीं है माँ।'

करुणामयी बोलीं—'मगर मैंने तो सुना है कि वह बिलकुल म्लेच्छों का देश है?'

अपूर्व बोला—'किसने तुमसे बढ़ा-चढ़ाकर कहा है? लेकिन तुम्हारा यह देश तो म्लेच्छों का देश नहीं है। हालाँकि जो म्लेच्छ बनना चाहता है उन लोगों को तो कोई झिझक नहीं है माँ।'

करुणामयी कुछ देर तक स्थिर रही, फिर बोलीं—'लेकिन मैंने तो यह तय किया है कि इसी वैशाख में मैं तेरी शादी कराऊँगी।'

अपूर्व बोला—'तो तुम बिलकुल तय करके बैठी हो माँ? अच्छी बात है, तो ऐसा करो कि शादी की तारीख दो-एक महीने आगे बढ़ा दो, फिर जिस दिन तुम मुझे बुलाओगी, उसी दिन वापस आकर मैं तुम्हारी आज्ञा का पालन करूँगा।'

करुणामयी बाहरी दृष्टि से पुराने विचारोंवाली थीं, तो भी वे बहुत बुद्धिमती थीं। उन्होंने बहुत देर तक चुपचाप सोचा, अन्त में धीरे-धीरे बोलीं—'जब तुम जाओगे ही तब फिर चारा क्या है? लेकिन तुम अपने बड़े भाइयों की मंजूरी ले लो।'

अपूर्व के बर्मा जाने के बारे में करुणामयी ने जब अपने और दोनों बेटों की चर्चा की, तो उनके अतीत और वर्तमान का सारा छिपा दुख मानो एक ही समय में आलोड़ित हो उठा, लेकिन अपने उस दुख को उन्होंने जाहिर नहीं होने दिया। उनके पिता का खानदान गोकुलदीथी के सुविख्यात बन्द्योपाध्याय खानदान था और वंश-परम्परा के अनुसार वे लोग बहुत आचारवान और निष्ठावान हिन्दू थे। छुटपन से जो संस्कार उनके हृदय में जड़ जमा चुका था, उस संस्कार को बाद में उनके पति और बेटों के हाथों जितना आहत और लाँछित होना था, हो चुका है। जिस अपूर्व को लेकर वे किसी तरह से सब कुछ बर्दाश्त करके आज तक इस घर में रह रही थीं वही अपूर्व आज उनकी आँखों से ओझल किसी अनजान देश में चला जा रहा है। यह याद करके उनके डर और चिन्ता की सीमा नहीं रही। सिर्फ मुँह से बोलीं—'बस, जब तक मैं जिन्दा हूँ अपूर्व, तब तक तू मुझे कोई दुख मत देना बेटा।' इतना कहकर उन्होंने आँचल से अपनी दोनों आँखें पोंछ डालीं।

खुद अपूर्व की आँखें भी नम हो उठीं, वह सिर्फ अपनी माँ की बातों के जवाब में बोला—'माँ, मैं यह जानता हूँ कि आज तुम इहलोक में हो, मगर जिस दिन स्वर्ग से तुम्हारा बुलावा आएगा उस दिन तुम्हें अपने अपू को छोड़कर जाना होगा। लेकिन जहाँ तक मैं तुम्हें जानता हूँ माँ, वहाँ बैठकर भी तुम्हें

कभी इस बेटे के लिए आँसू नहीं बहाने पड़ेंगे।' इतना कहकर वह तेजी से दूसरी जगह चला गया।

उस दिन शाम को करुणामयी अपने नियमित पूजा-पाठ करने और माला जपने में मन नहीं लगा सकीं, चिन्ता और दुख के बोझ से उनकी दोनों आँखों में बार-बार आँसू आ जाते थे। इस वजह से नजरों के सामने धुँधला-धुँधला-सा छाने लगा। और जब किसी तरह उन्हें यह सोचते नहीं बना कि क्या करना अच्छा होगा, तो आखिरकार वे अपने बड़े बेटे के कमरे के दरवाजे के करीब आकर चुपचाप खड़ी हो गईं।

विनोद कुमार कचहरी से लौटकर नाश्ता करने के बाद क्लब के लिए निकल रहे थे कि तभी अचानक अपनी माँ को देखकर बिलकुल चौंक गए। वास्तव में यह घटना ऐसी अप्रत्याशित थी कि उनसे कुछ कहते नहीं बना।

करुणामयी ने कहा–'तुमसे एक बात पूछने आई हूँ बिनू !'

'कौन-सी बात माँ ?'

करुणामयी ने यहाँ आने से पहले अपने आँसुओं को पोंछ लिया था। उन्होंने सिलसिलेवार सारी घटनाएँ कह सुनाईं। उसके बाद अन्त में अपूर्व को हर महीने बतौर वेतन कितने रुपए मिलेंगे–इसकी चर्चा करके जब वे नाराज मुँह से बोलीं–'मैं यह सोच रही हूँ बेटा, कि इन कई रुपयों के लालच से उसे वहाँ भेजूँ या नहीं,' तब विनोद का धैर्य टूट गया। वे रूखे स्वर में बोले–'माँ, हम सभी यह मानते हैं कि तुम्हारे अपू जैसा लड़का पूरे भारत में कोई दूसरा नहीं है, लेकिन दुनिया में रहते हुए यह भी तो माने बिना नहीं रहा जा सकता है कि पहले हर महीने मिलनेवाले चार सौ रुपए और छठे महीने के बाद से मिलनेवाले छह सौ रुपए उस लड़के से भी बहुत बड़े हैं।'

किरणमयी खिन्न होकर बोलीं–'लेकिन मैंने तो सुना है कि वह बिलकुल म्लेच्छों का देश है।'

विनोद ने कहा–'माँ, तुमने जो सुना और जाना है, दुनिया में सिर्फ वही सच है, ऐसा नहीं हो सकता है?'

बेटे के अन्तिम शब्दों से बहुत दुखी होकर करुणामयी बोलीं–'बेटा बिनू, जब से तुम लोगों ने होश सँभाला है तब से लेकर अब तक तुम लोगों की यही बात सुन-सुनकर भी जब मुझे होश नहीं आया तब जिन्दगी के इस आखिरी पड़ाव पर तुम मुझे अब नसीहत मत दो। मैं यह जानने नहीं आई हूँ कि अपूर्व की कीमत क्या है। मैं तो सिर्फ यह जानने आई थी कि उसे उतनी दूर भेजना चाहिए या नहीं।'

विनोद झुककर अपने दाहिने हाथ से माँ के दोनों पाँवों को छूकर उठ खड़े हुए और बोले–'माँ, तुम्हें दुख पहुँचाने के लिए मैंने यह नहीं कहा है। यह सच है कि पिताजी से हमारी बनती थी और यह भी हमने उन्हीं से सीखा है कि दुनियादारी के लिए रुपया कितना महत्त्वपूर्ण और जरूरी है। मगर इस मामले में तुम्हें यह लालच नहीं दिखाता हूँ। हैट-कोट पहनकर तुम्हारा यह म्लेच्छ बिनू शायद इतना बड़ा साहब आज भी नहीं बन गया है कि इस डर से कि उसे अपने छोटे भाई को खिलाना पड़ेगा, उसे जहाँ कहीं भेज देगा। लेकिन तब भी मैं कहता हूँ कि उसे जाने दो। देश में जो माहौल बनना शुरू हुआ है माँ, इसमें वह अगर कुछ दिनों के लिए देश छोड़कर कहीं जाकर काम में लग जा सके, तो यह खुद उसके लिए भी अच्छा होगा और हम लोग भी सपरिवार, हो सकता है, बच जाए। तुम तो जानती हो माँ, स्वतन्त्रता आन्दोलन के वक्त, जब वह बहुत छोटा था तब उसी की बदौलत पिताजी की नौकरी जाने की नौबत आ गई थी।

करुणामयी शंकित होकर बोली–'नहीं-नहीं, अपू अब स्वतन्त्रता आन्दोलन में भाग नहीं लेता है। यह तो सात-आठ बरस पहले की बात है, तब भला उसकी उम्र ही कितनी थी। वह सिर्फ उस दल में शामिल हुआ था–बस।'

विनोद ने सिर हिलाकर जरा मुस्कुराते हुए कहा–'हो सकता है, तुम्हारा ही कहना सही हो कि अपूर्व अभी और कुछ नहीं करता है। मगर हर देश में कुछ लोग ऐसे होते हैं माँ, जो अलग धातु के बने होते हैं–तुम्हारा छोटा बेटा उसी धातु का बना हुआ है। देश की मिट्टी इनके लिए बदन का मांस है, देश का पानी इनके लिए धमनियों का लहू है–सिर्फ देश का हवा-पानी ही नहीं इसका पहाड़-पर्वत, वन-जंगल, चाँद-सूरज, नदी-नाले, जहाँ जो कुछ है–सबको ये लोग जैसे अंग-अंग से सोख लेना चाहते हैं। शायद इन्हीं में से किसी ने किसी सत्ययुग में 'जननी-जन्मभूमि' शब्द को पहले पहल ढूँढ़ निकाला था। देश के बारे में इन पर कभी विश्वास मत करना माँ, धोखा खाओगी। इनके जिन्दा रहने और जान देने के बीच बस इतना-सा फर्क है।' यह कहकर उन्होंने अपनी तर्जनी के अगले हिस्से को अँगूठे से चिह्नित करके दिखाया और बोले–'बल्कि म्लेच्छों के तौर-तरीके को माननेवाले अपने इस बिनू को अपने उस चोटीधारी, गीता पढ़े, एम.एस-सी. पास अपूर्व कुमार से ज्यादा अपना मानना।'

ऐसी बात नहीं कि करुणामयी ने अपने बेटे की बातों पर विश्वास किया, मगर एक समय इसी को लेकर उन्हें ढेरों चिन्ताएँ झेलनी पड़ी थीं, इसीलिए वे मन-ही-मन चिन्तित हुईं। देश के पश्चिमी क्षितिज पर बादलों का निशान

दिखाई पड़ा है, यह खबर उन्हें मालूम थी। उन्हें यह पहली बार लगा कि तब अपूर्व के पिता जीवित थे, लेकिन अभी वे दिवंगत हो चुके हैं।

विनोद ने माँ के मुँह की तरफ निहारा, तो समझा, लेकिन उन्हें बाहर जाने की जल्दी थी, बोले–'अच्छी बात है माँ। वह तो अब कल ही नहीं जा रहा है, सभी एक साथ बैठकर कुछ-न-कुछ तय कर लेंगे।' इतना कहकर वे जरा तेज कदमों से बाहर निकल गए।

दूसरा परिच्छेद

जहाज पर कई दिनों तक अपूर्व ने चिउड़ा चबाकर, सन्देश खाकर और कच्चे नारियल का पानी पीकर पूरी तरह से अपने ब्राह्मणत्व को बचाया और अधमरे की भाँति किसी तरह से जाकर रंगून के घाट पर पहुँचा। नई स्थापित बोथा कम्पनी के दो दरबान और एक मद्रासी कर्मचारी जेटी पर मौजूद थे। अपने मैनेजर का उन लोगों ने सादर स्वागत किया। मद्रासी कर्मचारी ने यह जानकारी देने में भी देर नहीं की कि ऑफिस के खर्चे से तीस रुपए मासिक किराए पर उनके लिए एक डेरा लिया गया है और उसे जरूरी सामानों से सजा दिया गया है।

फागुन का महीना खत्म होने जा रहा था, सर्दी कम नहीं पड़ी थी। यह कल्पना करके उसने काफी तृप्ति महसूस की कि समुद्री सफर की जानलेवा तकलीफ को भुगतने के बाद वह एकान्त घर के सजे-सजाये बिस्तर पर हाथ-पैर फैलाकर थोड़ी देर लेट सकेगा। ब्राह्मण रसोइया साथ में आया था। हाल्दार परिवार में वह बहुत दिनों से काम कर रहा है। करुणामयी यह भली भाँति जानती हैं कि वह साफ-सुथरा रहनेवाला आचारवान ब्राह्मण है। इसलिए यह जानते हुए भी कि उसके चले जाने से घर में बहुत सारी दिक्कतें होंगी, इस विश्वासी आदमी को अपू के साथ भेजकर करुणामयी ने बहुत तसल्ली हासिल की थी। न सिर्फ ब्राह्मण रसोइए को उन्होंने साथ में भेजा था, बल्कि खाना बनाने लायक थोड़ा चावल-दाल, घी-तेल, मसालों का चूरा, यहाँ तक कि आलू-परवल भी साथ में देना वे नहीं भूली थीं। इसलिए उनके मन के अन्दर यह भरोसा भी बिजली की तरह कौंध गया कि यह गुनगुना खाना उसके चिउड़ा खाए मुँह का स्वाद बदल देगा। मद्रासी कर्मचारी तो किराए पर गाड़ी लेकर चला गया, लेकिन ऑफिस के दोनों दरबान गठरी-मोटरी और चीज-बस्त लिये राह दिखाते हुए उसके साथ चले। और लम्बे समुद्री सफर के बाद जब अपूर्व ठोस जमीन पर गाड़ी के अन्दर बैठा, तो उसने आराम महसूस किया। लेकिन दस मिनट के अन्दर गाड़ी जब डेरे के सामने आकर रुकी और जब दरबानों ने आवाज लगाकर करीब-करीब बारह उड़िया कुलियों को बुलाकर गठरी-मोटरी और चीज-बस्त ऊपर चढ़ाने का इन्तजाम किया तब तीस रुपए मासिक किराए

पर लिए गए अपने उस घर को देखकर अपूर्व हक्काबक्का हो गया। घर में कोई तड़क-भड़क नहीं, न छत थी और न बाहरी और भीतरी दरवाजा था। आँगन के नाम पर वह रास्ता था जिससे होकर आदमी आ-जा सकता था। इसके अलावा और कहीं कोई जगह नहीं थी। रास्ते से ऊपर तक जाती हुई एक सँकरी लकड़ी की सीढ़ी थी, वह जितनी खड़ी थी उतनी ही अँधेरी। वह सीढ़ी किसी की भी खास नहीं थी। वह सीढ़ी कम-से-कम छह किराएदारों के आने-जाने के लिए आम रास्ता थी। उस सीढ़ी से चढ़ते-उतरते वक्त पाँव फिसलने पर तीन बातें हो सकती हैं। एक, आदमी राजा के पत्थर की किनारीदार राजपथ पर गिरेगा, दूसरी, राजा के अस्पताल जाएगा, तीसरी, इसके बारे में न सोचना ही अच्छा है। इस दुर्गम लकड़ी की सीढ़ी पर चढ़ने-उतरने का आदी होने में लम्बा समय लगता है। अपूर्व नया आदमी था, इसीलिए वह हर कदम पर अत्यन्त सतर्क होकर दरबान के पीछे-पीछे ऊपर चढ़ने लगा। दरबान ने कई सीढ़ियाँ चढ़कर दाहिनी तरफ की दूसरी मंजिल का एक दरवाजा खोला और बताया–'साहब, यही है आपका घर।'

इसी के आमने-सामने बाईं तरफ वाले बन्द दरवाजे को दिखाते हुए अपूर्व ने पूछा–'इसमें कौन रहता है?'

दरबान बोला–'सुना है, इसमें कोई चीनी साहब रहता है।'

अपूर्व ने जब यह पूछा कि ठीक इस घर के ऊपर तीसरी मंजिल पर कौन रहता है, तो दरबान बोला–'देखा, उसमें एक काला साहब रहता है।'

अपूर्व चुप रहा। इसी एकमात्र आने-जाने के रास्ते और बगल में रहनेवाले दोनों पड़ोसियों की जानकारी पाकर उसके मुँह से सिर्फ आह निकली। जब वह अपने घर में घुसा, तो उसका मन और भी भारी हो गया। अगल-बगल लकड़ी के तख्तों से घिरी हुई छोटी-बड़ी तीन कोठरियाँ थीं–एक में नल था, गुसलखाना था, खाना बनाने की जगह थी, और बहुत सारी जरूरी चीजें थीं–बीच वाला अँधेरी सीढ़ियोंवाला कमरा, जिसे फख्र से बैठकखाना कहा जा सकता है और सबसे आखिर में रास्ते के किनारेवाली कोठरी, जो दूसरों की बनिस्बत साफ-सुथरी और रौशन थी–यही सोने का कमरा था। ऑफिस के खर्चे से इस घर को चारपाई, टेबल और कई कुर्सियों से सजाया गया है। रास्ते पर एक छोटा-सा बरामदा है। समय बिताना असंभव होने पर यहाँ खड़े-खड़े लोगों की आवाजाही देखी जा सकती है। घर में न हवा थी, न रोशनी, एक कमरे से होकर दूसरे कमरे में जाना पड़ता है। यहाँ का सभी कुछ लकड़ी का है, छत लकड़ी की है, सीढ़ी लकड़ी की है, आग की बात याद आने पर यह सन्देह होता है कि इतना बड़ा और सुन्दर लाक्षागृह शायद राजा दुर्योधन भी अपने चचेरे भाई पांडवों के वास्ते नहीं बनवा सके थे।

यह याद करके कि इसी के अन्दर अपने घर-मकान, यार-दोस्तों, सगे सम्बन्धियों, भाभियों और माँ को छोड़कर रहना पड़ेगा, पलभर की कमजोरी की वजह से उसकी आँखों में पानी आने-आने को हुआ। अपने आपको सँभालकर थोड़ी देर तक कभी इस कमरे में तो कभी उस कमरे में जाकर एक चीज देखकर वह कुछ आश्वस्त हुआ कि नल में अब भी पानी है, नहाना और खाना बनाना दोनों ही हो सकते हैं। दरबान ने हिम्मत बाँधकर बताया कि चूँकि पानी देने के लिए इस मकान के ऊपर हर दो किराएदारों के लिए एक-एक चहबच्चा है इसलिए पानी का दुरुपयोग न करने पर इस शहर में पानी की किल्लत नहीं होती है। भरोसा पाकर अपूर्व ने रसोइए से कहा–'तिवारी, माँ ने तो सब कुछ साथ में दिया है, तुम नहाकर कुछ बनाने की कोशिश करो। मैं तब तक दरबानों के साथ मिलकर कुछ चीजें तरतीव से रख लेता हूँ।'

रसोईघर में कोयला रखा हुआ था, लेकिन स्थायी चूल्हा था। उसे लीपा-पोता तक नहीं गया था। उसे अच्छी तरह से देखने पर पता चला कि उसमें जलने का दाग है। यह सोचकर कि जाने यहाँ कौन रहता था, वह किस जात का था, उसने क्या-क्या खाना बनाया था, उसे बहुत घृणा महसूस हुई। उसने रसोइये से कहा–'इसमें तो खाना नहीं बनाया जा सकता है तिवारी; कोई दूसरा इन्तजाम करना पड़ेगा। एक बाल्टी में बना चूल्हा होता, तो बाहर वाले कमरे में बैठकर आज भर के लिए थोड़ा-सा चावल-दाल पका लिया जाता। लेकिन यहाँ क्या वह चूल्हा मिलेगा?'

दरबान ने बताया कि कीमत मिलने पर वह दस मिनट के अन्दर चूल्हा ला देगा। लिहाजा, वह रुपया लेकर चला गया।

इस बीच तिवारी खाना बनाने का इन्तजाम करने लगा। और अपूर्व खुद ट्रंक, सन्दूक आदि को मनचाही जगहों पर रखकर घर को सजाने के काम में लग गया। लकड़ी की अरगनी पर उसने अपने कुरते, कमीज, सूट आदि को करीने से रखा, बिस्तर खोलकर चारपाई पर उसे खूबसूरती के साथ बिछा लिया। ट्रंक से एक नया मेजपोश निकालकर मेज पर बिछाया और उस पर कुछ किताबें और लिखने की चीजें सजाकर रखीं, और उत्तर की तरफ वाली खुली खिड़की के दोनों पल्लों को पूरा खोलकर उनके दोनों कोनों में कागज ठूँस दिया। यह समझकर कि सोने का कमरा और ज्यादा रौशन और आँखें जुड़ा देनेवाला हो गया, उसने अपने बिछाए बिस्तर पर चित लेटकर एक आह भरी।

थोड़ी ही देर बाद दरबान लोहे का चूल्हा खरीदकर ले आया। अपूर्व रसोइए को यह हिदायत देकर कि वह चूल्हा जलाकर खिचड़ी बना ले और जितनी जल्दी हो सके कुछ-न-कुछ तल-भून डाले, दोबारा बिस्तर पर लेटने जा ही रहा था कि तभी

अचानक उसे याद आया कि माँ ने अपने सिर की कसम देकर पहुँचते ही तार कर देने को कहा था। इसलिए बिना देर किए कमीज पहनकर घर से दूर यहाँ के एकमात्र सहायक दरबान को साथ लेकर वह पोस्टऑफिस के लिए एक बार और बाहर निकल गया और दरबान के कहे मुताबिक उसने तिवारी से कहा कि उसके वापस आने में एक घंटे से ज्यादा नहीं लेगा, मगर इस बीच सब कुछ बन जाना चाहिए।

आज ईसाइयों का कोई त्योहार होने की वजह से छुट्टी थी। अपूर्व रास्ते के दोनों किनारों की तरफ निहारता हुआ कुछ दूर आगे बढ़ा, तो समझा कि इस गली में देशी और विदेशी साहब लोग रहते हैं। इस गली के हर घर में ईसाइयों का त्योहार मनाए जाने का सबूत मिलता है।

अपूर्व ने पूछा–'अच्छा, दरबान जी, मैंने सुना है कि यहाँ बंगाली लोग भी बहुत हैं। पर वे सब किस मुहल्ले में रहते हैं?'

अपूर्व के सवाल के जवाब में उसने बताया कि यहाँ मुहल्ला नाम की कोई चीज नहीं है। जिसकी जहाँ मर्जी, रहता है। लेकिन अफसर लोग इसी गली में रहना ज्यादा पसन्द करते हैं।

अपूर्व खुद भी तो एक बड़ा अफसर है। क्योंकि वह भी तो बड़ी नौकरी करने के लिए ही इस देश में आया है और खुद कट्टर हिन्दू होने के बावजूद किसी धर्म के प्रति उसे विद्वेष नहीं था। फिर भी डेर के ऊपर-नीचे, दाएँ-बाएँ और डेरे के बाहर चारों तरफ अपने आपको इस तरह से घिरा हुआ देखकर उसे बड़ी वितृष्णा महसूस हुई। उसने पूछा–'क्या कहीं दूसरी जगह डेरा नहीं मिल सकता है दरबान?'

दरबान को इसके बारे में विशेष जानकारी नहीं थी, फिर भी उसने सोचकर जो उचित समझा, वही जवाब दिया, बोला–'ढूँढ़ने पर मिल भी सकता है, मगर इस किराए पर ऐसा घर मिलना मुश्किल है।'

अपूर्व फिर दोबारा कुछ कहे बिना उसी के कहे मुताबिक बहुत दूर तक पैदल चलकर जब ब्रांच पोस्ट ऑफिस में आ पहुँचा तब वहाँ के मद्रासी तार बाबू लंच करने गए हुए थे। घंटा भर इन्तजार करने के बाद जब उनसे मुलाकात हुई तब वे घड़ी की तरफ निहारकर बोले–'आज छुट्टी का दिन है। दो बजे के बाद ऑफिस बन्द हो चुका है और अभी दो बजकर पन्द्रह मिनट हो गए हैं।'

अपूर्व अत्यन्त विरक्त होकर बोला–'दोष तो आपका है, मेरा नहीं। मैं एक घंटे से इन्तजार कर रहा हूँ।'

वह आदमी अपूर्व के मुँह की तरफ निहारकर निःसंकोच बोला–'नहीं, मैं यहाँ से दस मिनट पहले ही गया था।'

अपूर्व ने उससे काफी झगड़ा किया। उसे झूठा कहकर फटकारा। उसके खिलाफ रिपोर्ट करने की धमकी दी। मगर उस पर इसका कोई असर नहीं पड़ा। वह निर्विकार भाव से अपना बही-खाता ठीक करने लगा। उसने जवाब तक नहीं दिया। अपूर्व यह समझकर कि यहाँ और समय बर्बाद करना बेकार है—भूख, प्यास और क्रोध से जलते-जलते बड़ा तारघर आया। वहाँ कतार में खड़े होकर बहुत देर से जब वह अपने सकुशल पहुँचने की खबर माँ को दे सका तब दिन ढलने-ढलने को था।

दुख के साथी दरबान ने विनय के साथ कहा—'साहब, मुझे भी बहुत दूर जाना है।'

थके और अन्यमनस्क अपूर्व ने उसे छुट्टी देने में कोई आपत्ति नहीं की। उसे यह भरोसा था कि रास्तों में तो नम्बर लिखा हुआ है और वे सीधे और समानान्तर हैं। इस वजह से उसे अपना घर ढूँढ़ने में कोई कठिनाई नहीं होगी। दरबान दूसरी जगह चला गया। वह भी पैदल चलते-चलते और गलियों का हिसाब लगाते-लगाते अन्त में अपने घर के सामने आ पहुँचा।

अपूर्व ने सीढ़ी पर कदम रखा, तो देखा, दूसरी मंजिल पर उसके घर के सामने तिवारी एक बहुत बड़ी लाठी पटक रहा है और बेरोकटोक बकता जा रहा, और दूसरी तरफ नंगे बदन, पतलून पहने एक व्यक्ति तीसरी मंजिल के कोठे के अपने खुले दरवाजे के सामने खड़ा होकर तिवारी की बातों का जवाब दे रहा है और एक घोड़े के चाबुक को सांय-सांय फटकार रहा है। तिवारी उसे नीचे आने को कह रहा है और वह उसे ऊपर बुला रहा है और इस सौजन्य का आदान-प्रदान जिन शब्दों में चल रहा है, उसे नहीं बताना ही अच्छा है।

पहली सीढ़ी पर कदम रखकर अपूर्व जैसे का तैसा खड़ा रहा। यह उसे सोचते नहीं बना कि इतने थोड़े-से समय के अन्दर ऐसी क्या बात हो गई कि तिवारी को इतनी-सी फुरसत में किसी तरीके से पड़ोसी साहबों के साथ इतनी नजदीकियाँ बना लीं! मगर अचानक शायद उन दोनों की नजर उस पर पड़ी। तिवारी ने अपने मालिक को देखकर एक बार और जोर से लाठी ठोंकी और कोई मधुर बात कही। साहब ने उसकी बात का जवाब देकर खूब जोर से चाबुक फटकारा, लेकिन फिर से लड़ाई शुरू होने के पहले ही अपूर्व ने तेज कदमों से ऊपर जाकर लाठी समेत तिवारी का हाथ धर दबोचा और बोला—'तू क्या पागल हो गया है?' यह कहकर वह उसे कुछ बोलने का मौका दिए बिना ही जबरन धकेलता हुआ घर के अन्दर ले गया।

अन्दर जाकर तिवारी ने गुस्से, दुख और क्षोभ से रुआँसा होकर कहा—'यह देखिए, हरामजादे साहब ने क्या हरकत की है!'

वास्तव में जो कुछ हुआ था, उसे देखकर अपूर्व की थकान, नींद, भूख और प्यास एक साथ गायब हो गई। अच्छी तरह पकाई हुई खिचड़ी की हाँड़ी से तब भी भाप और मसालों की महक निकल रही थी, लेकिन उसके ऊपर-नीचे, अगल-बगल चारों तरफ पानी भरा हुआ था। इस कमरे में आया, तो देखा, उसका अभी-अभी बिछाया झक्क सफेद बिस्तर गंदे काले पानी से भीग गया है। कुर्सी पर पानी है, टेबल पर पानी है, किताबें भी भीगी हुई हैं, सन्दूक और ट्रंक पर पानी जमा है, यहाँ तक कि एक कोने में रखी हुई कपड़ों की अरगनी तक अछूती नहीं है। उसके नए कीमती सूट पर भी पानी का दाग लगा हुआ है।

अपूर्व ने दम रोककर पूछा–'यह सब कैसे हुआ?'

तिवारी ने उंगली से ऊपर छत को दिखाते हुए कहा–'यह उस साले साहब का काम है। यह देखिए–बूँदें जगह-जगह पर चू रही थीं।'

तिवारी ने इस हादसे का जो ब्यौरा कह सुनाया, वह इस प्रकार है :

अपूर्व के जाने के कई मिनट बाद ही साहब घर आया था। आज ईसाइयों के त्योहार का दिन था और बहुत संभव है, उत्सव को रोचक बनाने की खातिर वह बाहर से ही नशे में धुत होकर आया था। पहले गाना गाया था और बाद में नाच शुरू हुआ था और तुरन्त ही दोनों के एक साथ मिल जाने से शास्त्रीय संगीत के साथ ऐसी धमाचौकड़ी मच गई थी कि तिवारी को आशंका हुई थी कि साहबों की यह धमाचौकड़ी लकड़ी की छत, हो सकता है, सहन न कर सके और छत टूटकर आदमियों समेत उसके सिर पर गिर पड़े। इसे भी उसने बर्दाश्त किया था, लेकिन जब रसोई के करीब ही ऊपर से पानी गिरने लगा तब इस डर से कि सब कुछ बर्बाद हो जाएगा, तिवारी ने बाहर निकलकर विरोध किया था। मगर साहब तो साहब है–वह काला हो या गोरा। गैर-ईसाई की ऐसी हिमाकत बर्दाश्त नहीं कर सकता था, सो वह उत्तेजित हो उठा था, और पल-भर में ही उसकी वह उत्तेजना ऐसे प्रचंड क्रोध में बदल गई थी कि उसने घर के अन्दर जाकर बाल्टी भर-भर कर पानी उड़ेल दिया था। इसके बाद जो कुछ हुआ था, उसे बताने की जरूरत नहीं। खुद अपूर्व ने भी उसे अपनी आँखों से देखा था।

अपूर्व कुछ देर तक स्तब्ध रहा, फिर बोला–'साहब के घर में क्या कोई और नहीं है?'

तिवारी बोला–'क्या पता, हो सकता है, कोई हो। कोई उस शराबी के बालों को झकझोरकर उससे लड़ाई कर रहा था।' इतना कहकर वह खिचड़ी की हाँड़ी की तरफ करुण दृष्टि से निहारता रहा।

अपूर्व समझ गया था कि किसी ने जी-जान से उसे रोकने की कोशिश की थी, लेकिन वह उन लोगों की बदकिस्मती को तिलभर भी कम नहीं कर सका था।

अपूर्व चुपचाप बैठा रहा। जो कुछ होना था, हो चुका था लेकिन अब कोई नया उपद्रव नहीं हो रहा था। उत्सव के आनन्द से विह्वल साहब कोई नया बखेड़ा खड़ा करनेवाला है, इसका कोई प्रमाण नहीं मिला था। शायद अब उसका होश ठिकाने आ गया था, सिर्फ हब्शी तिवारी को उसने अभी तक माफ नहीं किया था–उसी का धीमा उल्लास बीच-बीच में सुनाई पड़ने लगा।

अपूर्व ने हँसने की कोशिश करते हुए कहा–'भगवान के न चाहने पर मुँह के पास पहुँचा हुआ निवाला किसी भी तरह मुँह के अन्दर नहीं जा सकता है। बेशक हम यह सोच लें कि आज भी हम लोग जहाज पर ही हैं। चिउड़ा, गुड़-पगी खील, सन्देश अभी भी तो बचा हुआ है, उसे ही खाकर रात गुजार लें। तुम्हारी राय क्या है इस बारे में तिवारी?'

तिवारी ने सिर हिलाकर हामी भरी और उस हाँड़ी की तरफ एक और बार हसरत-भरी नजर से देखकर चिंउड़ा, गुड़-पगी खील और सन्देश लाने के लिए उठ खड़ा हुआ। सौभाग्य की बात यह थी कि खाने का सन्दूक रसोईघर के एक कोने में घुसाकर रखा गया था और उसे वहाँ से हटाकर दूसरी जगह नहीं रखा गया था। ईसाई के छुए पानी की छूत कम-से-कम इन चीजों को नहीं लगी थी।

खाने का जुगाड़ करते-करते तिवारी ने रसोईघर से कहा–'बाबू, यहाँ तो नहीं रहा जा सकता है।'

अपूर्व अन्यमनस्क भाव से बोला–'हाँ, जान तो ऐसा ही पड़ता है।'

तिवारी हाल्दार परिवार का पुराना नौकर है। आते वक्त करुणामयी ने जो बातें उसे बता दी थीं, उन्हें याद करके उसने उद्विग्न स्वर में कहा–'नहीं बाबू, इस घर में मैं अब एक दिन भी नहीं रहूँगा। गुस्से में आकर मैंने अच्छा काम नहीं किया है। साहब को मैंने बहुत गालियाँ दी हैं।'

अपूर्व बोला–'उसे गाली देकर तूने कोई दोष नहीं किया है, तुझे तो उसे मारना चाहिए था।'

तिवारी के दिमाग में गुस्से के बदले समझदारी पैदा होती जा रही थी। उसने तुरन्त प्रतिवाद करते हुए कहा–'नहीं, बाबू, नहीं, कुछ भी हो, वे लोग हैं साहब और हम लोग हैं बंगाली।'

अपूर्व चुप रहा।

तिवारी को साहस मिला, तो उसने प्रश्न किया–'ऑफिस के दरबान से क्या नया घर ढूँढ़ने के लिए नहीं कहा जा सकता है? उससे कहिए न कि वह कल हमारे लिए एक नया घर ढूँढ़ दे, जहाँ हम लोग कल ही यहाँ से चले जाएँ। मुझे तो लगता है कि हम लोगों का यहाँ से चला जाना ही अच्छा है।'

अपूर्व बोला–'अच्छी बात है। तू ही उससे कहकर देखना।' वह मन-ही-मन समझ गया कि इस बीच तिवारी की समझ में यह बात आ गई है कि साहब के साथ गैर-ईसाइयों को किस तरह पेश आना चाहिए। उस साहब के प्रति अब उसे कोई शिकायत नहीं थी, बल्कि उसने यह तय कर लिया है कि बिना वक्त जाया किए चुपचाप यहाँ से खिसक जाना ही अच्छा है। फिर बोला–'तू जो चाहता है वही होगा। तू खाने-पीने का इन्तजाम कर।'

'बस, अभी करता हूँ बाबू।' कहकर उसने कुछ निश्चिन्त मन से अपने काम में मन लगाया।

लेकिन उसकी बातों के संकेत से उस ऊपरवाले फिरंगी के दुर्व्यवहार को याद करके अपूर्व का सारा मन गुस्से से जल उठा। उसे लगा, यह सिर्फ मेरी और उस शराबी की बात नहीं है बल्कि हम सभी इन लोगों की ऐसी लांछना को रोज सहते जाते हैं, इसीलिए तो इन लोगों की हिमाकत दिन-पर-दिन बढ़ते-बढ़ते सातवें आसमान पर पहुँच गई है जहाँ इन लोगों के अन्याय के खिलाफ उठाई गई हमारी आवाज तक नहीं पहुँच पाती है। चुपचाप और बिना किसी भेदभाव के इन लोगों के अन्याय को बर्दाश्त करना ही हम लोगों ने अपना कर्तव्य मान लिया है, इसलिए इन लोगों का चोट पहुँचाने का अधिकार अपने आप इतना मजबूत और उग्र हो उठा है। इसीलिए आज मेरा नौकर तक मुझे यह नसीहत दे सका कि मैं तुरन्त यहाँ से भागकर अपनी जान बचा लूँ। लाज-शरम का सवाल तक उसके मन में पैदा नहीं हुआ।

मगर वह बेचारा रसोईघर में बैठकर अपने मालिक के लिए बड़े जतन से चिउड़ा और गुड-पगी खील का नाश्ता तैयार कर रहा था। वह यह जान ही नहीं सका कि उसकी बाँस की लाठी हाथ में लिये अपूर्व दबे पाँव बाहर निकल गया और सीढ़ियाँ चढ़कर ऊपर चला गया।

दुमंजिले पर साहब के घर का दरवाजा बन्द था, उस बन्द दरवाजे पर जाकर वह बार-बार दस्तक देने लगा। कुछ पल बाद एक नारी ने डरते-डरते अंग्रेजी में पूछा–'कौन है?'

अपूर्व बोला–'मैं नीचे रहता हूँ। मैं उस आदमी से एक बार मिलना चाहता हूँ।'

'क्यों?'

'मैं उसे यह दिखाना चाहता हूँ कि उसने मुझे कितना नुकसान पहुँचाया है। उसकी तकदीर अच्छी थी कि मैं घर पर नहीं था।'

'वे सोए हुए हैं।'

अपूर्व कर्कश स्वर में बोला–'जगा दीजिए, यह सोने का समय नहीं है। वे रात को सोते होते, तो मैं उन्हें तंग करने नहीं आता। लेकिन अभी उनके मुँह से उनका जवाब सुने बिना मैं टस-से-मस नहीं होऊँगा।' और न चाहते हुए भी वह अपने हाथ की लाठी को लकड़ी की सीढ़ी पर ठक-से पटक बैठा।

लेकिन न दरवाजा ही खुला और न कोई जवाब ही आया। दो मिनट इन्तजार करके अपूर्व फिर से चिल्लाया–'मैं हरगिज नहीं जाऊँगा। उसे बाहर आने के लिए कहिए।'

अन्दर से जो नारी बात कर रही थी, वह अबकी बार बन्द दरवाजे के एकदम करीब आई और नम्र तथा बहुत मृदु स्वर में बोली–'मैं उनकी बेटी हूँ। पिताजी की तरफ से मैं आपसे माफी चाहती हूँ। उन्होंने जो कुछ किया है, होश में रहते नहीं किया है। लेकिन आप विश्वास कीजिए, उन्होंने आपको जितना नुकसान किया है, कल हम लोग उसकी भरसक भपाई कर देंगे।'

उस लड़की के कोमल स्वर से अपूर्व थोड़ा नरम हुआ, मगर उसका गुस्सा ठंडा नहीं हुआ। बोला–'उन्होंने उद्दंड की तरह मेरा काफी नुकसान किया है और उससे भी ज्यादा उत्पात मचाया है। मैं विदेशी आदमी तो हूँ, लेकिन आशा करता हूँ, कल सवेरे वे खुद मुझसे मिलकर समझौता करने की कोशिश करेंगे।'

उस लड़की ने कहा–'अच्छा।' वह कुछ देर तक चुप रही, फिर बोली–'आपकी तरह हम लोग भी एकदम नए हैं। बस, कल तीसरे पहर हम लोग मौलमिन से आए हैं।

अपूर्व और कुछ बोले बिना धीरे-धीरे नीचे उतर गया। घर में आया तो देखा, अब तक तिवारी खाने-पीने का इन्तजाम करने में मशगूल है। इतना कुछ हो गया, इसका उसे पता भी नहीं चला था।

थोड़ा-सा खाकर अपूर्व अपने सोने के कमरे में आया और भीगे तोशक, तकिए आदि को नीचे रखकर रातभर के लिए एक बिस्तर बिछाकर लेट गया। जब से उसने यहाँ की धरती पर कदम रखा है तब से लेकर अब तक उसके नुकसान, विरक्ति और परेशानी की सीमा नहीं थी। क्या पता, यह सफर उसका किस तरह गुजरेगा! कहाँ जाकर इसका क्या नतीजा निकलेगा, इस परेशानी और घबराहट-भरी चिन्ता के साथ उसे उस अपरिचित ईसाई लड़की की याद आ रही

थी। वह सामने बाहर नहीं निकली थी। वह देखने में कैसी है, कितनी उम्र है उसकी, कैसा स्वभाव है उसका—वह कुछ भी अन्दाजा नहीं लगा सकता था, सिर्फ इतना भर मालूम पड़ा है कि उसका अंग्रेजी का उच्चारण वैसा नहीं है जैसा अंग्रेजों का होता है। हो सकता है, वह मद्रासी हो, या हो सकता है वह गोवानिज या और कोई हो! लेकिन वह चाहे और जो भी हो, यह सोचकर कि वह ईसाई धर्मावलम्बी उद्धत राजा की जाति की है, अपने पिता की भाँति बहुत घमंडी नहीं है। जब उसने उसके डरते हुए विनीत स्वर में माफी माँगने के ढंग के साथ अपने कर्कश व्यवहार को मिलाकर देखा, तो उसे अपना व्यवहार बड़ा अटपटा लगा। स्वभावतः वह उग्र प्रकृति का नहीं है, किसी को भी कटु बात कहने में उसे हिचकिचाहट होती है। खासकर तिवारी के बताए वाकये के साथ मिलाकर जब लगा कि हो सकता है, इसी लड़की ने अपने शराबी और शैतान पिता को रोकने की चुपचाप जी-जान से कोशिश की होगी तब उसे मलाल के साथ यह लगने लगा कि आज भर के लिए वह चुप रह जाता, तो अच्छा होता। पर जो कुछ होना था, वह तो हो चुका था। गुस्से में आकर ऊपर जाकर ऐसी बातें न कह आता, तो ठीक रहता।

उधर तिवारी के बर्तन धोने-माँजने की कर्कश आवाज अविराम सुनाई पड़ रही थी, पर अचानक वह आवाज रुक गई, और दूसरे ही पल उसकी आवाज सुनाई पड़ी—'कौन है?'

अपूर्व उठ बैठा और अपने कान खड़े करके उस ईसाई लड़की की आवाज को पहचान गया, लेकिन वह यह नहीं समझ पाया कि वह लड़की क्या कह रही थी। पर तिवारी ने समझा दिया। बोला—'किसने कहा कि हम लोगों ने खाना नहीं खाया है? हम लोग खाना खा चुके हैं। मैं कहता हूँ, वह सब तुम ले जाओ, बाबू सुनेंगे, तो बड़ा गुस्सा करेंगे।'

अपूर्व उठकर आया और खड़ा हो गया, बोला—'क्या बात है तिवारी?'

वह लड़की चौखट के दूसरी तरफ थी, वह तुरन्त हट गई। तब दिन ढल चुका था, बत्ती नहीं जलाई गई थी। सीढ़ी की तरफ से एक अँधेरी छाया अन्दर आकर पड़ी थी, उसमें वह लड़की बहुत साफ तो नजर नहीं आई, तो भी समझ में आया। उसका रंग अँगरेजों-जैसा गोरा नहीं है। लेकिन वह खूब गोरी है। उसकी उम्र यही कोई उन्नीस-बीस या कुछ ज्यादा भी हो सकती है और जरा लम्बी होने की वजह से शायद कुछ दुबली-पतली दिख रही है। ऊपर के होंठ के नीचे सामनेवाले दो दाँत ऊँचे न लगें तो मुखड़ा शायद अच्छा ही है। पाँवों में चप्पलें, गजब की एक मद्रासी साड़ी पहने हुए थी—संभवतः उत्सव होने की वजह से, मगर चाल-ढाल कुछ

बंगालियों और कुछ मद्रासियों-जैसी थी। कई सेब, नासपाती, दो अनार और अंगूर के गुच्छे से भरी एक जापानी चंगेरी सामने फर्श पर रखी हुई थी।

अपूर्व ने कहा–'यह सब क्यों लाईं आप?'

उस लड़की ने बाहर से अंग्रेजी में धीरे-धीरे जवाब दिया–'आज हमारे त्योहार का दिन है, माँ ने भेज दिया। इसके अलावा आज तो आप लोगों ने खाना भी नहीं खाया है।'

अपूर्व बोला–'आप अपनी माँ को मेरा धन्यवाद दीजिएगा, लेकिन हम लोग खाना खा चुके हैं।'

वह लड़की चुप रही।

अपूर्व ने पूछा–'उनसे यह किसने कहा कि हम लोगों ने खाना नहीं खाया है।'

उस लड़की ने लज्जित स्वर में कहा–'इसी को लेकर तो पहले झगड़ा हुआ था। इसके अलावा हमें मालूम है।'

अपूर्व ने सिर हिलाकर कहा–'उन्हें लाखों धन्यवाद। मगर सचमुच ही हम लोग खाना खा चुके हैं।

वह लड़की एक पल चुप रही, फिर बोली–'सो तो है। लेकिन यह अच्छा नहीं हुआ है। और ये सब तो बाजार के फल हैं, इनमें तो कोई दोष नहीं है।'

अपूर्व ने समझा, उसे किसी तरह शान्त करने के लिए दोनों अपरिचित नारियों की चिन्ता की सीमा नहीं थी। थोड़ी देर पहले वह लाठी और आवाज से अपने मिजाज का जो परिचय दे आया था उससे यह सोचकर कि कल सवेरे क्या हो सकता है, वह उसे खुश करने के वास्ते यह सौगात लेकर आई है। इसीलिए वह सदय स्वर में बोला–'नहीं, इनमें कोई दोष नहीं है।' फिर उसने तिवारी से कहा–'ये बाजार के फल हैं। इन्हें लेने में भला क्या दोष है तिवारी?'

पर तिवारी खुश नहीं हुआ, बोला–'बाजार का फल तो वह होता है जो सीधे बाजार से लाया जाता है। आज रात हमें जरूरत भी नहीं है। और माँ ने मुझे यह सब करने के लिए बार-बार मना किया है। मेम साहब, यह सब तुम ले जाओ–हमें नहीं चाहिए।'

इसमें असंभव कुछ नहीं है कि माँ ने यह सब करने के लिए मना किया होगा या मना कर सकती हैं और यह भी संभव है कि बहुत पुराने और विश्वासी रसोइए तिवारी को इस मामले में घर से दूर यहाँ उसकी देख-रेख करने के लिए रख दे सकती हैं। आते वक्त उसने जो वचन दिया था, उसे याद कर वह मन-ही-मन बोला–'सिर्फ यह नहीं कि माँ ने मना किया है, बल्कि मैं भी प्रतिज्ञा करके आया

हूँ। लेकिन फिर भी उसे खुश करने के लिए डरते-डरते उसके दरवाजे पर आई हुई इस संकुचित, लज्जित और अपरिचित लड़की के उपहार की मामूली चीजों को अस्पृश्य कहकर उसे अपमानित करने को वह अपनी प्रतिज्ञा निभाना नहीं मानता। लेकिन इसे वह मुँह खोलकर कह नहीं सका, वह चुप रहा। तिवारी बोला–'उन सब चीजों को हम नहीं छुएँगे मेम साहब, तुम उन्हें उठाकर ले जाओ, मैं उस जगह को धो डालूँ?'

वह लड़की चुपचाप कुछ देर तक खड़ी रही, हाथ बढ़ाकर उस चँगेरी को उठा लिया और धीरे-धीरे चली गई।

अपूर्व दबी, रूखी आवाज से बोला–'भले ही तू नहीं खाता, पर लेकर तू उन्हें चुपके-चुपके फेंक भी तो दे सकता था।'

तिवारी अचरज में पड़कर बोला–'उन्हें लेकर फेंक देता? झूठमूठ में बर्बाद करने से क्या फायदा होता बाबू?'

'क्या फायदा होता बाबू–बेवकूफ, गँवार कहीं का!' यह कहकर अपूर्व सोने चला गया।

बिस्तर पर लेटा, तो पहले तिवारी पर आए गुस्से से उसका अंग-अंग जलने लगा, लेकिन बाद में इस मामले पर वह बारीकी से जितना विचार करने लगा उतना ही लगने लगा कि मैं ऐसा नहीं कर सकता था, लेकिन हो सकता है, यह अच्छा ही हुआ हो कि उसने साफ-साफ कहकर उसे लौटा दिया है। अचानक उसे अपने बड़े मामा की याद आई। उस सदाचारी, निष्ठावान, पंडित ब्राह्मण ने एक दिन उसके घर में खाना खाने से इनकार कर दिया था। कबूल करने की गुंजाइश नहीं थी, करुणामयी यह जानती थीं, लेकिन पति और भाई के बीच मनमुटाव न हो, इसके लिए उन्होंने कोई रास्ता निकालना चाहा था। मगर गरीब ब्राह्मण ने इस पर मन्द-मन्द मुस्कुराते हुए कहा था–नहीं दीदी, ऐसा नहीं हो सकता है। जीजा जी गुस्सैल आदमी हैं। वे इस अपमान को बर्दाश्त नहीं करेंगे। हो सकता है, तुम पर भी वे अपना गुस्सा उतारें। लेकिन मेरे स्वर्गीय गुरुदेव कहा करते थे–मुरारि, सच्चाई निभाने में दुख होता है, बल्कि आघात के अन्दर से होकर सच्चाई एक दिन मिल जा सकती है। मगर ठगी और धोखाधड़ी के सुगम रास्ते से होकर वह कभी आती-जाती नहीं है। यही अच्छा है कि मैं बिना खाए ही चला जाऊँ बहन।

इसी को लेकर करुणामयी ने बहुत दिन ढेरों दुख भुगते थे, मगर कभी अपने बड़े भाई को उन्होंने दोष नहीं दिया था। यही याद करके अपूर्व मन-ही-मन बार-बार कहने लगा–यह अच्छा ही हुआ है–तिवारी ने सही काम किया है।

तीसरा परिच्छेद

सवेरे एक बार बाजार घूम आने की अपूर्व की इच्छा थी। इन लोगों के म्लेच्छों जैसे रहन-सहन की बदनामी समुद्र के उस पार उसकी माँ के कानों तक जा पहुँची होगी, इसलिए उसे स्वीकार नहीं किया जा सकता—पर मान तो लेना ही पड़ेगा। लेकिन हिन्दुत्व का झंडा फहराता हुआ कालापानी पार होकर आनेवाला वही तो पहला आदमी नहीं था। सचमुच के हिन्दू और भी तो हो सकते हैं जो नौकरी की जरूरत और शास्त्र के नियमों दोनों के बीच एक रास्ता इसके पहले ही ढूँढ़कर धर्म और अर्थ के विरोध को मिटा करके सुख से रह रहे होंगे। उसी सुगम रास्ते की तलाश करने के लिए इन लोगों के साथ परिचित होना जरूरी है और विदेश में एक दूसरे के करीबी होने का इतना बड़ा मौका बाजार को छोड़ और कहाँ मिलेगा? वास्तव में अपने कानों से सुनकर और आँखों से देखकर इस चीज को उसे तय करना जरूरी है कि माँ की इच्छा के विरुद्ध गए बिना इस देश में सही ढंग से रहा जा सकता है या नहीं।

लेकिन वह बाहर नहीं निकल सका, क्योंकि इसका कोई ठीक नहीं था कि ऊपर रहनेवाला साहब कब माफी माँगने आएगा। पर इसमें कोई सन्देह नहीं था कि वह आएगा ही। एक तो, उत्पात उसने होश में रहते नहीं किया था, दूसरे, आज जब उसका नशा उतरेगा तब उसकी पत्नी और बेटी उसे हरगिज नहीं बख्शेंगी, उन लोगों का यह सन्देश उनके बिना कहे ही उसे बीते कल मिल गया था। आज जब से उसकी नींद टूटी है तब से लेकर अब तक बहुत बार उस लड़की की याद आई है। नींद में भी मानो उसकी भद्रता, सौजन्य और विनयावनत आवाज कानों में किसी जाने-पहचाने सुर की गूँज की भाँति आई-गई थी। जैसे शराबी पिता के बुरे बर्ताव से उस लड़की की लाज की सीमा नहीं थी, वैसे ही बेवकूफ तिवारी की कठोरता से अपूर्व खुद भी शर्मिन्दा हुए बिना नहीं रह सका था। दूसरे के गुनाह से गुनहगार होकर इन दो अपरिचित मनों के बीच शायद यही एक संवेदना का सूक्ष्म सूत्र था जिसे बिना कहे अस्वीकार करने के लिए अपूर्व का मन टल नहीं रहा था।

अचानक सिर के ऊपर पड़ोसियों के जाग उठने की आवाज नीचे आ पहुँची और बूट समेत कदमों की आहट से वह यह आशा करने लगा कि इस बार साहब उतरकर उसके दरवाजे पर आ खड़ा होगा। यह तय था कि वह उसे माफ कर देगा, लेकिन उसे यही चिन्ता थी कि बीते दिन की बीभत्सता क्या करने से सहज और सामान्य होकर झगड़े के निशान को मिटा देगी। मगर माफी माँगने का वक्त गुजरता जाने लगा। ऊपर छोटी-मोटी कदमों की आहट के साथ मिलकर साहब के जूतों की आवाज क्रमशः ज्यादा से ज्यादा साफ होती जाने लगी। उसमें उसके पैरों के डौल और देह के भार का परिचय था, लेकिन दीनता का कोई निशान जाहिर नहीं हुआ। इस तरह से आशा और चिन्ता में इन्तजार करते हुए जब घड़ी में नौ बजे और जब अपने नए ऑफिस जाने के लिए तैयार होने का वक्त करीब आ गया तब नीचे उतरते साहब के कदमों की आहट सुनाई पड़ी। उसके पीछे और भी दो पाँवों की आहट अपूर्व ने कान लगाकर सुनी। जल्दी ही उसके किवाड़ के लोहे का कड़ा खड़खड़ा उठा और रसोईघर से भागता हुआ आकर तिवारी ने खबर दी–'बाबू, कल जिस साहब ने उत्पात मचाया था, वही मुआ आकर कड़ा खटखटा रहा है।' उसकी आवाज में उत्तेजना छिपी नहीं रही।

अपूर्व ने कहा–'तू जाकर दरवाजा खोल दे और उसे अन्दर आने को कह।'

तिवारी ने ज्यों ही दरवाजा खोल दिया, त्योंही अपूर्व की गम्भीर आवाज सुनाई पड़ी–'ऐ, तुम्हारा सा'ब कहा है?'

यह तो अच्छी तरह सुनाई नहीं पड़ा कि उसकी बात के जवाब में तिवारी ने क्या कहा। बहुत संभव है, उसने उसकी ससम्मान अगवानी की, मगर तिवारी की अगवानी में कही बात के जवाब में साहब की आवाज सीढ़ी की लकड़ी की छत से टकराकर मानो हुंकार कर उठी–'बुलाओ उसे।'

घर के अन्दर अपूर्व चौंक उठा–बाप रे! यह क्या पछतावे की आवाज है। एक बार उसने सोचा कि साहब ने सवेरे-सवेरे शराब पी है। इसलिए यह सोचने के पहले ही कि इस वक्त उसे जाना चाहिए या नहीं, फिर से हुक्म आया–'उसे बुलाओ।'

अपूर्व धीरे-धीरे करीब जाकर खड़ा हो गया। साहब ने एक पल उसे सिर से लेकर पाँव तक देखा और पूछा–'तुम अँगरेजी जानते हो?'

'हाँ, जानता हूँ।'

'मेरे सो जाने के बाद कल तुम ऊपर मेरे घर गए थे?'

'हाँ!'

साहब ने कहा–'ठीक है। तुमने लाठी पटकी थी? मेरे घर में अनधिकार घुसने के लिए तुमने दरवाजा तोड़ने की कोशिश की थी?'

अपूर्व विस्मय के मारे स्तब्ध हो गया।

साहब ने कहा–'संयोग से दरवाजा खुला होता तो मेरे घर में घुसकर तुम मेरी पत्नी या बेटी पर धावा बोलते, तो तुम इसीलिए तब तक मेरे घर नहीं गए जब तक मैं जगा हुआ था?'

अपूर्व ने धीरे-धीरे कहा–'पर तुम तो सोए हुए थे, तुमने यह सब जाना कैसे?'

साहब ने कहा–'सब कुछ मैंने अपनी बेटी से सुना है। उसे तुम गाली-गलौज दे आए थे? यह कहकर उसने अपनी बगल में खड़ी अपनी बेटी की ओर उँगली से संकेत किया। यही है वह लड़की।

लेकिन कल भी अपूर्व उसे अच्छी तरह देख नहीं सका था। आज भी साहब के बड़े डील-डौल के पीछे उसकी साड़ी की किनारी को छोड़ और कुछ दिखाई नहीं पड़ा। यह भी समझ में नहीं आया कि उसने गर्दन हिलाकर हामी भरी या नहीं। मगर इतना समझ में आया कि ये लोग सरल आदमी नहीं हैं। ये लोग सारी घटना को जान-बूझकर बिगाड़कर उल्टा साबित करने की कोशिश कर रहे हैं। इसलिए अत्यन्त सतर्क होना जरूरी है।

साहब ने कहा–'मैं जगा रहता, तो मैं तुम्हें लात मारकर रास्ते पर फेंक देता और तुम्हारे मुँह में एक भी दाँत साबुत नहीं रहने देता। लेकिन वह मौका जब मैं गँवा चुका हूँ तब कुछ करने को नहीं रहा। अब पुलिस जो कुछ करेगी, उसी से सन्तुष्ट होना पड़ेगा। हम लोग थाने जा रहे हैं, तुम इसके लिए तैयार रहना।'

अपूर्व ने गर्दन हिलाकर कहा–'अच्छा।' लेकिन उसका चेहरा उतर गया।

साहब ने अपनी बेटी का हाथ पकड़कर कहा–'चलो।' और उतरते-उतरते बोला–'कॉबॉर्ड। बेचारी औरतों पर हाथ उठाने की कोशिश की है तुमने। मैं तुम्हें ऐसा सबक सिखाऊँगा जिसे तुम जिन्दगी भर नहीं भूलोगे।'

तिवारी बगल में खड़ा होकर सब सुन रहा था। उन लोगों के आँखों से ओझल होते ही वह रुआँसा होकर बोला–'अब क्या होगा छोटे बाबू?'

अपूर्व ने लापरवाही से कहा–'क्या होगा भला?'

लेकिन उसके मुँह के भाव ने दूसरी बात कही, तिवारी ने उसे समझा। बोला–'मैंने तो उसी वक्त कहा था बाबू, कि जो कुछ होना था, हो चुका है, अब उन्हें छेड़ने की जरूरत नहीं। वे लोग ठहरे साहब और मेम।'

अपूर्व ने कहा–'वे लोग साहब और मेम हैं, तो क्या होगा?'

तिवारी ने कहा–'वे लोग तो थाने गए!'

अपूर्व ने कहा–'थाने गए, तो क्या होगा?'

तिवारी ने व्याकुल होकर कहा–'बड़े बाबू को तार कर दूँ, छोटे बाबू कि वे यहाँ आ जाएँ।'

'तू क्या पागल हो गया है तिवारी! जा, जाकर देख, उधर शायद सब जल-वल गया होगा। साढ़े दस बजे मुझे निकलना पड़ेगा। इतना कहकर वह अपने कमरे में चला गया।

तिवारी भी रसोईघर में जा घुसा, लेकिन खाना बनाने-खिलाने से लेकर बाबू के ऑफिस जाने तक जो कुछ है, सब उसके लिए बेमतलब हो गया। वह मन-ही-मन अपने आपको सारी मुसीबतों की जड़ मानकर अपने को जितना कोसने लगा उतना ही अपने पागल मन, इस देश के म्लेच्छों जैसे रहन-सहन, ग्रहों की बुरी दृष्टि, पुरोहितों की गणना की गलती और सबसे बढ़कर करुणामयी की अर्थलिप्सा पर दोष मढ़कर किसी तरह से थोड़ा-सा दिलासा ढूँढ़ता फिरने लगा।

अपने ऐसे मन को लेकर ही उसे खाना बनाने का काम खत्म करना पड़ा। वह करुणामयी के हाथों गढ़ा आदमी है। इसलिए उसका मन चाहे जितना भी दुश्चिन्ता में क्यों न डूबा रहे, उसके हाथ के काम में कहीं भी उससे कोई भूल-चूक नहीं हुई। ठीक समय पर खाना खाने बैठकर अपूर्व ने उसे हिम्मत बँधाने के मकसद से उसके बनाए खाने की कुछ ज्यादा ही तारीफ की। एक बार तो चावल-दाल, साग-सब्जी के स्वाद की तारीफ का पुल बाँध दिया और दो-एक निवाला मुँह में डालकर बोला–'आज का बना खाना तो मानो अमृत हो। तिवारी, कई दिनों से खाना नहीं खाया था मैंने। सोचा था, शायद तू सब जला-वला डालेगा। बड़ा डरपोक आदमी है तू–माँ ने चुनकर अच्छा आदमी साथ में भेजा था।'

तिवारी ने कहा–'हुँ।'

अपूर्व ने उसकी ओर देखकर हँसते हुए कहा–'तूने मुँह क्यों फुलाया है?' और सिर्फ तिवारी के मन से ही नहीं, बल्कि अपने मन से भी सारी घटना को हल्का करने की कोशिश में मसखरी करता हुआ बोला–'हरामजादे फिरंगी के धमकाने के ढंग को एक बार देखा तूने? थाने जा रहा है। जा न, थाने जा। थाने जाकर तू मेरा क्या बिगाड़ लेगा, जरा सुनूँ तो? है कोई तेरा गवाह?'

तिवारी बोला–'साहबों और मेमों के लिए क्या गवाह और सबूत की जरूरत

है बाबू? उन लोगों की जबान ही काफी है।'

अपूर्व ने कहा–'हाँ, जबान ही काफी है! कोई नियम-कानून नहीं है? इसके अलावा वे लोग भला किस चीज के साहब और मेम हैं? उनका रंग तो बिलकुल मेरे पॉलिश किए जूतों जैसा है। जैसे बिजूका दिखाकर नन्हे बच्चे को डराया जाता है वैसे ही थाने जाने की बात कहकर मुझे डरा गया मुआ। मक्कार, पाजी, हरामजादा!'

तिवारी चुप रहा। पीठ पीछे गाली-गलौज देने लायक तेज भी अब उसमें नहीं था।

तिवारी बोला–'ईसाई है न।'

अपूर्व ने कुछ देर तक चुपचाप खाना खाया। उसके बाद अचानक मुँह उठाकर बोला–'और वह लड़की कैसी शैतान है तिवारी? कल ऐसे आई जैसे भीगी बिल्ली हो। और ऊपर जाकर नमक-मिर्च लगाकर कह दिया। उसे पहचानना मुश्किल है।'

'सो तो है।' तिवारी बोला। अपूर्व को तुरन्त याद आया, ये लोग यह नहीं जानते कि क्या खाना चाहिए और क्या नहीं खाना चाहिए। ये लोग जूठन-वूठन नहीं मानते। इन लोगों को इसका भी कोई ज्ञान नहीं है कि समाज में रहते हुए क्या करना अच्छा है और क्या करना बुरा। बोला–'अभागे, मक्कार, मुए, तू जानता है तिवारी, ये लोग चाहे जितना भी हैट-कोट क्यों न पहन लें और चाहे जितना भी गिरजाघर का चक्कर क्यों न लगाएँ, असली साहब इन लोगों के साथ बैठकर एक टेबल पर कभी खाना तक नहीं खाते हैं। तू यह सोचता है कि जात दे देनेवाले कभी अच्छे हो सकते हैं?'

तिवारी ने ऐसा कभी नहीं सोचा था, मगर आई हुई अपनी इस मुसीबत के सामने खड़ा होकर यह चर्चा सुनने में उसे कोई दिलचस्पी नहीं हुई कि दूसरा कौन अच्छा है और कौन बुरा। छोटे बाबू के ऑफिस जाने का समय होने को आ रहा था, जब छोटे बाबू चले जाएँगे तब वह अकेले घर के अन्दर कैसे अपना समय बिताएगा, यह उसे मालूम नहीं। साहब थाने में खबर देने गया है, वापस आकर, हो सकता है, वह दरवाजा तोड़ डाले! हो सकता है, वह पुलिस को साथ लेकर आए! हो सकता है, पुलिस उसे बाँधकर ले जाए! क्या होगा, क्या नहीं होगा–सब अनिश्चित है। ऐसी हालत में इन चर्चाओं के प्रति कि असली और नकली साहब में कितना फर्क है, एक के टेबल पर दूसरा खाता है या नहीं और न खानेवाले की लांछना और दुख कहाँ तक बढ़ता है, उसने जरा भी कौतूहल अनुभव नहीं किया।

खाना खाने के बाद अपूर्व कपड़े पहन रहा था कि तभी तिवारी ने कमरे का

परदा जरा हटाया और मुँह बाहर निकालकर बोला–'थोड़ी देर रुककर देख लेते, तो अच्छा होता।'

'क्या देख लेता?'

'उसके लौटने की राह...'

अपूर्व ने कहा–'ऐसा कैसे हो सकता है? आज मेरी नौकरी का पहला दिन है, बताओ तो?' वे लोग क्या सोचेंगे?'

तिवारी चुप रहा। अपूर्व बोला–'तू दरवाजा बन्द करके निडर होकर बैठा रह न, मैं जितनी जल्दी हो सका वापस आऊँगा–वह दरवाजा तो भला नहीं तोड़ सकेगा। क्या कर लेगा वह मुआ?'

तिवारी बोला–'अच्छा।' लेकिन उसने एक लम्बी साँस को दबाने की कोशिश की, अपूर्व को यह साफ दिखाई पड़ा। जब अपूर्व बाहर निकलने लगा, तो दरवाजे में ब्योड़ा लगाने के पहले तिवारी ने आवाज को धीमी करके कहा–'आज आप पैदल नहीं जाइएगा, छोटे बाबू, रास्ते में किराए की कोई गाड़ी कर लीजिएगा।'

'अच्छा, सो देखा जाएगा।' यह कहकर अपूर्व सीढ़ियाँ उतरकर नीचे आ गया।

उसके चलने के ढंग को देखकर ऐसा नहीं लगा कि उसके मन के अन्दर नई नौकरी का आनन्द अब थोड़ा-सा भी बचा-खुचा है।

बोथा कम्पनी के भागीदार, पूर्वी इलाके के मैनेजर, रोजेन साहब फिलहाल बर्मा में थे। रंगून का ऑफिस उन्होंने ही स्थापित किया था। अपूर्व को उन्होंने काफी सहृदयता के साथ स्वीकार किया और उसकी शक्ल, बात करने का ढंग, यूनिवर्सिटी की डिग्री आदि को देखकर वे बेहद खुश हुए। सारे कर्मचारियों को बुलाकर सबसे उसका परिचय करा दिया और यह आशा दिलाई कि वे फिलहाल दो-तीन महीने यहाँ हैं और इस बीच वे उसे कारोबार के सारे रहस्य सिखा देंगे।

बातचीत, जान-पहचान और नए उत्साह से उसके अन्दर की ग्लानि एक तरह से दूर हो गई। जिस आदमी ने उसे खासतौर से आकर्षित किया, वह था ऑफिस का एकाउंटेंट। मराठी ब्राह्मण, नाम है रामदास तलवरकर। उम्र शायद उतनी ही जितनी उसकी है। हो सकता है–कुछ ज्यादा भी हो। लम्बी कद-काठी, बलवान, गोरा-सा। उसे जवाँमर्द कहना अतिशयोक्ति नहीं होगी। पाजामा और लम्बा कोट पहने, सिर पर पगड़ी, माथे पर लाल चन्दन का टीका। कमाल की शुद्ध अँगरेजी बोलनेवाला, लेकिन अपूर्व के साथ उसने पहले से ही हिन्दी में बात करना शुरू किया।

अपूर्व हिन्दी अच्छी तरह नहीं जानता था, लेकिन जब उसने यह देखा कि

वह हिन्दी के अलावा और किसी भाषा में जवाब नहीं देता है, तब उसने भी हिन्दी बोलना शुरू किया।

अपूर्व बोला–'यह भाषा मैं अच्छी तरह नहीं जानता हूँ। इस भाषा में बात करने में मुझसे बहुत गलती होगी।'

रामदास बोला–'गलती तो मुझसे भी होती है। हम लोगों में से किसी की भी यह मातृभाषा नहीं है।'

अपूर्व बोला–'अगर दूसरों की भाषा में ही बात करनी हो, तो अँगरेजी में बात करने में क्या बुराई है?'

रामदास बोला–'अँगरेजी में बात करने में तो मुझसे और भी ज्यादा गलती होती है। तो ऐसा कीजिए कि आप अँगरेजी में ही बात कीजिए मगर मैं हिन्दी में जवाब दूँ, तो मुझे माफ कीजिएगा।'

अपूर्व बोला–'तो मैं भी हिन्दी में ही बात करने की कोशिश करूँगा, मगर मुझसे कोई गलती हो, तो मुझे भी माफ कीजिएगा।'

जब अपूर्व और रामदास में ऐसी बातचीत चल रही थी, तभी रोजेन साहब खुद ही मैनेजर के कमरे में आ पहुँचे। उम्र पचास के पेटे में होगी, हॉलैंड के रहनेवाले हैं। टूटी-फूटी अँगरेजी बोलते हैं, पक्के व्यवसायी हैं। इसी बीच बर्मा के विभिन्न स्थानों का चक्कर लगाकर तरह-तरह के लोगों से जानकारी हासिल करके उन्होंने कामकाज का एक मसौदा तैयार कर डाला है। उसी मसौदे को अपूर्व के टेबल पर फेंककर बोले–'इस बारे में मैं आपकी राय जानना चाहता हूँ।' फिर तलवरकर से बोले–'आपके कमरे में भी मैंने इसकी एक प्रति भेज दी है।' 'नहीं, नहीं, अभी रहने दीजिए। आज मैनेजर के सम्मान में दो बजे छुट्टी हो जाएगी।' 'देखिए, मैं तो जल्दी ही चला जाऊँगा। तब आप दोनों पर ही सारी जिम्मेदारी रहेगी। मैं अँगरेज नहीं हूँ। यद्यपि यह राज्य एक दिन हमारा भी हो सकता था– तब भी हम लोग हिन्दुस्तानियों को अपने से उन्नीस नहीं समझते, बल्कि अपने बराबर मानते हैं–सिर्फ इस फर्म की ही नहीं, बल्कि आप लोगों की भी अपनी उन्नति इस बात पर निर्भर करती है कि खुद आप लोग कैसे और कैसा काम करते हैं। अच्छा, गुड डे–ऑफिस दो बजे बन्द हो जाना चाहिए', इत्यादि कहते-कहते वे जैसे तेज कदमों से घुसे थे वैसे ही तेज कदमों से बाहर निकल गए।

और इसके थोड़ी ही देर बाद उनकी मोटर की आवाज बाहर के दरवाजे के करीब सुनाई पड़ी।

दो बजे दोनों एक साथ ऑफिस से बाहर निकले। तलवरकर शहर में नहीं रहता है। शहर से करीब दस मील दूर पश्चिम में इन्सिन नाम की जगह में उसका

डेरा है। डेरे में उसकी पत्नी और एक छोटी-सी बेटी रहती हैं। डेरे के अहाते के अन्दर थोड़ी-सी जमीन है, जहाँ साग-सब्जी आसानी से उपजाई जा सकती है। कमाल की खुली जगह है। शहर के शोरगुल से दूर काफी ट्रेनें इधर से होकर गुजरती हैं, आने-जाने में कोई दिक्कत नहीं होती।

'हाल्दार बाबू, कल छुट्टी होने के बाद आप मेरे यहाँ चाय पीने चलिए।'

अपूर्व ने कहा–'मैं चाय नहीं पीता तलवरकर बाबू।'

'आप चाय नहीं पीते? मैं भी पहले चाय नहीं पीता था। मेरी पत्नी अभी भी गुस्सा करती है। अच्छा, चाय नहीं, तो फलमूल, शरबत या...आप ही की तरह हम भी तो ब्राह्मण हैं।'

अपूर्व ने हँसते हुए कहा–'ब्राह्मण तो आप हैं ही, लेकिन आप लोग अगर हमारे हाथ का बना खाना खाएँगे तभी मैं सिर्फ आपकी पत्नी के हाथ का बना खाना खा सकता हूँ।'

रामदास ने कहा–'मैं तो खा सकता हूँ, मगर मेरी पत्नी की बात...अच्छा, यह उससे पूछकर बताऊँगा। हमारी औरतें बड़ी...अच्छा, आपका डेरा तो करीब ही है। चलिए न, मैं आपको आपके डेरे तक छोड़ दूँ, मेरी ट्रेन तो पाँच बजे जाएगी।'

अपूर्व के मन की चोरी पकड़ी गई। अब तक वह सब कुछ भूल गया था। डेरे की चर्चा से पलक झपकते उसके सारे हंगामे, सारी नीचता ने बिजली की तरह कौंधकर उसके चेहरे की चमक को मानो मिटा दिया। यहाँ कदम रखते ही वह एक ऐसे ओछे और गन्दे मामले से जुड़ गया है जिसे बताने में वह शर्म से गड़ गया। वह कुछ भी नहीं जानता है कि अब तक वहाँ क्या हुआ है। हो सकता है, कितना कुछ हो चुका हो। अकेले उसे ही उसी के बीच जाकर खड़ा होना पड़ेगा। एक ऐसे आदमी का साथ मिलने से कितनी सुविधा होती है, कितना साहस होता है! लेकिन अपूर्व यह सोचकर बहुत संकुचित हो उठा कि जिससे अभी-अभी जान-पहचान हुई है, वह इस शुरुआती दौर में अचानक क्या सोच बैठेगा।

बोला–'देखिए, सब कुछ अव्यवस्थित है...अपने मुँह की बात वह खत्म भी नहीं कर सका।'

उसके संकोच और लाज का अनुभव करके रामदास मुस्कुराकर बोला–'मैं ऐसी आशा नहीं करता हाल्दार बाबू कि एक ही रात में सब कुछ सुव्यवस्थित हो जाएगा। मुझे भी तो एक दिन नए डेरे में सारी चीजें तरतीब से रखनी पड़ी थीं। हाँ, मेरी पत्नी मेरे साथ थी, आपके साथ तो आपकी पत्नी भी नहीं है। आप आज

शरमा रहे हैं, लेकिन मैं कह देता हूँ कि उन्हें लाए बिना आपकी यह शर्म एक साल बाद भी दूर नहीं होगी। चलिए, देखूँ, मैं आपकी क्या मदद कर सकता हूँ। अव्यवस्था के बीच ही तो दोस्त की जरूरत होती है।'

अपूर्व चुप रहा। वह स्वभावतः मजाकिया आदमी है। कोई दूसरा समय होता, तो वह मजाक करके यह कह सकता था कि उसकी पत्नी से उसकी अनबन हो गई है। लेकिन अभी ठट्ठा-मसखरी की बात उसे याद भी नहीं है। ऐसे देश में जहाँ उसका कोई दोस्त नहीं है, वहाँ उस आदमी को, जिससे अभी जान-पहचान हुई है, अपनी जरूरत के लिए बुलाने में उसे शर्म आने लगी। ऐसी बात नहीं कि उसकी बात में उसने ठीक हामी भरी। लेकिन दोनों चलते-चलते जब उसके डेरे के सामने आ पहुँचे तब तलवरकर को अपने घर बुलाए बिना वह नहीं रह सका।

जब उसने ऊपर जाना चाहा, तो दिखाई पड़ा, वही ईसाई लड़की भी ठीक उसी समय नीचे उतर रही है। उसका बाप उसके साथ नहीं था, वह अकेली थी। दोनों एक तरफ हटकर खड़े हो गए। उस लड़की ने किसी की भी तरफ नजर नहीं डाली। धीरे-धीरे उतरकर कुछ दूर रास्ते पर जब वह जा पहुँची, तो रामदास ने पूछा–'ये लोग तीसरी मंजिल पर रहते हैं क्या?'

अपूर्व ने कहा–'हाँ।'

'ये लोग भी बंगाली हैं?'

अपूर्व ने सिर हिलाकर कहा–'नहीं, स्थानीय ईसाई हैं। सम्भव है मद्रासी या गोआनीज या और कुछ होंगे लेकिन बंगाली नहीं हैं।'

रामदास ने कहा–'लेकिन कपड़ा पहनने का ढंग तो ठीक बंगाली लड़कियों के कपड़ा पहनने के ढंग जैसा है।'

अपूर्व ने अचरज में पड़कर प्रश्न किया–'बंगाली औरतें किस ढंग से साड़ी पहनती हैं, यह आपने कैसे जाना?'

रामदास ने कहा–'मैंने कैसे जाना? बम्बई, पूना, शिमला में बहुत-सी बंगाली औरतों को देखा है। वे जिस सुन्दर ढंग से साड़ी पहनती हैं, वैसे सुन्दर ढंग से भारतवर्ष के किसी भी हिस्से की औरतें साड़ी नहीं पहनती हैं।'

'हो सकता है !' यह कहकर अन्यमनस्क अपूर्व अपने डेरे के बन्द दरवाजे पर आया और बार-बार दस्तक देने लगा।

थोड़ी देर बाद अन्दर से सतर्क आवाज आई–'कौन?'

'मैं हूँ रे, मैं। दरवाजा खोल तू, डर मत', कहकर अपूर्व हँसा। क्योंकि यह महसूस करके कि इस बीच कोई भयानक घटना नहीं घटी थी और तिवारी सकुशल घर के अन्दर ही है, उसने राहत की साँस ली।

अन्दर आकर रामदास हर कमरे में घुसा, तो खुश हुआ, बोला–'मुझे जिस बात का डर था, वैसी कोई बात नहीं है। आपका नौकर अच्छा है, सभी कुछ तरतीब से रख डाला है। सारे सामान तो मैंने ही अपनी पसन्द से खरीदे थे। आपको और किस-किस चीज की जरूरत है, मुझे बताइएगा। मैं उसे खरीदकर भिजवा दूँगा। रोजेन साहब ने ऐसा करने को कहा है।'

तिवारी ने मृदु स्वर में कहा–'और सामानों की जरूरत नहीं बाबू। सही-सलामत यहाँ से निकल जा सकें, तो जान बचे।'

उसकी बात पर किसी ने ध्यान नहीं दिया, लेकिन अपूर्व के कानों में उसकी बात गई। उसने एक समय आड़ में जाकर पूछा–'और कुछ हुआ था क्या रे?'

'नहीं।'

'तब फिर ऐसी बात तूने क्यों कही?'

तिवारी ने जवाब दिया–'मैंने शौक से थोड़े ही न कहा? दोपहर भर साहब घुड़दौड़ करता फिरा है, ऐसी हालत में कोई आदमी टिक सकता है?'

अपूर्व ने सोचा, बात सचमुच ही, हो सकता है, महत्त्वपूर्ण नहीं हो, पर कम-से-कम नीचे के छोटे-मोटे तुच्छ उपद्रव को ही बड़ा बनाकर अशान्ति भुगतना भी तो अत्यन्त दुखद है। इसीलिए उसने कुछ लापरवाही से कहा–'तो तू यह कहना चाहता है कि वह अपने घर में चलेगा नहीं? लकड़ी की छत है, जरा ज्यादा आवाज होगी ही।'

तिवारी ने गुस्सा होकर कहा–'एक जगह पर खड़ा होकर घोड़े की तरह पैर पटकने को क्या चलना कहा जाता है?'

अपूर्व बोला–'तब, हो सकता है, उसने फिर शराब पी थी!'

तिवारी ने जवाब दिया–'ऐसा हो सकता है, मैंने उसका मुँह सूँघकर नहीं देखा था।' इतना कहकर वह नाराज होकर रसोईघर में चला गया और यह कहते-कहते गया कि सो चाहे जो भी क्यों न हो, इस घर में रहना अब रास नहीं आएगा।

तिवारी की शिकायत न अनुचित ही है, न अप्रत्याशित ही। उसने यह भरोसा तो नहीं किया था कि शैतान का अधूरा अत्याचार एक ही दिन में खत्म होगा, फिर भी अनिश्चित आशंका से उसका मन बहुत उदास हो उठा। घर से दूर यहाँ की उसकी पहली सुबह कोहरे के बीच ही शुरू हुई थी। बीच में ऑफिस के सिलसिले में थोड़ी-सी रोशनी की झलक दिखाई पड़ी थी, मगर दिन ढलने के करीब बादलों से ढँका आसमान फिर उसे दिखाई पड़ा।

ट्रेन का समय हुआ तो रामदास चला गया। क्या पता तिवारी की शिकायत और उसके मालिक के मुँह के भाव से उसने कुछ अन्दाजा लगाया था या नहीं,

पर जाते समय उसने सहसा प्रश्न किया–'हाल्दार बाबू, इस डेरे में क्या आपको सुविधा नहीं हो रही है?'

अपूर्व ने तनिक हँसकर कहा–'नहीं।' और रामदास को जिज्ञासा-भरी दृष्टि से निहारता देखकर बोला–'ऊपर जो लोग रहते हैं वे लोग मेरे साथ अच्छा बर्ताव नहीं करते हैं।'

रामदास अचरज में पड़कर बोला–'वह लड़की भी अच्छा बर्ताव नहीं करती है?'

'हाँ, उसका बाप तो अच्छा बर्ताव करता ही नहीं है।' इतना कहकर अपूर्व ने कल तीसरे पहर से लेकर आज सवेरे तक की सारी घटना उसे कह सुनाई।

रामदास कुछ देर तक चुप रहा, फिर बोला–'आपकी जगह मैं होता, तो इसकी कहानी कुछ दूसरी ही होती। बिना माफी माँगे वह इस दरवाजे से एक कदम नीचे नहीं उतर सकता।'

अपूर्व ने कहा–'अगर वह माफी न माँगता तो आप क्या करते?'

रामदास ने कहा–'अभी-अभी कहा न मैंने, मैं उसे नीचे नहीं उतरने देता।'

ऐसी बात नहीं कि अपूर्व ने उसकी बात पर विश्वास किया, तब भी साहस की बात सुनकर उसे थोड़ा-सा साहस मिला। वह मुस्कुराकर बोला–'लेकिन चलिए, अभी तो हम लोग नीचे उतरें, आपकी गाड़ी का समय होता जा रहा है।' यह कहकर वह अपने दोस्त का हाथ पकड़कर सीढ़ियाँ उतरकर नीचे आने लगा।

लेकिन आश्चर्य की बात यह थी कि आते वक्त जिस जगह सीढ़ी पर उससे मुलाकात हुई थी, जाते वक्त भी ठीक उसी जगह सीढ़ी पर उससे मुलाकात हो गई। उसके हाथ में एक छोटा-सा कागज का पुलिंदा था, शायद वह कुछ खरीदने गई थी, वापस आ रही थी। उसे रास्ता देने के लिए अपूर्व एक किनारे हटकर खड़ा हो गया, लेकिन अचानक हक्काबक्का होकर उसने देखा, रामदास रास्ता छोड़े बिना बिलकुल रास्ते को पूरा रोककर खड़ा हो गया है।

वह अँगरेजी में बोला–'माफ कीजिए, मैं आपसे एक मिनट बात करना चाहता हूँ। मैं हाल्दार बाबू का दोस्त हूँ। इन लोगों के साथ आप लोगों ने बेवजह बुरा बर्ताव किया है। इसके लिए आप लोगों को खेद प्रकट करना चाहिए।'

वह लड़की त्योरियाँ चढ़ाकर क्रुद्ध स्वर में बोली–'आप चाहें तो इस बारे में मेरे पिताजी से बात कर सकते हैं।'

'आपके पिताजी घर पर हैं?'

'नहीं।'

'तब तो इन्तजार करने के लिए मेरे पास समय नहीं है। मेरी तरफ से आप उनसे कहिएगा कि उनके उपद्रव के चलते इनका घर में रहना दूभर हो गया है।'

वह लड़की पहले जैसी कड़वी आवाज में बोली–'उनकी तरफ से मैं ही जवाब दे रही हूँ कि ये चाहें तो चले जा सकते हैं।'

रामदास जरा मुस्कुराया, बोला–'भारतीय ईसाइयों की बोलियों को मैं पहचानता हूँ। इससे बड़ा जवाब भारतीय ईसाइयों के मुँह से निकलेगा, इसकी आशा मैंने नहीं की थी। मगर इतना कह देने से उनको सुविधा नहीं होगी, क्योंकि इनकी जगह मैं आऊँगा। मेरा नाम है रामदास तलवरकर, मैं मराठी ब्राह्मण हूँ। तलवार शब्द का एक अर्थ होता है–आप अपने पिता से इसे जान लेने को कहिएगा। गुड इवनिंग। चलिए हाल्दार बाबू!' इतना कहकर वह अपूर्व का हाथ पकड़कर एकबारगी रास्ते पर आ गया।

उस लड़की के चेहरे का भाव अपूर्व कनखियों से देख सका था। यह सोचकर कि बातचीत के आखिरी दौर में वह कैसी कठोर हो उठी थी, कुछ देर तक वह कोई बात ही नहीं कर सका। उसके बाद धीरे-धीरे बोला–'यह क्या हुआ तलवरकर?'

तलवरकर ने जवाब में कहा–'यह हुआ कि आप चले जाएँगे, तो मुझे आना पड़ेगा। बस, सिर्फ मुझे जानकारी मिलनी चाहिए।'

अपूर्व ने कहा–'यानी, दोपहर के वक्त आपकी पत्नी यहाँ अकेली रहेंगी?

रामदास ने कहा–'नहीं, वह यहाँ अकेली नहीं रहेगी। मेरी दो साल की लड़की उसके साथ रहेगी।'

'आप मजाक कर रहे हैं?'

'नहीं, मैं सच कह रहा हूँ। मजाक करना मैं नहीं जानता।'

अपूर्व ने एक बार अपने साथी के मुँह की ओर देखा, उसके बाद धीरे-धीरे कहा–'तो फिर यह डेरा मैं नहीं छोड़ सकूँगा...।'

उसके मुँह की बात पूरी भी न हो पाई थी कि रामदास ने एकाएक उसके दोनों हाथों को अपने बलिष्ठ हाथों से पकड़कर जोर से झकझोरते हुए कहा–'यही मैं चाहता हूँ हाल्दार बाबू, यही तो मैं चाहता हूँ। अत्याचार के डर से हम लोग बहुत भाग चुके हैं, मगर अब और नहीं, बस।'

शाम होने में तब भी देर थी। घंटे भर के अन्दर और किसी ट्रेन का समय भी नहीं था। इस वजह से स्टेशन के इस तरफ वाले प्लेटफार्म पर मुसाफिरों की भीड़ नहीं थी। यहाँ अपूर्व चहलकदमी करता हुआ टहलने लगा। अचानक उसे लगा, कल से लेकर आज तक इस एक दिन के बीच जीवन मानो पता नहीं कहाँ से होकर कैसे बिलकुल सालों लम्बा हो गया है। खेल-कूद और ऐसे सारे तुच्छ कामों के बीच वह न जाने कब थककर सो गया था। अचानक जहाँ नींद

टूटी वहाँ सारी दुनिया की क्रियाशीलता सिर्फ काम की गति से ही मानो पागल हो उठी हो। न आराम है, न विराम, न आनन्द, न फुरसत–हर आदमी के संघर्ष का दोपहर का सूरज दोनों हाथों से रोज मुट्ठियाँ भर-भर कर आग बिखेरता चला जा रहा है। यहाँ न माँ हैं, न दोनों बड़े भाई हैं, न भाभियाँ हैं, स्नेह की छाया कहीं भी नहीं है–कारखाने में अनगिनत पहिए दाएँ-बाएँ सिर के ऊपर, पाँवों के नीचे हर जगह बड़ी तेजी से घूमते चले जा रहे हैं, थोड़ा-सा असावधान होने पर कहीं भी जान बचाने का कोई रास्ता नहीं है। सब कुछ सख्ती के साथ बन्द है।

आँखों की दोनों कोरों में पानी भर आया। करीब ही एक लकड़ी की बेंच थी, वह उसी पर बैठकर आँखें पोंछ रहा था कि तभी अचानक पीछे से एक जोरदार धक्का खाकर वह जमीन पर बिलकुल औंधा गिर पड़ा। झटपट किसी तरह से उठ खड़ा हुआ, तो देखा, पाँच-छह फिरंगी छोकरे थे। किसी के मुँह में सिगरेट है, तो किसी के मुँह में पाइप, दाँत निपोरकर हँस रहे हैं। संभवतः धक्का मारनेवाले ने बेंच पर लिखे शब्दों को दिखाकर कहा–'साला, यह साहबों के लिए है, तुम्हारे लिए नहीं।'

शर्म, गुस्से और अपमान से अपूर्व की नम आँखें लाल हो उठीं, होंठ काँपने लगे। उसने उसकी बात के जवाब में क्या कहा, कुछ समझ में नहीं आया। उसकी हालत देखकर फिरंगी लड़कों ने बड़ा मजा महसूस किया।

एक ने कहा–'साला, दूधवाला आँखें दिखाता है? जेल जाना है?'

सबके सब ठहाका लगा उठे।

दूसरे ने उसके मुँह के सामने एक अश्लील मुद्रा बनाकर सीटी बजाई।

क्या करना अच्छा है और क्या करना बुरा–अपूर्व की यह समझ लगभग गुम होने को आ रही थी। हो सकता है, पलभर बाद वह इन लोगों पर टूट पड़ता, लेकिन कुछ गैर बंगाली कर्मचारी करीब ही बैठकर बत्तियाँ साफ कर रहे थे, उन लोगों ने बीच-बचाव कर दिया।

एक फिरंगी छोकरा भागता हुआ आया और भीड़ के अन्दर से पाँव घुसाकर अपूर्व के सफेद कुर्ते पर बूट की छाप लगा दी। इन गैर-बंगालियों के हाथ से छुटकारा पाने के लिए वह खींचातानी कर रहा था।

एक ने उसे धकेलकर ताना मारा, कहा–'अरे बंगाली बाबू, साहबों के बदन को छुएगा, तो यहाँ एक साल की जेल की सजा भुगतनी पड़ेगी। जाओ भागो।' दूसरे ने कहा–'अरे बाबू है–धक्का मत दो।' इतना कहकर उसने तार का गेट खींचकर बन्द कर दिया।

बाहर उसको घेरकर भीड़ इकट्ठा होने लगी थी। जो लोग देख नहीं सके थे उन लोगों ने तरह-तरह की राय जाहिर की। चनाजोर बेचनेवाले एक गैर-बंगाली ने कलकत्ता में रहकर बंगला सीखी थी, उसने उसे बंगला में समझा दिया कि यहाँ चट्टग्राम के बहुत-से लोग दूध का कारोबार करते हैं। वे लोग कुर्ता और जूते पहनते हैं। क्योंकि अपूर्व ऑफिस की पोशाक बदलकर बंगालियों की मामूली पोशाक पहनकर स्टेशन आया था, इसलिए साहबों ने उसे दूधवाला समझकर मारा है। वे लोग यह नहीं समझ सके थे कि वह दूधवाला नहीं, बल्कि ऑफिस का मैनेजर है।

अपनी कैफियत बर्ताव और सहानुभूति की जिम्मेदारी को दरकिनार कर अपूर्व स्टेशन में ढूँढ़ता हुआ सीधे स्टेशन मास्टर के कमरे में जा घुसा। उसने मुँह उठाकर निहारा। अपूर्व ने जूते का निशान दिखाकर सारी घटना कह सुनाई। उसने विरक्ति और उपेक्षा के साथ मिनट भर अपूर्व की बात सुनकर कहा–'यूरोपियनों की बेंच पर तुम क्यों बैठे?'

अपूर्व ने उत्तेजना के साथ कहा–'मैं नहीं जानता था।'

'तुम्हें जानना चाहिए था।'

'मैं यह नहीं जानता क्या सिर्फ इसलिए वे लोग मुझ पर हाथ उठाएँगे।'

साहब ने दरवाजे की ओर हाथ बढ़ाकर कहा–'गो-गो-गो! चपरासी, इसको बाहर कर दो।' इतना कहकर वह अपने काम में जुट गया।

अपूर्व यह अच्छी तरह नहीं जानता कि उसके बाद वह डेरे पर कैसे वापस आया। दो घंटे पहले रामदास के साथ इसी रास्ते पर एक साथ आते वक्त जो दुश्चिन्ता उसके मन में सबसे ज्यादा टीस रही थी वह थी, उसकी अकारण मध्यस्थता। एक तो इससे उत्पात और अशान्ति कम नहीं होगी, बल्कि बढ़ेगी ही। इसके अलावा उस ईसाई लड़की का चाहे कितना भी कसूर क्यों न हो, सिर्फ इस वजह से कि वह लड़की है, मर्द के मुँह से वह कटु बात बाहर निकलना ठीक नहीं हुआ था। दूसरे, तब वह अकेली थी। उसका शिक्षित, भद्र अन्तःकरण रामदास की बातों से खिन्न हुआ था। मगर अब लौटते समय उसका वह दुख पता नहीं कहाँ उड़नछू हो गया था, इसका कोई अता-पता नहीं था। जब उसकी याद आई तब ऐसा नहीं लगा कि वह लड़की है, बल्कि ऐसा लगा कि वह ईसाई लड़की है। साहब की लड़की है। जिन छोकरों ने उसे अभी-अभी बुरी तरह अपमानित किया है, जिन छोकरों की मूर्खता, नीचता और बर्वरता की सीमा नहीं थी, यह उन्हीं लोगों की बहन है। जिस साहब ने बेहद बुरी तरह पेश आकर उसे अपने कमरे से बाहर निकाल दिया, जिसने आदमी को उसका मामूली सा हक भी नहीं दिया,

यह उसी का करीबी रिश्तेदार है।

तिवारी ने आकर कहा—'छोटे बाबू, आपका खाना बन गया है।'

अपूर्व ने कहा—'चलो, आता हूँ...।'

दस-पन्द्रह मिनट बाद उसने फिर से आकर बताया—'खाना ठंडा हो रहा है बाबू।'

अपूर्व ने गुस्सा होकर कहा—'तू मुझे तंग क्यों करता है बिहारी? मैं नहीं खाऊँगा, मुझे भूख नहीं है।'

उसकी आँखों में नींद नहीं आई। जैसे-जैसे रात अधिक होने लगी, उसका बिस्तर मानो उसके लिए काँटों की सेज बनता चला गया। एक तकलीफदेह काँटा उसके अंग-अंग में चुभने लगा और उसी के बीच-बीच में उसे स्टेशन के उन गैर-बंगाली लोगों की याद आने लगी जो दल-बल के साथ मौजूद रहकर भी उसकी लांछना के भागीदार नहीं बने थे, बल्कि उन लोगों ने उसके अपमान को बढ़ा देने में ही मदद की थी। अपने ही देश के आदमी के प्रति इतनी उपेक्षा, इतनी बेशर्मी दुनिया के किसी और देश के लोगों में होगी? आखिर क्यों ऐसा हुआ? आखिर कैसे यह संभव हुआ?

चौथा परिच्छेद

दो-तीन दिन शान्तिपूर्वक बीत गए। ऊपर की मंजिल से साहब का उत्पात जब और नए रूपों में प्रकट नहीं हुआ तो अपूर्व ने सोच लिया कि उस दिन की बात उस लड़की ने अपने पिता को नहीं बताई होगी। उसे ऐसा लगा कि उसका फल-मूल देने आना और उस दिन की बात अपने पिता को न बताना सिर्फ संभव ही नहीं, सच है।

बहुत तरह के काले-गोरे साहबों का झुंड ऊपर आता-जाता रहता है। दो बार उस लड़की से भी सीढ़ियों पर मुलाकात हुई थी, वह मुँह मोड़कर नीचे उतर गई थी। लेकिन उस दुःशासन साहब से एक दिन भी आमना-सामना नहीं हुआ था। उसके भारी बूटों की आहट से सिर्फ यह समझा जा सकता है कि वह घर में है।

उस दिन सवेरे छोटे बाबू के लिए भात परोसकर तिवारी ने मुस्कुराते हुए कहा–'देखता हूँ, साहब ने कोई शिकवा-शिकायत नहीं की।'

अपूर्व ने कहा–'जो गरजता है वह बरसता नहीं।'

तिवारी बोला–'लेकिन हम लोग भी ज्यादा दिनों तक इस डेरे में नहीं रह सकेंगे। मुआ नशे में धुत होकर फिर किसी दिन बवाल मचाएगा।'

अपूर्व बोला–'इस बात का कोई खास डर नहीं।'

तिवारी बोला–'भले ही इस बात का डर न हो, तब भी सिर के ऊपर मलेच्छ, ईसाई रहे–ये लोग ऐसी-वैसी चीजें खाते-पीते हैं, याद आते ही...।'

'उफ, तू चुप रह तिवारी।' वह खुद तब खाना खा रहा था। ईसाइयों के खान-पान की चर्चा से मानो उसके रोंगटे खड़े हो गए। बोला–'यह महीना पूरा होने पर यहाँ से तो जाना ही पड़ेगा। मगर कोई अच्छा-खासा डेरा भी तो मिलना चाहिए।'

ऐसे समय उन सब चीजों की चर्चा करना अच्छा नहीं होता है, तिवारी मन-ही-मन शर्मिंदा होकर चुप रहा।

उसी दिन तीसरे पहर ऑफिस से लौटकर अपूर्व तिवारी की ओर देखकर ठगा-सा रह गया। वह इतने ही समय में मानो सूखकर आधा हो गया हो! बोला–'क्या बात है रे तिवारी?'

अपूर्व की बात के जवाब में उसने आलपिन लगे कई पीले छपे कागज अपूर्व के हाथ में दे दिए। फौजदारी अदालत का सम्मन था। वादी जे.डी. जोसेफ, प्रतिवादी तीन नम्बर घर का अपूर्व बंगाली और उसका नौकर। एक धारा नहीं, कोई चारेक धाराएँ लगाई गई थीं। दोपहर में कचहरी का चपरासी आकर दे गया था और कल सवेरे फिर और एक सम्मन देने आएगा। साथ में मुआ साहब था। परसों अदालत में हाजिर होना होगा। अपूर्व ने चुपचाप उन कागजों को शुरू से लेकर आखिर तक पढ़कर लौटा दिया और बोला–'क्या होगा भला! अदालत में हाजिर ही होना है न।'

तिवारी रुआँसा होकर बोला–'मैं कभी भी कठघरे में खड़ा नहीं हुआ हूँ बाबू।'

अपूर्व तंग आकर बोला–'तो क्या मैं कभी कठघरे में खड़ा हुआ हूँ? तू बात-बात में रोता है, तो विदेश आया क्यों?'

'मैं तो कुछ नहीं जानता छोटे बाबू।'

'अगर तू कुछ नहीं जानता है, तो तू लाठी लेकर निकला क्यों था? घर के अन्दर चुपचाप बैठा रहता।' इतना कहकर अपूर्व कपड़ा बदलने के लिए अपने कमरे में चला गया।

दूसरे दिन उसका अपना परवाना आ पहुँचा और उसके अगले दिन तिवारी को साथ लेकर वह यथासमय अदालत में हाजिर हुआ। मामले-मुकदमे की कोई जानकारी उसे नहीं थी। विदेश था, किसी आदमी से उसकी जान-पहचान भी नहीं थी। ऐसी स्थिति में किसकी मदद लेनी चाहिए, कैसे पैरवी करनी चाहिए, वह कुछ भी नहीं जानता था, लेकिन वह डरा नहीं। उसे खुद ही यह सोचते नहीं बना कि अचानक कैसे उसका मन इतना मजबूत हो गया। इस बारे में रामदास से कुछ कहने में, कोई मदद माँगने में उसे शर्म महसूस हुई। सिर्फ काम के बहाने साहब से वह एक दिन की छुट्टी ले आया।

यथासमय पुकार हुई। डिपुटी कमिश्नर ने खुद अपने पास यह मुकदमा रखा था। वादी जोसेफ साहब सच-झूठ जो मर्जी, बयान दे गया। प्रतिवादी का कोई वकील नहीं था। अपूर्व ने अपने जवाब में न ही कोई बात छिपाई, न ही कोई बात बढ़ा-चढ़ाकर कही। वादी का गवाह था उसकी बेटी। अदालत में उस लड़की का नाम और ब्यौरा सुनकर अपूर्व सन्न रह गया। वह किसी स्वर्गीय राजकुमार भट्टाचार्य की बेटी है। पहले उसका घर था बारीसाल में, अभी है बंगलोर में। उसका नाम है मेरी भारती। भट्टाचार्य महोदय खुद ही अपनी मर्जी से अँधेरे से रोशनी में आए थे। उनके गुजर जाने के बाद उसकी माँ किसी मिशनरी की बेटी की नौकरानी बनकर बंगलोर आई थी। वहाँ जोसेफ साहब के रूप पर मुग्ध होकर

उसने उससे शादी की। भारती ने अपने पिता की उपाधि भट्टाचार्य को बुरा मानकर छोड़ दिया और जोसेफ उपाधि अपने नाम के साथ लगा ली। तब से लेकर अब तक वह मिस मेरी भारती जोसेफ के नाम से जानी जाती है। हाकिम के यह पूछने पर कि वह सौगात के तौर पर फल-मूल देने गई थी या नहीं, वह साफ मुकर गई। लेकिन उसकी आवाज और मुँह के भाव से यह साफ समझ में आ गया कि वह झूठ बोल रही है। उसका यह झूठ सिर्फ हाकिम को ही नहीं, बल्कि उसके चपरासी की नजरों तक को चकमा नहीं दे सका। फैसला एक ही दिन में हो गया। तिवारी को रिहाई मिली। मगर न्यायाधीश ने अपूर्व को बीस रुपया जुर्माना कर दिया।

जीवन की इस सुबह में ही कचहरी में बिना कसूर के सजा पाकर उसका चेहरा उदास हो गया। जुर्माना भरकर वह बाहर निकल रहा था कि तभी देखा—दरवाजे के सामने रामदास खड़ा है। अपूर्व से कुछ पूछने के पहले ही ये शब्द बाहर निकल गए—'बीस रुपया फाइन हो गया रामदास। क्या किया जाए—अपील?' जोश और उत्तेजना से उसकी आवाज काँप उठी।

रामदास ने उसके दाहिने हाथ को खींचकर अपने हाथ में लिया और मुस्कुराते हुए कहा—'यानी बीस रुपए के बदले आप दो हजार रुपए का नुकसान करना चाहते हैं?'

'सो हो तो हो, लेकिन यह तो जुर्माना है! दंड है! राजदंड है!'

रामदास हँसता हुए बोला—'किस चीज का दंड? जिसने झूठा मुकदमा किया, झूठी गवाही दिलाई और जिसने उसे सहारा दिया—यह तो उन्हीं लोगों का दंड है न! मगर इसके ऊपर भी तो एक अदालत है जिसका न्यायाधीश गलती नहीं करता, वहाँ आप बेकसूर छूट गए हैं, कह देता हूँ।'

अपूर्व बोला—'लेकिन लोग तो ऐसा नहीं समझेंगे रामदास। यह बदनामी मेरे साथ हमेशा जुड़ी रहेगी।'

रामदास ने सस्नेह उसके हाथ पर दबाव देकर कहा—'चलिए, हम लोग नदी किनारे जरा टहल आएं।'

रास्ते में चलते-चलते वह बोला—'अपूर्व बाबू, मैं ऑफिस में ओहदे में आपसे छोटा हूँ, लेकिन उम्र में आपसे बड़ा हूँ। अगर मैं दो शब्द कहूँ, तो आप बुरा नहीं मानिएगा।'

अपूर्व चुप रहा।

रामदास कहने लगा—'इस मुकदमे की बात मैं पहले ही जानता था कि क्या होगा। इसमें मुझे कोई सन्देह नहीं था। आप लोगों की बात कह रहे थे, लोग यह जानते हैं कि हाल्दार और जोसेफ के बीच जब मुकदमेबाजी होगी तो अँगरेजों की अदालत में क्या होगा! और रही बीस रुपये जुर्माने की बात...'

'मगर बिना कोई कसूर किए मुझे यह सजा मिली है रामदास?'

रामदास बोला–'हाँ, हाँ, बिना कोई कसूर किए आपको सजा मिली। ऐसे ही बिना कोई कसूर किए मैंने भी दो साल जेल की सजा काटी है।'

'तुमने जेल की सजा काटी है? वह भी दो साल?'

'हाँ, दो साल!' इतना कहकर वह फिर से तनिक मुस्कुराकर अपूर्व का हाथ खींचकर अपनी पीठ के नीचे लाया और बोला–'अगर मैं अपनी यह कमीज हटा सकता, तो आप देख पाते कि मेरी पीठ पर जरा-सी भी जगह खाली नहीं है जहाँ बेंत के निशान नहीं हैं।'

'तुमने बेंत खाया है रामदास?'

रामदास ने मुस्कुराकर गर्दन हिलाई और बोला–'हाँ, और यों ही बिना कोई कसूर किए। तब भी मैं इतना बेशरम हूँ कि आज भी लोगों को अपना मुँह दिखाता हूँ और आप हैं कि बीस रुपये जुर्माने की बदनामी नहीं सह सकते हाल्दार बाबू?'

अपूर्व उसके मुँह की तरफ देखकर स्तब्ध हो गया।

जिस लैम्पपोस्ट से टिककर वे लोग खड़े थे, उसमें लैम्प जल उठा। शाम होते देख रामदास बोला–'अब और नहीं, चलिए मैं आपको आपके डेरे तक छोड़ दूँ। उसके बाद मैं घर जाऊँगा।'

अपूर्व ने जोश के साथ कहा–'अभी चले जाइएगा? मुझे तो आपसे बहुत-सी बातें जाननी हैं, तलवरकर बाबू।'

रामदास ने मुस्कुराते हुए कहा–'सारी बातें क्या आज ही जान लीजिएगा? ऐसा नहीं हो सकता। हो सकता है, बहुत दिनों तक मुझे बताना पड़े।'

'इस बहुत दिनों तक'–उसने ऐसा जोर दिया कि अपूर्व आश्चर्य के साथ उसके मुँह की तरफ निहारे बिना नहीं रह सका। लेकिन उस मुस्कुराते शान्त चेहरे पर कोई भी रहस्य प्रकट नहीं हुआ। रामदास गली के अन्दर न घुसकर, बड़े रास्ते से ही विदा लेकर सीधे स्टेशन की तरफ चला गया।

अपूर्व ने अपने डेरे के दरवाजे पर आकर बन्द दरवाजे पर दस्तक दी। तिवारी ने तुरन्त अपने मालिक की आवाज पहचानकर दरवाजा खोल दिया। उसका मुँह जितना गम्भीर था उतना ही उदास। बोला–'तब जल्दीबाजी में आपके दो नोट गिर गए थे।'

अपूर्व ने अचरज में पड़कर पूछा–'कहाँ गिरे थे रे?'

'यहाँ'–कहकर उसने दरवाजे के करीब एक जगह पर अपना पैर रखकर बता दिया बोला–'मैंने उन दोनों नोटों को आपके तकिए के नीचे रख दिया है। यही खुशकिस्मती है कि वे नोट जेब से कहीं बाहर नहीं गिरे थे।'

पाँचवाँ परिच्छेद

रात को जब दोनों खा-पी चुके तो तिवारी ने हाथ जोड़कर आँसू-भरी आँखों से कहा–'अब और यहाँ नहीं रहना है छोटे बाबू। अबकी बार इस बूढ़े आदमी का कहा मानिए। चलिए, कल सवेरे ही हम लोग जहाँ भी हो, चले चलें।'

अपूर्व ने कहा–'कल सवेरे ही, पर कहाँ जाएँगे, जरा सुनूँ तो सही? क्या धर्मशाला में जाकर रहने को कहता है?'

तिवारी बोला–'यहाँ रहने की बनिस्बत धर्मशाला में रहना अच्छा है। वह तो मुकदमा जीत गया है। अब किसी दिन वह घर में घुसकर हम दोनों को मारेगा।'

अपूर्व और बर्दाश्त नहीं कर सका, गुस्सा होकर बोला–'माँ ने तुझे मेरे जले पर नमक छिड़कने के लिए ही मेरे साथ भेजा था? अब मुझे तेरी कोई जरूरत नहीं। कल जहाज जाएगा, तू घर चला जा। मेरी किस्मत में जो बदा है, होगा।'

तिवारी ने और तर्क नहीं किया, वह धीरे-धीरे सोने चला गया।

तिवारी की बातों ने अपूर्व को बुरी तरह अपमानित किया था, इसीलिए उसने ऐसा कड़ा जवाब दिया, नहीं तो उसने कोई खास असंगत बात नहीं कही थी। अपूर्व मन-ही-मन इससे इनकार नहीं कर सका।

पर चाहे जो भी हो, अगले दिन सवेरे से ही एक नए डेरे की तलाश शुरू हो गई। तलवरकर को छोड़कर ऑफिस के लगभग सभी से एक नया डेरा ढूँढ़ने के लिए कह दिया गया। इसके बाद न तिवारी ने ही कोई शिकायत की और न अपूर्व ने ही अपने मन की बात जाहिर की, लेकिन मालिक और नौकर दोनों ही एक तरह से सशंकित भाव से दिन बिताने लगे।

ऑफिस से लौटते स्वयं अपूर्व रोज ही डरता कि आज घर जाकर पता नहीं क्या सुनना पड़े। मगर किसी दिन कुछ भी नहीं सुनना पड़ा। यह आशंका गलत नहीं थी कि मुकदमा जीतने के बाद जोसेफ परिवार की तरफ से उपद्रव नए-नए रूपों में रोज देखने को मिलेगा, लेकिन उपद्रव तो दूर, अब तो यह सन्देह होने लगा कि ऊपर कोई रहता भी है या नहीं। लेकिन इस सम्बन्ध में कोई भी किसी से कोई बात नहीं करता था। शान्तिपूर्वक दिन बीत रहे थे–यही अच्छा था।

सप्ताह भर बाद एक दिन जब अपूर्व ऑफिस से लौटा तो तिवारी प्रसन्नता-भरे मुँह से मन के आनन्द को भरसक संयत करते हुए बोला–'कुछ सुना है आपने, छोटे बाबू?'

अपूर्व बोला–'क्या?'

'साहब की टाँग टूट गई है। वह अस्पताल में भर्ती है। क्या पता वह बचेगा या नहीं। आज छठा दिन है। जिस दिन हम लोग अदालत में हाजिर हुए थे उसके दूसरे ही दिन यह घटना घटी।'

अपूर्व ने पूछा–'तुझे कैसे पता लगा?'

तिवारी बोला–'मकान मालिक का कारकुन हमारे जिले का रहनेवाला है, आज उससे मेरी जान-पहचान हुई। किराया लेने आया था। भला किराया कौन देता? शराब पीकर मारामारी करके जेटी से नीचे गिरने की वजह से साहब की टाँग टूट गई और अब वह अस्पताल के बिस्तर पर पड़ा हुआ है।'

'पड़ा रहे अस्पताल में'–कहकर अपूर्व कपड़े बदलने के लिए अपने कमरे में चला गया।

कलकत्ता से आने के बाद पहली बार तिवारी का मन सचमुच की खुशी से भर उठा था। उसकी बड़ी तमन्ना थी कि इसको लेकर वह आज छोटे बाबू से थोड़ी-सी बातचीत करे, मगर छोटे बाबू ने तरह-तरह की तरकीब से सुना दिया कि वह यह जानता था कि ऐसा एक दिन होगा ही।

तिवारी ने संध्या-वन्दना तो नहीं सीखी थी, लेकिन गायत्री मन्त्र उसे जबानी याद हो गया था। जिस दिन जुर्माना हुआ था, उसी दिन से उसने रोज सुबह एक सौ आठ बार और शाम को एक सौ आठ बार–यानी कुल दो सौ सोलह बार गायत्री मन्त्र का जाप किया था। इसी वजह से साहब की टाँग टूटी, तिवारी को इस पर पूरा विश्वास था, लेकिन कमसिन मालिक भी ऐसा सोचते हैं, ऐसा उसने सोचा था। लेकिन इस मन्त्र की असाधारण शक्ति पर तिवारी का विश्वास हजार गुना बढ़ गया। ईसाई होकर उसने ब्राह्मणों के सिर के ऊपर घोड़े की तरह पैर पटका था, सो उसका पैर टूटेगा नहीं तो क्या होगा?

अगले दिन सवेरे अपने ऑफिस के अरदली से खबर पाकर अपूर्व ने तिवारी को बुलाकर कहा–'एक डेरे का पता चला है तिवारी, तू जाकर उसे देख आ, देखूँ पसन्द आता है या नहीं।'

तिवारी ने जरा मुस्कुराकर कहा–'अब शायद जरूरत नहीं पड़ेगी बाबू। वह सब मैंने ठीक कर लिया है। अगली पहली तारीख को जिन लोगों को जाना है, वे ही लोग जाएँगे। डेरा बदलना तो कम झंझट का काम नहीं है छोटे बाबू।'

अपूर्व यह जानता था कि डेरा बदलना कम झंझट का काम नहीं है, लोकिन उसे यह भरोसा नहीं था कि साहब की गैरमौजूदगी में बन्द हुआ उत्पात उसकी वापसी के बाद भी बन्द ही रहेगा। डेरा तो उसे बदलना ही पड़ेगा लेकिन उसके ऑफिस जाने के पहले जब तिवारी ने छुट्टी माँगकर यह बताया कि वह आज दोपहर में बर्मियों के फरा के मन्दिर में तमाशा देखने जाएगा तो अपूर्व हँसे बिना नहीं रह सका। उसने मजाक करते हुए प्रश्न किया–'तुझे भला तमाशा देखने का कब शौक चर्राया तिवारी?'

तिवारी बोला–'विदेश में जो कुछ देखने लायक है उसे देख लेना अच्छी बात है, छोटे बाबू।'

अपूर्व बोला–'सो तो है। टाँग टूट जाने की वजह से साहब अस्पताल में है। अभी भला रास्ते पर चलने-फिरने में कोई डर नहीं। ठीक है, जाना मगर जरा जल्दी लौट आना। कोई साथ में रहेगा न?'

यह तय हुआ कि अपने जिले के जिस आदमी से कल उसकी जान-पहचान हुई थी, वही आज उसे तमाशा दिखा कर लाएगा। साहब के हादसे की खबर से वह इतना खुश हो गया था कि उसके सुझाव पर राजी होने में उसे तनिक भी देर नहीं लगी थी।

उसे बाहर जाने की अनुमति देकर अपूर्व यथासमय ऑफिस चला गया और इसके एक घंटे के अन्दर ही तिवारी के जिले का व्यक्ति आकर उसे बर्मी का तमाशा दिखलाने के लिए साथ ले गया।

तीसरे पहर घर लौटकर अपूर्व ने देखा, दरवाजे में ताला लगा हुआ है, तिवारी तब तक तमाशा देखकर नहीं लौटा था। जेब से चाबी निभाकर उसने ताला खोलना चाहा, तो देखा, चाबी ताले में घुसती नहीं है। इस ताले को तो उसने कभी देखा नहीं है, यह तो उसका ताला नहीं है! तिवारी को यह ताला कहाँ मिला? आखिर क्यों उसने अपने पुराने अच्छे ताले के बदले इस नए ताले को लगाया? फिर उसकी चाबी कहाँ है, आखिर वह कैसे अपने घर में घुसेगा? उसे कुछ भी सोचते नहीं बना।

शायद दो मिनट वह इसी तरह खड़ा था कि तभी तीसरी मंजिल के घर को खोलकर वही ईसाई लड़की मुँह बाहर निकालकर बोली–'रुकिए, मैं ताला खोल देती हूँ।' इतना कहकर वह नीचे उतर आई और निःसंकोच अपूर्व की बगल में आकर खड़ी हो गई, तो वह अचरज और शर्म के मारे बिलकुल हक्का-बक्का हो गया।

उससे सोचते नहीं बना कि तिवारी नहीं था, तो क्या हुआ उसे और कैसे उसके घर की चाबी साहब की लड़की के हाथों जा पड़ी।

कम रौशन इस सँकरी सीढ़ी पर दो आदमियों के खड़ा होने लायक काफी जगह नहीं थी। अपूर्व एक सीढ़ी नीचे उतरा और एक तरफ मुँह घुमाए रहा। गैर युवती के साथ निर्जन में अगल-बगल खड़ा होकर बात करने की उसकी आदत नहीं थी, इसीलिए जब उस लड़की ने उससे कहा–'माँ ने कहा था कि आपके घर में ताला लगाकर मैंने अच्छा काम नहीं किया है। हो सकता है, मैं मुसीबत में भी पड़ जाऊँ।' तब अपूर्व के मुँह से सहसा कोई भी जवाब बाहर नहीं निकला। भारती ने किवाड़ खोल डाला और बोली–'मेरी माँ बहुत डरपोक है। वह मुझे तब से डाँट रही है कि आप विश्वास नहीं करेंगे तो मुझे भी चोरी करने के जुर्म में जेल की सजा काटनी पड़ेगी। लेकिन मुझे इस बात का जरा भी डर नहीं है।'

अपूर्व ने कुछ न समझ पाने की वजह से पूछा–'क्या हुआ है?'

भारती बोली–'घर में जाकर देखिए न कि क्या हुआ है।' इतना कहकर वह रास्ता छोड़कर किनारे खड़ी हो गई।

अपूर्व ने कमरे में घुसकर जो कुछ देखा, उससे उसकी दोनों आँखें फटी-की-फटी रह गईं। दोनों ट्रंकों के ताले टूटे हुए थे। किताबें, कागज, बिस्तर, तकिया, कपड़े-लत्ते–सब कुछ फर्श पर बिखरे पड़े था। उसके मुँह से सिर्फ यह निकला–'ऐसा कैसे हुआ? किसने किया?'

भारती जरा मुस्कुराकर बोली–'और चाहे जिसने भी किया हो, मगर मैंने नहीं किया है। भले ही मैं आपकी दुश्मन होऊँ तो भी आपको यह विश्वास करना ही पड़ेगा।' इतना कहकर उसने जो ब्यौरा कह सुनाया वह इस प्रकार है :

भारती की माँ ने दोपहर में बरामदे में बैठे-बैठे तिवारी को अपने जिले के उस आदमी के साथ, जिससे अभी-अभी उसकी जान-पहचान हुई थी, तमाशा देखने के लिए बाहर जाते हुए देखा था। थोड़ी ही देर के बाद नीचे के घर से एक तरह की सन्देहजनक आवाज उन्हें सुनाई पड़ी, तो उन्होंने भारती से देखने के लिए कहा। उन लोगों के घर के फर्श के एक किनारे एक छेद है, आँखें सटाकर देखने से अपूर्व के घर का सब कुछ दिखाई पड़ता है, उसी छेद से होकर जब उसने देखा तो वह चिल्लाने लगी, सन्दूक तोड़नेवाले तेजी से भाग गए। तब नीचे आकर उसने अपूर्व के घर में अपना ताला लगा दिया और पहरा देने लगी कि वे लोग फिर से न आ जाएँ। अब अपूर्व दिखाई पड़ा, तो वह उसका घर खोल देने आई है।

अपूर्व का चेहरा फक पड़ गया। वह अपनी चारपाई पर धम-से बैठकर स्तब्ध हो गया।

भारती ने दरवाजे से मुँह बढ़ाकर कहा–'इस कमरे में आपकी कोई खाने की चीज है क्या? मैं कमरे में आकर एक बार देख सकती हूँ?'

अपूर्व ने गर्दन हिलाकर कहा–'आइए!'

वह कमरे में आई, तो उसके मुँह की तरफ निहारकर अपूर्व ने विमूढ़ की भाँति प्रश्न किया–'अब क्या किया जा सकता है?'

भारती बोली–'किया तो बहुत कुछ जा सकता है। लेकिन सबसे पहले यह देखना होगा कि क्या-क्या चीजें चोरी हुई हैं।'

अपूर्व बोला–'अच्छी बात है। तो देखिए न कि क्या-क्या चीजें चोरी हुई हैं?'

भारती हँसी, बोली–'जब आप आए थे तब न तो मैंने आपके ट्रंकों की चीजों को सहेजकर रखा था, न ही मैंने चोरी की है। इसलिए मैं यह कैसे जानूँगी कि ट्रंकों में क्या था और क्या नहीं है?'

अपूर्व ने शर्मिन्दा होकर कहा–'यह तो आप ठीक कहती हैं। तो फिर तिवारी के आने पर, हो सकता है, वह सब कुछ जानता हो।' इतना कहकर उसने इधर-उधर बिखरी हुई चीजों की तरफ करुण दृष्टि से निहारा।

उसके बेचारे-जैसे मुँह के भाव से भारती को मजा आया। मुस्कुराती हुई बोली–'वह जान सकता है और आप नहीं जान सकते? अच्छा, मैं आपको सिखा देती हूँ कि यह कैसे जानना चाहिए।' इतना कहकर वह तुरन्त फर्श पर बैठ गई। सामनेवाले टूटे ट्रंक को अपने करीब खींच लिया और बोली–'पहले सब कपड़े-लत्ते सहेज दूँ। यह सब ले जाने का शायद उन लोगों को समय नहीं मिला था।' इतना कहकर वह बेतरतीब धोतियों, चादरों, कुरतों, कोटों आदि को तहा करके एक के ऊपर एक को करीने से रखने लगी।

उसके आदी हाथों की निपुणता कुछ पलों में ही अपूर्व को नजर आ गई।

'यह क्या है? मुर्शिदावादी सिल्क का सूट है क्या? ऐसे सूट कितने जोड़े हैं बताइए तो?'

अपूर्व बोला–'दो जोड़े।'

'ठीक, दोनों मिल गए–यह रहा एक और यह रहा दूसरा।' यह कहकर उसने सूट के दोनों जोड़ों को ट्रंक में करीने से रख दिया। 'ढाके की धोती–एक, दो, तीन, चादर–एक, दो, तीन, ठीक मिल गए हैं। शायद धोती और चादर तीन-तीन ही थे न?'

अपूर्व बोला–'नहीं, वह तो अलग ही था। उसका सूट नहीं था।'

उन कपड़ों को करीने से रखकर भारती ने एक और सूट हाथ में उठाकर कहा–'यह देखती हूँ, फलालीन का सूट है–आप वहाँ टेनिस खेला करते थे क्या? तो फिर एक, दो, तीन और वह अरगनी पर एक है, और एक आप पहने हुए हैं–तो फिर पाँच सूट थे न?'

'हाँ, ठीक कहा आपने। पाँच ही सूट थे।'

भारती को कपड़े की तह के अन्दर कोई चमकीली चीज दिखाई पड़ी, तो उसे खींचकर बाहर निकाला और बोली–'यह तो सोने की चेन है, पर घड़ी कहाँ गई?'

अपूर्व खुश होकर बोला–'खैर, जान में जान आई, चेन उन लोगों को दिखाई नहीं पड़ी थी। यह मेरे पिता की दी हुई है, उन्हीं की निशानी है।'

'लेकिन घड़ी कहाँ है?'

'यह रही', कहकर अपूर्व ने अपने कोट की जेब से सोने की घड़ी बाहर निकालकर उसे दिखाई।

भारती बोली–'चेन और घड़ी तो मिल गईं, अब बताइए तो आपकी कितनी अँगूठियाँ थी? देखती हूँ, आपने तो एक भी नहीं पहनी है।'

अपूर्व बोला–'न ही मैंने अँगूठी पहनी थी, न ही संदूक में थी। दरअसल अँगूठी कभी मेरे पास नहीं थी।'

'लेकिन सोने के बटन कहाँ हैं? वे शायद पहनी हुई कमीज में लगे हुए हैं?'

अपूर्व व्यस्त होकर बोला–'कहाँ, इस कमीज में बटन लगे हुए नहीं हैं। वे तो एक पशम के कुरते में लगे हुए थे और वह कुरता ट्रंक में सामने ही था।'

भारती ने अरगनी की तरफ एक बार निगाह डाली। जो कपड़े तब तक उठाए नहीं गए थे, वे एक किनारे पड़े हुए थे। भारती ने उन कपड़ों में ढूँढ़ा, उसके बाद तनिक मुस्कुराकर बोली–'देखती हूँ, कुर्ता समेत बटन नदारद। कोई दूसरा बटन नहीं था न?'

अपूर्व के 'था' कहने पर भारती बोली–'तो फिर वह भी चला गया।'

अपूर्व ने सिर हिलाकर बताया–'नहीं, कोई दूसरा बटन नहीं था।' भारती ने पूछा–'ट्रंक में रुपए थे?'

अपूर्व ने 'थे' कहकर हामी भरी तो भारती ने चिन्तित स्वर में कहा–'तो फिर वे भी नदारद हैं। कितने रुपए थे, यह आप नहीं जानते? लेकिन मैं जानती हूँ, आपके पास मनीबैग है। उसे निकालकर मुझे दीजिए तो।'

अपूर्व ने अपना छोटा-सा चमड़े का मनीबैग निकालकर भारती के हाथ में दिया, तो उसने फर्श पर मनीबैग से पैसे उड़ेलकर सारे पैसे गिने और बोली–'दो सौ पचास रुपए आठ आने। याद है, घर से कितने रुपए लेकर चले थे?'

अपूर्व बोला–'हाँ, याद तो है, मैं घर से छह सौ रुपए लेकर चला था।'

भारती टेबल के ऊपर से कागज का एक टुकड़ा और पेंसिल लेकर लिखने लगी–'जहाज का किराया, घोड़ागाड़ी का किराया, कुली की मजदूरी, यहाँ पहुँचकर

आपने घर तार किया था न? अच्छा, उसके लिए भी एक रुपया। उसके बाद इन दस दिनों में घर-खर्च...'

अपूर्व बोला–'वह तिवारी से पूछे बिना नहीं जाना जा सकता है।'

भारती ने गर्दन हिलाकर कहा–'यह जाना जा सकता है। दो-एक रुपए का फर्क पड़ सकता है। इससे ज्यादा का फर्क नहीं पड़ेगा।'

जिस छेद से उसने आज चोरों को चोरी करते देखा था, उसी छेद से आँख सटाकर वह इस घर की तमाम करतूतों को देखा करती थी–तिवारी के सौदा-सुलुफ खरीदने से लेकर खाने-पीने के इन्तजाम तक, कुछ भी नहीं छूटता था। पर यह उसने कहा नहीं, कागज पर मर्जी के मुताबिक एक अंक लिखा और सहसा मुँह उठाकर बोली–'इसके अलावा और कोई फालतू खर्च तो नहीं न किया है?'

'नहीं।'

भारती कागज पर हिसाब करके बोली–'दो सौ अस्सी रुपए चोरी हुए हैं।'

अपूर्व चौंककर बोला–'इतने रुपए चोरी हुए? बैठिए-बैठिए, इसमें से और भी बीस रुपए कम कर दीजिए। जुर्माने के तौर पर जो रुपया मैंने खर्च किया, उसे आपने नहीं जोड़ा है।'

भारती ने सिर हिलाकर कहा–'वह तो अनुचित और झूठमूठ का जुर्माना था। इसमें खर्च किए गए रुपए को मैं कम नहीं करूँगी।'

अपूर्व अचम्भे में पड़कर बोला–'क्या मुसीबत है! जुर्माना झूठ-मूठ का हो सकता है, मगर जुर्माने के तौर पर मेरा रुपया देना तो झूठमूठ का नहीं है।'

भारती बोली–'आपने रुपए दिया क्यों? उस रुपए को मैं कम नहीं करूँगी। दो सौ अस्सी रुपए चोरी हुए हैं।'

अपूर्व ने कहा–'नहीं, दो सौ साठ रुपए चोरी हुए।'

भारती बोली–'नहीं, दो सौ अस्सी रुपए चोरी हुए।'

अपूर्व ने और तर्क नहीं किया। इस लड़की की प्रखर बुद्धि और हर पहलू पर विचार करने की अजीब शक्ति को देखकर वह अचरज में पड़ गया था। हालाँकि इस सरल विषय को न समझने की उसकी जिद को देखकर उसके विस्मय की सीमा नहीं रही।

फैसला उचित-अनुचित चाहे जो भी हुआ हो, पर वह यह समझना नहीं चाहती थी कि रुपया खर्च हो जाने पर फिर वह हाथ में नहीं रहता, उसे वह और क्या कहेगा?

भारती बचे-खुचे कपड़ों को करीने से रखकर उठ खड़ी हुई।

अपूर्व ने पूछा–'आप क्या सोचती हैं कि पुलिस को खबर देनी चाहिए?'

भारती ने सिर हिलाकर कहा–'सो तो है। सिर्फ यह सोचकर पुलिस को खबर दी जा सकती है कि मेरी मुश्किलों का अन्त नहीं हुआ है। वरना कहीं आप ऐसी आशा तो नहीं करते कि वे लोग आकर आपके चोरी हुए रुपए आपको दिला देंगे?'

अपूर्व चुप रहा। भारती बोली–'नुकसान जो होना था वह हो चुका है। इसके बाद फिर वे लोग आएँगे, तो वे लोग आपको अपमानित करना शुरू करेंगे।'

'लेकिन कानून तो है।'

अपूर्व का कहना खत्म नहीं हुआ था कि भारती अधीर हो उठी, बोली–'कानून है, तो है, ऐसा मैं आपको हरगिज नहीं करने दूँगी। कानून उस दिन भी था जिस दिन आप जुर्माना भरकर आए थे। इसी बीच आप क्या यह भूल गए हैं?'

अपूर्व बोला–'आदमी अगर झूठ बोले, झूठा मुकदमा दायर करे, तो क्या यह कानून का दोष है?'

भारती का मुँह देखकर ऐसा नहीं लगा कि वह तनिक भी शर्मिन्दा हुई है। बोली–'तो क्या यही आपकी राय है कि जब आदमी झूठ नहीं बोलेगा, झूठा मुकदमा नहीं दायर करेगा, तभी जाकर यह साबित होगा कि कानून में कोई दोष नहीं है? ऐसा हो, तो अच्छा ही है। लेकिन दुनिया में ऐसा होता नहीं है और ऐसा होगा–फिलहाल इसकी सम्भावना नहीं है।' इतना कहकर वह तनिक मुस्कुराई, मगर अपूर्व चुप रहा, वह तर्क में शामिल नहीं हुआ।

पहले दिन इस लड़की की आवाज से, उसके मीठे, शर्मीले बर्ताव से; खासकर उसकी उस सकरुण सहानुभूति से अपूर्व के मन के अन्दर जो तनिक मोह-सा पैदा हुआ था, वह भाव उसके बाद के आचरण से उसमें नहीं था। लेकिन अब भारती का यह चोरी छिपाने का आग्रह न जाने क्यों उसे बहुत बुरा लगा।

उस दिन उसका डरते हुए, झिझकते हुए गुप्त रूप से फलमूल देने के लिए आना, दूसरे ही पल फिर घर जाकर सारी घटनाओं को नमक-मिर्च लगाकर बताना, उसके बाद उसका अदालत में गवाही देना–सारी बातें मन के अन्दर बिजली की तरह कौंध गईं और उसका मुँह गम्भीर और आवाज भारी हो उठी। यह सब अभिनय है, सब धोखा है।

उसके चेहरे के इस आकस्मिक परिवर्तन को भारती ने देखा, लेकिन वह कारण नहीं समझ सकी, बोली–'आपने मेरी बात का कोई जवाब नहीं दिया?'

अपूर्व बोला–'इसका अब क्या जवाब दूँ? चोर को बढ़ावा नहीं दिया जा सकता है। पुलिस को खबर देनी ही पड़ेगी।'

भारती ने डरकर कहा–'यह आप क्या कह रहे हैं? ऐसा करने से न ही चोर

पकड़ा जाएगा और न ही रुपया वसूल होगा। बीच में पुलिस मुझे परेशान करेगी। मैंने चोरों को चोरी करते देखा है, मैंने आपके घर में ताला लगाया है, सारी चीजों को मैंने करीने से रखा है—मैं तो मुसीबत में पड़ जाऊँगी।'

अपूर्व ने कहा—'आप जो जानती हैं, कह दीजिएगा।'

भारती ने व्याकुल होकर जवाब दिया—'मेरे कहने से क्या होगा? अभी हाल ही में हम दोनों के बीच मुकदमेबाजी हुई है। हम दोनों एक-दूसरे का मुँह तक नहीं देखते, हम लोगों की आपस में बातचीत नहीं होती। फिर अचानक आपके वास्ते मैं इतनी माथा-पच्ची क्यों करती हूँ—मेरी बात पर पुलिस विश्वास क्यों करेगी?'

अपूर्व का मन सन्देह से और अधिक कड़ा हो उठा, बोला—'जब आपने पूरा का पूरा झूठ कहा तब तो उन लोगों ने आपकी बात पर विश्वास कर लिया और जब आप सच कहेंगी तब वे लोग क्या आपकी बात पर विश्वास नहीं करेंगे? रुपया तो थोड़ा-सा ही चोरी हुआ है मगर मैं चोर को सजा दिलाए बिना बख्शूँगा नहीं।'

उसके मुँह की तरफ भारती हक्काबक्का होकर निहारती रही, बोली—'यह आप क्या कह रहे हैं अपूर्व बाबू? मेरे पिता अच्छे आदमी नहीं हैं। उन्होंने बेवजह आपके साथ बेहद बुरा बर्ताव किया है। मैं यह भी जानती हूँ कि मैंने उनकी मदद की है। मगर इसी वजह से मैं आपके घर का दरवाजा तोड़कर घर में घुसूँगी और सन्दूक तोड़कर आपका रुपए चुराऊँगी? आपने ऐसा सोचा, लेकिन मैंने तो ऐसा नहीं सोचा। यह बदनामी फैल जाएगी, तो मैं जिन्दा कैसे रहूँगी?' कहते-कहते उसके होंठ फूलकर काँप उठे, और दाँतों से जोर से होंठों को दबाते-दबाते वह मानो तूफान की गति से बाहर निकल गई।

छठा परिच्छेद

यह बताना मुश्किल है कि अगले दिन सवेरे क्या सोचकर अपूर्व ने थाने की तरफ कदम बढ़ा दिए। वह यह जानता था कि चोरी की बात पुलिस की नजर में लाने से कोई फायदा नहीं होगा। न रुपया मिलेगा और न संभवतः चोर ही पकड़ा जाएगा–यह विश्वास उसे पुलिस पर था। लेकिन उस ईसाई लड़की के प्रति उसके क्रोध और विद्वेष की कोई सीमा नहीं थी। भारती ने खुद चोरी की है या उसने चोरी करने में मदद की है–इस विषय में तिवारी की भाँति वह अभी तक निःसंदिग्ध नहीं हो सका था, लेकिन उसकी धूर्तता और धोखे ने उसे बिलकुल पागल बना दिया था। जोसेफ साहब को भले ही कोई भी दोष क्यों न दिया जाए, पर उस पर यह कलंक नहीं लगाया जा सकता है कि अपने आपको खुली किताब साबित करने में उससे शुरू से ही कोई कोताही हुई है। वह शैतानी करता है, तो बिलकुल खुले तौर पर करता है। वह चाबुक फटकारता है तो बेझिझक फटकारता है। पड़ोसी के प्रति उसके मनोभाव में कहीं कोई पहेली नहीं होती। वह गरजता है तो निःसंकोच गरजता है। वह जो कुछ कहता है, वह एकदम सरल और सीधा होता है। वह जब नशे में धुत होकर पाँव पटकता है, तो उसे सुनने के लिए कान खड़े किए नहीं रखना पड़ता है–संक्षेप में उसे समझा जा सकता है। मगर इस लड़की की कथनी और करनी में कोई मकसद ढूँढ़े नहीं मिलता है। उसने जितना नुकसान किया है इसलिए भी उसे इतना गुस्सा नहीं है, बल्कि उसे गुस्सा इसलिए है कि शुरू से ही उसका विचित्र आचरण पल-पल सिर्फ अपूर्व की समझदारी की खिल्ली उड़ाता आया है। इसमें सन्देह है कि गुस्से में आकर थाने में घुसकर वह आखिरकार सारा ब्यौरा पुलिस को कह सुनाता या नहीं। लेकिन वह थाने के अन्दर नहीं जा सकता।

पीछे से पुकार सुनी–'तुम क्या अपूर्व हो? पर यहाँ?'

अपूर्व ने मुड़कर देखा, साधारण भद्र पुरुष बंगाली पोशाक में खड़े हैं–उन लोगों के परिचित निमाई बाबू। ये बंगाल के एक बड़े पुलिस अधिकारी हैं। अपूर्व के पिता ने इनको नौकरी दिलाई थी। वे थे इनके मददगार। निमाई बाबू उन्हें

भैया कहते थे। इसी नाते अपूर्व और उसके बड़े भाई उन्हें निमाई चाचा कहकर पुकारते थे। स्वतन्त्रता आन्दोलन के युग में अपूर्व को गिरफ्तार होकर भी सजा नहीं भुगतनी पड़ी थी—वह बहुत कुछ इन्हीं की कृपा से। रास्ते के बीच ही अपूर्व ने उन्हें प्रणाम करके अपनी नौकरी की जानकारी दी और पूछा—'मगर आप और इस देश में?'

निमाई बाबू ने उसे आशीर्वाद दिया और बोले—'बेटा, नन्हे-मुन्ने तुम, जब तुम्हें अपने घर-बार, माँ-बहन को छोड़कर इतनी दूर आना पड़ा है, तो क्या भला मुझे आना नहीं पड़ सकता है?' उन्होंने अपनी जेब से घड़ी निकालकर देखी, फिर बोले—'मुझे समय नहीं है। लेकिन तुम्हें तो ऑफिस जाने में अभी भी बहुत देर है। चलो न बेटा, रास्ते में जाते-जाते दो बातें कर लें। पता नहीं कितने दिन हुए, मैं तुम लोगों की कोई खोज-खबर नहीं ले सका हूँ। माँ अच्छी हैं न? और बड़े भाई लोग?'

यह बताकर कि सभी अच्छे हैं, अपूर्व ने प्रश्न किया—'आप अभी कहाँ जाएँगे?'

'मैं जहाज घाट जाऊँगा। चलो न मेरे साथ।'

'चलिए। आपको क्या कहीं और जाना पड़ेगा?'

निमाई बाबू हँसकर बोले—'और कहीं जाना भी पड़ सकता है। स्वागत करके जिस महापुरुष को ले जाने के लिए अपना देश छोड़कर मुझे इतनी दूर आना पड़ा है, सब कुछ अभी उसी की मर्जी पर निर्भर करता है। उसका फोटो है, उसका पूरा ब्यौरा भी है। मगर यहाँ की पुलिस के बाप की मजाल नहीं कि वह उसके बदन को छू भी सके। मैं यही सोच रहा हूँ कि मैं भी उसके बदन को छू सकूँगा या नहीं।'

निमाई बाबू ने किसके लिए महापुरुष शब्द का प्रयोग किया, यह अपूर्व को समझ में नहीं आया। वह उत्सुक होकर बोला—'वह महापुरुष कौन है चाचाजी? इसमें कोई सन्देह नहीं कि वह कोई बंगाली ही होगा, क्योंकि तभी तो आप आए हैं—वह कोई खूनी मुजरिम है, है न?'

निमाई बाबू बोले—'यह तो मैं तुम्हें नहीं बता सकूँगा बेटा। कोई भी यह ठीक-ठीक नहीं जानता कि वह क्या है और क्या नहीं है। उसके खिलाफ कोई निश्चित चार्ज भी नहीं है। हालाँकि जो चार्ज है, वह हमारे पेनल कोड का कोहिनूर है। इस पर निगरानी रखने में इतनी बड़ी गवर्नमेंट का पसीना छूट गया।'

अपूर्व ने पूछा—'वह कोई पॉलिटिकल मुजरिम है क्या?'

निमाई बाबू ने गर्दन हिलाकर कहा–'अरे बेटा, एक समय लोग तुम लोगों को भी पॉलिटिकल मुजरिम कहा करते थे। लेकिन यह कहने से इसके बारे में कुछ भी समझ में नहीं आता है। यह ठहरा राजद्रोही। राजा का शत्रु। हाँ, शत्रु कहलाने लायक आदमी तो है ही। बलिहारी उस व्यक्ति की है जिसने इस लड़के का नाम सव्यसाची रखा है। महाभारत के अनुसार सव्यसाची के दोनों ही हाथ एक-से चलते थे। मगर महाप्रतापी सिरकार बहादुर के गुप्त इतिहास के अनुसार इस आदमी की दसों इन्द्रियाँ, बेटा, एक-सी गति से चलती हैं। बन्दूक-पिस्तौल से यह अचूक निशाना साधता है, पद्मा नदी को तैर कर पार कर जाता है, किसी बाधा की परवाह नहीं करता, फिलहाल अनुमान यह है कि चट्टग्राम के रास्ते पहाड़ को लाँघकर उसने बर्मा की जमीन पर कदम रखा है। अभी मांडले से नदी के रास्ते जहाज पर सवार होकर वह रंगून आएगा, या रेल के रास्ते ट्रेन पर सवार होकर यहाँ आ रहा है, यह मालूम नहीं लेकिन यह सही है कि वह चल चुका है। उसके मकसद के बारे में कोई सन्देह, कोई तर्क नहीं है–शत्रु-मित्र सभी के मन में उसका दृढ़ सिद्धान्त बना हुआ है। उसका गठीला बदन जब तक पंचतत्त्व में विलीन नहीं हो जाता तब तक इस जनम में उसके सिद्धान्त में कोई हेर-फेर नहीं होगा, यह भी हम सब जानते हैं। सिर्फ हम यह नहीं जानते कि इस देश में आकर वह किस रास्ते अपना कदम बढ़ाएगा। मगर देखो बेटा, ये सब बातें कहीं भी जाहिर मत करना। अगर ऐसा करोगे, तो इस बुढ़ापे में सत्ताईस साल की नौकरी की पेंशन से तो हाथ धोना ही पड़ेगा, साथ ही हो सकता है, ऊपर से कुछ जुर्माना न भरना पड़ जाए।'

अपूर्व ने उत्साह और उत्तेजना से चंचल होकर कहा–'ये इतने दिन कहाँ थे और क्या कर रहे थे? ऐसा नहीं लग रहा है कि मैंने कभी सव्यसाची नाम सुना हो।'

निमाई बाबू ने मुस्कुराते हुए कहा–'अरे बेटा, इन बड़े लोगों का काम क्या भला सिर्फ एक नाम से चलता है। जैसे अर्जुन अलग-अलग जगह पर अलग-अलग नाम से जाने जाते थे वैसे ही, हो सकता है, यह भी अलग-अलग जगह पर अलग-अलग नाम से जाना जाता हो! हो सकता है, तुमने भी यह नाम सुना हो, पर अभी पहचान नहीं पा रहे हो। और इस बीच यह क्या कर रहा था–इसकी सारी जानकारी मुझे नहीं है। राजशत्रु है यह। लोग सारा काम-काज ढोल पीटकर करना पसन्द नहीं करते। लेकिन मैं इतना जानता हूँ कि इसने एक बार पूना में और एक बार सिंगापुर में क्रमशः तीन महीने और तीन साल की सजा काटी है। यह लड़का दस-बारह भाषाएँ ऐसे बोल सकता है कि विदेशियों के लिए यह जानना मुश्किल है कि यह कहाँ का रहनेवाला है। जर्मन के जेना में या पता नहीं कहाँ

इसने डॉक्टरी पास की है, फ्रांस में इंजीनियरिंग पास की है, बिलायत में वकालत पास की है, अमेरिका में क्या पास किया है, मालूम नहीं, लेकिन जब यह वहाँ था, तब वहाँ भी कुछ-न-कुछ किया ही होगा। ये डिग्रियाँ लेना इसके लिए ताश-पासा खेलने के बराबर है। रिक्रिएशन है–मगर इसकी कोई भी डिग्री किसी काम में नहीं आई बेटा। इसकी नस-नस में भगवान ने ऐसी आग जला दी है कि इसे जेल में डालो या शूली पर चढ़ा दो, इन्हें इसकी कोई परवाह नहीं। जब तक यह पंचतत्त्व में विलीन नहीं हो जाता तब तक हमें न शान्ति है, न राहत। इस तरह के लोगों को न तो कोई दया-धर्म है, न कोई धर्म-कर्म है, न इन लोगों का कोई घर-बार है। बाप रे बाप, आखिर हम लोग भी तो भारतवर्ष के आदमी हैं। लेकिन यह सोचते ही नहीं बनता है कि यह लड़का कहाँ से आकर बंगाल में पैदा हुआ।'

अपूर्व सहसा बात नहीं कर सका–उसकी भी नस-नस में जैसे आग बहने लगी। वह कुछ देर तक चुपचाप चलता रहा। उसके बाद धीरे-धीरे बोला–'तो क्या इसे आज आप गिरफ्तार करेंगे?'

निमाई बाबू ने हँसकर कहा–'पहले यह मिले तो?'

अपूर्व ने कहा–'मान लीजिए, यह मिल जाए तो।'

'नहीं बेटा, यह इतना सरल काम नहीं है। मेरा दृढ़ विश्वास है कि वह अन्तिम क्षण में किसी दूसरे रास्ते से होकर कहीं और चला गया है।'

'और अगर वह आ जाए तो?'

निमाई बाबू ने तनिक सोचकर कहा–'उस पर बराबर ध्यान रखने का हुक्म है। दो दिन देखता हूँ। पकड़ने की बनिस्बत वॉच करने की कीमत ज्यादा है–फिलहाल गवर्नमेंट का यही मानना है।'

उनकी बात पर अपूर्व विश्वास नहीं कर सका, क्योंकि वे चाहे जो भी क्यों न हों, पर हैं तो पुलिस ही। फिर भी उसके मुँह से एक राहत की साँस निकली। बोला–'इसकी उम्र कितनी होगी?'

निमाई बाबू बोले–'ज्यादा नहीं, यही कोई तीस-बत्तीस साल होगी।'

'यह देखने में कैसा है?'

'यही तो बताना बड़ा कठिन है बेटा। इतने भयंकर आदमी में कोई खासियत नहीं है। यह महज मामूली आदमी है। इसीलिए हसे पहचानना भी मुश्किल है और पकड़ना भी। हमारी रिपोर्ट में खासतौर पर यही लिखा हुआ है।

अपूर्व बोला–'लेकिन पकड़े जाने के डर से ही तो यह पाँव पैदल पहाड़-पर्वत लाँघकर आया है।'

निमाई बाबू बोले–'ऐसा नहीं भी हो सकता है। हो सकता है, कोई मंशा हो। हो सकता है, राह को एक बार पहचान लेना चाहता हो, कुछ भी नहीं कहा जा सकता है अपूर्व। इस तरह के लोग जिस राह के राही हैं, उसमें सरल आदमी के हिसाब के साथ इन लोगों का हिसाब नहीं मिलता है। आज इस बात की परीक्षा होगी कि ये लोग गलत हैं या हम लोग। ऐसा भी हो सकता है कि हमारी सारी दौड़-धूप बेकार हो जाए।'

अपूर्व बोला–'मैं भगवान से हृदय से प्रार्थना करता हूँ चाचाजी कि ऐसा ही हो।'

निमाई बाबू खुद भी हँसे, बोले–'बुद्धू लड़का, पुलिस से ऐसा कहना चाहिए? फिर बताओ, तो कितना नम्बर है तुम्हारे डेरे का? तीस न? हो सका तो कल सवेरे एक बार जाकर तुम्हारा डेरा देख आऊँगा। इसी सामनेवाली जेटी में ही शायद हम लोगों का स्टीमर लगता है। अच्छा, अब तुम्हारे ऑफिस जाने का समय होने को आया। नई नौकरी है, देरी करना अच्छा नहीं है।' इतना कहकर उन्होंने बगल से निकलकर तनिक तेज कदमों से चलने की तैयारी की कि तभी अपूर्व ने कहा–'सिर्फ देरी ही क्यों, आज मुझे ऑफिस न भी जाना पड़े, तो भी मैं आपको छोड़नेवाला नहीं। मैं नहीं चाहता कि वह आए और आपके हाथों गिरफ्तार हो। लेकिन ऐसा हादसा अगर हो भी जाता है, तब भी मैं उसे एक बार अपनी आँखों से देख सकूँगा, चलिए।'

न चाहते हुए भी निमाई बाबू ने कोई खास आपत्ति नहीं की। सिर्फ उसे जरा सतर्क कर दिया और बोले–'ऐसे आदमी को देखने का लोभ होता है, इससे मैं इनकार नहीं करता। मगर ऐसे आदमियों से किसी तरह की बातचीत करना और जान-पहचान करने की इच्छा भी खतरनाक है, यह मैं तुम्हें बता देता हूँ। अब तुम बच्चे नहीं रहे; तुम्हारे पिता भी अब जिन्दा नहीं हैं, अपने भविष्य के बारे में सोचकर काम करने की जिम्मेदारी अब अकेले तुम्हारी ही है।'

अपूर्व हँसकर बोला–'बातचीत और जान-पहचान करने का मौका भी क्या आप लोग कभी किसी को देते हैं चाचा जी? न तो उन्होंने कोई कसूर किया है, न ही उनके खिलाफ कोई शिकायत है तब भी तो आप उन्हें फंदे में फँसाने की कोशिश करने के लिए इतनी दूर भागे आए हैं।'

उसकी बात के जवाब में निमाई बाबू सिर्फ जरा मुस्कुराए। उसका मतलब बड़ा गहरा था। मुँह से बोले–'यह मेरा कर्त्तव्य है।'

'कर्त्तव्य!'–इस एक छोटे से शब्द में दुनिया की कितनी अच्छाइयाँ और बुराइयाँ समाई हुई हैं। यह सोचकर अपूर्व ने और कोई प्रश्न नहीं किया।

जब दोनों जेटी पर पहुँचे तब इरावती नदी का बहुत बड़ा स्टीमर किनारे लगने की कोशिश कर रहा था। पाँच-सात पुलिस अधिकारी सादी वर्दी में पहले से ही खड़े थे। निमाई बाबू के साथ उन लोगों को आँखों-आँखों में इशारे करते देखकर अपूर्व उन लोगों का असली रूप पहचान सका। ये सभी के सभी भारतीय थे। भारत की भलाई के लिए विद्रोही को पकड़ने के लिए ये लोग इतनी दूर बर्मा आए थे। अब वह विद्रोही उन लोगों के हाथों पड़ने ही वाला है। उन लोगों के आँख-मुँह पर छाई सफलता के आनन्द और उत्तेजना की चमक अपूर्व को साफ दिखाई पड़ी।

ज्योंही वह शर्म और दुख से मुँह मोड़कर खड़ा हुआ त्यों ही अचानक उसका पूरा दुखी मन मानो किसी अनदेखे अपरिचित अभागे के चरणों पर औंधा गिरा और उसके रास्ते को रोककर खड़ा हो गया। जहाज के खलासी तब जेटी पर रस्सियाँ फेंक रहे थे। कितने लोग रेलिंग पकड़े उत्सुक होकर उन्हें रस्सियाँ फेंकते देख रहे थे। डेक पर हलचल, शोरगुल और भाग-दौड़ की सीमा नहीं थी। हो सकता है, इसी हलचल, शोरगुल और भाग-दौड़ के बीच खड़ा होकर एक आदमी ऐसे ही स्टीमर के किनारे लगने का इन्तजार कर रहा हो, लेकिन अपूर्व की आँखों में सारा दृश्य आँसुओं से बिलकुल धुँधला होकर खो-सा गया था। ऊपर-नीचे, जल-थल में इतने नर-नारी खड़े थे, उनमें से किसी के भी प्रति कोई शंका नहीं थी, उनमें से किसी का भी कोई कसूर नहीं था, लेकिन जिस आदमी ने अपने करुण हृदय के सारे सुखों, सारे स्वार्थों और सारी आशाओं को अपनी मर्जी से त्याग दिया है सिर्फ उसी के लिए जेल और मौत की राह मुँह बाए हुए है।

जहाज जेटी से आकर लगा। लकड़ी की सीढ़ी नीचे लगा दी गई। निमाई बाबू अपने दल-बल के साथ रास्ते के दोनों किनारे कतार में खड़े हो गए। मगर अपूर्व अपनी जगह से टस-से-मस नहीं हुआ। वह वहाँ निश्चल पत्थर के बुत की मानिन्द खड़ा होकर एकाग्र मन से कहने लगा—'पलभर बाद तुम्हारे हाथों में हथकड़ी लगेगी। उत्सुक नर-नारी तुम्हारा लांछन और अपमान आँखें खोलकर देखेंगे। वे लोग यह जान भी नहीं पाएँगे कि उन लोगों के लिए तुमने अपना सब कुछ त्याग दिया है। इसी वजह से अब तुम उन लोगों के बीच नहीं रह सकते।' उसकी आँखों से टप-टप पानी गिरने लगा और जिसे उसने किसी दिन नहीं देखा था, उसी को सम्बोधित करके वह मन-ही-मन कहने लगा—तुम तो हमारे-जैसे सीधे-सादे आदमी नहीं हो, तुमने देश के वास्ते अपना सब कुछ निछावर किया है। इसीलिए तो देश की नाव तुम्हें पार नहीं कर सकती, तुम्हें तैरकर पद्मा पार करनी पड़ी है। इसीलिए तो देश का राजपथ तुम्हारे लिए बन्द हैं। दुर्गम पहाड़-पर्वत को लाँघता हुआ तुम्हें चलना पड़ता है, किसी भूले अतीत में तुम्हारे

लिए ही पहले-पहल हथकड़ी बनाई गई थी। जेल तो सिर्फ तुम्हें ही ध्यान में रखकर पहले-पहल बनाया गया था। यही तो तुम्हारा गौरव है। किसकी मजाल है कि तुम्हारी उपेक्षा करे! ये अनगिनत पहरू, ये विपुल सैन्यबल, ये तो सिर्फ तुम्हारे लिए ही हैं। दुख का दुसह बोझ तुम ढो सकते हो, इसीलिए तो भगवान ने इतना बड़ा बोझ तुम्हारे कन्धों पर सौंपा है! मुक्ति-पथ के अग्रदूत! पराधीन देश के हे राजद्रोही! तुम्हें कोटि-कोटि नमस्कार।

उसे किसी भी चीज का खयाल नहीं था कि इतने लोगों की भीड़ लगी हुई है। इतने लोग आ-जा रहे हैं, इतने लोगों की नजरें उस पर पड़ी हुई हैं। अपने मन के उमड़ते जोश से अविराम आँसुओं से उसके गाल, उसकी ठोड़ी, उसकी आवाज भीग जाने लगी। कितना समय गुजर गया—इधर उसका थोड़ा भी ध्यान नहीं था।

अचानक निमाई बाबू की आवाज से चौंककर उसने झटपट उमड़ते विह्वल भाव को दबाने की कोशिश की लेकिन उन्होंने देख लिया। वे ठगे-से रह गए। मगर उन्होंने कोई प्रश्न नहीं किया, बोले—'जिस बात का डर था वही हुआ। वह निकल भागा।'

'कैसे निकल भागा?'

निमाई बाबू बोले—'अगर मैं यह जानता होता, तो क्या वह निकल भागता? लगभग तीन सौ मुसाफिर रहे होंगे, उनमें से बीस-पच्चीस साहब फिरंगी थे। करीब-करीब डेढ़ सौ उड़िया, मद्रासी, पंजाबी होंगे, बाकी बर्मी थे। यह तो भगवान भी नहीं जानता कि वह किस वेश में कौन-सी भाषा बोलते-बोलते निकल गया—समझे न बेटा। हम तो ठहरे पुलिस! पहचानने की गुंजाइश नहीं कि वे विलायत के रहनेवाले हैं या बंगाल के। सन्देह में जगदीश बाबू सिर्फ छह बंगालियों को थाने ले गए हैं। उन्हें सन्देह है कि वह उन्हीं में से कोई होगा। उनमें से एक आदमी की शक्ल उसकी शक्ल से मिलती-जुलती-सी भी लगती है। मगर लगती-सी ही भर है। वह नहीं है। तो क्या तुम चलोगे बेटा, एक बार उस आदमी को अपनी आँखों से देखने के लिए?

अपूर्व का कलेजा धक-धक कर उठा, बोला—'अगर आप उन लोगों को मारेंगे, तो मैं नहीं जाना चाहता।'

निमाई बाबू ने तनिक मुस्कुराकर कहा—'इतने लोगों को मैंने चुपचाप छोड़ दिया, और इन लोगों पर मैं बंगाली होकर सिर्फ इसलिए अत्याचार करूँगा कि ये बेचारे बंगाली हैं? अरे बेटा, बाहर से तुम लोग पुलिसवालों को चाहे जितना बुरा समझो, पर सभी पुलिसवाले बुरे नहीं होते। अच्छा-बुरा सब में होता है, लेकिन

मुँह सिये जितना दुख हम लोगों को झेलना पड़ता है। अगर तुम यह जानते, तो तुम अपने इस दारोगा चाचा से इतनी नफरत नहीं करते अपूर्व।'

अपूर्व शर्मिन्दा होकर बोला–'आप तो अपना कर्त्तव्य करने आए हैं, पर इस वजह से मैं आपसे नफरत क्यों करूँगा चाचाजी?' इतना कहकर वह झुका और उनके पैर छूकर हाथ अपने सिर से लगाया।

निमाई बाबू ने खुश होकर उसे आशीर्वाद देते हुए कहा–'खुश रहो। चलो, जरा जल्दी चलें, वे लोग भूख-प्यास से मर रहे होंगे। जरा जाँच-पड़ताल करके उन्हें छोड़ दूँगा।' इतना कहकर वे उसका हाथ पकड़कर उसे अपने साथ बाहर ले आए।

दोनों थाने में घुसे, तो देखने में आया, सामनेवाले हॉल में छह बंगाली गठरी-मोटरी लिये बैठ हुए हैं। जगदीश बाबू ने इसी बीच उन लोगों के टीन के सन्दूकों और छोटी-बड़ी पोटलियों को खोलकर जाँच शुरू कर दी थी। ये सभी के सभी उत्तर ब्रह्म में वर्मा ऑयल कम्पनी की तेल की खान के कारखाने में मिस्त्री का काम करते थे। वहाँ की आबोहवा बर्दाश्त न होने की वजह से नौकरी की तलाश में रंगून चले आए थे। इन लोगों का नाम-पता और पूरा ब्यौरा लेकर तथा इन लोगों की चीजों की पड़ताल करके इन लोगों को छोड़ दिया गया।

पॉलिटिकल सस्पेक्ट सव्यसाची मल्लिक को निमाई बाबू के सामने हाजिर किया गया। वह आदमी खाँसते-खाँसते आया। बेहद गोरा रंग धूप में झुलसने की वजह से ताँबई हो गया था। उम्र तीस-बत्तीस साल से ज्यादा नहीं थी, मगर वह बहुत दुबला-पतला दिखा। खाँसने की वजह से वह हाँफने लगा। उसको देखकर आशंका होती है कि दुनिया में जिन्दा रहने के उसके दिन अब ज्यादा नहीं बचे हैं। अन्दर की किसी लाइलाज बीमारी की वजह से उसका सारा बदन जैसे बड़ी तेजी से कमजोर से कमजोर होता जा रहा हो। सिर्फ आश्चर्य की बात यह थी कि उसके कमजोर चेहरे पर दोनों आँखें बड़ी अजीब हैं। वे आँखें छोटी हैं या बड़ी, फटी-फटी हैं या गोल, चमकीली हैं या बेरौनक–इन सबका वर्णन करना बेकार है। बेहद गहरे तालाब-जैसी उसकी आँखों में क्या है, डर लगता है। यहाँ खोला नहीं जा सकता, सावधानी से दूर खड़ा रहने की जरूरत है, इसी की किसी अथाह गहराई में उसकी कमजोर जीवनशक्ति छिपी हुई है, मौत भी वहाँ घुसने की हिम्मत नहीं करती है। सिर्फ इसी वजह से वह आज भी जिन्दा है।

अपूर्व मुग्ध होकर उस तरफ निहार रहा था। सहसा निमाई बाबू ने उसकी वेश-भूषा की शोभा और नफासत के प्रति अपूर्व का ध्यान आकर्षित किया और मुस्कुराते हुए बोले–'बाबू साहब की सेहत का तो बारह बज चुका है, मगर

शौक पूरा बना हुआ है—यह तो कबूल करना ही होगा! क्यों अपूर्व, तुम्हारा क्या कहना है?'

इतनी देर बाद अपूर्व ने उसके पहनावे पर निगाह डाली और मुँह मोड़कर अपनी हँसी छिपाई। उसके सिर के अगले हिस्से में बड़े-बड़े बाल थे, लेकिन गर्दन और कानों की तरफ बाल नहीं के बराबर थे। बालों को छोटा कटवा लिया था उसने। सिर के बीचोबीच माँग काढ़ी हुई थी। रुखे बालों से फैलते नीबू के तेल की महक से कमरा भर गया था। वह जापानी सिल्क का सतरंगी कुर्ता पहने हुए था। उसकी सीने की जेब में बाघ का चित्र वाला एक रूमाल था जिसका थोड़ा-सा हिस्सा दिखाई पड़ रहा था। चादर नाम की कोई चीज नहीं थी बदन पर, वह विलायती मिल की मलमल की पतली धोती पहने हुए था। पाँवों में हरे रंग के मोजे थे जिन्हें घुटनों के ऊपर लाल फीते से बाँध दिया गया था। पॉलिश किए हुए पम्प शू, जिनके समूचे तले को मजबूत और टिकाऊ बनाने के लिए नाल लगवाई गई थी। हाथ में एक हरिण के सींग की मूठवाली बेंत की छड़ी थी। कई दिनों से जहाज में सफर करते रहने की वजह से सब कुछ गन्दा हो गया था—इसको सिर से लेकर पाँव तक अपूर्व ने बार-बार देखा और बोला—'चाचा जी, इस आदमी को आप बिना कुछ पूछे ही छोड़ दीजिए, यह वह नहीं है जिसे आप ढूँढ़ रहे हैं। इसका जामिन मैं बन सकता हूँ।'

निमाई बाबू चुप रहे। अपूर्व बोला—'और चाहे जो भी हो, आप जिन्हें ढूँढ़ रहे हैं, उनके कल्चर की बात आप एक बार सोचकर देखिए।'

निमाई बाबू ने हँसकर गर्दन हिलाई, बोले—'तुम्हारा नाम क्या है जी?'

'जी, मेरा नाम गिरीश महापात्र है।'

'एकदम महापात्र! तुम भी तो तेल की खान में काम करते थे न? तो अब रंगून में ही रहोगे? तुम्हारे सन्दूक और बिस्तर की खानातलाशी तो हो चुकी है! देखूँ, तुम्हारी अंटी और जेब में क्या है?'

उसकी अंटी से एक रुपया और छह पैसे निकले। जेब से एक लोहे का कम्पास, मापने का लकड़ी का एक फुट रूल, कई बीड़ियाँ, एक दियासलाई और एक गाँजे की चिलम निकली।

निमाई बाबू ने कहा—'तुम गाँजा पीते हो?'

उस आदमी ने निःसंकोच जवाब दिया—'जी नहीं।'

'तब चिलम जेब में क्यों है?

'रास्ते में पड़ी मिली, तो मैंने उसे उठा लिया, यह सोचकर कि किसी के काम आ जाए। इसीलिए उठाकर रख लिया है।'

उस समय जगदीश बाबू कमरे में आए तो निमाई बाबू ने हँसकर कहा–'देखो जगदीश, यह कैसे परोपकारी व्यक्ति हैं। किसी के भी काम आ जाए इसीलिए गाँजे की चिलम को रास्ते से उठाकर इन्होंने अपनी जेब में रख ली है।' वे थोड़ी देर चुप रहे, फिर बोले–'तुम गाँजा पीते हो, इसकी सारी निशानी तुममें मौजूद है, बेटा। तुम यह कह भी सकते थे कि पीता हूँ। लेकिन अब कितने दिन जिन्दा रहोगे? तुम्हारे बदन का तो बारह बज चुका है। अब मत पीना। इस बूढ़े की बात याद रखना।'

महापात्र ने सिर हिलाकर इनकार करते हुए कहा–'जी नहीं, माँ की कसम। मैं गाँजा नहीं पीता, लेकिन यार-दोस्तों में से कोई अगर चिलम चढ़ा देने को कहता है, तो मैं चिलम चढ़ा देता हूँ–बस, इतना ही, वरना मैं गाँजा नहीं पीता।'

जगदीश चिढ़कर बोला–'दया के सागर हो न तुम! दूसरों के लिए चिलम चढ़ा देता हूँ, खुद नहीं पीता। झूठा कहीं का!'

अपूर्व ने कहा–'दिन बहुत चढ़ गया। तो अब मैं चला चाचाजी।'

निमाई बाबू उठकर खड़े हो गए और बोले–'अच्छा, अब तुम जा सकते हो महापात्र। तुम्हारा क्या कहना है जगदीश? अब वह जा सकता है न?' जगदीश ने अपनी सहमति जताई, तो वे बोले–'मगर पक्के तौर पर कुछ भी नहीं कहा जा सकता है भई। मुझे लगता है, इस शहर में और भी कुछ दिनों तक लोगों पर निगरानी रखने की जरूरत है। रात को आने-जानेवाली मेल ट्रेनों पर जरा ध्यान रखना। यह खबर सही है कि वह बर्मा आया है।'

जगदीश बोले–'हो सकता है, वह यहाँ आया हो! मगर इस जानवर को वाच करने की जरूरत नहीं है, बड़े बाबू। नीबू के तेल की महक से मुए ने थाने भर के लोगों के सिर में दर्द पैदा कर दिया।

बड़े बाबू हँसने लगे।

अपूर्व थाने से बाहर निकल आया–और करीब-करीब उसी के साथ वह महापात्र अपने टूटे हुए टीन के सन्दूक और चटाई में लपेटे हुए मैले बिस्तर को बगल में दबाए धीमे कदमों से उत्तर तरफ के रास्ते पर सीधे चला गया।

सातवाँ परिच्छेद

आश्चर्य की बात यह थी कि न तो इतना बड़ा सव्यसाची पकड़ा गया और न कोई हादसा हुआ। ऐसे सौभाग्य की भी अपूर्व के मन ने जैसे कोई परवाह ही नहीं की। यह सच है कि डेरे से लौटने के बाद दाढ़ी बनाने से लेकर नहाने-धोने, पूजा-पाठ करने, खाने-पीने और कपड़े पहनकर ऑफिस जाने तक के रोजमर्रा में कोई रुकावट नहीं आई, हालाँकि उसके आँख कान और बुद्धि दुनियादारी की सारी बातों से मानो दूर हटकर किसी अनदेखे, अनजाने राजद्रोही की चिन्ता में डूबी रही।

अपूर्व की ऐसी अन्यमनस्कता को देखकर तलवरकर ने चिन्तित होकर पूछा–'आज घर से कोई चिट्ठी आई है क्या?'

अपूर्व ने कहा–'नहीं तो!'

'घर में सभी अच्छे हैं न?'

अपूर्व ने कुछ अचरज में पड़कर कहा–'जहाँ तक मुझे मालूम है, घर में तो सभी अच्छे ही हैं।'

तलवरकर ने फिर कोई प्रश्न नहीं किया।

लंच के वक्त दोनों एक साथ नाश्ता किया करते थे। रामदास की पत्नी ने एक दिन अपूर्व से साग्रह अनुरोध किया था कि जब तक उसकी माँ या घर की कोई दूसरी रिश्तेदार नारी आकर डेरे का पूरा इन्तजाम नहीं करती है तब तक इस छोटी बहन के हाथ की बनी थोड़ी-सी मिठाइयाँ रोज उसे खानी पड़ेंगी। अपूर्व राजी हो गया था। ऑफिस का एक ब्राह्मण चपरासी मिठाइयाँ ला दिया करता था। आज भी जब वह बगलवाले एकान्त कमरे में खाने की चीजों को करीने से रखकर चला गया, तब अपूर्व ने खुद ही चर्चा छेड़ दी–। कल उसके घर में चोरी हो गई थी। सारी चीजें चोरी हो जा सकती थीं, पर सिर्फ मेरे घर के ऊपर की मंजिल पर रहनेवाली उस ईसाई लड़की की कृपा से रुपए-पैसे को छोड़ और सारी चीजें चोरी होने से बच गई थीं। उसने चोरों को भगाकर मेरे घर के दरवाजे में अपना ताला लगा दिया था। मैं जब अपने डेरे पर पहुँचा तो उसने ताला खोल

दिया था और बिना बुलाए ही मेरे घर में घुसकर इधर-उधर बिखरी सारी चीजों को सहेज दिया था। सारी चीजों की फेहरिस्त बनाकर क्या बचा है और क्या नदारद है—इसका ऐसा सही हिसाब कर दिया था कि तुम-जैसे डिग्रीधारी एकाउंटेंट के लिए भी आश्चर्य की बात होगी। वास्तव में मुझे तो ऐसा नहीं लगता है तलवरकर कि उसके जैसी इतनी तत्पर, इतनी कार्यकुशल कोई दूसरी लड़की होगी। इसके अलावा इतनी बड़ी दोस्त भी।'

रामदास ने पूछा—'इसके बाद?'

अपूर्व बोला—'तिवारी घर पर नहीं था। वह बर्मी नाच देखने के लिए फरा गया था। इसी मौके पर यह घटना घट गई। उसका विश्वास है कि यह काम उसके अलावा किसी दूसरे ने नहीं किया होगा। मेरा भी अन्दाजा कुछ ऐसा ही है। भले ही उसने चोरी न की हो, पर चोरी करने में उसने मदद जरूर की होगी।'

'इसके बाद?'

'सवेरे मैं खबर देने के लिए थाने गया। मगर पुलिसवालों ने ऐसी हरकत की, ऐसा तमाशा दिखाया कि थाने में खबर देने की बात मुझे याद ही नहीं रही। अभी सोचता हूँ, जो गया सो गया। उन्हें चोरों को पकड़ने की जरूरत नहीं।' बल्कि वे विद्रोहियों को पकड़ते फिरें।' इतना कहने के बाद उसे गिरीश महापात्र के पोशाक-लिबास की याद आ गई, तो अचानक जोरों की हँसी आने की वजह से जैसे उसका दम रुकने लगा। हँसी रुकी, तो उसने विज्ञान और चिकित्साशास्त्र के असाधारण पंडित विलायत से डॉक्टरी पास किए हुए राज-शत्रु महापात्र की सेहत, उसकी शिक्षा-दीक्षा और रुचि, उसकी बहादुरी, उसके सतरंगी कुर्ते, हरे रंग के मोजे और लोहे की नाल ठुंके पम्प शू, उसके नीबू के तेल की महक, सबसे बढ़कर दूसरों के भले के लिए गाँजे की चिलम को अपने पास रखने की उसकी कहानी का विस्तार से वर्णन करते-करते अपनी जोरों की हँसी के वेग को किसी तरह से एक बार रोका और अन्त में बोला—'तलवरकर, महा होशियार पुलिसवालों को आज नासमझ-अहमक बनते शायद इससे पहले मैंने कभी नहीं देखा होगा, हालाँकि गवर्नमेंट के कितने रुपए इन लोगों ने जंगली बतख के पीछे भाग-दौड़ करके खर्च किए।'

रामदास ने हँसकर कहा—'मगर जंगली बतख पकड़ना ही इन लोगों का काम है। अच्छा, ये लोग क्या आपके बंगाल की पुलिस में हैं?'

अपूर्व बोला—'हाँ! इसके अलावा मेरे लिए बड़ी शर्म की बात यह है कि इन लोगों के सबसे बड़े पदाधिकारी मेरे रिश्तेदार हैं, मेरे पिता के दोस्त हैं। मेरे पिता ने ही एक दिन इनकी नौकरी लगा दी थी।'

रामदास बोला–'तब तो आपको ही, हो सकता है, किसी दिन इसका प्रायश्चित्त करना पड़े।' लेकिन इतना कहने के बाद यह सोचकर वह शर्मिन्दा होकर चुप हो गया कि उसके रिश्तेदारों के बारे में ऐसी टिप्पणी करना, शोभनीय नहीं था।

अपूर्व उसके मुँह की तरफ निहारकर उसके कहने का मतलब समझ गया था। लेकिन ऐसी धारणा सही नहीं है, यह जाहिर करने के लिए उसने जोर देकर कहा–'मैं उन्हें चाचा कहता हूँ, वे हमारे रिश्तेदार हैं, हमारा भला चाहनेवाले हैं, लेकिन इसी वजह से मेरे देश से बढ़कर तो वे अपने नहीं हैं; बल्कि देश के पैसे से देश के लोगों का जिस तरह शिकार की भाँति पीछा करते फिर रहे हैं, वे मेरे बहुत ज्यादा अपने हैं।'

रामदास जरा मुस्कुराकर बोला–'हाल्दार बाबू, ऐसी बात कहनेवाले को बहुत दुख झेलना पड़ता है।'

अपूर्व बोला–'दुख झेलना पड़ेगा तो दुख झेलूँगा। मगर इसी वजह से तलवरकर, सिर्फ अपने ही देश में नहीं, बल्कि दुनिया के किसी भी देश में, किसी भी युग में, यदि किसी ने अपनी जन्मभूमि को स्वतन्त्र करने की कोशिश की है, उसे अपना नहीं कहने की मजाल चाहे जिसकी भी हो, मेरी नहीं है।' कहते-कहते उसकी आवाज तीखी और नजरें तेज हो उठीं। उसने मन-ही-मन समझा कि बात कहाँ से कहाँ आ पहुँची है। लेकिन वह अपने को सँभाल नहीं सका, बोला–'तुम्हारी तरह हिम्मत मुझे नहीं है, मैं डरपोक हूँ, मगर डरपोक होने पर भी जब बिना कोई कसूर किए सजा मिलती है तो अपमान मुझे कम नहीं टीसता रामदास। बिना कसूर के फिरंगी छोकरों ने जब मुझे लात मारकर प्लेटफार्म से निकाल दिया और जब मैं इस अन्याय का प्रतिवाद करने के लिए गया तब अँगरेज स्टेशन मास्टर ने मुझे अपने देश के स्टेशन से कुत्ते की तरह इसलिए भगा दिया कि मैं गैर-ईसाई था। उसकी लांछना इस काली चमड़ी के नीचे कम नहीं टीसती तलवरकर! ऐसा तो रोज ही होता है। मेरी माँ, मेरे भाई-बहनों को जो लोग ऐसे कोटि-कोटि अत्याचारों से बचाना चाहते हैं, उन्हें अपना कहकर पुकारने में चाहे जो भी दुख मिले, उसे मैंने आज से सिर आँखों पर लिया।

रामदास का सुन्दर, गोरा मुँह पलभर के लिए लाल हो उठा, बोला–'इस घटना के बारे में तो आपने मुझे भी कुछ नहीं बताया था?'

अपूर्व बोला–'बताना क्या आसान है रामदास? हिन्दुस्तान के लोग वहाँ कम नहीं थे, लेकिन मेरे अपमान का असर किसी पर नहीं पड़ा। ऐसा अपमान सहना उनकी आदत हो गई है। मेरी हड्डी-पसली नहीं टूट गई थी, इसे ही

गनीमत समझकर सब चुप हो गए। तुम्हें क्या बताता—घटना याद आती है, तो मैं खुद ही दुख, लाज और घृणा से मानो जमीन में गड़ जाता हूँ।

रामदास चुप रहा, लेकिन उसकी दोनों आँखें छलछलाने को हो आईं। सामनेवाली घड़ी में तीन बजे, तो वह उठकर खड़ा हो गया। शायद उसने कुछ कहना चाहा, मगर बिना कुछ भी कहे अचानक अपना हाथ बढ़ाकर उसने अपूर्व का दाहिना हाथ खींच लिया और उसे दबाकर चुपचाप अपने कमरे में चला गया।

उसी दिन तीसरे पहर ऑफिस में छुट्टी होने के पहले बड़े साहब एक तार हाथ में लिये अपूर्व के कमरे में घुसे और बोले—'हमारे भामो के ऑफिस में कोई व्यवस्था ही नहीं हो रही है। मांडले, शोत्रबो, मिक्थिला और इधर प्रोम—सभी ऑफिसों में गड़बड़ी हो रही है। मैं चाहता हूँ कि तुम एक बार सारे ऑफिस को देख आओ। मेरी गैरमौजूदगी में सारी जिम्मेदारी तुम्हारी होगी—और फिर जाओगे, तो सबसे जान-पहचान हो जाएगी। इसलिए बिना ज्यादा देरी किए अगर कल-परसों एक बार...

अपूर्व तुरन्त राजी हो गया, बोला—'मैं कल ही निकल जाऊँगा।'

वास्तव में विभिन्न कारणों से रंगून में उसका अब एक पल भी मन नहीं लग रहा था। इसी बहाने वह इस देश को भी एक बार देख लेगा। इसलिए यह तय हुआ कि वह जाएगा ही और अगले ही दिन तीसरे पहर भामो नगर जाने के लिए वह ट्रेन पर सवार हो गया। साथ में थे अर्दली और ऑफिस का एक गैर-बंगाली ब्राह्मण चपरासी।

तिवारी रखवाली के लिए डेरे पर ही रहा। पैर टूट जाने के कारण साहब अस्पताल में पड़ा हुआ था, इसलिए डरने की अब कोई बात नहीं थी। उसे अब म्लेच्छों का यह रंगून शहर रास आ रहा था, ऐसे में अनजानी जगहों पर कदम रखने की उसकी इच्छा नहीं थी। फिर भी तलवरकर ने तिवारी की पीठ थपथपाकर उसकी हिम्मत बँधाई और कहा—'तुम्हें फिक्र करने की जरूरत नहीं, तिवारी, कभी कोई परेशानी हो तो ऑफिस आकर मुझे खबर देना।'

गाड़ी छूटने में शायद तब भी पाँच मिनट की देर थी, अपूर्व अचानक चौंककर बोल उठा—'वह रहा!'

तलवरकर ने गर्दन घुमाई, तो समझा—यह वही गिरीश महापात्र है। वही नफीस कुर्ता, वही हरे रंग के फुल मोजे। वही पम्प शू और छड़ी। अगर कोई फर्क था तो सिर्फ इतना कि जो बाघ का चित्र वाला रूमाल कभी सीने की जेब में रहा करता था वह अब उसके गले में लपेटा हुआ था। महापात्र इधर ही आ रहा था।

जब वह सामने आया, तो अपूर्व ने उसे पुकारकर कहा–'क्यों जी गिरीश, मुझे पहचानते हो? कहाँ जा रहे हो?'

गिरीश ने हड़बड़ाकर नमस्कार किया और बोला–'पहचानता हूँ आपको, लेकिन आप कहाँ जा रहे हैं?

अपूर्व मुस्कुराकर बोला–'फिलहाल तो भामो जा रहा हूँ, पर तुम कहाँ जा रहे हो?'

गिरीश बोला–'जी, एनाजिंग से दो दोस्त आनेवाले थे–मगर बाबू, मुझे झूठमूठ परेशान किया गया था। हाँ, लोग लाते तो हैं–कोई-कोई अफीम, भाँग छिपाकर लाते हैं, लेकिन बाबू, मैं बहुत धर्मभीरु आदमी हूँ। मेरा कहना है, धोखेबाजी मत करो। कहावत है–परोधर्म भयावह। तकदीर का लिखा मिट नहीं सकता?

अपूर्व ने हँसकर कहा–'मेरा भी तो यही विश्वास है। लेकिन तुमसे भई, एक गलती हुई है, मैं पुलिस का आदमी नहीं हूँ। अफीम, भाँग से मेरा दूर-दूर का वास्ता नहीं। उस दिन तो मैं सिर्फ तमाशा देखने गया था।'

तलवरकर उसे तीखी नजरों से देख रहा था, बोला–'पर बाबू, मैंने तो आपको जरूर कहीं देखा है।'

गिरीश बोला–'इसमें कोई आश्चर्य की बात नहीं है, बाबू साहब। नौकरी के वास्ते तो मैं कितनी जगह घूमता हूँ।'

'अब जा रहा हूँ बाबू! अच्छा, राम-राम।' कहकर आगे बढ़ गया। फिर पीछे मुड़कर अपूर्व से कहा–'मगर मुझ पर झूठा शक नहीं कीजिएगा बाबू, आप लोगों की कृपा होगी, नहीं तो एक नौकरी भी नहीं मिलेगी। मैं ब्राह्मण का लड़का हूँ। बंगला लिखना-पढ़ना जानता हूँ। शास्तर-वास्तर थोड़ा-बहुत सीखा था मैंने–मगर ऐसी किस्मत कि बाबू आप...?'

अपूर्व बोला–'मैं ब्राह्मण हूँ।'

'अच्छा, तो नमस्कार। अब मैं जाता हूँ। बाबू साहब, राम-राम। कहते-कहते गिरीश महापात्र ने आती खाँसी के वेग को सँभाल लिया और तेज कदमों से सामने की तरफ आगे बढ़ गया।

लेकिन तलवरकर नहीं हँसा। दूसरे ही पल सीटी बजाकर गाड़ी छूट गई तो उसने हाथ बढ़ाकर दोस्त से हाथ मिलाया लेकिन तब भी उसके मुँह से कोई शब्द नहीं निकला। तरह-तरह के कारणों से अपूर्व ने नहीं देखा, लेकिन देखता तो उसे दिखाई पड़ता। इसी बीच रामदास के चौड़े चमकीले माथे पर जैसे किसी छिपी घटा की छाया आ पड़ी हो और उस दूर अदृश्य लोक में उसकी मन की आँखें बिलकुल हवा हो गई हैं।

अपूर्व पहले दर्जे का मुसाफिर था। उसके डिब्बे में और कोई आदमी नहीं था। शाम ढली, तो उसने अपनी कमीज के अन्दर से जनेऊ बाहर निकाला और बिना पानी के ही संध्या-वन्दन किया। वह अपने साथ ऐसी खाने की चीज लाया था जो शास्त्र के अनुसार किसी के छू देने से भी खाई जा सकती है। उसने पीतल के बरतन से खाना निकालकर खाया। पानी और पान उसके ब्राह्मण अर्दली ने पहले ही रख दिया था और बिस्तर भी बिछा दिया था। इसलिए रातभर के लिए अपूर्व खाना खाकर हाथ-मुँह धो करके बड़ी तृप्ति के साथ बिस्तर पर लेटा। उसे भरोसा था कि सुबह होने तक अब उसकी नींद में कोई खलल नहीं पड़ेगा। मगर यह उसका कितना बड़ा भ्रम था, यह उसने कई स्टेशनों के बाद ही अनुभव किया। उस रात के अन्दर पुलिसवाले ने उसे तीन बार नींद से जगाकर उसका नाम और पता पूछकर लिख लिया था। एक बार तंग आकर जब उसने प्रतिवाद किया, तो बर्मी सब-इंस्पेक्टर ने कड़े शब्दों में जवाब दिया था—'तुम तो यूरोपियन नहीं हो।'

अपूर्व ने कहा था—'हाँ, मैं यूरोपियन नहीं हूँ, लेकिन मैं तो फर्स्ट क्लास का पैसेंजर हूँ। रात को तुम नींद में खलल नहीं डाल सकते।'

उसने हँसकर कहा था—'वह नियम रेलवे के कर्मचारियों के लिए है। मैं पुसिल हूँ, चाहूँ तो मैं तुम्हें खींचकर नीचे उतार सकता हूँ।'

इसके बाद अपूर्व ने उसकी बात का फिर कोई जवाब नहीं दिया था। लेकिन रात के आखिरी तीन-चार घंटे शान्तिपूर्वक बीत जाने के बाद सवेरे जब उसकी नींद टूटी तब बीती रात की ग्लानि की बात अब उसे याद नहीं थी। एक बड़े पहाड़ के करीब जाकर गाड़ी धीमी गति से चली जा रही थी, बहुत संभव है, यह चढ़ाई वाला रास्ता था। यहाँ खिड़की के बाहर उसने मुँह निकाला, तो वह अचानक विस्मय से स्तब्ध हो गया। पलक झपकते उसने समझा, दुनिया का इतना बड़ा सौन्दर्य-भंडार उसने और कभी नहीं देखा था। पर्वत माला अर्द्धवृत्ताकार में फैलकर अपने पीछे के और समुद्र के रास्ते को रोककर खड़ी थी। उस पर्वत माला पर कितना गहरा जंगल है, कितने मोटे-मोटे, लम्बे-लम्बे पेड़ उसकी तराई में कतार बाँधे खड़े हैं! शायद अभी-अभी सूरज निकला है। बाईं तरफ की चोटी को लाँघकर उसका रथ अभी भी दिखाई नहीं पड़ता था, लेकिन आगे-आगे चलनेवाली किरणों ने ऊपर के नीले जंगलों में सोना बिखेरकर उसके आने की खबर को हर दिशा में फैलाने में कोई कसर नहीं रखी थी। खाई में झरने की धारा बह रही है। जंगल की छाया के नीचे उसकी शान्त धारा आँसुओं की रेखा की तरह सकरुण हो उठी है। अपूर्व मुग्ध हो गया। यह कैसा अजीब सुन्दर देश है! जिन लोगों ने युगों से यहाँ डेरा डाला हुआ है उन लोगों के सौभाग्य की क्या कोई सीमा है? लेकिन सिर्फ

सीमा नहीं है कहकर सिर्फ एक अनिश्चित आनन्द की झलक पाकर मानव का हृदय पूरी तृप्ति पाना नहीं चाहता है। इसलिए वह (मानव) इसे आकार और रूप देकर मन-ही-मन तरह-तरह के रसों और रंगों में फैलाकर कोस पर कोस लाँघता हुआ चलने लगा। ऐसे जब उसका भावुक मन अन्दर और बाहर अभिभूत होने को आ रहा था कि अचानक उसने जोर के धक्के से चौंककर देखा, उसकी कल्पना के रथ की पहिए धरती में धँसते जा रहे हैं। उसे रामदास तलवरकर की बातें याद आईं। जब से यहाँ आया है तब से लेकर अब तक इस ब्रह्म देश की बहुत सारी गुप्त और व्यक्त कहानियों को वह इकट्ठा कर रहा था। इसी प्रसंग में एक दिन उसने कहा था, हाल्दार बाबू, सिर्फ शोभा-सौन्दर्य ही नहीं, बल्कि प्रकृति माता का दिया हुआ इतना बड़ा भंडार भी कम देशों में है। इसका वन-जंगल अपरिसीम है। इसकी धरती के अन्दर तेल का स्रोत है। इसके बहुमूल्य रत्नों की खान की कीमत आँकी नहीं जा सकती है और इन लम्बे-लम्बे पेड़ों की कतारों की बराबरी दुनिया में कहाँ मिलेगी? यह बहुत पुरानी बात नहीं है। खबर मिली, तो एक दिन अँगरेज व्यापारियों की ललचाई नजर इस पर गड़ गई। उसका परिणाम अत्यन्त संक्षिप्त और सरल है। कलह छिड़ा, नौसैनिक बेड़ा आया, तोप-बन्दूक आई, सेना आई, लड़ाई छिड़ी, लड़ाई में हारकर कमजोर और असमर्थ राजा को अपना देश छोड़कर जाना पड़ा और उसकी रानियों के गहनों को बेचकर लड़ाई का खर्च वसूला गया। उसके बाद देश और लोगों की भलाई के लिए अँगरेज सरकार ने पराजित देश के शासन की बागडोर सँभाली और तरह-तरह की भलाई करने में तन-मन से लग गई। इसीलिए तो आज वहाँ सतर्कता की सीमा नहीं थी, इसीलिए तो उसे पराजित देश का पुलिस अधिकारी अपने ही जैसे एक और पराधीन देश के निरीह व्यक्ति को बार-बार नींद से जगाकर निःसंकोच कह सका–तुम तो अँगरेज नहीं हो कि तुम्हें अपमानित करने में मुझे कोई झिझक होगी। अपूर्व ने मन-ही-मन कहा–'रामदास ने सही कहा था। इससे अधिक वह मुझे क्या देता? और मैं ही भला किस मुँह से उससे इससे बड़ा दावा करता?

जंगल के पेड़ों की फुनगियों पर उगते सूरज की सुनहली चमक तब भी जस की तस थी, मगर उसकी नजरों में वह बहुत उदास और बेरौनक लगी। ऊँची पर्वत माला उसके लिए मामूली थी और जिन पेड़ों की कतारों को देखकर वह कई पल पहले ही विस्मय से मुग्ध हो गया था, वे उसकी नजरों में साधारण और महज मामूली-सी महसूस हुईं। उसे हरे-भरे समतल शस्य-श्यामल बंगभूमि याद आई तो उसकी दोनों आँखों में आँसू भर आए। प्रवासी दुखी चित्त उसके कलेजे के अन्दर आर्तनाद करके जैसे बार-बार यह कहने लगा–अरे अभागे देश के शक्तिहीन

नर-नारी! इस ऐश्वर्यमयी जन्मभूमि के प्रति तुम लोगों का किस चीज का अधिकार है? जो जिम्मेदारी, जो गौरव तुम लोग निभा नहीं सकते, उसके प्रति तुम लोगों को यह बेकार का लोभ किस चीज के लिए है? स्वाधीनता सिर्फ मनुष्य का जन्मसिद्ध अधिकार है, सिर्फ मनुष्य कहलाने से ही कोई मनुष्य नहीं होता, इसे आज कौन इनकार करेगा? भगवान भी तो इसे छीन नहीं सकते। अपने इन छोटे-छोटे, तुच्छ, पंगु हाथ-पाँव को ही क्या तुम लोग मनुष्य मान बैठे हो? यह भूल है, यह भूल है। इससे बड़ी आत्मघाती भूल तो और हो ही नहीं सकती है। इस तरह अपने आपसे कहते-कहते उसका कितना समय बीतने लगा, इसका कोई हिसाब नहीं था।

अचानक ट्रेन की रफ्तार धीमी हो जाने से उसे होश आया। झटपट आँखें पोंछकर उसने बाहर निहारा, तो देखा, गाड़ी स्टेशन के अन्दर घुस रही है।

आठवाँ परिच्छेद

बचपन से ही लड़कियों के प्रति अपूर्व की कोई दिलचस्पी नहीं थी, बल्कि न जाने कैसी एक वितृष्णा का भाव था। उसकी भाभियाँ जब उससे ठठ्ठा-मसखरी करतीं; तो वह मन-ही-मन गुस्सा करता। जब वे करीब आतीं, तो वह दूर हट जाता। माँ के अलावा और किसी की भी टहल-टकोरी उसे अच्छी नहीं लगती थी। जब वह यह सुनता कि किसी लड़की ने कॉलेज की परीक्षा पास की है तो वह खुश नहीं होता...और जब उसने अखबार में यह पढ़ा कि विलायत में लड़कियाँ अपने राजनीतिक अधिकार के लिए कमर कसकर लड़ाई कर रही थीं, तो उसका अंग-अंग जलने लगा था। लेकिन इसके बावजूद उसके अन्दर एक ऐसी चीज थी, जो कठोर कदम उठाने में बाधक थी। वह यह कि स्वभावतः उसका हृदय कोमल था। इसलिए वह यह भेदभाव किए बिना कि वह पुरुष है या नारी, हर आदमी को बहुत प्यार करता था। किसी को भी किसी कारण दुख देने में उसे हिचकिचाहट होती थी। यह जानते हुए कि भारती गुनहगार है, इसके बावजूद उसके कोमल दिल ने भारती को सजा नहीं देने दी थी। लेकिन आज तक उसे इस बात की कतई जानकारी नहीं थी कि मर्द के जवान दिल के अन्दर बहुत-सी कमजोरियाँ गुप्त रूप से रहा करती हैं। जिस तरह यह सच नहीं हो सकता है कि उस ईसाई लड़की को कड़ी सजा देना उसके लिए बिलकुल ही असंभव है, उसी तरह यह भी सच नहीं हो सकता है कि चूँकि नारी के प्रति उसकी दिलचस्पी नहीं है इसीलिए उसका मन भारती को हमेशा दूर हटाए रख सकेगा। हालाँकि यह उसके भगवान देख रहे थे कि आज उसी निष्ठुर, कपटी नारी के प्रति उसके विराग और विद्वेष की सीमा नहीं थी।

उसे यहाँ आए पन्द्रह दिन हो गए हैं। उसका यहाँ का काम एक तरह से अधूरा रह गया है। कल-परसों वह मिक्थिला जानेवाला है। शाम के बाद आज ऑफिस से लौट करके अपने घर के बरामदे में बैठकर वह मन-ही-मन एक अत्यन्त जटिल समस्या के समाधान में मशगूल था। उसका मन इस बात पर किसी भी तरह हामी नहीं भरना चाहता था कि नारी को स्वतन्त्रता मिले। इससे मंगल नहीं

होगा। यह अच्छा नहीं है, उसकी रुचि और जीवन-भर का संस्कार उसके कानों में यह कहा करता था। हालाँकि उसका न्यायपरायण मन हरगिज इस सच्चाई को नकार नहीं सकता था कि शास्त्रीय नियमों में भी नारियों के प्रति कई अनुचित बातें लिखी हुई हैं। पर अचानक आज उसकी यह दुविधा जिस कारण दूर हो गई वह कम रुचिकर नहीं है।

जिस दुमंजिले मकान में उसने डेरा डाला था, उसकी निचली मंजिल में एक ब्रह्म देश का आदमी सपरिवार रह रहा था। सवेरे ऑफिस जाने के पहले उसके घर में एक अजीब हादसा हो गया था। उसके चार बेटियाँ हैं। सभी-की-सभी शादीशुदा। किसी उत्सव के उपलक्ष्य में सभी दामाद आए हुए थे। खाना खाने के समय मान-सम्मान को लेकर पहले बेटियों में और थोड़ी ही देर बाद दामादों के बीच लाठियाँ चली थीं और लहू बहा था।

अपूर्व खोज-खबर लेने गया, तो हक्काबक्का होकर सुना कि दामादों में से एक मद्रास का चुलिया मुसलमान है, दूसरा चट्टग्राम का बंगाली पुर्तगीज है, तीसरा एंग्लोइंडियन साहब है और चौथा चीनी है। वह कई पीढ़ियों से इसी शहर में रहते हुए चमड़े का कारोबार कर रहा है। इस तरह दुनिया भर की जातियों का ससुर बनने का गौरव किसी दूसरे को नहीं मिला है, तो भी उसे यह गौरव आसानी से प्राप्त हो गया है। इस सम्बन्ध का उसने हर बार ही डरते हुए प्रतिवाद किया था, लेकिन लड़कियों की अबाध स्वतन्त्रता ने उसके प्रतिवाद पर कान तक नहीं दिया था। एक दिन एक भी बेटी घर के अन्दर ढूँढ़े नहीं मिली, फिर एक-एक करके वे लौट आईं और साथ में आया यह अजीब दामादों का समूह। उन लोगों की भाषा अलग-अलग है। उनका शिक्षा-संस्कार भी एक नहीं है। इस देश के अन्दर भारत के हिन्दू-मुसलमानों के सवाल की तरह धीरे-धीरे जो एक कठिन समस्या पैदा हो गई है, उसका फैसला कैसे होगा? क्षोभ, दुख, क्रोध और विरक्ति से वह मन-ही-मन उछलने लगा और बार-बार कहने लगा कि लड़कियों को सामाजिक स्वतन्त्रता नहीं दी जा सकती है। ऐसा हरगिज नहीं किया जा सकता है। यूरोप उजड़नेवाला है। उधार में मिली उस सभ्यता को यदि हमारे देश में भी लाया जाएगा, तो हम लोग नेस्तनाबूद हो जाएँगे। जिन लोगों ने हमारे समाज को बनाया था उन लोगों ने नारी को पहचाना था। इसीलिए तो यह सतर्क पाबन्दी लगाई गई थी। यह पाबन्दी कड़ी है तो है, मगर इसमें भलाई ही भलाई है। इस बुरी घड़ी में अगर हम इस पाबन्दी को निःसन्दिग्ध रूप से पालन नहीं करेंगे, तो कोई भी हमें मौत के मुँह में जाने से नहीं बचा सकेगा। ऐसा ही कितना कुछ वह उस अँधेरे में अकेले बैठकर मन-ही-मन कहता रहा, लेकिन हाय रे! यह सीधी बात

उसके मन में एक बार भी पैदा नहीं हुई कि जिस मुक्ति-मन्त्र को वह इस जीवन का एकमात्र व्रत मानकर तन-मन से स्वीकार करना चाह रहा है, उसी के एक और रूप को वह अपने दोनों हाथों से धकेलकर मुक्ति के सचमुच के देवता को ही अपमानित करके परे हटा दे रहा है। तुम्हारी मुक्ति क्या इतनी छोटी है, थोड़ी-सी चीज है? उसे क्या तुम आराम से आँखें मूँदकर नहाने का चहबच्चा मान बैठे हो? वह तो समुद्र है। और जब वह समुद्र है, तो उससे डर भी लगेगा, उसमें ऊँची-ऊँची लहरें भी उठेंगी, उसमें मगरमच्छ-घड़ियाल भी होंगे। वहीं नाव भी डूबेगी—तब भी वहीं है जगत् का प्राण, उसी के अन्दर हैं सारी शक्तियाँ, सारा धन, सारी सार्थकता। बेखौफ तालाब में जन्म लिया जा सकता है, पर जिन्दा नहीं रहा जा सकता...।

'बाबूजी, आपका खाना तैयार है।'

अर्पूव चौंककर बोला—'रामशरण, एक बत्ती ले आ तो। कल सवेरे की ही गाड़ी से हम लोग मिक्थिला जाएँगे। तू मैनेजर को एक खबर भेज दे।'

अर्दली बोला—'लेकिन आप तो परसों जानेवाले थे?'

'नहीं, अब परसों नहीं, कल ही जाऊँगा—एक बत्ती दे जा।' इतना कहकर अपूर्व ने इस बारे में चर्चा करना बन्द कर दिया।

समाज के अन्दर लड़कियों की स्वतन्त्रता का एक नया पहलू देखकर वह पागल हो उठा था। लेकिन और भी जो पहलू है, जिसका रंग और रोशनी समूचे आसमान को रौशन कर सकती है, वह दृश्य आज उसके मन में सपने में भी पैदा नहीं हुआ।

दूसरे दिन ठीक समय पर वह मिक्थिला के लिए चल पड़ा। लेकिन वहाँ पहुँचने पर उसका मन लगा नहीं। देशी और विलायती पलटनों की छावनी वहाँ है, अनेक बंगाली सपरिवार वहाँ रहते हैं—अच्छा शहर है, नए लोगों के लिए घूमकर देखने की बहुत-सी चीजें हैं, लेकिन यह सब उसे अच्छी नहीं लगीं। उसका मन सिर्फ रंगून पहुँचने के लिए छटपटाने लगा। भामो में रहते रिडाइरेक्ट किया हुआ माँ की एक चिट्ठी उसको मिली थी, रामदास की भी दो चिट्ठियाँ उसके बाद आई थीं। प्रायः दस-बारह दिन पहले रामदास ने लिखा था कि उसके लौटने तक डेरा बदलने की जरूरत नहीं है क्योंकि वह खुद जाकर देख-भाल कर आया है। तिवारी सुख और शान्ति से रह रहा है, लेकिन इसके बारे में उसने कोई खबर नहीं दी थी कि इस बीच वह कैसा है और उसकी सुख-शान्ति बनी हुई है या दोनों ही गायब हो गए हैं। बहुत संभव है, सब कुछ ठीक-ठाक हो। कोई भी अड़चन नहीं हुई हो। लेकिन तब भी जैसे वह भामो से एक दिन अचानक चल

पड़ा था वैसे ही अचानक उसने स्टेशन जाने के लिए गाड़ी बुलाने का हुक्म दे दिया। यहाँ उसके लिए ऐसा कुछ भी नहीं हुआ था जिसकी वजह से इस जगह को याद रखा जाए। कामकाज में भी कुछ खास बात नहीं थी लेकिन यहाँ से चले जाने के पन्द्रह मिनट पहले जब वह स्टेशन आया तो एक ऐसी घटना घटी, जो तत्काल साधारण महसूस हुई, लेकिन बाद में बहुत दिनों तक उस घटना की टीस दिमाग में बनी रही। दरअसल हुआ यह था कि एक शराबी बंगाली लड़के को रेल के आदमी ने ट्रेन से उतार दिया था। वह मैला और फटा हुआ हैट-कोट आदि विलायती पोशाक पहने हुए था। साथ में सिर्फ एक टूटा हुआ वायलिन का बॉक्स था, न ही बिस्तर था, न और कुछ। टिकट के पैसे से उसने शराब खरीदकर पी ली थी, बस यही था उसका कसूर। बंगाली का लड़का है, उसे थाने ले जाया जाएगा—यह सोचकर अपूर्व ने उसका किराया चुका दिया, और ऊपर से पाँच रुपए उसके हाथ में देकर वह खिसका जा रहा था कि तभी अचानक उसने हाथ जोड़कर कहा—'जनाब, मेरा यह वायलिन आप ले जाइए। इसे बेचकर आप अपना रुपया मिनहा कर लीजिएगा और बाकी रुपए मुझे लौटा दीजिएगा।' यद्यपि उसकी जबान लड़खड़ा रही थी, तथापि बातों की गंभीरता को देखते हुए ऐसा लग रहा था कि वह होशो-हवास में बात कर रहा है।

अपूर्व ने कहा—'कहाँ लौटा दूँगा?'

वह बोला—'अपना पता दे दीजिए, मैं आपको चिट्ठी लिख दूँगा।'

अपूर्व बोला—'तुम्हारा वायलिन तुम्हारे ही पास रहे भई। उसे मैं बेच नहीं सकूँगा। मेरा नाम है अपूर्व हाल्दार मैं रंगून की बोथा कम्पनी में नौकरी करता हूँ। तुम अपनी सहूलियत से रुपया मुझे उसी पते पर भेज देना।'

उसने गर्दन हिलाकर कहा—'अच्छा, तो जनाब, नमस्कार। मैं रुपया आपको जरूर भेज दूँगा। बाहर होने का रास्ता क्या उस तरफ है? यह तो बहुत बड़ा शहर है न? शायद यहाँ सब चीज मिलती है। वास्तव में जनाब, आपकी कृपा मैं कभी नहीं भूलूँगा।' इतना कहकर उसने और एक बार नमस्कार किया और वायलिन के बक्स को बगल में दबाए चला गया।

उसके चेहरे-मोहरे को अबकी बार अपूर्व ने गौर से देखा। उम्र ज्यादा नहीं है, मगर ठीक-ठीक कितनी होगी, यह कहना मुश्किल है। शायद इस तरह के नशे के असर से दस बरसों का फर्क दूर हो गया है। रंग गोरा है, लेकिन धूप में झुलसने की वजह से तांबई हो गया है। सिर के रूखे-सूखे लम्बे बाल कपाल के नीचे लटक रहे थे। खोई-खोई-सी आँखें, तलवार की-सी सीधी और तीव्र नाक, दुबली-पतली देह, हाथों की उँगलियाँ लम्बी और पतली—समूचे बदन पर भूख और अत्याचार

का निशान अंकित है। वह चला गया तो अपूर्व को न जाने कैसी एक तकलीफ होने लगी। उसे और अधिक रुपया देना बेकार है, यहाँ तक कि अनुचित है–यह उसने सोचा, लेकिन कोई दूसरी तरह का उपकार करना अगर संभव होता? लेकिन इसको लेकर सोच-विचार करने का अब समय नहीं था। उसे टिकट कटाकर गाड़ी के लिए तैयार होना पड़ा।

दूसरे दिन जब वह रंगून पहुँचा तब दिन के बारह बजे थे। जैसी कड़ी धूप थी वैसी है उमस-भरी गर्मी थी। उस पर मुसीबत यह कि जल्दबाजी के चलते उसके खाने के बरतन को मुसलमान कुली ने छू डाला था। न वह नहाया था, न खाना खाया था–भूख-प्यास की थकान से उसका बदन जैसे डगमगाने लगा। किसी तरह डेरा पहुँचकर नहा-धोकर एक बार लेट सके, तो शरीर में जान आए। किराए की घोड़ागाड़ी पर चीजबस्त लादकर डेरे के सामने आ पहुँचने में सिर्फ दस मिनट लगे।

लेकिन ऊपर की तरफ निहारकर उसके गुस्से की सीमा नहीं रही। तिवारी को कोई उत्कंठा ही नहीं थी, रास्ते की तरफ बरामदे का किवाड़ तक खुला नहीं था, गाड़ी की आवाज सुनकर एक बार नीचे भी नहीं आया। तेज कदमों से ऊपर जाकर उसने दरवाजे पर जोर से दस्तक देते हुए पुकारा–'तिवारी! अरे ओ तिवारी!'

थोड़ी देर बाद धीरे से बड़ी सावधानी से किवाड़ खुल गया। गुस्साया अपूर्व अन्दर कदम बढ़ाता कि तभी बड़े विस्मय से अवाक् और हक्काबक्का हो गया। सामने खड़ी थी भारती। उसका यह कैसा रूप! पाँवों में जूतियाँ नहीं थीं। वह एक काले रंग की साड़ी पहने हुए थी। रूखे-सूखे और बिखरे हुए बाल, मुँह पर शान्त, गहरे विषाद की छाया, जैसे कोई बहुत दूर का तीर्थयात्री हो जो धूप से झुलसकर, पानी से भीगकर, बिना खाये-पिये, बिना सोए दिन-रात रास्ते पर चला जा रहा हो, जो किसी भी पल रास्ते पर गिरकर मर जा सकता हो। अपूर्व यह सोच ही नहीं सका कि इस पर कोई कभी गुस्सा भी कर सकता है।

भारती ने जरा सिर झुकाकर नमस्कार किया और धीरे-धीरे बोली–'आप आए हैं, अब तिवारी बच जाएगा।'

डर के मारे अपूर्व की जबान लड़खड़ा गई, बोला–'क्या हुआ उसे?'

भारती पहले की ही तरह कोमल स्वर में बोली–'इधर बहुतों को चेचक हो रहा है, उसे भी चेचक हुआ है। लेकिन आप अभी इतनी थकान के बाद भी इस घर में घुस नहीं सकते। आप ऊपर के घर में चलिए, वहाँ नहा-धोकर जरा सुस्ता लीजिए, फिर नीचे आइएगा। तिवारी अभी सो रहा है। जब वह जाग जाएगा, तो

मैं आपको खबर कर दूँगी।'

अपूर्व ने अचरज में पड़कर कहा–'ऊपर के घर में?'

भारती बोली–'हाँ! वह घर अभी भी हमारा ही है, अच्छी तरह साफ-सुथरा किया हुआ है। नल में पानी है। कोई नहीं है। आपको तकलीफ नहीं होगी, चलिए। मगर आपके आदमी कहाँ हैं? साथ की चीजों को वे लोग वहाँ ले आएँ।'

'लेकिन वे लोग तो चले गए। उन लोगों को मैंने स्टेशन पर ही अपने-अपने घर जाने को कह दिया था। वे लोग भी मेरी तरह थक गए थे।'

भारती बोली–'तो आपने उन लोगों को छोड़ दिया? लेकिन क्या अभी कुली मिलेगा? अच्छा, देखती हूँ।'

'आपको देखने की जरूरत नहीं, मैं ही देखता हूँ। उन चीजों को मैं खुद ही ले आऊँगा।' इतना कहकर अपूर्व नीचे चला जा रहा था कि कोचवान ने मुँह बढ़ाकर किराया माँगा।

भारती ने उसे इशारे से ऊपर बुलाकर कहा–'अभी तो आदमी नहीं मिलेगा, तुम अगर जरा तकलीफ करके चीजों को उठाकर ला दो, तो मैं तुम्हें उसकी मजदूरी दूँगी।'

उसकी स्निग्ध बातों से खुश होकर कोचवान चीजें लाने लगा।

जब सारी चीजें आ गईं, तो भारती ने रास्ते की तरफ वाले कमरे में फर्श पर नफासत से अपने हाथों बिस्तर बिछा दिया और बोली–'अब आप नहा आइए।'

अपूर्व ने कहा–'पहले आप मुझे सारी बातें खोलकर बताइए।'

भारती ने नहाने का घर दिखा दिया और सिर हिलाकर बोली–'नहीं, पहले आप नहाकर अपना पूजा-पाठ करके आइए।'

अपूर्व ने जिद नहीं की।

थोड़ी देर बाद जब वह नहा-धोकर और पूजा-पाठ करके आया, तो भारती तनिक मुस्कुराकर बोली–'आप अपना यह गिलास लीजिए, खिड़की पर मुड़े हुए कागज में चीनी है, उसे लेकर मेरे साथ नल के पास चलिए, मैं आपको सिखा लेती हूँ कि कैसे शरबत बनाया जाता है।'

ज्यादा बोलने की जरूरत नहीं थी, प्यास के मारे उसका कलेजा फटा जा रहा था। भारती ने जैसा बताया, उसी तरह से उसने शरबत बनाकर पिया।

नीबू का रस थोड़ा और होता तो अच्छा होता, वह खुद ही बोला।

भारती बोली–'आपको और भी एक दुख मुझे देना पड़ेगा।' कहकर वह अपूर्व

के मुँह की तरफ निहारती रही।

जिस दिन उसके घर में चोरी हुई थी उस दिन की उसकी बातचीत और काम-काज का तौर-तरीका अपूर्व को याद आया, तो खुद उसके लिए भी बात करना आसान हो गया, पूछा—'कैसा दुख?'

भारती बोली—'नीचे से मैंने कोयला लाकर रख दिया है। तार मिला तो सामनेवाले घर के उड़िया लड़के से आपके लोहे के चूल्हे को मँजवा-धुलवा लिया है—चावल है, दाल है, आलू, परवल, घी, तेल, नमक सब कुछ मौजूद है। पीतल की हाँड़ी मैं ला देती हूँ। आप उसे सिर्फ पानी से धो लीजिए और चूल्हे पर चढ़ा दीजिए।' इतना कहकर उसने अपूर्व के मुँह की तरफ निहारा और उसके मुँह के भाव का अन्दाजा लगाकर बोली—'मैं सच कह रही हूँ, यह कोई मुश्किल काम नहीं है। मैं सब दिखा दूँगी, आप सिर्फ चूल्हे पर चढ़ाइएगा और उतारिएगा। आज भर के लिए आप यह तकलीफ कीजिए, कल दूसरा इन्तजाम होगा।'

उसकी आवाज की प्रगाढ़ व्याकुलता ने अपूर्व को अचानक जैसे एक धक्का मारा। वह कुछ देर तक चुप रहा, फिर पूछा—'लेकिन आप कब खाती हैं? आप कब अपने डेरे जाती हैं?'

'भले ही मैं अपने डेरे नहीं गई, लेकिन क्या हम लोगों को खाने की फिक्र होती है?' यह कहकर उसने बात को उड़ा दिया और जरूरी चीजें लाने के लिए जल्दी से नीचे उतर गई।

घंटे भर बाद जब अपूर्व खाना बनाने बैठा, तो वह कमरे की चौखट के बाहर खड़ी होकर बोली—'यह आप जानते हैं न कि यहाँ खड़ा होने पर कोई दोष नहीं होता।'

अपूर्व बोला—'जानता हूँ, क्योंकि अगर वहाँ खड़ा होने पर कोई दोष होता, तो आप वहाँ खड़ी नहीं होतीं।'

जीवन में वह पहली बार खाना बनाने बैठा था। अकुशल हाथों की बार-बार खामियों से बीच-बीच में भारती का धैर्य टूटने लगा। लेकिन जब पकाई हुई दाल कटोरे में उड़ेलते वक्त दूसरी जगहों में फैल गई तब वह और बर्दाश्त नहीं कर सकी। गुस्सा करके उसने कह डाला—'अच्छा, आप लोगों-जैसे निठल्ले आदमी को भगवान क्या सिर्फ हम लोगों को सताने के लिए पैदा करते हैं? कैसे खाएँगे, बताइए तो?'

अपूर्व शर्मिन्दा हो होकर बोला—'आप ही बताइए, मैं यह कैसे जानूँगा कि यह हाँड़ी के उधर से न गिरकर इधर से बहेगा? अच्छा, ऊपर से थोड़ा-सा उठा लूँगा।'

भारती हँस पड़ी, बोली—'सो तो उठाना ही पड़ेगा। लीजिए, उठिए, पानी से

वह सब धोकर फेंक दीजिए और इस आलू-परवल को तेल और पानी से सिझा डालिए। मसाले का चूरा उस शीशी में है। नमक डालते समय मैं आपको दिखा दूँगी कि कितना नमक डालना है। तरकारी के नाम पर आज आपको उसी के साथ भात खाना पड़ेगा। भात का माँड़ तो सब भात में ही है, बहुत बुरा नहीं होगा। आह–खड़े-खड़े आपका खाना बनाना देखने से कहीं बेहतर है नरक में रहना।'

इसके डेढ़ घंटे बाद अपूर्व ने खाना खाया। खाना खाने के बाद उसने कृतज्ञता के आवेग को दबाकर शान्त, कोमल आवाज में कहा–'मुझे सोचते नहीं बनता कि मैं आपसे क्या कहूँ। लेकिन अब आप अपने डेरे जाइए। अब से मैं ही तिवारी की देख-भाल करूँगा। अब आपको शायद इतना दुख नहीं झेलना पड़ेगा।'

भारती चुप रही।

अपूर्व भी थोड़ी देर तक चुप रहा, फिर बोला–'लेकिन वह बात मुझे खोलकर बताइए। इधर और भी कुछ लोगों को चेचक हो गया है, तिवारी को भी हुआ है। यहाँ तक तो बात ठीक है, मगर मुझे किसी तरह यह सोचते नहीं बनता कि इस डेरे से आप लोग चले गए तो ऐसे इस देश में जहाँ अपना कोई दोस्त नहीं है, आप कैसे उसके लिए अपनी जान देने के लिए रह गईं? जोसेफ साहब ने भी क्या कोई एतराज नहीं किया था?'

भारती बोली–'पिताजी जिन्दा नहीं हैं। वे अस्पताल में ही चल बसे थे।'

'वे नहीं रहे?' अपूर्व बहुत देर तक स्थिर भाव से बैठा रहा, फिर बोला–'आपके काले कपड़ों को देखकर पहले ही मुझे किसी भयानक दुर्घटना का अन्दाजा लगा लेना चाहिए था।'

भारती बोली–'इससे भी बड़ी दुर्घटना उस समय हुई, जब अचानक माँ स्वर्ग सिधार गईं...।'

'माँ भी नहीं रहीं?' अपूर्व स्तब्ध, सुन्न होकर बैठा रहा।

उसे अपनी माँ की बात याद आई तो उसके कलेजे के अन्दर ऐसी खलबली-सी मचने लगी जिसे उसने पहले कभी महसूस नहीं किया था।

भारती ने भी खिड़की के बाहर दो मिनट चुपचाप निहारती रहकर आँसू को रोके रखा। उसने मुँह घुमाया, तो देखा, अपूर्व नम आँखों से उसकी तरफ एकटक निहार रहा है। फिर वह खिड़की के बाहर नजरें फिराकर चुपचाप बैठी रही। किसी के आगे आँसू बहाने में उसे बेहद शर्म आती थी, लेकिन अपने आपको शान्त कर लेने में भी उसे देर नहीं लगती थी। दो-तीन मिनट बाद वह धीरे-धीरे बोली–'तिवारी बड़ा अच्छा आदमी है। मेरी माँ बहुत दिनों से ही चारपाई से लगी हुई

थी। हम यह जानते थे कि किसी भी समय उसका देहान्त हो सकता है। तिवारी ने हमारी बहुत मदद की थी। मेरे चले जाते वक्त वह रोने लगा। लेकिन इतना किराया मैं कहाँ से देती?'

अपूर्व चुपचाप सुनने लगा।

भारती अचानक बोल उठी—'आपके यहाँ चोरी करनेवाले चोर पकड़े गए हैं। रुपया, बटन थाने में जमा है। आपको खबर मिली है?'

'कहाँ, नहीं तो?'

'हाँ, चोर पकड़े गए हैं। उस दिन जो लोग तिवारी को तमाशा दिखाने ले गए थे, उन्हीं लोगों के आदमियों ने चोरी की थी। और भी कई घरों में चोरी करने के बाद शायद बँटवारे को लेकर अनबन हो जाने की वजह से उन्हीं में से एक ने पुलिस को सब कुछ बता दिया था। एक दुकान में जो कुछ रखा गया था, पुलिस ने सब ढूँढ़ निकाला। मैं एक गवाह हूँ, यह पता लगाकर पुलिसवाले एक दिन मेरे पास आए थे। यही खबर देने के लिए आई थी कि तभी देखती हूँ, तिवारी को चेचक हुआ है। यह तो मैं ठीक-ठीक नहीं जानती कि कब मुकदमे की सुनवाई की तारीख है, मगर मैंने यह सुना है कि सब कुछ आपको वापस मिल जाएगा।'

यह अन्तिम वाक्य वह बिना कहे भी रह सकती थी, क्योंकि शर्म के मारे अपूर्व का मुँह सिर्फ लाल ही नहीं हुआ, बल्कि इस सिलसिले में अपनी कही-अनकही सारी बातें सोचकर उसके रोंगटे खड़े हो गए।

लेकिन भारती ने उस पर गौर ही नहीं किया। कहने लगी—'अन्दर से दरवाजा बन्द था, लेकिन हजार पुकारने पर भी किसी ने कोई आवाज नहीं दी। हमारे ऊपर के घर की चाबी मेरे पास थी। मैं दरवाजा खोलकर अन्दर गई। मेरे फर्श पर एक छेद है,' इतना कहकर वह थोड़ी-सी शर्म-भरी मृदु मुस्कान छिपाकर बोली—'उसके अन्दर से आपके घर का तमाम कुछ देखा जा सकता है। देखती हूँ सारी खिड़कियाँ बन्द हैं, अँधेरे में कोई सिर से लेकर पैर तक ढँककर लेटा हुआ है। ऐसा महसूस हुआ कि वह तिवारी ही है। उसी छेद से चिल्लाकर मैंने सैकड़ों बार कहा—'तिवारी, मैं हूँ, मैं भारती हूँ। क्या हुआ है तुम्हें, दरवाजा खोलो। नीचे आकर मैं उसी तरह पुकारने लगी। बीस मिनट बाद तिवारी घुटनों के बल चलकर आया और किसी तरह दरवाजा खोल दिया। उसकी शक्ल-सूरत देखकर मेरे लिए कहने को और कुछ नहीं रहा। चार दिन पहले सामनेवाले मकान के नीचे के कमरे से जिन दो तेलगू कुलियों को, चेचक हुआ था, पुलिसवाले पकड़कर अस्पताल ले गए थे। उन लोगों का रोना और गिड़गिड़ाहट तिवारी ने अपनी आँखों से देखी थी—मेरे दोनों

पाँवों को उसने अपने दोनों हाथों से धर-दबोचा और एकबारगी दहाड़ मारकर रो उठा और बोला—'माई ज़ी, मुझे प्लेग अस्पताल मत भेज देना। मुझे वहाँ भेज दोगी, तो मैं जिन्दा नहीं रहूँगा। उसका कहना निहायत झूठ नहीं था। ऐसा सुनने में नहीं आया था कि जो वहाँ गया था, वह लौट आया है। इसी डर के मारे वह दिन-रात दरवाजे-खिड़कियाँ बन्द किए हुए पड़ा रहता था। मुहल्ले के किसी को भी इस बात की जरा-सी भी भनक मिलेगी, तो वह उसे अस्पताल भेजे बिना नहीं छोड़ेगा।'

अपूर्व अभिभूत हो उसके मुँह की तरफ निहार रहा था, बोला—'और तभी से आप अकेले दिन-रात यहाँ हैं। आपने मुझे कोई खबर क्यों नहीं भेजी? हमारे ऑफिस के तलवरकर बाबू को तो आप जानती ही हैं, आपने उन्हें क्यों नहीं बुलवाया?'

भारती बोली—'कौन जाता? कोई आदमी कहाँ था? मैंने सोचा था कि हो सकता है, खोज-खबर लेने वे एक दिन आएँ। मगर वे नहीं आए। भला वे ही यह कैसे जानते कि तिवारी को चेचक हुआ है? इसके अलावा इस बात का भी डर था कि कहीं लोग यह जान न जाएँ।'

'लोगों के जानने का डर तो था,' कहकर अपूर्व ने एक लम्बी साँस ली और निस्तब्ध होकर बैठा रहा। बहुत देर बाद बोला—'आपने देखा है कि आपकी अपनी शक्ल-सूरत कैसी हो गई है?'

भारती तनिक मुस्कुराकर बोली—'यानी कि पहले मेरी शक्ल-सूरत इससे ज्यादा अच्छी थी?'

अपूर्व को सहसा यह नहीं सूझा कि वह उसकी बात का क्या जवाब दे। लेकिन उसकी दोनों मुग्ध आँखों ने श्रद्धा और कृतज्ञता के गंगाजल से मानो इस तरुणी के अंग-अंग की सारी ग्लानि, सारी थकान को धो देना चाहा। बहुत देर बाद वह बोला—'मनुष्य जो नहीं करता, वह आपने किया है, लेकिन अब आपकी छुट्टी है। तिवारी सिर्फ मेरा नौकर ही नहीं है, बल्कि वह मेरा दोस्त है, मेरा रिश्तेदार है—उसकी गोद में खेलकर और उसकी पीठ पर सवार होकर मैं बड़ा हुआ हूँ। उसकी इस बीमारी में अब मैं ही उसकी सेवा करूँगा। लेकिन उसके लिए आपको मैं दुख उठाने नहीं दूँगा। अभी तक न आप नहाई हैं, न आपने खाना खाया है। आप अपने डेरे जाइए। वह क्या यहाँ से ज्यादा दूर है?'

भारती ने सिर हिलाकर कहा—'अच्छा मेरा डेरा नदी के किनारे तेल के कारखाने की बगल है। मैं कल फिर आऊँगी।'

दोनों नीचे उतर आए। ताला खोलकर दोनों घर में घुसे। तिवारी में कोई

सुगबुगाहट नहीं थी, नींद टूटती है, तो भी वह ज्यादातर वक्त बेहोशी में डूबे हुए की नाईं पड़ा रहता है। अपूर्व जाकर उसके बिस्तर की बगल में बैठा।

और जो दो-चार जूठे बरतन तब तक माँज-धोकर रखे नहीं गए थे, उन्हें अपने हाथ में लेकर भारती गुसलखाने में घुसी। उसकी इच्छा थी कि जाने से पहले बीमारी के बारे में कई जरूरी नसीहतें देकर जाए कि इस बड़ी भयंकर बीमारी में अपने-आपको सावधान रखने की जरूरत है। हाथ का काम खत्म करके वह ये बातें मन-ही-मन दोहराती हुई जब इस कमरे में वापस आई, तो देखा, अपूर्व बेहोश तिवारी के मुँह की तरफ एकटक निहारता हुआ पत्थर के बुत की मानिन्द बैठा हुआ है। उसका मुँह बिलकुल राख की तरह सफेद है। जीवन में उसने किसी को चेचक होते नहीं देखा था, इसकी भयंकरता उसकी कल्पना के परे थी।

भारती करीब जाकर खड़ी हुई, तो उसने मुँह उठाकर निहारा। उसकी दोनों आँखें छलछलाने को हो आईं और पलक झपकते ठीक बच्चों की तरह वह व्याकुल आवाज में बोल उठा–'मुझसे नहीं होगा।'

नवाँ परिच्छेद

भारती कुछ देर तक चुप रही, फिर बोली–'तो आपसे नहीं होगा? आप तिवारी की सेवा नहीं कर सकेंगे, यही न?'

उसकी आवाज में थोड़े-से विस्मय के आभास के अलावा और कुछ भी नहीं था। भला यह कोई जवाब था? उसने क्या उससे इसी जवाब की आशा की थी? अचानक जैसे मार खाकर अपूर्व की झपकी टूट गई।

भारती बोली–'तब तो खबर देकर उसे अस्पताल भेज देना चाहिए।'

उसकी बात में न व्यंग्य था और न झल्लाहट, लेकिन शर्म के मारे अपूर्व का सिर झुक गया। उसे शर्म सिर्फ इसलिए नहीं आई कि वह बीमार तिवारी की सेवा नहीं कर सकेगा, बल्कि अपने उस दावे के लिए आई जो भारती को इशारे-इशारे में तिवारी की सेवा करने के लिए कहने में छिपा हुआ था। उस दावे ने जब भारती के शान्त इनकार से कड़ी फटकार की शक्ल में वापस आकर उसे टीसा, तब मुँह नीचा किए बैठे अपूर्व को बेहद पछतावे के साथ एक बार यह सोचना पड़ा कि इस लड़की को उसने वास्तव में नहीं पहचाना था। दुख, दुश्चिन्ता कहीं कुछ नहीं था–थे मानो कितने दीये, कितनी जलती बत्तियाँ जिन्हें न जाने किसने अचानक एक फूँक से बुझाकर अधूरे नाटक के बीच परदा गिरा दिया। भयानक अँधेरे में रहा सिर्फ वह और उसका मरणासन्न बेहोश तिवारी, जिसे वह छोड़ नहीं सकता।

भारती बोली–'तो दिन रहते-रहते ही कुछ करना होगा। आप कहें तो डेरे जाते वक्त मैं अस्पताल में फोन कर दूँगी। वे लोग गाड़ी लेकर आएँगे और उसे उठाकर ले जाएँगे।'

अपूर्व ने अपनी ऊँघ को जोर लगाकर दूर किया और मुँह उठाकर पूछा–'लेकिन आपने तो कहा था कि वहाँ जाने पर कोई जिन्दा नहीं रहता है?'

भारती बोली–'यह तो मैंने नहीं कहा है कि वहाँ जाने पर कोई जिन्दा नहीं रहता है।'

भारती ने सिर हिलाकर कहा–'हाँ, वहाँ जाने पर ज्यादातर लोग मर जाते हैं। इसी वजह से होश रहते कोई वहाँ हरगिज नहीं जाना चाहता है।'

अपूर्व चुपचाप थोड़ी देर तक बैठा रहा, फिर पूछा–'अच्छा, तिवारी को क्या कुछ होश नही है?'

भारती बोली–'कुछ होश तो है। हरदम तो होश नहीं रहता है, तो भी बीच-बीच में उसे सब पता चल जाता है।'

ऐसे समय जब तिवारी सहसा कराह उठा, तो अपूर्व चौंक उठा। उसका चौंकना भारती से छिपा नहीं रहा। वह नजदीक आकर तिवारी के मुँह पर झुक गई और बड़े स्नेह से पूछा–'क्या चाहिए तिवारी?'

तिवारी ने होंठों को हिलाकर जो कुछ कहा, अपूर्व ने उसे बिलकुल नहीं समझा, मगर भारती ने सावधानी से उसे करवट बदलवा दी और लोटे से थोड़ा-सा पानी उसके मुँह में डालकर कान में कहा–'तुम्हारे मालिक आ गए हैं।'

भारती की बात के जवाब में तिवारी गुगु आया। उसने एक बार अपना दाहिना हाथ उठाने की कोशिश की, मगर हाथ को हिला तक नहीं सका। दूसरे ही पल देखने में आया, तिवारी की बन्द आँखों की कोरों से होकर पानी बह रहा है।

अपूर्व की दोनों आँखें भी आँसुओं से भर उठीं। जल्दी से अपनी धोती के खूँट से उसने उसकी आँखों से बहते पानी को पोंछ डाला, मगर वह उसे रोक नहीं सका–वह बार-बार उसकी आँखों की कोरों से होकर बहते पानी को पोंछता रहा और बार-बार उसकी आँखों की कोरों से होकर पानी बहता रहा। दो-तीन मिनट किसी ने कोई बात नहीं की। समूचा कमरा दुख और शोक की घनी घटा से जैसे भर गया।

बात की पहले भारती ने। वह जरा करीब आई और चुपके-चुपके बोली–'अब क्या किया जा सकता है? उसे अस्पताल ही भेज दीजिए।'

अपूर्व आँखों पर से तब भी परदा नहीं हटा सका, मगर सिर हिलाकर उसने बताया–'नहीं।'

भारती पहले की तरह धीरे-धीरे बोली–'ठीक है, वह घर पर ही रहे, तो अब मैं चली। अगर समय मिला, तो कल एक बार आऊँगी।'

तब भी अपूर्व आँखें नहीं खोल सका, स्तब्ध होकर बैठा रहा।

जाने के पहले भारती बोली–'सब कुछ तो है, सिर्फ मोमबत्ती खत्म हो गई है। मैं नीचे से खरीदकर दे जाती हूँ।' इतना कहकर वह चुपचाप दरवाजा खोलकर बाहर निकल गई।

कई मिनट बाद जब वह मोमबत्ती लेकर वापस आई तब अपूर्व अपने आपको शायद थोड़ा-बहुत सँभाल पाया था। आँखें पोंछना खत्म हो चुका था, लेकिन भीगी पलकों के नीचे उसकी दोनों आँखें लाल बनी हो गई थीं।

भारती कमरे में घुसी तो उसने दूसरी तरफ मुँह घुमा लिया। भारती ने हाथ का बंडल पास में रख दिया और एक बार उसने न जाने क्या कहना चाहा, लेकिन जब अपूर्व ने बात किए बिना मुँह घुमा लिया, तो वह भी और कोई सवाल किए बिना पलभर चुपचाप रही, फिर जब जाने के लिए दरवाजा खोला, तो अपूर्व अचानक बोल उठा—'तिवारी अगर पानी पीना चाहे तो?'

भारती मुड़कर खड़ी हो गई और बोली—'तो उसे पानी पिला दीजिएगा।'

अपूर्व बोला—'और अगर वह करवट बदलना चाहे तो?'

भारती बोली—'तो उसे करवट बदलवा दीजिएगा।'

'कहना तो आसान है, पर मैं सोऊँगा कहाँ, जरा सुनूँ तो सही?' उसकी आवाज का गुस्सा दबा नहीं रहा, बोला—'बिस्तर तो पड़ा रहा ऊपर के घर में!'

भारती ने क्या सोचा, यह उसका मुँह देखकर समझ में नहीं आया। एक पल स्थिर रहकर पहले की ही तरह शान्त, मृदु स्वर में कहा—'एक और बिस्तर तो आपकी चारपाई पर है। उस पर आप सो सकते हैं।'

अपूर्व बोला—'आप तो ऐसा कहेंगी ही। और मेरे खाने का क्या इन्तजाम होगा?'

भारती चुप रही, लेकिन इस असंगत और बेहद बेढंगे सवाल को सुनकर गुप्त हँसी के आवेग से उसकी दोनों पलकें जैसे काँपने लगीं। थोड़ी देर बाद बड़ी गम्भीरता के साथ उसने कहा—'आपके सोने और खाने का इन्तजाम करने की जिम्मेदारी क्या मुझ पर है?'

'मैं क्या ऐसा कह रहा हूँ?'

'अभी-अभी तो आपने ऐसा ही कहा। और सो भी अच्छी तरह नहीं, गुस्सा करके।'

अपूर्व को इसका कोई जवाब ढूँढ़े नहीं मिला। उसके उदास और दुखी मुँह की तरफ निहारकर भारती ने धीरे-धीरे कहा—'आपको कहना चाहिए था, कृपा करके मेरे सोने-खाने का इन्तजाम आप कर दीजिए।'

अपूर्व बिना किसी ओर देखे कहा—'यह कहना भला क्या मुश्किल है?'

भारती बोली—'अच्छी बात है, तो यही कहिए न!'

'यही तो कह रहा हूँ,' कहकर अपूर्व मुँह लटकाए दूसरी तरफ आँखें घुमाए रहा।

भारती ने पूछा—'आपने क्या कभी किसी भी बीमार पड़े आदमी की सेवा की है?'

'नहीं।'

'और कभी विदेश भी नहीं गए थे?'

'नहीं, माँ मुझे कहीं नहीं जाने देती थीं।'

'तब, इस बार उन्होंने आपको कैसे यहाँ आने दिया?'

अपूर्व चुप रहा। कैसे और किस वजह से उसे यहाँ आने देने को राजी हुई थी, यह उसने दूसरे को बताना नहीं चाहा।

भारती बोली–'इतनी बड़ी नौकरी थी–आपको वे यहाँ नहीं आने देतीं तो काम कैसे चलता? लेकिन वे साथ में क्यों नहीं आईं?'

उसके ऐसी तीखी टिप्पणी जाहिर करने की वजह से अपूर्व ने खिन्न होकर कहा–'मेरी माँ को आपने नहीं देखा है, वरना आप ऐसा नहीं कहतीं। बड़े दुख से उन्होंने मुझे यहाँ आने दिया है। मगर वे विधवा हैं, इस म्लेच्छों के देश में वे खुद कैसे आतीं?'

भारती एक पल स्थिर रही, फिर बोली–'म्लेच्छों के प्रति आप लोगों को बड़ी नफरत है। लेकिन बीमारी तो सिर्फ गरीबों के लिए ही पैदा नहीं हुई है। बीमारी आपको भी हो सकती थी, अभी भी तो हो सकती है–अगर आपको बीमारी होगी, तो क्या आपकी माँ यहाँ नहीं आएँगी?'

अपूर्व का चेहरा फीका पड़ गया–'आप ऐसे डराएँगी तो मैं कैसे अकेले रहूँगा?'

भारती बोली–'मैं आपको नहीं डराऊँगी, तब भी आप अकेले नहीं रह सकेंगे। आप बेहद डरपोक आदमी हैं।'

अपूर्व को प्रतिवाद करने की हिम्मत नहीं हुई, वह चुपचाप बैठा रहा।

भारती अचानक बोल उठी–'एक बात आपसे पूछती हूँ मैं। वह यह कि मेरे हाथ का पानी पीने से तिवारी की तो जात चली गई, अब जब वह अच्छा हो जाएगा तब वह क्या करेगा?'

अपूर्व यह नहीं जानता था कि शास्त्रों में इस बारे में क्या लिखा हुआ है। उसने तनिक सोचकर कहा–'उसने तो भला होश में रहते हुए आपके हाथ का पानी नहीं पिया है। बीमारी की वजह से वह मौत के मुँह में पड़ा हुआ था, इसलिए उसने आपके हाथ का पानी पिया है। नहीं पीता, तो हो सकता है, वह मर जाता। इससे शायद जात नहीं जाती। इसके लिए उसे प्रायश्चित करना पड़ेगा।'

भारती त्योरियाँ चढ़ाकर बोली–'हुं।' उसका खर्च आप ही को देना पड़ेगा, नहीं तो आप उसके हाथ का छुआ कैसे खाएँगे?'

अपूर्व ने तुरन्त हामी भरी और कहा–'हाँ, मैं ही तो दूँगा। भगवान करे, वह जल्दी अच्छा हो जाए।'

भारती बोली—'और मैंने ही सेवा-सुश्रूषा करके उसे अच्छा किया न?'

उसकी शान्त, कठोर आवाज पर अपूर्व ने ध्यान नहीं दिया। कृतज्ञता से गद्गद होकर जवाब दिया—'यह आपकी कृपा है। तिवारी बच जाएगा, लेकिन आप ही ने तो उसकी जान बचाई।'

भारती जरा मुस्कुराई, बोली—'म्लेच्छ जान बचा दे, तो इसमें कोई दोष नहीं, और मुँह में पानी डाल दे, तो उसके लिए प्रायश्चित करना होगा, न?' इतना कहकर वह फिर से तनिक मुस्कुराई और बोली—'अच्छा, अब मैं चली। कल अगर समय मिला तो एक बार देख आऊँगी।' यह कहकर वह जाने को तैयार हुई, पर फिर अचानक मुड़कर खड़ी हो गई और बोली—'और अगर मैं नहीं आ सकी, तो तिवारी जब अच्छा हो जाए, तो उससे कहिएगा, आप नहीं आ जाते, तो मैं नहीं जाती। लेकिन म्लेच्छों का भी एक समाज है। आपके साथ एक कमरे में रात बिताऊँगी, तो वे लोग भी इसे अच्छा नहीं कहेंगे। कल सवेरे आपका चपरासी आए, तो तलवरकर बाबू को खबर कर दीजिएगा। वे परिपक्व आदमी हैं, वे सारा इन्तजाम कर देंगे। अच्छा, नमस्कार।'

अपूर्व ने कहा—'करवट बदलवा देने से उसे तकलीफ नहीं होगी?'

'नहीं।'

'रात को अगर बिस्तर बदलने की जरूरत पड़े, तो मैं कैसे बदलूँगा?'

भारती ने कहा—'सावधानी से बदलिएगा। मैं लड़की होकर अगर बिस्तर बदल सकती हूँ, तो आप नहीं बदल सकते?'

अपूर्व शंकित मुँह से स्थिर बना रहा। भारती ने जाने के लिए दरवाजा खोला तो अपूर्व डरता हुआ बोल उठा—'और अगर वह उठ बैठे, तो? और अगर रोने लगे, तो?'

भारती इन सवालों का और कोई जवाब दिए बिना धीरे-धीरे बाहर निकली और सावधानी से दरवाजा बन्द कर चली गई। उसके कदमों की हल्की आहट जब तक लकड़ी की सीढ़ियों पर सुनाई पड़ी तब तक अपूर्व लकड़ी के बुत की मानिंद बैठा रहा, लेकिन जब कदमों की आहट सुनाई देना बन्द हो गया, तो तुरन्त जैसे उसकी आँखों पर पता नहीं कहाँ से एक काला जाल उतर आया! इस वजह से उसका समूचा बदन जिस तरह काँप उठा, ऐसा अनुभव उसने जीवन में कभी नहीं किया था। डर के मारे भागते हुए जाकर उसने बरामदे का किवाड़ खोल डाला और नीचे निहारा तो देखा, भारती तेज कदमों से रास्ते पर चली जा रही है। वह उसे मिस जोसेफ कह ही नहीं सका। जोर से पुकारा—'भारती।'

भारती ने सिर उठाकर निहारा तो अपूर्व ने दोनों हाथ जोड़कर कहा–'एक बार आइए।' उसके मुँह से और कोई शब्द नहीं निकला।

भारती दोबारा कुछ कहे बिना लौट आई। दो मिनट बाद दरवाजा खोलकर जब वह घुसी तो देखा, अपूर्व नहीं है, तिवारी अकेले पड़ा हुआ है। आगे आकर झाँककर देखा, तो बरामदे में भी वह नहीं था। चारों ओर देखा, कहीं नहीं था। गुसलखाने का किवाड़ खुला हुआ था। उसने पाँच-छह मिनट इन्तजार किया, फिर भी जब कोई नहीं आया तब उसने संदिग्ध चित्त से दरवाजे के अन्दर गर्दन बढ़ाई, तो जो कुछ उसे दिखाई पड़ा, उसके डर की कोई सीमा नहीं रही। अपूर्व फर्श पर औंधा पड़ा हुआ था। दोपहर में उसने जो कुछ खाया था, सब मतली कर दी थी। उसकी आँखें मुँदी हुई थीं और अंग-अंग पसीने से तरबतर था। उसने करीब जाकर पुकारा–'अपूर्व बाबू!'

पहली ही पुकार में अपूर्व ने आँखें खोलकर देखा, मगर दूसरे ही पल फिर आँखें मूँदकर पहले की ही तरह स्थिर बना रहा।

भारती पलभर के लिए झिझकी, लेकिन फिर उसने अपूर्व के पास बैठकर उसके सिर पर हाथ रखा और धीरे-धीरे बोली–'उठकर बैठ जाइए। सिर और मुँह पर पानी डाले बिना तो तबीयत ठीक नहीं होगी अपूर्व बाबू।'

अपूर्व उठ बैठा, तो वह उसका हाथ पकड़कर उसे नल के पास ले आई और जब उसने नल खोल दिया, तो उसने मुँह-हाथ धो डाला। फिर उसने उसे धीरे-धीरे उठाया और लाकर चारपाई पर लिटा दिया। गमछा न होने की वजह से भारती ने अपने आँचल से उसके हाथों और पाँवों का पानी पोंछ दिया और एक पंखा ढूँढ़ लाकर उसे झलते-झलते बोली–'अब जरा सोने की कोशिश कीजिए। आप जब तक चंगा नहीं हो जाएँगे, मैं नहीं जाऊँगी।'

अपूर्व शरमाकर मृदु स्वर में बोला–'लेकिन आपने तो अभी तक कुछ खाया नहीं है।'

भारती बोली–'आपने भला मुझे खाने कहाँ दिया? आप सोइए।'

'मैं सो जाऊँगा तो आप चली तो नहीं न जाइएगा?'

'नहीं, जब तक आपकी नींद नहीं टूटेगी तब तक मैं इन्तजार करूँगी।'

अपूर्व थोड़ी देर तक चुप रहा, फिर पूछा–'अच्छा, आपको मिस भारती कहकर पुकारने पर क्या आप गुस्सा करेंगी?'

'जरूर गुस्सा करूँगी। हालाँकि सिर्फ भारती कहकर पुकारने पर मैं गुस्सा नहीं करूँगी।'

'लेकिन दूसरे लोगों के सामने?'

भारती ने जरा मुस्कुराकर कहा–'दूसरे के सामने भी आप मुझे भारती कहकर पुकारिएगा। मगर चुप होकर जरा सो जाइए। मुझे बहुत सारे काम हैं।'

अपूर्व बोला–'सोने में मुझे डर लगता है, कहीं चकमा देकर आप चली न जाएँ?'

'नहीं, लेकिन आपके जगे रहने पर भी अगर मैं चली जाऊँ, तो आप मुझे रोकेंगे कैसे?'

अपूर्व चुपचाप निहारता रहा।

भारती बोली–'हमारे म्लेच्छ-समाज में क्या नेकनामी और बदनामी नाम की चीज नहीं है? मुझे क्या उससे डरकर नहीं चलना पड़ता है?'

अपूर्व की अक्ल ठिकाने नहीं थी। भारती की बात के जवाब में वह एक अजीब-सा सवाल कर बैठा। बोला–'मेरी माँ यहाँ नहीं है। अगर मुझे चेचक हो जाए तब आप क्या करेंगी? तब तो आप ही को रहना पड़ेगा।'

भारती बोली–'मुझे ही रहना पड़ेगा? आपके दोस्त तलवरकर बाबू को खबर देने से काम नहीं चलेगा?'

अपूर्व जोर से सिर हिलाकर बोल उठा–'नहीं, ऐसा हरगिज नहीं हो सकता है। या तो मेरी माँ या आप–दोनों में से किसी एक को मैं नहीं देख पाऊँगा, तो मैं कभी जिन्दा नहीं रहूँगा। कल अगर मुझे चेचक हो जाए, तो आप यह हरगिज नहीं भूल जाइएगा।'

उसका आखिरी वाक्य भारती को इस कदर छू गया कि वह अपने आपको भूल गई। बिस्तर के एक किनारे बैठकर उसने अपूर्व के बदन पर अपना एक हाथ रखा और रुँधे स्वर में बोल उठी–'नहीं, नहीं, मैं नहीं भूलूँगी, नहीं भूलूँगी। इसे क्या कभी मैं भूल सकती हूँ?' लेकिन यह कहते ही जब उसे अपनी गलती का एहसास हुआ, तो पलक झपकते वह उठकर खड़ी हो गई। जोर लगाकर तनिक मुस्कुराकर बोली–'लेकिन जब आप अच्छे हो जाएँगे, तो भी तो मुसीबत कम नहीं होगी अपूर्व बाबू। फिर तो बड़ी धूमधाम से प्रायश्चित करना पड़ेगा। मगर डरने की कोई बात नहीं, उसकी जरूरत नहीं पड़ेगी। अच्छा, आप चुप होकर जरा सोइए। वास्तव में मेरे बहुत-से काम पड़े हुए हैं।'

'कौन-से काम?'

भारती बोली–'खाना तो दूर, दिन में मुझे नहाने तक का समय नहीं मिला।'

'लेकिन शाम को नहाएँगी, तो आप बीमार नहीं पड़ जाएँगी।'

भारती बोली–'बीमार पड़ भी जा सकती हूँ। ऐसा होना असंभव नहीं है। लेकिन गुसलखाने को आपने जैसा गन्दा कर रखा है उसकी सफाई करने के बाद बिना नहाए क्या कोई रह सकता है? उसके बाद कुछ खाना भी तो पड़ेगा न?'

अपूर्व बेहद शर्मिन्दा होकर बोला–'मैं गुसलखाना साफ कर दूँगा। आप वहाँ नहीं जाइएगा।' इतना कहकर वह जल्दी से उठने जा रहा था कि तभी भारती गुस्सा करके बोली–'अब बहादुरी दिखाने की जरूरत नहीं। आप जरा सोने की कोशिश कीजिए। लेकिन मैं सिर्फ यही सोचती हूँ कि इतनी बड़ी नाजुक चीज को माँ ने कैसे जीते जी विदेश भेज दिया था! मैं सच कह रही हूँ, आप उठिएगा नहीं।' उसने बनावटी गुस्से के स्वर में फटकार-भरा हुक्म सुना दिया और तेज कदमों से चली गई।

घबराया, थका और बिलकुल बेजान-जैसा अपूर्व कब सो गया था, यह वह जान भी नहीं सका था, उसकी नींद टूटी भारती की पुकार से। आँखें पोंछकर वह बिस्तर पर उठ बैठा और सामनेवाली घड़ी की ओर निहारा, तो देखा–रात के बारह बज चुके हैं। भारती बगल में खड़ी है। अपूर्व की पहली नजर पड़ी उसके घने और लम्बे बालों पर। अभी-अभी नहाने की वजह से उसके घने भीगे गहरे काले बाल फर्श को छू रहे थे। स्निग्ध साबुन की महक से कमरे की सारी रुकी हुई हवा अचानक पुलकित हो उठी थी। वह काली किनारी वाली सूती साड़ी पहने हुए थी–ब्लाउज न पहनने की वजह से बाँहों का बहुत बड़ा भाग नजर आ रहा था। भारती का यह कोई दूसरा नया रूप है जिसे अपूर्व ने पहले कभी नहीं देखा था। उसके मुँह से अनायास निकला–'इतने भीगे बाल आखिर सूखेंगे कैसे?'

भारती बोली–'नहीं सूखेंगे तो इसके लिए फिक्र करने की जरूरत नहीं। आप आइए तो मेरे साथ।'

'तिवारी कैसा है?'

'अच्छा है। कम-से-कम आज रात-भर के लिए आपको फिक्र करने की जरूरत नहीं। आइए।'

उसके साथ वह गुसलखाने में आया, तो देखा, एक छोटी-सी टोकरी में कुछ फल-मूल, एक हँसुली, एक थाली, एक गिलास है–भारती उन्हें दिखाकर बोली–'इससे ज्यादा कुछ किया नहीं जा सकता है। नल के पानी से इन सबको धो डालिए। हँसुली, थाली, गिलास सब। गिलास में पानी भर लीजिए। सब लेकर उस कमरे में आइए, मैंने आसन बिछा रखा है।'

अपूर्व ने पूछा–'यह सब आप कब लाईं?'

भारती बोली–'जब आप सो गए तब। पास ही एक फल की दुकान है, दूर नहीं जाना पड़ा था और यह टोकरी तो आप ही की है।' इतना कहकर वह दूसरी तरफ चली गई। जाते-जाते सतर्क करना नहीं भूली–'हँसुली धोते वक्त कहीं हाथ न काट लीजिएगा।'

थोड़ी देर बाद आसन पर बैठकर अपूर्व फल काट रहा था और भारती करीब बैठकर हँस रही थी।

अपूर्व बोला–'आप हँसिए, कोई हर्ज नहीं है। यह सभी जानते हैं, मर्द हँसुली से काट नहीं सकता है। लेकिन आपने मेरे खाने के लिए जो जतन किया है, इसके लिए आपको कोटि-कोटि धन्यवाद। माँ के अलावा ऐसा जतन कोई दूसरा नहीं करता।'

उसके आखिरी वाक्य पर भारती ने कान ही नहीं दिया। पहली बात के जवाब में वह बोली–'हँसती हूँ क्या शौक से अपूर्व बाबू? यह सच है कि मर्द हँसुली से काट नहीं सकता है, लेकिन सभी मर्द क्या ऐसे ही हँसुली से फल काटते हैं? तिवारी अच्छा हो जाएगा, तो माँ को मैं जरूर चिट्ठी लिख दूँगी कि या तो वे आएँ या अपने बेटे को वे वापस ले जाएँ। ऐसे आदमी को घर से दूर नहीं रखा जा सकता है।'

अपूर्व बोला–'माँ अपने बेटे को अच्छी तरह जानती है। मगर देखिए, मेरी जगह अगर मेरे बड़े भाइयों में से कोई भी होता, तो आज आपको इतनी बातें कहने की जरूरत नहीं पड़ती। वे आप ही से सब काम करवा लेते।'

भारती समझ नहीं सकी।

अपूर्व बोला–'ऐसी कोई चीज नहीं है जिसे मेरे बड़े भाई लोग नहीं छूते हैं, न ही खाते हैं। मुर्गी और होटल का डिनर खाए बिना वे रह ही नहीं सकते।'

भारती आश्चर्य से बोली–'यह क्या कह रहे हैं आप!'

अपूर्व बोला–'मैं सही कह रहा हूँ। मेरे पिता तो आधे ईसाई थे–ऐसा कहा-ही जा सकता है। इसको लेकर माँ को क्या कम दुख झेलना पड़ा है।'

भारती उत्सुक होकर बोली–'यह सच है क्या? लेकिन माँ क्या कट्टर हिन्दू हैं?'

अपूर्व बोला–'कट्टर भला क्या होगी, हिन्दुओं के घर की औरतें जैसी होती हैं, वह वैसी ही है।' माँ की बात कहते-कहते उसकी आवाज करुण हो उठी। बोला–'घर में दो-दो बहुएँ हैं। तब भी मेरी माँ को खुद अपना खाना बनाकर खाना पड़ता है। लेकिन वैसे माँ कभी भी किसी पर दबाव नहीं डालती है, न कभी किसी से इसके लिए शिकायत करती है। माँ अपना आचार-विचार छोड़कर अपने पति की हाँ-में-हाँ नहीं मिला सकी थी। अगर वे लोग भी मेरे विचारों से सहमत नहीं हो सकते हैं तो शिकायत किस बात की! मेरी बुद्धि और मेरे संस्कार को मानकर बेटे-बहुओं को चलना पड़ेगा, इसका क्या मतलब है? –ऐसा माँ का कहना है।'

भारती ने भक्ति और श्रद्धा से अवनत होकर कहा–'माँ पुराने जमाने की

महिला हैं, पर धीरज तो बहुत अधिक है।'

अपूर्व ने उद्दीप्त होकर कहा–'धीरज? माँ के धीरज की क्या कोई सीमा है? आपने उसको नहीं देखा है, लेकिन मैं कह देता हूँ, आप उसे देखेंगी, तो बिलकुल अचरज में पड़ जाएँगी।'

भारती प्रसन्न मुँह से चुपचाप एकटक निहारती रही। अपूर्व फलों का छिलका छीलना बन्द करके कहने लगा–'सच्चाई तो यह है कि मेरी माँ सारा जीवन दुख झेलती आ रही है और अपने पति और बेटों के म्लेच्छों-जैसा चाल-चलन घर के अन्दर चुपचाप बर्दाश्त करती आ रही है। उसका एकमात्र भरोसा मैं हूँ। हारी-बीमारी में वह सिर्फ मेरे हाथों का बना खाना खाती है।'

भारती बोली–'पर अभी तो उन्हें तकलीफ होती होगी?'

अपूर्व बोला–'तकलीफ तो उसे होती ही होगी। इसीलिए तो वह मुझे यहाँ आने देना नहीं चाहती थी। लेकिन मैं भी तो हमेशा घर में बैठा नहीं रह सकता था। पर अब उसे सिर्फ एक आशा है। वह यह कि मेरी बहू आएगी तो उसे अपने हाथों खाना बनाकर नहीं खाना पड़ेगा।'

भारती तनिक मुस्कुराकर बोली–'तो उनकी वह आशा आप क्यों पूरी करके नहीं आए? उनकी आशा आपको पूरी करनी चाहिए थी।'

अपूर्व तुरन्त हामी भरकर बोल उठा–'हाँ, उसकी आशा पूरी करके ही मुझे आना चाहिए था। जब माँ ने खुद लड़की पसन्द करके सब कुछ ठीक कर लिया था तभी मुझे यहाँ आना पड़ गया, समय नहीं मिला। लेकिन मैं माँ को यह कह आया हूँ कि जब भी वह मुझे चिट्ठी लिखेगी उसी वक्त मैं पहुँच जाऊँगा।

भारती बोली–'ऐसा ही करना चाहिए।'

अपूर्व माँ की ममता से पिघलकर बोला–'ऐसा नहीं करना चाहिए? मैं ऐसी लड़की चाहता हूँ, जो पर्व-त्योहारों में व्रत करेगी, आचार-विचार जानेगी, ब्राह्मण के घर की लड़की होगी–माँ को कभी दुख नहीं देगी। मुझे गाना-बजाना जाननेवाली, कॉलेज की पढ़ी-लिखी लड़की की क्या जरूरत?'

एक दिन अपूर्व ने स्वयं ही एक दिन इसका विरोध किया था और भाभियों की तरफदारी करते हुए माँ से गुस्से में कहा था–'ब्राह्मण के घर की कोई भी लड़की पकड़कर ले आओ और झमेला खत्म कर दो, लेकिन वह बात आज वह पूरी तरह भूल गया था। कहने लगा–'देखिए, आप न हमारी जात की हैं, न ही समाज की। आपके हाथ का छुआ पानी पीना तक मना है। आप-जैसे लोगों से बदन छू जाए तो कपड़ा तक बदल डालना पड़ता है–इतना फर्क है, तब भी आप जो समझती हैं उसे मेरे बड़े भाई लोग या भाभियाँ समझना नहीं चाहती हैं। सबको

अपना-अपना धर्म मानकर चलना चाहिए। घर भर लोगों के बीच रहकर भी मेरी माँ अकेली है। इससे बड़ा दुर्भाग्य और क्या हो सकता है? इसीलिए भगवान से मैं सिर्फ यही प्रार्थना करता हूँ कि मेरे किसी भी आचरण से मेरी माँ को कभी दुख न हो,' कहते-कहते उसकी आवाज भर्रा गई और दोनों आँखें आँसुओं से भर गईं।

उसी समय सोए हुए तिवारी ने कोई आवाज की, तो भारती जल्दी से उठकर चली गई।

अपूर्व ने उल्टी हथेली से आँखें पोंछ डालीं और फिर से फल काटने में मशगूल हो गया। माँ को वह बहुत प्यार करता था और घर में रहते माँ को खुश रखने के लिए उसने सिर पर चोटी रखी थी और एकादशी के दिन भात के बदले पूरियाँ खाया करता था। वास्तव में वह उन लोगों की निन्दा किया करता था जो ब्राह्मण होकर भी ब्राह्मणों का-सा आचरण नहीं करते थे। लेकिन शायद उसकी माँ भी यह सन्देह नहीं कर सकती थी कि घर से दूर यहाँ आने के बाद भी आचार-विचार के प्रति उसका ऐसा गहरा लगाव है। असली बात यह थी कि आज उसका तन-मन डर और चिन्ता से बहुत विकल हो गया था। माँ को करीब पाने की एक गहरी आकुलता से अन्दर ही अन्दर उसमें कोहरा पैदा हो रहा था जहाँ सारा भाव अपना रूप बदलता चला जा रहा था, यह खबर भगवान से छिपी नहीं रही।

लेकिन भारती का कलेजा अपमान के दुख से टीसने लगा। वह थोड़ी देर बाद वापस आई, तो देखा, अपूर्व किसी तरह फल काटना खत्म करके चुपचाप बैठा हुआ है। बोली–'आप बैठे हुए हैं, आपने खाया नहीं है?'

अपूर्व ने कहा–'नहीं, मैं आपके लिए बैठा हुआ हूँ।'

'किस चीज के लिए?'

'आप नहीं खाएँगी?'

'नहीं। जरूरत पड़ेगी, तो मेरे लिए अलग है।'

अपूर्व ने फलों की थाली हाथ से जरा धकेल दी और बोला–'ऐसा कहीं हो सकता है? आपने दिन भर खाया नहीं है, और...।'

उसका कहना अभी भी खत्म नहीं हुआ था कि तभी एक बहुत सूखी, दबी आवाज में जवाब आया–'उफ, आप बहुत तंग करते हैं। भूख हो, तो खाइए, नहीं तो खिड़की से फेंक दीजिए।' इतना कहकर वह पलभर भी इन्तजार किए बिना दूसरे कमरे में चली गई।

वास्तव में पल भर में उसके मुँह का जो भाव अपूर्व को दिखाई पड़ा था, उसने

उसके कलेजे पर जीवन भर के लिए छाप छोड़ दी। उस मुँह को वह अब तक नहीं भूला है। जब से वह यहाँ आया है तब से बहुत बार मुलाकात हुई है, विषाद में, सौहार्द में, दुश्मनी में, दोस्ती में, सुख और मुसीबत में कितनी बार तो इस लड़की को उसने देखा है मगर उस देखने और इस देखने में कोई समानता नहीं थी। यह जैसे कोई दूसरी हो।

भारती चली गई, फल का बर्तन जस का तस पड़ा रहा और पहले की ही तरह निर्वाक्, निस्पंद बुत की नाईं अपूर्व बैठा रहा। किस वजह से, क्या हुआ, यह उसकी समझ से परे था।

घंटे भर बात जब वह इस कमरे में आया, तो देखा, तिवारी के सिरहाने के करीब एक चटाई पर भारती अपनी बाँह पर सिर रखे सो रही है। वह जैसे चुपचाप आया था वैसे ही चुपचाप लौट गया और अपनी चारपाई पर लेट गया। और थकी आँखों को नींद की बाँहो में जाने में जरा भी देर नहीं लगी। और जब नींद टूटी तो भोर हो गई थी।

भारती बोली–'मैं चली।'

अपूर्व हड़बड़ाकर उठ बैठा, लेकिन अच्छी तरह सँभलकर, कुछ कहने से पहले उसने देखा, भारती कमरे से बाहर निकल चुकी है।

दसवाँ परिच्छेद

पिछली घटना को गुजरे महीना भर हो चुका था। तिवारी चंगा हो गया था, लेकिन बदन में अभी तक ताकत नहीं आई थी। जो आदमी साथ में भामो गया था वही खाना बना रहा था। तिवारी को बचाने के लिए ऑफिस के लगभग सभी ने अथक मेहनत की थी। रामदास तो खुद कितने दिन अपने डेरे तक नहीं जा सका था। शहर के एक बड़े डॉक्टर ने तिवारी का इलाज किया था, उसी की सिफारिश से उसे चेचक-अस्पताल नहीं ले जाया गया था। यह ब्रह्मदेश (बर्मा) तिवारी को कभी भी अच्छा नहीं लगा था। अपूर्व ने उसे छुट्टी दे दी थी, पर यह तय हुआ था कि जरा और चंगा हो जाएगा, तो वह घर चला जाएगा। तिवारी ऐसी आशा करता है कि अगले सप्ताह उसका घर जाना शायद असंभव होगा। भारती उस दिन जो गई सो गई ही, रह गई। उसके बाद फिर कभी खबर लेने भी नहीं आई थी। इतने बड़े अजीब मामले में भी आपस में उसकी कोई चर्चा तक नहीं होती थी। इसमें तिवारी का कोई खास कसूर नहीं था, बल्कि वह डरा-डरा रहता था कि कहीं कोई उसका नाम न निकल जाए, क्योंकि भारती शत्रु-पक्ष की है। जब से वे लोग यहाँ आए हैं तब से लेकर अब तक उसने उन लोगों को बहुत तरह से दुख दिया था। झूठी गवाही के बल पर उसने अपूर्व को जेल की सजा दिलाने की कोशिश तक की थी। मालिक की गैरमौजूदगी में उसे घर में बुला लाने में वह लाज और संकोच दोनों का ही अनुभव करता था, लेकिन तिवारी को यह नहीं मालूम कि वह कब और कहाँ चली गई है। यह जानने के लिए वह छटपट करता था—उसकी चिंता और आशंका की सीमा नहीं थी। लेकिन उसे यह हरगिज ढूँढ़े नहीं मिलता था कि उसका ठिकाना कैसे जाना जा सकता है। वह कभी सोचता, भारती चालाक लड़की है, अपूर्व के आने की खबर पाकर वह खुद ही छिपकर भाग गई होगी, तो कभी सोचता, अपूर्व ने आने के बाद, हो सकता है, उसे अपमानित करके भगा दिया हो! इन दोनों में से कोई भी बात क्यों न हुई हो, लेकिन तिवारी इस बारे में निश्चिंत था कि भारती अपनी मर्जी से इस घर में अब उसे देखने नहीं आएगी। अपूर्व खुद कुछ भी नहीं बताता है—उससे पूछने में तिवारी

को सबसे ज्यादा इसी बात का डर होता था कि कहीं उसकी पूछताछ से सारी बातें जाहिर न हो जाएँ। झगड़े-टंटे की बात भाड़ में जाए, उसने उसके हाथ का छुआ पानी पिया है, उसका बनाया हुआ साबूदाना, बार्ली खाया है। हो सकता है, इससे उसकी जात चली गई हो, जिसका कोई प्रायश्चित नहीं। तिवारी ने ठान रखा था कि किसी तरह यहाँ से कलकत्ता जाकर वह सीधे घर चला जाएगा। वहाँ गंगा नहाकर गुप्त रूप से गोबर आदि खा लेगा और किसी न किसी बहाने ब्राह्मणों को भोजन कराकर अपनी देह को कामचलाऊ ढंग से शुद्ध कर लेगा। लेकिन पूछताछ करके उस बात को माँ के कानों में किसी ने पहुँचा दिया तो क्या हो जाएगा, इसके बारे में कुछ भी नहीं कहा जा सकता है। हाल्दार के घर की नौकरी तो जाएगी ही, यहाँ तक कि उसके गाँव के समाज तक उसकी खबर पहुँच जाएगी।

लेकिन यही तिवारी के लिए सब कुछ नहीं था। इस स्वार्थ और डर के पहलू के अलावा उसके मन का एक और पहलू था। वह जैसा मधुर था वैसा ही दुख से भरा था। अपूर्व ऑफिस चला जाता, तो दोपहर में वह रोज एक बेंत का मूढ़ा लेकर बरामदे में आकर बैठता। अपनी कमजोर देह को दीवार से टिकाकर वह उस जगह को, जहाँ गली बड़े रास्ते से मिलती है, एकटक निहारता रहता। इस रास्ते से गुजरने की भारती को कभी जरूरत नहीं पड़ेगी, पर उस मोड़ को पार करते वक्त आदतन एक बार भी इधर वह नहीं निहारेगी, ऐसा हो ही नहीं सकता।

अपूर्व भामो चला गया, तो इस लड़की से उसका घनिष्ठ परिचय हो गया था। जिस दिन दोपहर में अचानक उसकी माँ का देहान्त हो गया था, तिवारी ने खाना नहीं खाया था। उस लड़की ने रोते-रोते आकर उसके बन्द दरवाजे पर दस्तक दी थी। दो दिन पहले जोसेफ साहब गुजर चुका था, इसलिए उसे उसका डर नहीं था। आकर उसने ज्योंही दरवाजा खोला था, भारती घर में घुस गई थी और उसके दोनों हाथ पकड़कर फूट-फूटकर रोने लगी थी, कौन कहता–वह म्लेच्छ है। कौन कहता–वह ईसाई की लड़की है। तिवारी का पका-पकाया भात हाँडी में ही रह गया। उस दिन उसे दिन भर चिट्ठी लेकर कहाँ-कहाँ नहीं घूमते फिरना पड़ा। अगले दिन जब लोग काफिन लेकर जा रहे थे तब वह इसी बरामदे में खड़ी होकर रो रही थी। उसके आँसू रोके नहीं रुक रहे थे। उसी वक्त से उसने भारती को कभी बेटी, तो कभी दीदी कहना शुरू कर दिया था और जबरन उसने उसे चार-पाँच दिन खाना नहीं बनाने दिया था, बल्कि उसने खुद खाना बनाकर उसे खिलाया था। उसके बाद जिस दिन भारती चीज-बस्त लेकर दूसरी जगह चली गई

तो शाम को उसे ऐसा लगा था, जैसे अब उसका वक्त नहीं गुजरेगा। जब उसे चेचक हुआ था तब भारती ने उसकी कितनी तीमारदारी की थी, इसे वह अच्छी तरह जानता था लेकिन वह इस बारे में कभी सोचता नहीं था। यह बात जब उसे याद आती, तो उसे लगता, उसकी जात चली गई है। मगर वह एक बात हमेशा ही सोचने की कोशिश करता था। वह यह कि सवेरे नहाकर अपने लम्बे भीगे बालों को पीठ पर फैलाए वह रोज एक बार तिवारी की खोज-खबर लेने आया करती थी। वह रसोईघर में नहीं घुसती थी और न ही किसी चीज को छूती थी, चौखट के बाहर फर्श पर बैठ जाती और कहती–'आज क्या-क्या खाना बनाया तिवारी, देखूँ तो?'

'दीदी, एक आसन बिछा दूँ?'

'नहीं, आसन को फिर धोना पड़ेगा।'

तिवारी कहता–'वाह, आसन को क्या कहीं छूत लगती है?'

भारती कहती–'लगती तो है। तुम्हारे मालिक तो सोचते हैं कि मेरे रहने के चलते समूचे मकान को छूत लग गई है। यह अगर उनका अपना मकान होता, तो वे उसे आग में जलाकर शुद्ध कर लेते। मैं ठीक कहती हूँ न तिवारी?'

तिवारी हँसकर कहता–'तुम्हारी बात दीगर है दीदी। तुम खुद देख नहीं पाती हो, इसलिए सभी को तुम अपने जैसा समझती हो। लेकिन मेरे मालिक को अगर तुम एक बार अच्छी तरह जानतीं, तो तुम भी कहतीं कि ऐसा आदमी दुनिया में कोई दूसरा नहीं।'

भारती कहती–'मैं भी तो कहती हूँ कि उनके जैसा आदमी दुनिया में कोई दूसरा नहीं है। नहीं तो जिसने चोरों को चोरी करने से रोका, क्या उसी को चोर कहकर वे पकड़वाने जाते?'

इस मामले में अपना कसूर याद करके तिवारी दुखी हो जाता। उस बात को दबाकर जल्दी से कहता–'लेकिन तुमने भी तो कोई कम अन्याय नहीं किया था। यह जानते हुए भी कि तुम्हारे बाप का लगाया सारा आरोप झूठा है, तुमने उन पर बीस रुपया जुर्माना लगवा दिया दीदी।'

भारती शर्मिन्दा होकर कहती–'पर वह जुर्माना तो मैंने ही भर दिया तिवारी। तुम्हारे मालिक को तो वह जुर्माना नहीं भरना पड़ा।'

'कैसे उन्हें जुर्माना नहीं भरना पड़ा? मैंने अपनी आँखों से देखा कि बतौर जुर्माना उन्होंने दो नोट जमा किए तब जाकर वे अदालत से बाहर निकले।'

'और मैंने भी तो अपनी आँखों से देखा तिवारी कि घर में घुसते ही तुमने फर्श पर से दो नोट उठाए और उन्हें अपने मालिक के हाथ में दे दिए।'

तिवारी के हाथ की खुरचनी हाथ में ही रुकी रह गई–'ओ, तो यह बात थी!'

'लेकिन सब्जी तो जल गई तिवारी, उसे अब खाया नहीं जा सकता है।'

तिवारी कड़ाही उतार लेता और कहता–'मैं बाबू को यह बता दूँगा दीदी।'

भारती मुस्कुराकर जवाब देती–'कह दोगे तो क्या होगा? तुम्हारे मालिक से क्या मैं डरती हूँ?'

लेकिन छोटे बाबू को इतनी बड़ी अजीब बात बताने का तिवारी को फिर मौका नहीं मिला और यह भी उसे ढूँढ़े नहीं मिला कि कब और कैसे उसे बताने का मौका मिलेगा। एक दिन आलस्यवश उसने बासी हल्दी डालकर तरकारी बनाई थी, तो भारती से उसने डाँट खाई थी, और एक दिन उसने बिना नहाए ही खाना बनाया था, इसलिए भारती ने उसके हाथ का बना खाना नहीं खाया था। तिवारी ने गुस्सा करके कह डाला था–'तुम तो ईसाई हो दीदी, तुम्हें भी इतने आचार-विचार का खयाल है? देख रहा हूँ, तुम तो मालकिन से भी आगे निकल गईं!'

भारती हँसकर चली गई थी, उसने कोई जवाब नहीं दिया था। वास्तव में वह इससे मन-ही-मन आहत हुआ था कि खाना बनाने के मामले में मालकिन के अलावा भी कोई उसकी पवित्रता पर सवाल कर सकता है, और फिर आचार-विचार को लेकर इस म्लेच्छ लड़की से भी वह सतर्क हुए बिना नहीं रह सका था। तब उसे यह अच्छा नहीं लगा था। जो अच्छा भी लगा था, उसकी मर्यादा वह समझ नहीं सका था, हालाँकि यही चिन्ता अभी उसे विभोर किये दे रही थी। वह अब वर्मा नहीं लौटेगा। जाने के पहले भारती से मुलाकात होने की अब आशा नहीं थी। मुलाकात करने का कोई कारण नहीं था। ऐसा कोई आदमी नहीं था जिसे वह सब कुछ बता सके जो वह जानता है। दिन-पर-दिन वह उसी एक जगह पर निष्फल निगाह डाले अकेले चुपचाप बैठा रहता और उसके कलेजे में टीस उठती रहती।

उस दिन ऑफिस से लौटकर अपूर्व ने अचानक पूछा था–'भारती का डेरा किस जगह है रे तिवारी?'

तिवारी ने सन्देह-भरी कड़वी आवाज में जवाब दिया–'मैं क्या जाकर देख आया हूँ?'

'जाते वक्त उसने तुझे नहीं बताया था?'

'भला वह मुझे क्यों बताती?'

'मुझे तो उसने बताया था, मगर वह जगह ठीक-ठीक कहाँ है, यह मुझे याद नहीं। कल एक बार ढूँढ़कर देखना होगा।'

तिवारी का मन मचलने लगा। हो सकता है, उसने फिर कोई झमेला खड़ा कर दिया हो, मगर उसे यह हिम्मत नहीं हुई कि वह उसका कारण पूछे। अपूर्व ने खुद ही खोलकर कहा–'मेरी चोरी गई चीजें पुलिसवाले अब मुझे देना चाहते हैं मगर उसके लिए भारती का दस्तखत चाहिए।

तिवारी दूसरी तरफ निहारता हुआ चुप रहा, अपूर्व कहने लगा–'उस दिन वह यही बताने तो आई थी, पर तेरी हालत देखकर वह फिर वापस नहीं जा सकी। वह तुझे नहीं देखती, तो तू कब के मरकर भूत बन गया होता तिवारी, मुझसे तेरी मुलाकात नहीं होती।'

तिवारी ने हाँ या ना कुछ भी नहीं कहा, आखिरी बात सुनने के लिए वह बुत की तरह बैठा रहा।

अपूर्व बोला–'मैं आया, तो देखता हूँ, अँधेरे कमरे में तू और वह है, और कोई नहीं। क्या होगा, इसका कुछ पता नहीं। वह कहाँ खाएगी, कहाँ सोएगी, दो दिन पहले उसके माँ-बाप का देहान्त हो चुका था–मगर क्या कड़ी लड़की है तिवारी, उसे किसी बात की परवाह नहीं।'

तिवारी अब चुप नहीं रह सका, बोला–'वे कब चली गईं ?'

अपूर्व बोला–'मेरे आने के दूसरे ही दिन। भोर होते न होते–मैं चली।' कहकर जैसे काफूर हो गई।

'तो क्या वे गुस्सा करके चली गईं?'

'गुस्सा करके?' अपूर्व ने जरा सोचकर कहा–'क्या पता, हो भी सकता है। उसे तो समझा ही नहीं जा सकता है–उसने तेरी इतनी तीमारदारी की, पर एक बार यह खबर लेने भी तो नहीं आई कि तू अच्छा हुआ या नहीं।'

यह बात तिवारी को अच्छी नहीं लगी। बोला–'वह खुद ही बीमार-वीमार पड़ गई हो।

अपूर्व चौंक गया। उसके बारे में बहुत दिनों तक ढेरों बातें याद आई थीं, लेकिन किसी दिन यह आशंका मन में पैदा नहीं हुई थी। जाते वक्त, हो सकता है, वह गुस्सा करके गई हो, और उसका यही गुस्साया मन कोई न कोई कारण ढूँढ़ता फिर रहा हो। लेकिन दूसरी संभावना भी तो हो सकती है, उसके दुखी मन ने इस तरफ ध्यान नहीं दिया था। अचानक उस रात बीमारी को लेकर हुई सारी चर्चाएँ याद आ गईं, तो अपूर्व इसके अलावा कि उसे कहीं चेचक न हो गया हो, और कुछ सोच ही नहीं सका। उसके नए डेरे में उसकी देख-भाल करनेवाला कोई नहीं है। हो सकता है, उसे अस्पताल ले जाया गया हो। हो सकता है, वह अब तक जिन्दा ही न हो। मन-ही-मन यह सोचकर वह एक बार फिर बेचैन

हो उठा। एक कुर्सी पर बैठकर ऑफिस का कॉलर, नेकटाई, वेस्टकोट उतारते-उतारते उसने तिवारी के साथ बातचीत शुरू की थी। उसने वेस्टकोट आदि उतारना बन्द कर दिया, उसके मुँह से कोई आवाज नहीं निकली। उसी कुर्सी पर मिट्टी के गुड़ियों की तरह बैठे-बैठे एक तरह की अपरिचित, अस्पष्ट अनुभूति ने उसे ऐसे घेर लिया कि जैसे दुनिया में उसके लिए और कुछ करने को रह ही नहीं गया।

थोड़ी देर तक किसी ने भी बात नहीं की। यों ही बीस-पच्चीस मिनट गुजर गए, तो भी जब अपूर्व ने टस-से-मस होने तक की कोशिश नहीं की तब तिवारी मन-ही-मन सिर्फ आश्चर्यचकित ही नहीं हुआ, बल्कि घबरा गया। धीरे-धीरे बोला—'छोटे बाबू, मकान मालिक का आदमी आया था, वह कह गया कि अगर तीसरी मंजिल का घर लेना हो, तो इसी महीने के अन्दर घर बदलना होगा। मुझे तो चिन्ता होती है कि कहीं कोई दूसरा न आ जाए।'

अपूर्व ने मुँह उठाकर कहा—'कौन आएगा भला!'

तिवारी बोला—'आज माँ जी का एक पोस्टकार्ड मुझे मिला है। दरबान से उन्हीं ने लिखवा भेजा है।'

'क्या लिखा है माँ ने?'

'मैं अच्छा हो गया हूँ, इसलिए उन्होंने बड़ी खुशी जाहिर की है। दरवान का भाई छुट्टी लेकर अपने गाँव जा रहा है, उसके हाथों विश्वेश्वर की पूजा के लिए पाँच रुपए भेजे हैं।'

अपूर्व बोला—'यह तो अच्छी बात है। माँ तुझे बेटे-जैसा प्यार करती है।'

तिवारी श्रद्धा से पिघलकर बोला—'माँ जी मुझे बेटा से भी ज्यादा प्यार करती हैं। मैं तो चला जाऊँगा, पर माँ जी चाहती हैं कि हम दोनों ही छुट्टी लेकर जाएँ। चारों तरफ बीमारी-वीमारी...।'

अपूर्व बोला—'बीमारी-वीमारी कहाँ नहीं होती है? कलकत्ता में नहीं होती है? तूने शायद डराकर तरह-तरह की बातें लिखी थीं।'

'जी नहीं।' तिवारी ने सोच रखा था कि असली बात इत्मीनान से छेड़ेगा। लेकिन और इन्तजार नहीं किया जा सका। बोला—'काली बाबू बिलकुल हाथ धोकर पीछे पड़ गए हैं। सभी चाहते हैं कि इस चैत के बीतने के बाद वैशाख के शुरू में ही शुभ काम हो जाए।'

काली बाबू बड़े निष्ठावान ब्राह्मण हैं। उनके परिवार की ख्याति जग जाहिर है। उन्हीं की छोटी बेटी को माँ ने पसन्द किया है, यह आभास उसकी कई चिट्ठियों में था।

तिवारी की बात अपूर्व को अच्छी नहीं लगी। इतनी जल्दबाजी किस बात के लिए? काली बाबू को कन्यादान करने की देर नहीं सही जाती है, तो वे कहीं और कोशिश कर सकते हैं।

तिवारी जरा मुस्कुराने की कोशिश करके कहा–'जल्दबाजी उन्हें नहीं, माँ को है। पर मैं माँजी को यह कैसे बताऊँगा छोटे बाबू? लोग, हो सकता है, माँजी को डरा देते हो कि बर्मा उतना अच्छा देश नहीं है, वहाँ लड़के बिगड़ जाते हैं।'

अपूर्व खामखा आग बबूला हो उठा, बोला–'देख तिवारी, मैं तुझे कह देता हूँ, तू मेरे आगे इतनी पंडिताई मत झाड़। माँ को तू रोज-रोज इतनी चिट्ठियाँ किस बात के लिए लिखता है? मैं बच्चा नहीं हूँ।'

इस बेवजह गुस्से से तिवारी पहले विस्मित हुआ, खासकर चंगा होने के बाद विभिन्न कारणों से उसका मिजाज अच्छा नहीं था, उसने गुस्सा होकर कहा–'तो आते वक्त माँ से यह कहकर नहीं आ सके थे? आप उनसे यह कह लेते तो मेरी जान बच जाती। जात-धरम गँवाने के लिए जहाज पर नहीं चढ़ना पड़ता।'

अपूर्व ने आँख लाल करके चट-से कॉलर और नेकटाई उठा लिये और उन्हें पहनने लगा।

तिवारी बहुत दिनों से ही इसका मतलब जानता था। बोला–'तो पानी-वानी कुछ नहीं पीजिएगा?'

अपूर्व ने उसके सवाल के जवाब में अरगनी पर से कोट लिया और उसे पहनते-पहनते धम्म करता हुआ बाहर निकल गया।

तिवारी तैश में आकर बोला–'मैं कहे देता हूँ–कल रविवार को चटगाँव से एक जहाज जाता है–मैं उसी से घर चला जाऊँगा।

अपूर्व ने सीढ़ी पर से कहा–'तुझे कसम रही, तू चला जा।' इतना कहकर वह नीचे चला गया।

पाँच मिनट के अन्दर मालिक और नौकर में किस बात के लिए ऐसी तू-तू, मैं-मैं हो गई, यह समझ न पाने की वजह से देखनेवाला आश्चर्यचकित हो जाता। उसे यह सोचते नहीं बनता कि मनुष्य का दुखी, विक्षुब्ध मन दूसरे को ऐसा अर्थहीन आघात पहुँचाकर हमेशा अपने आपको सहज बनाता रहा है।

ग्यारहवाँ परिच्छेद

अपूर्व के जाने की एकमात्र जगह थी तलवरकर का घर। यहाँ बंगालियों की कमी नहीं थी, मगर जब से वह आया है तब से लेकर अब तक उसके दिन ऐसे झंझट-झमेले के बीच गुजरे हैं कि उसे किसी से भी जान-पहचान करने की फुरसत नहीं मिली थी। बाहर निकलकर आज भी वह रेलवे स्टेशन की तरफ ही चला जा रहा था, लेकिन अचानक याद आया कि आज शनिवार को वह अपनी पत्नी के साथ थिएटर जानेवाला है। इसलिए रास्ते-रास्ते घूमते फिरने के अलावा और कुछ करने का जब नहीं रहा और जब वह यह सोच रहा था कि कहाँ जाए तब अचानक उसे भारती की याद आई और उसके प्रति गहरी कृतघ्नता उसे गहराई तक बींध गई। उसका आहत अपराधी मन उसी से मानो जवाब माँगता हुआ बार-बार कहने लगा—वह अच्छी ही है, उसे कुछ नहीं हुआ है, वरना ऐसा हो ही नहीं सकता कि जीने-मरने की इतनी बड़ी समस्या में वह कोई खबर तक न देती। तब भी वह उससे जवाब माँगने से ज्यादा और आगे नहीं बढ़ा। वह यह नहीं भूला था कि तेल के कारखाने के करीब ही कहीं उसका नया डेरा है, इसे ढूँढ़ निकालने की कल्पना से उसका मन नाच उठा, लेकिन इतने दिनों बाद ऐसे छिपे हुए आदमी की खोज-खबर लेने जाने की शर्म को भी वह पूरे तौर पर दूर नहीं कर सका। हो सकता है, वह यह न चाहती हो! हो सकता है, वह उसे देखकर विरक्त हो, इसीलिए चलते-चलते अपने आपसे वह सैकड़ों बार कहने लगा—पुलिसवाले उसका दस्तखत चाहते हैं, इसलिए काम के चलते ही वह आया है। उसे ऐसा कौतूहल अकारण नहीं है कि वह कैसी है, कहाँ है। इतने दिनों बाद यह शिकायत भारती किसी भी तरह से उससे नहीं कर सकती है।

इस इलाके में अपूर्व इसके पहले कभी नहीं आया था। चौड़ा रास्ता सीधे पूरब की तरफ गया है। बहुत दूर पैदल चलता हुआ नदी के किनारे जानेवाले रास्ते पर आकर एक आदमी से उसने पूछा—'जानते हो, इधर साहब-मेम कहाँ रहते हैं?'

उसके सवाल के जवाब में उस आदमी ने इतने छोटे-बड़े बंगले दिखा दिए कि उनके आकार-प्रकार और सजावट को देखकर अपूर्व ने यह समझा कि उसने

गलत सवाल किया था। उसने सुधार करके पूछा–'बहुत से बंगाली भी तो यहाँ रहते हैं–कोई कारीगर है, कोई मिस्त्री है, उनके लड़के-लड़कियाँ...'

उस आदमी ने कहा–'बहुत-से है। मैं भी तो एक मिस्त्री हूँ। मेरे ही ताबे पचास कारीगर हैं–मैं जो करूँगा, वही होगा। छोटे साहब से कहकर मैं जवाब तक दे सकता हूँ, पर आप किसे ढूँढ़ रहे हैं?

अपूर्व ने सोचकर कहा–'देखो, मैं जिसे ढूँढ़ रहा हूँ–वह बंगाली ईसाई है या...'

वह आदमी अचम्भे में पड़कर बोला–'आप कहते हैं, बंगाली–फिर कहते हैं, ईसाई, यह कैसी बात है? जो ईसाई बन जाएगा, फिर वह बंगाली कैसे रहेगा? ईसाई ईसाई है, मुसलमान मुसलमान है। बस, मैं तो इतना ही जानता हूँ, जनाब।'

अपूर्व बोला–'ओह, मेरा मतलब है, बंगाल का रहनेवाला है न! बंगला भाषा बोलता है!'

वह तैश में आकर बोला–'बंगला बोलने से कोई बंगाली हो जाएगा? जो जात गँवाकर ईसाई बन गया, उसमें उस जात का गुण भला रहा कहाँ जनाब? कोई बंगाली ऐसे आदमी के साथ एक बार खान-पान करे तो देखूँ। पता नहीं कहाँ से आई हुई लेडी-टीचर बच्चों को पढ़ाती–बस। वे बच्चों को पढ़ाती हैं, इस वजह से क्या कोई उन लोगों के साथ खाता-पीता है या उठता-बैठता है?

बात बनती देख अपूर्व ने पूछा–'जानते हो, वह कहाँ रहती हैं?'

वह बोला–'वह कहाँ रहती है, यह तो मैं नहीं जानता। इसी रास्ते से सीधे नदी के किनारे जाकर पूछिएगा कि नया स्कूल कहाँ है। नन्हा बच्चा भी बता देगा। वहाँ डॉक्टर साहब रहते हैं न, वे आदमी नहीं, देवता हैं। वे मरते हुए को जिला सकते हैं, इतना कहकर वह अपने काम पर चला गया।

अपूर्व उसी रास्ते सीधे आया, तो उसे एक लाल रंग का लकड़ी का मकान दिखाई पड़ा। वह मकान दुमंजिला था, ऊपर बिलकुल सन्नाटा छाया हुआ था। रात हो चुकी थी, रास्ते में लोग नहीं थे। ऊपर खुली खिड़की से रोशनी आ रही थी। किसी से पूछने के लिए वह वहीं चुपचाप खड़ा रहा। उसके मन में पक्का विश्वास हो गया कि भारती यहीं रहती है और उसी खिड़की पर उससे भेंट होगी।

पन्द्रह मिनट बाद दो-तीन आदमी बाहर निकले, वे उसे देखकर सहसा जैसे चौंक उठे। उनमें से एक ने प्रश्न किया–'आप कौन हैं? किससे मिलना चाहते हैं?'

उनकी शक-भरी आवाज से अपूर्व सकुचाता हुआ बोला–'मिस जोसेफ नाम की कोई महिला यहाँ रहती हैं?'

वह तुरन्त बोला–'हाँ, वे यहाँ रहती हैं–आइए।'

यह पक्का नहीं था कि अपूर्व अन्दर जाएगा। जब वह हिचकिचाया, तो आदमी बोला–'आप कितनी देर से यहाँ खड़े थे? वे तो अपने कमरे में ही हैं–आइए। हम लोग आपको लिवा जाते हैं,' इतना कहकर वह आगे बढ़ गया।

उसकी जल्दबाजी देखकर यह साफ समझ में आ गया कि ये लोग उसे परख लेना चाहते हैं। इसलिए अन्दर गए बिना अब वह दरवाजे पर से लौट जाना चाहेगा, तो इन लोगों का सन्देह ऐसा भद्दा रूप धारण कर लेगा जिसे वह सोच ही नहीं सका। इसीलिए 'चलिए' कहकर वह उस आदमी के पीछे-पीछे चलकर एक पल बाद ही उस लकड़ी के मकान के नीचे वाले कमरे में आ पहुँचा। उसकी बगल से होकर ऊपर जाने की सीढ़ी थी। वह कमरा हॉल-जैसा बड़ा था। छत से लटकती हुई एक बहुत बड़ी बत्ती थी, कई टेबल-कुर्सियाँ, एक काला बोर्ड और समूची दीवार में तरह-तरह के आकार और रंगों के नक्शे टँगे हुए थे। अपूर्व देखते ही पहचान गया कि यही नया स्कूल है। वहाँ चार-पाँच महिलाएँ और पुरुष मिलकर शायद कोई बहस कर रहे थे। सहसा एक अनजान आदमी को घुसते देख सब चुप हो गए। अपूर्व ने सिर्फ एक बार उन लोगों की तरफ कनखियों से निहारा और साथ लानेवाले के पीछे-पीछे ऊपर चला गया।

भारती अपने कमरे में ही थी, उसने अपूर्व को देखा, तो उसका चेहरा खिल उठा। वह करीब आई और उसका हाथ पकड़कर उसकी आगवानी करके उसे कुर्सी पर बिठाकर बोली–'इतने दिनों तक आपने तो मेरी कोई खास खोज-खबर ही नहीं ली।'

अपूर्व बोला–'आपने भी तो हम लोगों की कोई खोज-खबर नहीं ली थी। लेकिन यह कहते ही उसे अपनी भूल समझ में आ गई कि उसका यह कहना बतौर जवाब ठीक नहीं हुआ।'

भारती सिर्फ जरा मुस्कुराई, बोली–'तिवारी घर जाना चाहता है, तो उसे जाने दीजिए। घर गए बिना वह अच्छा नहीं होगा।'

अपूर्व बोला–'यानी यह शिकायत सही नहीं है कि आप हम लोगों की खोज-खबर नहीं लेती हैं।'

भारती फिर से जरा मुस्कुराकर बोली–'कल रविवार है, कल तो कोई काम नहीं होगा। लेकिन परसों बारह बजे के अन्दर ही कोर्ट जाकर अपने रुपए और चीजें वापस ले आइएगा। पर जरा देख-भाल करके लीजिएगा, कहीं धोखा न खा जाइएगा।'

'लेकिन उस कागज पर आपका हस्ताक्षर चाहिए।'

'मैं जानती हूँ।'

अपूर्व ने प्रश्न किया–'आपसे तिवारी की मुलाकात होती है न?'

भारती ने सिर हिलाकर कहा–'नहीं। लेकिन आप जाकर उस पर झूठमूठ का गुस्सा मत कीजिएगा।'

अपूर्व बोला–'झूठमूठ का न सही, पर सचमुच का गुस्सा करना चाहिए। आपने उसकी जान बचाई है, इतनी सी कृतज्ञता तो उसमें होनी चाहिए थी।'

भारती बोली–'मेरे प्रति उसमें कृतज्ञता जरूर है, वरना वह तो मुझे जेल भेजने की कम-से-कम एक बार कोशिश जरूर करता।'

अपूर्व ने इस इशारे को समझा। वह मुँह नीचा किए कुछ देर तक चुप रहा, अन्त में बोला–'आप मुझ पर बड़ा गुस्सा किए हुए हैं।'

भारती बोली–'कतई नहीं। दिन भर स्कूल में बच्चों को पढ़ाती हूँ, घर लौटकर फिर समिति के सेक्रेटरी के तौर पर अनगिनत चिट्ठियाँ लिखती हूँ, बिस्तर पर लेटते न लेटते तो सो जाती हूँ–गुस्सा करने का वक्त कहाँ है मेरे पास?'

अपूर्व बोला–'उफ्, गुस्सा करने का भी वक्त नहीं है।'

भारती बोली–'भला गुस्सा करने का वक्त कहाँ है? बल्कि आप किसी दिन सवेरे यहाँ आइए और देखिए कि मैं सच कहती हूँ या झूठ।'

अपूर्व के मुँह से अचानक एक आह निकली। बोला–'मुझे यह देखने की क्या जरूरत है?' थोड़ी देर रुककर बोला–'स्कूल में आपको कितनी तनख्वाह दी जाती है?'

भारती ने हँसी दबायी और गम्भीर होकर बोली–'खूब हैं आप भी। तनख्वाह के बारे में क्या किसी से पूछना चाहिए? इससे आदमी अपमानित महसूस करता है।'

अपूर्व ने खिन्न आवाज में कहा–'मैंने तो आपको अपमानित करने के लिए नहीं कहा है। जब आप नौकरी करती हैं... ।'

भारती बोली–'नौकरी नहीं करूँगी, तो भूखों मर जाऊँगी। आप मुझे भूखों मरने के लिए कहते हैं।'

अपूर्व बोला–'यह भी भला कोई नौकरी है! ऐसी नौकरी करके तो भूखों ही मरना पड़ेगा। इससे तो अच्छा है कि आप मेरे ऑफिस में नौकरी कर लीजिए, वहाँ एक जगह खाली है। सौ रुपया तनखाह मिलेगी–हो सकता है, दो-एक घंटे से ज्यादा का काम भी न करना पड़े।'

भारती ने प्रश्न किया–'आप मुझे वह नौकरी करने को कहते हैं?'

अपूर्व बोला–'इसमें हर्ज क्या है?'

भारती गर्दन हिलाकर बोली–'नहीं, मैं आपके ऑफिस में नौकरी नहीं करूँगी। आप तो उसके अधिकारी हैं। काम में कोई भूल-चूक होगी, तो आप हाथ में लाठी लेकर दरवाजे पर खड़े हो जाएँगे।'

अपूर्व ने जवाब नहीं दिया। उसने मन-ही-मन समझा कि भारती ने सिर्फ ठिठोली की है। फिर भी उसके उस दिन की चर्चा करने से उसे तैश आ गया। थोड़ी देर से किसी बहस-मुबाहिसे का शोरगुल नीचे से सुनाई पड़ रहा था, सहसा वह जोरदार हो उठा। अपूर्व ने शरीफ आदमी की नाईं पूछा–'आप लोगों का स्कूल लग गया शायद–लड़कों ने पढ़ने में मन लगाया होगा।'

भारती ने गम्भीर मुँह से कहा–'ऐसा हुआ होता तो शोरगुल कुछ कम होता। कौन-सा विषय पढ़ाया जाए–इसमें उनके अध्यापकों ने मन लगाया होगा।'

'आप नहीं जाएँगी?'

'जाना तो चाहिए, मगर आपको छोड़कर जाने का मन नहीं करता।' यह कहकर वह मुँह दबाकर हँसी। मगर अपूर्व के कान तक लाल हो उठे। उसने दूसरी तरफ नजरें फिराईं, तो बगल की दीवार पर सजाए हुए झाऊ के हरे-हरे पत्तों से लिखे कई अक्षरों पर निगाह डालकर बोल उठा–'वहाँ वह क्या लिखा हुआ है?'

भारती बोली–'पढ़िए न?'

अपूर्व ने थोड़ी देर तक उस पर ध्यान दिया और बोला–'पथ का दावा। इसका मतलब?'

भारती बोली–'यह हमारी समिति का नाम है, यह हमारा मन्त्र है, यह हमारी साधना है। आप हमारी समिति के सदस्य बनेंगे?'

अपूर्व बोला–'आप तो खुद जरूर इसकी सदस्य होंगी, मगर हमें क्या करना पड़ेगा?'

भारती बोली–'हम सभी राही हैं। इंसान की इंसानियत की राह पर चलने के हर तरह के दावे को कबूल करके हम सारी बाधाओं को दूर करके चलेंगे। हमारे बाद आनेवाले बिना रोक-टोक के चल सकें, उनकी अबाध, मुक्त गति को कोई रोक न सके, यही हमारी प्रतिज्ञा है। शामिल होइएगा हमारे दल में?'

अपूर्व बोला–'हम पराधीन राष्ट्र के निवासी हैं, न हम अँगरेज हैं, न फ्रांसीसी, न अमेरिकन–कहाँ मिलेगी हमें बेरोक-टोक गति। स्टेशन की एक बेंच पर बैठने तक का हक हमें नहीं है, अपमान हो तो शिकायत करने का उपाय नहीं है,' कहते-कहते उस दिन का सारा लांछन–फिरंगी छोकरों के बूट मारने की घटना से लेकर स्टेशन मास्टर के स्टेशन से बाहर निकाल देने की घटना तक, सारा अपमान साफ महसूस करके उसकी दोनों आँखें चमक उठीं, बोला–'हमारे बैठने से बेंच

नापाक होती है, हमारे जाने से कमरे की हवा गन्दी होती है–जैसे हमारे बदन में हाड़-मांस नहीं हो। अगर यही आप लोगों की साधना हो, तो मैं हूँ आप लोगों के दल में।'

भारती बोली–'आपको क्या आदमी के दुख का पता चलता है अपूर्व बाबू? सचमुच क्या इंसान के छू जाने से इंसान को एतराज करने में कोई बात नहीं है? क्या एक इंसान के बदन को छूकर बहनेवाली हवा से दूसरे इंसान के कमरे की हवा नापाक नहीं हो जाती?'

अपूर्व तीखी आवाज में बोल उठा–'बेशक नहीं, इंसान के चमड़े का रंग तो उसकी इंसानियत का मापदंड नहीं है। किसी खास देश में जन्म लेना तो भला उसका कसूर नहीं हो सकता है। माफ कीजिएगा आप, लेकिन जोसेफ साहब ईसाई थे, सिर्फ इसी वजह से तो मुझे अदालत में बीस रुपए जुर्माने की सजा हो गई थी। अलग-अलग धर्म होने से क्या एक आदमी दूसरे आदमी से छोटा साबित होगा? यह कहाँ का फैसला है? मैं आपको बता रहा हूँ कि इसी के चलते ये लोग एक दिन मरेंगे। आदमी को बेवजह छोटा मानने की इस भावना को, इस घृणा को, इस विद्वेष को, इस अपराध को भगवान कभी माफ नहीं करेगा।'

दुख और लाँछन जैसी आदमी की सच्ची चीज को खींचकर बाहर लाने के लिए तो कोई दूसरा गुण नहीं है, इसीलिए वह सब कुछ भूलकर अपमान करनेवालों के खिलाफ अपमानित होनेवाले की, सतानेवाले के खिलाफ सताए जानेवाले की दुखद शिकायत से मुखर हो उठा था। भारती उसके चमकीले चेहरे की तरफ निहारती हुई इतनी देर तक चुपचाप बैठी हुई थी, मगर ज्योंही उसने जरा मुस्कुराकर मुँह घुमाया, अपूर्व चौंक उठा। उसके मुँह पर न जाने किसने जोर से थप्पड़ मारा। भारती के किसी भी सवाल पर इतनी देर तक उसने ध्यान नहीं दिया था, लेकिन भारती के सवालों ने अग्नि-रेखा की भाँति उसके दिमाग के अन्दर से आवाज करते हुए कौंध कर उसे बिलकुल मूक बना दिया।

मिनट भर बाद जब भारती ने फिर से मुँह घुमाकर निहारा तो उसके होंठों पर मुस्कान का नामोनिशान तक नहीं था।

बोली–'आज शनिवार को हमारा स्कूल बन्द रहता है। लेकिन समिति का काम होता है, चलिए न, आपकी डॉक्टर से जान-पहचान करा दूँ और आपको 'पथ का दावा' का सदस्य बना लूँ।'

'क्या वे सभापति हैं?'

'सभापति? नहीं, वे हमारी प्रधान जड़ हैं। वे भूमिगत रहते हैं, वह जो काम करते हैं उसे कोई नहीं देख सकता।'

उस जड़ के प्रति अपूर्व के मन में थोड़ा-सा भी कौतूहल पैदा नहीं हुआ। उसने पूछा—'आप लोगों की समिति के सदस्य शायद सब के सब ईसाई हैं?'

'नहीं, मेरे अलावा सभी हिन्दू हैं।'

अपूर्व चकित होकर बोला—'मगर औरतों की आवाज सुनाई पड़ रही है।'

'वे सभी लोग भी हिन्दू हैं।'

अपूर्व पलभर के लिए झिझका और बोला—'मगर उन लोगों में जाति-भेद—यानी कि वे लोग खाने-पीने में छुआछूत का भेद-भाव नहीं मानती हैं?'

भारती बोली—'नहीं।' उसके बाद मुस्कुराती हुई बोली—'लेकिन कोई अगर यह मानता है, तो हम में से कोई उसके मुँह में खाने की चीज जबरन नहीं ठूँस देता। हम आदमी की व्यक्तिगत रुचि का बहुत सम्मान करते हैं। आप डरिए मत।'

अपूर्व बोला—'डर भला किस बात का? लेकिन—अच्छा, आप-जैसी पढ़ी-लिखी महिला और भी शायद आप लोगों के दल में होगी?'

'मुझ-जैसी?' यह कहकर वह मुस्कुराकर बोली—'जो हमारी प्रेसिडेंट हैं उनका नाम है सुमित्रा। वे अकेले सारी दुनिया घूम आई हैं—सिर्फ डॉक्टर को छोड़ उन जैसी पढ़ी-लिखी महिला इस देश में कोई दूसरी नहीं।'

अपूर्व ने सकते में पड़कर प्रश्न किया—'और जिन्हें आप डॉक्टर कह रही हैं वे कितने पढ़े-लिखे हैं?'

'डॉक्टर कितने पढ़े-लिखे हैं?' श्रद्धा और भक्ति से भारती की दोनों आँखें पुरनम हो उठीं, बोली—'उनकी बात रहने दीजिए अपूर्व बाबू। उनका परिचय देना चाहूँगी, तो हो सकता है, उन्हें छोटा बना डालूँ।'

अपूर्व ने और कोई प्रश्न नहीं किया, चुप रहा। देश-प्रेम उसके रक्त में समाया हुआ था—इधर 'पथ का दावा'—जैसा विचित्र नाम उसे अपनी ओर खींचने लगा। ऐसे विदेश में, जहाँ अपना कोई संगी-साथी नहीं है, इतने असाधारण पढ़े-लिखे नर-नारियों की आशा और आशंका, प्रयास और उद्यम, उनके इतिहास, उनकी रहस्यमय, अनजान जीवन-प्रणाली से जुड़े इस अजीब नाम से नजदीकियाँ बढ़ाने का लाल रोकना कठिन था, लेकिन तब भी न जाने कैसी एक तरह की विजातीय, धर्मविहीन, अस्वास्थ्यकर भाप नीचे से ऊपर आकर उसके मन को धीरे-धीरे ग्लानि से भरने लगी।

शोरगुल बढ़ता ही चला जा रहा था, भारती बोली—'चलिए चलें।'

अपूर्व ने हामी भरकर कहा—'चलिए।'

दोनों नीचे आए तो भारती ने उसे एक बेंत के सोफे पर बिठा दिया और जगह की कमी की वजह से खुद उसी की बगल में बैठ गई।

यह सोफा इतना छोटा था कि इतने लोगों के सामने दो आदमी शराफत निभाते हुए नहीं बैठ सकते हैं। भारती ने ऐसा विचित्र आचरण कभी नहीं किया था, अपूर्व सिर्फ संकोच ही नहीं, बल्कि बेहद शर्म महसूस करने लगा। लेकिन यहाँ इस बात पर ध्यान देने की किसी को भी फुरसत नहीं थी। उसने एक और चीज पर गौर किया, वह यह कि उसके जैसे अपरिचित व्यक्ति को देखकर लगभग सभी ने उसकी तरफ ध्यान दिया, मगर जो बतकही चल रही थी उसमें तनिक भी अड़चन नहीं आई। वह आदमी जो, पीछे मुड़कर कोने के टेबल पर बैठकर लिख रहा था, लिखता ही रहा। वह आया है, इसे वह शायद जान ही नहीं सका। अपूर्व ने गिनकर देखा, छह औरतें हैं और आठ मर्द। उन्हीं लोगों में यह गरमागरम चर्चा चल रही थी। इनमें से सभी के सभी अनचीन्हे थे, सिर्फ एक व्यक्ति को अपूर्व पलक झपकते पहचान सका। वेश-भूषा में तो कुछ बदलाव हुआ था, मगर इसी व्यक्ति को उसने कुछ दिनों पहले मिक्थिला रेलवे स्टेशन पर टिकट न कटाने के जुर्म में पुलिस के हाथ से बचाया था और इसी व्यक्ति ने अपनी मर्जी से, जितनी जल्दी हो सके, रुपया लौटाने का वचन दिया था। उस आदमी ने देखा, मगर शराब के नशे में हाथ फैलाकर उसने जिस आदमी से पैसा लिया था उसे वह होशोहवास में याद नहीं कर सका। लेकिन इसके लिए नहीं, बल्कि भारती के बारे में यह सोचकर कि ऐसे लोगों के सम्पर्क में भारती कैसे आ गई, उसके कलेजे में दुख गूँजा। बहुत टीसा।

सामने कोई महिला खड़ी थी। बैठते ही अपूर्व के कान के पास मुँह लाकर भारती ने चुपके-चुपके कहा—'वे ही हैं हमारी प्रेसिडेंट, सुमित्रा।'

यह बताने की जरूरत नहीं थी, अपूर्व ने देखते ही उन्हें पहचान लिया था। ऐसी ही नारी किसी समिति का संचालन कर सकती थी। उम्र तीस के करीब होगी, लेकिन जैसे राजरानी हो। कच्चे सोने जैसा रंग, दक्षिण भारत की नारियाँ जैसे अपने खुले बालों को बाँधती हैं वैसे ही बँधे बाल, हाथों में कई सोने की चूड़ियाँ, गर्दन के पास सोने के हार का थोड़ा-सा हिस्सा चमक रहा था, कानों में हरे पत्थर के बने झुमके, रोशनी में साँप की आँखों की तरह चमक रहे थे। ऐसा ही तो होना चाहिए—माथा, ठोड़ी, नाक, आँख, भौंह, होंठ—कहीं कोई खोट नहीं। यह कैसा अजीब रूप है। काले बोर्ड पर एक हाथ रखकर वे खड़ी थीं, अपूर्व की पलकें नहीं गिरी। वह गणित पढ़कर बड़ा हुआ है, कविता के बारे में उसे बहुत कम जानकारी है, लेकिन अब उसे कुछ जानने को नहीं रहा कि कविता रचनेवाले इतना कुछ रहते नारी-देह की तुलना लता से क्यों करते हैं?

सामने एक बीस-बाइस साल की मामूली-सी महिला मुँह नीचा किए बैठी हुई थीं। भाव से लगता है कि उन्हीं को लेकर यह बहस का तूफान उठा है। फिर उन्हीं

के करीब बैठा हुआ था एक अधेड़ आदमी। बहुत संभव है, वही विरोधी पक्ष का है, वह क्या कह रहा था। अपूर्व को यह अच्छी तरह सुनाई नहीं पड़ा था। उसने ध्यान भी नहीं दिया था, उसका पूरा मन सुमित्रा की तरफ ही एकाग्र हो गया था। यही थी उसकी आशा कि उसकी आवाज से क्या पता कौन-सा परम विस्मय झड़ पड़ेगा। थोड़ी देर पहले दुख का कारण उसे याद भी नहीं था। अँगरेजों जैसी पोशाक पहने उस आदमी की बात के जवाब में अबकी बार उन्होंने बात की। बस, इसे ही कहते हैं नारी की आवाज। अपूर्व कुछ ऐसे कान लगाए रहा कि उस आवाज का रत्ती भर अंश सुनने से रह न जाए। सुमित्रा बोलीं–'मनोहर बाबू, आप कोई छोटे वकील नहीं हैं, आपका तर्क असंगत हो जाएगा, तो मैं फैसला नहीं कर सकूँगी।'

मनोहर बाबू ने जवाब दिया–'असंगत तर्क करना मेरा पेशा भी नहीं है।'

सुमित्रा मुस्कुराती हुई बोलीं–'मैं ऐसी ही आशा करती हूँ। संक्षेप में कहा जाए तो आपके कहने का मतलब यह निकलता है कि आप नवतारा के पति के दोस्त हैं। वे उन्हें जबरन ले जाना चाहते हैं, मगर पत्नी पति की घर-गिरस्ती नहीं करना चाहती है। वे देश का काम करना चाहती है, इसमें तो मैं अनुचित कुछ नहीं देखती।'

मनोहर बोले–'लेकिन पति के प्रति पत्नी का कुछ कर्तव्य होता है न? उसका जवाब यह नहीं है कि मैं देश का काम करूँगी, इसलिए घर-गिरस्ती नहीं करूँगी।'

सुमित्रा बोली–'देखिए मनोहर बाबू, नवतारा कौन-सा काम करेंगी, नहीं करेंगी, इसका फैसला वे करेंगी। लेकिन आप सभी यह जानते हैं कि उनके पति ने भी अपनी पत्नी के प्रति अपने कर्त्तव्य को नहीं निभाया है। कर्त्तव्य एकतरफा नहीं होता।'

मनोहर गुस्सा होकर बोले–'लेकिन यह तो कोई युक्ति नहीं है कि चूँकि पति पत्नी के प्रति अपना कर्त्तव्य नहीं निभाता है, इसलिए पत्नी को कुलटा हो जाना चाहिए। यह तो किसी भी सूरत में जोर देकर नहीं कहा जा सकता है कि इस उम्र में इस दल के अन्दर रहते हुए भी वे अपने सतीत्व को बनाए रखती हुई देश की सेवा कर सकेंगी।'

सुमित्रा का मुँह जरा लाल हुआ, पर फिर उसी वक्त सहज हो गया। बोलीं–'जोर देकर कुछ कहना भी नहीं चाहिए। लेकिन हम देखते हैं कि नवतारा में हृदय है, ज्ञान है, हिम्मत है और जो सबसे बड़ी चीज उसमें है वह है धर्म-ज्ञान। देश की सेवा करने के लिए इतना होने को ही हम काफी मानते हैं। पर आप जिसे सतीत्व कहते हैं उसे बनाए रखने की उन्हें सहूलियत होगी या नहीं, यह तो वे ही जानें।'

मनोहर ने नवतारा के झुके हुए मुँह की तरफ एकबार कनखियों से निहारा और ताना मारते हुए बोल उठे–'यह तो बड़ा अच्छा धर्म-ज्ञान है। देश के काम में वे शायद यही सबक देश की औरतों को देती फिरेंगी।'

सुमित्रा बोलीं–'उनके दायित्वबोध पर हमें विश्वास है। व्यक्ति-विशेष के चरित्र की चर्चा करना हमारा नियम नहीं है। लेकिन ऐसे पति को, जिन्हें वे प्यार नहीं करतीं, एक-दूसरे बड़े काम के लिए छोड़कर आने को उन्होंने अनुचित नहीं समझा है, यही सबक अगर देश की औरतों को वे देना चाहती हैं, तो इस पर हम एतराज नहीं करेंगे।'

मनोहर बोले–'हमारे इस सीता-सावित्री के देश में ऐसा सबक वे हमारे घर की औरतों को देंगी?'

सुमित्रा ने हामी भरकर कहा–'ऐसा सबक देना तो चाहिए। औरतों से सिर्फ बेतुकी बातें न कहकर नवतारा अगर यह कहती है कि इस देश में एक दिन सीता अपने आत्मसम्मान को बचाने की खातिर अपने पति को छोड़कर पाताल गई थीं, और राजकुमारी सावित्री ने गरीब सत्यवान को विवाह के पहले इतना प्यार किया था कि यह जानते हुए भी कि सत्यवान इस दुनिया में कुछ ही दिनों का मेहमान है, उससे ब्याह करने में हिचकिचाई नहीं, और मैं खुद भी अपने लम्पट पति को, जिसे मैं प्यार नहीं कर सकती थी, छोड़कर आई हूँ–इसलिए अगर वे इस देश की औरतों को यह सबक देती हैं कि मुझ जैसी हालत तुम लोगों की हो, तो तुम लोग भी वही करो जो मैंने किया है, तो इससे औरतों का भला ही होगा मनोहर बाबू।'

मनोहर के होंठ गुस्से के मारे काँपने लगे। पहले तो उनके मुँह से कोई शब्द नहीं निकला, उसके बाद वे बोल उठे–'तब तो देश तहस-नहस हो जाएगा।' फिर अचानक हाथ जोड़कर बोले–'विनती है आप लोगों से, आप लोगों की जो मर्जी हो कीजिए, मगर दूसरों को यह सबक मत दीजिए। यूरोप की सभ्यता की नकल करने से काफी नुकसान हो चुका है, लेकिन यूरोपीय सभ्यता का औरतों में प्रचार करके समूचे भारतवर्ष को आज जहन्नुम में मत भेजिए।'

सुमित्रा के मुँह पर विरक्ति और क्लान्ति एक ही साथ उभर उठी, बोलीं–'जहन्नुम में जाने से बचाने का अगर कोई रास्ता है, तो यही है। मगर यूरोपीय सभ्यता के बारे में आपको कोई खास जानकारी नहीं है, इसलिए इसको लेकर तर्क करने से सिर्फ समय बर्बाद होगा। बहुत समय बीत गया है, हमें और भी काम करने हैं।'

मनोहर बाबू ने भरसक गुस्सा दबाकर कहा–'समय तो मेरे पास भी काफी

नहीं है। तो नवतारा नहीं जाएँगी?'

नवतारा ने इतनी देर तक मुँह उठाकर भी नहीं देखा था, उसने सिर हिलाकर बताया–'नहीं।'

मनोहर ने सुमित्रा से प्रश्न किया–'तब तो इनकी जिम्मेदारी आप ही लोगों ने ली?'

नवतारा ने इसका जवाब दिया, बोली–'मैं अपना गुजर-बसर कर लूँगी। इसके लिए आपको चिन्ता करने की जरूरत नहीं।'

मनोहर ने टेढ़ी नजरों से उसकी तरफ निहारा और फिर सुमित्रा से ही प्रश्न किया, बोले–'मैं आप ही से पूछता हूँ कि नारी को ससुराल में अपने पति के साथ जीवन बिताने में जो गौरव मिलता है वह क्या और कहीं मिल सकता है?'

सुमित्रा बोलीं–'औरों का जीवन चाहे जैसा हो, पर नवतारा अपनी ससुराल में अपने पति के साथ जैसा जीवन बिता रही है उसे, कम-से-कम मैं तो गौरवपूर्ण नहीं मान सकती।'

इस जवाब के बाद मनोहर अपने आपको और रोक नहीं सके, अत्यन्त कटु आवाज में प्रश्न किया–'लेकिन इसके बाद जब वह पराए मर्दों के साथ जीवन बिताएँगी तब शायद आप उस जीवन को गौरवपूर्ण जीवन मान सकेंगी?'

लेकिन आश्चर्य यह है कि ऐसे गन्दे ताने से भी किसी के चेहरे पर किसी तरह की चंचलता प्रकट नहीं हुई। सुमित्रा शान्त स्वर में बोलीं–'मनोहर बाबू, हमारी समिति का नियम है कि यहाँ बोलनेवाले को संयत भाव से बात करनी होगी।'

'और अगर मैं यह नियम न मानूँ तो?'

'तो आपको बाहर निकाल दिया जाएगा।'

मनोहर बाबू जैसे पागल हो गए। धनुष से छूटे तीर की भाँति वे तनकर उठ खड़े हुए और बोले–'अच्छा, मैं चला। गुडबाय।' इतना कहकर वे दरवाजे के पास आए, तो उनका पागल गुस्सा मानो फूट पड़ा। हाथ-पाँव फेंककर चिल्लाते हुए वे कहने लगे–'मैं तुम लोगों की बातें जानता हूँ, तुम लोग अंग्रेजों के राज का खात्मा करना चाहते हो? पर ऐसा सोचना भी नहीं। मैं किसान नहीं हूँ, मैं एडवोकेट हूँ।' मैं यह अच्छी तरह जानता हूँ कि कहाँ फैसला मिलेगा, कहाँ तुम लोगों के हाथों में हथकड़ी पहनानी पड़ेगी। इतना कहकर वे तेज गति से अँधेरे में ओझल हो गए।'

अचानक जैसे कोई घटना घट गई। किसी ने भी कोई उत्तेजना जाहिर नहीं की, मगर सबके चेहरे पर जैसे कोई छाया आ पड़ी। सिर्फ कोने में बैठकर लिखनेवाले

आदमी ने एक बार नजरें उठाकर भी नहीं निहारा। अपूर्व को लगा, या तो वह पूरा बहरा है या बिलकुल पत्थर की तरह शान्त और निर्विकार है। भारती के मुँह के भाव को उसने देखना चाहा, लेकिन वह जान-बूझकर दूसरी तरफ गर्दन घुमाए रही। मनोहर बतौर व्यक्ति चाहे जैसे भी क्यों न हों, गुस्से में आकर इस समिति के खिलाफ जो बातें वे कह गए, वे बहुत सन्देहजनक हैं। इतने अजीब नर-नारियों ने आखिर कहाँ से आकर यह समिति बनाई, आखिर उनका सचमुच क्या मकसद है, भारती को ही आखिर कैसे इसका पता चला? और टिकट के पैसे से शराब पीकर बिना टिकट सफर करने की वजह से उसकी नजरों के सामने पकड़ा गया यह आदमी, और सबसे बढ़कर अपने पति को छोड़ देश का काम करने के लिए आई हुई यह नवतारा, जिसे यह सोचने का समय नहीं कि अपने सतीत्व को कैसे बचाया जा सकता है, जिसको सिर्फ समर्थन ही नहीं, बल्कि बढ़ावा देनेवाले ये लोग और इन लोगों की सम्पत्ति, जिन्होंने औरत होते हुए भी खुली सभा में इतने मर्दों के सामने सती-धर्म की अपनी अत्यन्त उपेक्षा निःसंकोच प्रकट करने में तनिक भी शर्म महसूस नहीं की—आखिर ये सब यहाँ कैसे इकट्ठा हो गए?

कुछ देर तक समूचा कमरा निस्तब्ध हो गया, बाहर अँधेरा था, तंग राजपथ पहले जैसा ही निर्जन और सुनसान था, न जाने कैसी उद्विग्न आशंका से अपूर्व के मन का अन्दरूनी हिस्सा बोझिल हो उठा।

अचानक सुमित्रा का स्वर गूँज उठा—'अपूर्व बाबू।'

अपूर्व ने चौंककर मुँह उठाकर निहारा।

सुमित्रा ने कहा—'आप हम लोगों को नहीं पहचानते, लेकिन भारती से आपके बारे में सुनकर हम सभी आपको पहचानते हैं। सुना है कि आप हमारी समिति के सदस्य बनना चाहते हैं। क्या यह सच है?'

अपूर्व 'नहीं' न कह सका। गर्दन हिलाकर उसने सहमति जताई। एकाग्र मन से लिखनेवाले आदमी को देखकर सुमित्रा ने कहा—'डॉक्टर, अपूर्व बाबू का नाम लिख लीजिए।' फिर अपूर्व से मुस्कुराकर बोलीं—'हमारे यहाँ कोई चन्दा नहीं लगता। हमारी समिति की यही खासियत है कि इसका सदस्य बनने के लिए कोई रुपया-पैसा नहीं देना पड़ता है।'

सुमित्रा की बात के जवाब में अपूर्व ने खुद भी जरा मुस्कुराने की कोशिश की, मगर वह मुस्कुरा न सका। यह देखकर कि जिल्द लगी एक मोटी बही में वास्तव में ही उसका नाम लिख लिया गया, वह मन-ही-मन बेचैनी से भर उठा और जब वह और चुप न रह सका, तो कह डाला—'लेकिन मैं तो इस बारे में कुछ भी नहीं जान सका कि इस समिति का मकसद क्या है और एक सदस्य के

रूप में मुझे क्या करना पड़ेगा।'

'भारती ने आपको नहीं बताया?'

अपूर्व ने थोड़ी देर तक सोचा और बोला–'कुछ तो बताया है। लेकिन एक बात मैं आपसे पूछता हूँ, वह यह कि क्या सचमुच ही आप लोग नवतारा के आचरण को अनुचित नहीं समझती हैं?'

सुमित्रा बोली–'कम-से-कम मैं तो उसके आचरण को अनुचित नहीं समझती, क्योंकि मेरे लिए देश से बड़ा और कुछ भी नहीं है।'

अपूर्व ने श्रद्धा के साथ कहा–'देश को तो मैं भी जान से प्यार करता हूँ और देश की सेवा करने का अधिकार स्त्री और पुरुष दोनों को ही एक समान है, लेकिन दोनों का कार्य-क्षेत्र तो एक नहीं है, हम पुरुष बाहर आकर काम करेंगे, लेकिन नारी घर के अन्दर रहकर अपने पति और सन्तानों की सेवा करती हुई ही सार्थक होगी। उन लोगों की भलाई करने से देश का जितना बड़ा काम होगा उतना बड़ा काम नारी के घर से बाहर आकर पुरुषों के साथ भीड़ लगाने से हरगिज नहीं होगा।'

सुमित्रा हँसीं। अपूर्व ने गौर से देखा, सभी ने उनकी तरफ निहारा और मुँह दबाकर अपनी-अपनी हँसी छिपाई। सुमित्रा बोलीं–'अपूर्व बाबू, हम इससे इनकार नहीं करते कि यह बहुत पुरानी और बहुतों की कही बात है। लेकिन आप तो जानते हैं कि कोई बात सिर्फ इसलिए सही नहीं हो जाती कि उसे बहुत दिनों से बहुतेरे लोग कहते आए हैं। यह ठगने की बात है। यह उन लोगों की बात है जिन्होंने कभी देश का काम नहीं किया है, यह उन लोगों की बात है, जो अपने हित को देश के हित के ऊपर तरजीह देते हैं। इसमें जरा भी सच्चाई नहीं है। जब आप खुद काम में लगेंगे तभी जाकर आप इस सच्चाई को समझ सकेंगे कि जिसे आप नारी का घर से बाहर निकलकर भीड़ लगाना कहते हैं, वैसा अगर कभी हो, तभी देश का काम होगा, वरना सिर्फ पुरुषों की भीड़ से सूखे बालू की तरह सब कुछ झर जाएगा, कभी सख्त नहीं होगा।'

अपूर्व ने मन-ही-मन शर्मिन्दा होकर कहा–'लेकिन इससे क्या भ्रष्टाचार नहीं बढ़ेगा? चरित्र में दाग लगने का डर नहीं रहेगा?'

सुमित्रा बोलीं–'चरित्र में दाग लगने का डर क्या घर के अन्दर रहने में कम रहता है? अपूर्व बाबू, वह घर से बाहर आने का दोष नहीं है। दोष उन विधाता का है जिन्होंने नर और नारी को पैदा किया है, जिन्होंने उनके बीच प्रेम का आकर्षण दिया है, अपूर्व बाबू मन के अन्दर थोड़ी-सी नम्रता रखकर दुनिया के दूसरे देशों की तरफ एक बार देखिए तो?'

यह टिप्पणी सुनकर अपूर्व खुश नहीं हो सका, बल्कि थोड़े तीखेपन के साथ

बोल उठा–'दूसरे देश की बात दूसरा देश सोचे। मैं अपने देश की भलाई की बात सोच सकूँ, तो मैं इसे ही काफी समझूँगा। आप मुझे माफ कीजिएगा, मगर यहाँ एक चीज पर ध्यान दिए बिना मैं नहीं रह सका, वह यह कि विवाहित जीवन के प्रति आप लोगों की आस्था नहीं है, यहाँ तक कि नारियों के सतीत्व और पातिव्रत्य को भी जो उनका चरम उत्कर्ष है, आप लोग उपेक्षा की दृष्टि से देखते हैं। इससे होगी देश की भलाई?'

सुमित्रा ने थोड़ी देर तक उसके मुँह की तरफ निहारा और मजाक करती हुई स्निग्ध स्वर में बोलीं–'अपूर्व बाबू, आप जरा गुस्सा करके कह रहे हैं। नहीं तो, मैंने ठीक वैसा नहीं कहा है। लेकिन ऐसी भी बात नहीं है कि आपने मेरी पूरी बात को गलत समझा है। जिस समाज में नारी को सिर्फ पुत्र पैदा करने के लिए पत्नी के रूप में स्वीकार करने की रीति हो, नारी होकर उसे तो मैं श्रद्धा की दृष्टि से नहीं देख सकती। आपने सतीत्व के चरम उत्कर्ष का गर्व किया था, लेकिन जिस देश में विवाह की ऐसी रीति हो, उस देश में नारी बड़ी नहीं होती है। छोटी ही होती है। सतीत्व सिर्फ देह में नहीं समाया रहता है, उसके लिए मन की भी जरूरत होती है। तन-मन से प्यार न कर पाने पर उसकी ऊँचाई पर नहीं पहुँचा जा सकता है। आप क्या सचमुच ही यह सोचते हैं कि मन्त्र पढ़कर शादी करा देने से कोई लड़की किसी लड़के से प्यार कर सकती है? यह क्या तालाब का पानी है कि किसी भी बरतन में उसे डालकर ढँक देने से काम चल जाएगा?'

अपूर्व को अचानक कोई शब्द ढूँढ़े नहीं मिला, तो बोला–'मगर हमेशा से यही रीति तो चली जा रही है।'

सुमित्रा उसकी बात सुनकर हँसी और बोली–'हाँ, चली तो जा रही है। नारी को चिट्ठियों में अपने पति को प्राणों से भी प्यारा लिखने में कोई हिचकिचाहट नहीं होती है। कर्त्तव्यबोध से श्रद्धा-भक्ति करने में भी हो सकता है, उसे कोई झिझक नहीं होती हो। घर-गिरस्ती के काम में इससे ज्यादा उसे जरूरत नहीं पड़ती है। आपने तो यह कहानी पढ़ी होगी कि किसी ऋषि का बेटा दूध के बदले पिसे चावल को पानी में घोलकर पी-पीकर आराम से दिन गुजारता था। मगर आराम चाहे जैसा भी क्यों न हो, पर पानी में घुले-पिसे चावल को दूध कहकर गर्व तो नहीं किया जा सकता।

यह चर्चा अपूर्व को बहुत बुरी लगी, लेकिन इस बार भी वह जवाब नहीं दे सका, बोला–'तो क्या आप यह कहना चाहती हैं कि कोई-कोई ऐसी भी हैं जिन्हें इससे ज्यादा नसीब भी नहीं होता है?'

सुमित्रा बोलीं–'नहीं, ऐसा तो मैं कह ही नहीं सकती। क्योंकि दुनिया में

संयोग नाम का एक शब्द है।'

अपूर्व बोला–'ओ! संयोग, लेकिन आपका यह कहना अगर सच भी हो तब भी मैं कहूँगा कि समाज के मंगल के लिए, आनेवाली पीढ़ी की भलाई की खातिर, हमारे वास्ते यही अच्छा है।'

सुमित्रा पहले की ही तरह शान्त, हालाँकि दृढ़ स्वर में बोलीं–'नहीं अपूर्व बाबू, समाज और आपकी आनेवाली पीढ़ी में से किसी की भी इससे आखिरकार भलाई नहीं होगी। समाज और वंश के नाम पर एक दिन आदमी की बलि दी जाती थी, मगर उसका नतीजा अच्छा नहीं हुआ, सो आज यह रीति बन्द है। प्यार की सबसे ज्यादा जरूरत आनेवाली पीढ़ी के लिए नहीं होती, उसके इतने ज्यादा स्नेह के इन्तजाम को बीच में जगह नहीं मिलती। इस बेकार के विवाहित जीवन के मोह को नारी को दूर करना ही पड़ेगा। उसे यह समझना होगा कि इसमें उसके लिए शर्म की बात है, गौरव की नहीं।'

अपूर्व ने व्याकुल होकर कहा–'लेकिन आप सोचकर देखिए। आप लोगों के ऐसे सबक से हमारे सुनियोजित समाज में अशान्ति और क्रान्ति आ जाएगी।'

सुमित्रा बोलीं–'अशान्ति और क्रान्ति आ जाए तो आ जाए। अशान्ति और क्रान्ति का मतलब तो अहित नहीं है अपूर्व बाबू। जो कमजोर और सड़ा-गला है वही सिर्फ उत्कंठित सतर्कता से अपने आपको बचाए रखना चाहता है, ताकि किसी तरफ से उसे धक्का न लगे। पल-पल वह इसी डर से काँपता रहता है कि हल्का-सा धक्का लगते ही उसकी जान पलक झपकते निकल जाएगी। और अगर समाज की ऐसी ही हालत हो गई हो, तो हो जाए न एक फैसला। फैसला तो होना ही है, दो दिन पहले हो या दो दिन बाद में, इसमें क्या हर्ज है?'

इस बात का अपूर्व ने जवाब नहीं दिया, वह चुप रहा। सुमित्रा खुद भी थोड़ी देर चुप रहीं, फिर बोलीं–'ऋषि के बेटे की उपमा देकर, हो सकता है, मैंने आपको दुख दिया हो। मगर यह दुख आपका प्राप्य था, उससे मैं भला आपको कैसे बचाती?'

उनकी आखिरी बात को अपूर्व समझ नहीं सका, लेकिन उसकी विरक्ति का घड़ा लबालब भर गया था। इसीलिए सुमित्रा की बात के जवाब में उसने कह डाला–'जगन्नाथ के रास्ते में खड़े होकर ईसाई मिशनरी वाले यात्रियों को बहुत दुख देते हैं। तब भी कोई उस बिना हाथ वाले ईसा मसीह को नहीं पूजता। यह आश्चर्यजनक है कि बिना हाथ वाले से ही उन लोगों का काम चल जाता है।'

सुमित्रा ने गुस्सा नहीं किया, वे मुस्कुराकर बोलीं–'दुनिया में आश्चर्य है। इसीलिए तो आदमी का जिन्दा रहना असंभव नहीं हो जाता है अपूर्व बाबू। यह

वे लोग जानते भी नहीं हैं कि पेड़ के पत्तों के रंग को सभी हरा नहीं देखते, तब भी लोग तो उन्हें हरा कहते हैं, दुनिया में यह क्या कम आश्चर्यजनक है? सतीत्व का सचमुच का मूल्य जानने पर क्या...'

इतनी देर तक चुपचाप लिखनेवाला आदमी उठकर खड़ा हो गया। साथ ही सभी उठकर खड़े हो गए।

अपूर्व ने देखा, यह तो गिरीश महापात्र है।

भारती ने उसके कान में कहा–'ये ही हैं हमारे डॉक्टर उठकर खड़े हो जाइए!'

मशीनी गुड़िया की तरह अपूर्व उठकर खड़ा हो गया, मगर गुस्साए मनोहर की आखिरी बातें उसे पलक झपकते याद आ गईं और उसके समूचे बदन का खून जैसे बर्फ हो गया।

गिरीश करीब आए और बोले–'मुझे शायद नहीं भूले होंगे? ये सभी मुझे डॉक्टर कहते हैं।' यह कहकर वे हँसे।

अपूर्व हँस न सका, धीरे-धीरे बोला–'मेरे चाचा की बही में कोई भयंकर नाम लिखा है...।'

गिरीश ने सहसा उसके दोनों हाथों को खींचकर अपनी हथेलियों में लिया और धीरे-धीरे कहा–'सव्यसाची न?' इतना कहकर वे फिर से हँसकर बोले–'लेकिन रात हो गई है अपूर्व बाबू, चलिए, मैं आपको थोड़ी दूर तक पहुँचा दूँ। यह रास्ता उतना अच्छा नहीं है–पठान वर्कमेन जब शराब पीते हैं, तो उन्हें होशो-हवास नहीं रहता है। चलिए।' यह कहकर एक तरह से जबरन ही उसे कमरे से बाहर निकाल लाए।

वह न सावित्री को नमस्कार कर सका और न भारती से एक शब्द कह सका–लेकिन जिस बात ने उसके कलेजे को सबसे ज्यादा धक्का मारा वह थी वह जिल्द लगी बही–जिसमें उसका नाम लिखा गया।

बारहवाँ परिच्छेद

कुछ कदम आगे बढ़ते ही अपूर्व ने सौजन्य प्रकट करते हुए कहा—'आपकी सेहत ठीक नहीं है, ऊपर से आप कमजोर भी हैं। आपको अब और पैदल चलने की जरूरत नहीं है। यही रास्ता तो सीधे जाकर बड़े रास्ते से मिलता है—मैं आसानी से चला जाऊँगा।'

डॉ. ने तनिक मुस्कुराते हुए कहा—'आसानी से आनेवाला आसानी से ही चला जाएगा, ऐसा क्या होता है अपूर्व बाबू? जब आप आए थे तब शाम थी, अभी बहुत रात हो गई है। उस वक्त जो रास्ता सीधा था उस रास्ते को हठीले पठानों और बेकार हब्शियों ने मिलकर हो सकता है टेढ़ा बना दिया हो। चलिए अब रुकिए मत।'

अपूर्व ने उनके कहने का मतलब समझा, फिर भी पूछा—'क्या करते हैं ये लोग? मारते हैं?'

डॉक्टर ने फिर से मुस्कुराकर कहा—'हाँ मारते हैं। शराब का खर्च दूसरे से वसूलने के लिए वे लोग ऐसा करते हैं, और इसीलिए मारने-पीटने से बाज नहीं आते हैं। जैसे यह आपकी सोने की घड़ी। जब वे लोग इसे आपसे छीनेंगे तब आप एतराज तो करेंगे ही। फिर यह भी स्वाभाविक ही है कि वे लोग आपको मारेंगे ही। यह सही बात है न?

अपूर्व ने डरते हुए गर्दन हिलाकर कहा—'आप ठीक कहते हैं। मगर यह तो मेरे पिता की घड़ी है।'

डॉक्टर बोले—'इससे उनका कोई लेना-देना नहीं। वह यह समझना नहीं चाहते कि किसकी चीज है। लेकिन आज यह समझे बिना उनका काम नहीं चलेगा।'

'यानी?'

'यानी आज वे आपकी घड़ी नहीं छीन सकेंगे और उनका शराब का खर्च वसूल नहीं होगा।'

अपूर्व कुछ देर चुप रहा, फिर स्निग्ध स्वर में बोला—'बल्कि चलिए, किसी दूसरे रास्ते से घूमकर चलें!'

डॉक्टर उसके मुँह की तरफ निहारकर हँस उठे। उनकी वह हँसी लड़कियों की स्निग्ध मजाक भरी हँसी जैसी थी। बोले–'घूमकर चलें? इस आधी रात में, नहीं, नहीं, इसकी जरूरत नहीं, चलिए–' यह कहकर उन्होंने अपने दुबले-पतले हाथ से अपूर्व के दाहिने हाथ को खींच लिया और उसे दबा दिया, तो अपूर्व के जिम्नास्टिक किए, क्रिकेट-हॉकी खेले हाथ की हड्डियाँ तक मानो चरमरा उठीं।

अपूर्व ने हाथ छुड़ा लिया और बोला–'चलिए, मैं समझ गया।' यह कहकर वह खुद भी तनिक मुस्कुराने की कोशिश करता हुआ बोला–'उस दिन आपकी बात चली, तो चाचाजी ने मजाक करते हुए मुझसे कहा था–क्या शौक से उस महापुरुष के स्वागत में इतने लोगों को लगाना पड़ता है? हमारी गुप्त डायरी में लिखा हुआ है कि वे चाहें, तो सिर्फ थप्पड़ मारकर पाँच, सात, दस पुलिसवालों की इहलीला खत्म कर दे सकते हैं। चाचाजी के मुँह की मुद्रा से उस दिन हम लोग खूब हँसे थे, लेकिन अब लग रहा है कि हमारा हँसना संगत नहीं था–आप चाहें, तो ऐसा कर भी सकते हैं।'

डॉक्टर के मुँह का भाव बदल गया, बोले–'उन्होंने यह बढ़ा-चढ़ाकर कहा है मगर हम लोग माने–कौन-कौन?'

अपूर्व बोला–'मैं और उन्हीं के अधीन काम करनेवाले दो-चार पुलिसवाले।'

'ओऽऽ–तो ये लोग!' यह कहकर उन्होंने आह भरी। अपूर्व ने इसका मतलब समझा और थोड़ी देर तक कोई बात उसके मुँह में नहीं आई। सीधा रास्ता आज सीधा ही था, क्योंकि चाहे जिस वजह से भी हो, राहगीरों का रुपया-पैसा छीन लेने के लिए आज वहाँ कोई मौजूद नहीं था।

निर्जन गली को चुपचाप पार करके जब वे लोग बड़े रास्ते के करीब पहुँचे, तो अपूर्व सहसा बोल उठा–'अब मैं शायद बेखौफ जा सकूँगा। धन्यवाद।-

उसकी बात के जवाब में डॉक्टर ने सामने के कम रोशन चौड़े राजपथ पर जहाँ तक नजरें जा सकती थीं, वहाँ तक देखकर धीरे-धीरे कहा–'शायद अब आप बेखौफ जा सकते हैं।'

अपूर्व ने नमस्कार करके जाना चाहा कि तभी वह अपने अन्दरूनी कौतूहल को किसी भी तरह और नहीं रोक सका, कह डाला–'अच्छा सव्य...।'

'नहीं, नहीं, सव्य नहीं, सव्य नहीं–डॉक्टर सा'ब।'

अपूर्व तनिक शर्मिन्दा होकर बोला–'अच्छा, डॉक्टर सा'ब, यह हम लोगों का सौभाग्य है कि रास्ते में कोई नहीं था, मगर मान लीजिए वे लोग अधिक संख्या में रहते, तो भी क्या सचमुच डरने की कोई बात नहीं थी?'

डॉक्टर बोले–'वे लोग एक साथ पाँच या दस से ज्यादा कभी भी नहीं रहते।'

अपूर्व बोला–'पाँच-दस लोग! यानी पाँच लोग रहते, तो भी डरने की कोई बात नहीं थी, और दस लोग रहते तो भी डरने की कोई बात नहीं थी?'

डॉक्टर मुस्कुराकर बोले–'नहीं।'

बड़े रास्ते के मोड़ पर आकर अपूर्व ने पूछा–'अच्छा, वास्तव में क्या आपकी पिस्तौल का निशाना हरगिज खाली नहीं जाता?'

डॉक्टर पहले की ही तरह मुस्कुराए और गर्दन हिलाकर जवाब दिया–'नहीं। मगर आप यह क्यों पूछ रहे हैं, बताइए तो? मेरे साथ तो पिस्तौल नहीं है।'

अपूर्व बोला–'तो आप पिस्तौल बिना लिये ही निकले थे–आश्चर्य है।' गहरी अँधेरी रात में सन्नाटा पसरा हुआ है, उसने सुनसान लम्बे रास्ते की तरफ निहारकर कहा–'रास्ते में न तो कोई आदमी है और न ही कोई पुलिस। रोशनी तो नहीं के बराबर ही है–अच्छा डॉक्टर सा'ब मेरा डेरा यहाँ से लगभग कोस-भर दूर होगा न?'

डॉ. बोले–'हाँ, इतनी दूर तो होगा ही।'

अपूर्व बोला–'अच्छा, नमस्कार, मैंने आपको बहुत तकलीफ दी।' इतना कहकर वह चलने को तैयार हुआ, तो बोला–'अच्छा, ऐसा भी तो हो सकता है कि वे मुए आज किसी दूसरे रास्ते पर खड़े हों।'

डॉक्टर ने हामी भरकर कहा–'ऐसा होना कोई अजीब बात नहीं है।'

अपूर्व बोला–'ऐसा होना अजीब बात तो नहीं है। पर ऐसा होना अजीब बात भी है। अच्छा नमस्कार। मगर मजा देखा है आपने, जहाँ पुलिस के रहने की असली जरूरत है वहीं पुलिस की परछाईं तक देखने की गुंजाइश नहीं है। यही है इन लोगों का कर्त्तव्यबोध। और इसी के लिए हम टैक्स दे-देकर मरते हैं। हमें टैक्स देना बन्द कर देना चाहिए; क्यों, क्या कहना है आपका?'

'भला इसमें क्या सन्देह।' कहकर डॉक्टर हँस पड़े। बोले–'चलिए, बात करते-करते और थोड़ी दूर आपके साथ आगे बढ़ चलें।'

अपूर्व शर्म के मारे बिलकुल उदास हो गया। उसने पलभर धरती की तरफ निहारा और धीरे-धीरे बोला–'मैं बड़ा डरपोक आदमी हूँ डॉक्टर सा'ब, मुझमें जरा भी हिम्मत नहीं है। मेरी जगह कोई दूसरा होता, तो आसानी से चला जा सकता था, इतनी रात गए आपको तकलीफ नहीं देता।'

उसकी ऐसी विनम्र, अभिमान रहित दो टूक बातों से डॉक्टर अपनी हँसी के लिए खुद भी शर्मिन्दा हुए। उसके कन्धे पर स्नेह के साथ अपना एक हाथ

रखकर कहा–'आपके साथ जाने के लिए ही तो मैं आया हूँ अपूर्व बाबू, वरना प्रेसिडेंट मुझे यह चीज हाथ में नहीं दे देतीं।' इतना कहकर उन्होंने बाएँ हाथ की काली मोटी लाठी दिखाई।

अपूर्व चौंककर बोला–'सुमित्रा ने आपको मेरे साथ जाने के लिए कहा? तो क्या वे आपको भी आदेश दे सकती हैं?'

डॉक्टर हँसे, बोले–'हाँ, वे मुझे आदेश दे सकती हैं।'

अपूर्व बोला–'लेकिन वे तो किसी दूसरे आदमी को भी मेरे साथ जाने के लिए कह सकती थीं।'

डॉक्टर बोले–'उसका मतलब होता सभी को दल बनाकर भेजना। उतने लोगों के बदले अकेले मुझे भेजना आसान हुआ है अपूर्व बाबू।'

चलते-चलते बातें हो रही थीं। डॉक्टर बोले–'सुमित्रा हमारे दल की सभापति हैं। उन्हें हर पहलू पर ध्यान देकर काम करना पड़ता है। जहाँ छुरेबाजी होती हो, खून-खराबा होता हो वहाँ ऐरे-गैरे को तो नहीं भेजा जा सकता है। मैं मौजूद नहीं रहता, तो आज आपको वहीं रहना पड़ता। वे आपको हरगिज नहीं आने देतीं।'

इस सुनसान अँधेरे रास्ते में छुरेबाजी होती है, यह सुनकर अपूर्व के रोंगटे खड़े हो गए। वह धीरे-धीरे बोला–'मगर इसी रास्ते से तो आपको अकेले लौटना पड़ेगा।'

डॉक्टर बोले–'हाँ, मुझे इसी रास्ते से अकेले लौटना पड़ेगा।'

अपूर्व ने और कोई प्रश्न नहीं किया। उसके मन के अन्दर यह खयाल मौजूद था कि उन लोगों की एकान्त में हो रही बातचीत के गुंजन से कहीं कोई आ न जाए, वह अपने आँख, कान और मन को एक ही साथ रास्ते के दाएँ, बाएँ और सामने अत्यन्त एकाग्र करके चुपचाप तेज कदमों से राह चलने लगा। इसी तरह पन्द्रह मिनट चलने के बाद अपूर्व शहर के पहले थाने की बगल से होकर जब बस्ती में घुसा, तो उसने फिर बात की, बोला–'डॉक्टर सा'ब मेरा डेरा तो ज्यादा दूर नहीं है। आज रात आप वहीं रह जाएँ तो क्या हर्ज है?'

डॉक्टर ने उसके मन की बात का अन्दाजा लगाते हुए मुस्कुराकर कहा–'बहुत-सी ऐसी चीजें हैं जिन्हें करने से कोई हर्ज नहीं होता, अपूर्व बाबू, लेकिन हमें ऐसा कोई भी काम करने की मनाही है जिसे करने की जरूरत नहीं है। सिर्फ इसी वजह से कि आपके यहाँ रहने की जरूरत नहीं है, मुझे लौट जाना पड़ेगा।'

'तो क्या आप लोग बिना जरूरत के दुनिया में कुछ भी नहीं करते हैं?'

'हाँ, हमें बिना जरूरत के कुछ भी करने की मनाही है। अच्छा तो अब मैं चलूँ अपूर्व बाबू?'

अपूर्व ने कनखियों से पीछे के समूचे रास्ते की तरफ निहारा और जब उसने यह कल्पना की कि यह आदमी अकेले लौट जाएगा, तो और एक बार उसके रोंगटे खड़े हो गए। बोला–'डॉक्टर सा'ब, तो क्या आप लोगों को आदमी का मान रखने की भी मनाही है?'

डॉक्टर ने अचम्भे में पड़कर प्रश्न किया–'अचानक आपने यह क्यों पूछा?'

अपूर्व खिन्न अभिमान के सुर में बोला–'इसके अलावा मैं और क्या कह सकता हूँ, आप ही कहिए। मैं डरपोक आदमी हूँ, दलबद्ध गुंडों के बीच से होकर मैं अकेले जा नहीं सकता, जिस मुसीबत से बचाकर आपने मुझे सही-सलामत पहुँचा दिया उसी मुसीबत के बीच से होकर आप अगर अकेले लौट जाएँगे, तो क्या मैं फिर अपना मुँह दिखा सकूँगा?'

डॉक्टर ने पलक झपकते उसके दोनों हाथों को स्नेह के साथ दबोच लिया और बोले–'अच्छा, तो चलिए, आज रात-भरके लिए आप ही के डेरे पर जाकर रहूँगा और आपका मेहमान बनूँगा। लेकिन ऐसा झंझट क्या आसानी से लेनी चाहिए भाई?'

उनकी बात को अपूर्व ने ठीक से नहीं समझा, लेकिन कई कदम आगे बढ़ते ही अपने हाथ में न जाने कैसा एक खिंचाव महसूस करके मुड़ा और निहारकर बोला–'शायद आपके जूते काट रहे हैं डॉक्टर सा'ब, आप लँगड़ा रहे हैं।'

डॉक्टर मन्द-मन्द मुस्कुराकर बोले–'कोई बात नहीं। बस्ती में मेरे दोनों पाँव अपने आप ही कैसे मचकने लगते हैं। याद आता है, गिरीश महापात्र कैसे चलता था?'

अपूर्व ठिठककर खड़ा हो गया। बोला–'आपको जाने की जरूरत नहीं, डॉक्टर सा'ब।'

डॉक्टर पहले की ही तरह मन्द-मन्द मुस्कुराकर बोले–'लेकिन आपके मान का क्या होगा?'

अपूर्व बोला–'आपके आगे भला मेरे मान की क्या हस्ती? वह तो आपके पैरों की धूल के बराबर भी नहीं है। दुनिया में आपको छोड़ क्या किसी दूसरे में इतनी हिम्मत है?'

बतौर आदमी इस डॉक्टर के बारे में प्रत्यक्ष रूप से अपूर्व कुछ भी नहीं जानता था। जानता होता तो वह इतनी छोटी-सी बात को लेकर इतना उल्लास प्रकट करने में शर्म से मर जाता। अकेले इस रास्ते से पैदल जाना उनके लिए समुद्र के आगे बूँद जैसा था। पुलिसवाले जिसे सव्यसाची के नाम से जानते हैं उसका रास्ता दस-बारह गुंडे बदमाश मिलकर कैसे रोकेंगे?

डॉक्टर ने मुँह घुमाकर अपनी हँसी छिपायी और अन्त में शरीफ आदमी की तरह बोले–'अच्छा, तो ऐसा करते हैं कि हम दोनों ही फिर एक साथ लौट जाते हैं। मुझे अकेला पाकर, हो सकता है, कोई मुझ पर आक्रमण करने की हिम्मत कर बैठे। पर साथ में आपके रहने से इसकी संभावना नहीं रहेगी।'

अपूर्व निश्चित स्वर में बोला–'फिर लौट चलूँ?'

डॉक्टर बोले–'इसमें हर्ज क्या है? आपको इस बात की शंका भी नहीं रहेगी कि मैं अकेला जाऊँगा, तो मुसीबत में पड़ जाऊँगा।'

'पर मैं वहाँ रहूँगा कहाँ?'

'मेरे पास।'

ऑफिस से लौटकर अपूर्व ने आज कुछ खाया नहीं था, उसे बहुत भूख लग रही थी, जरा शरमाकर बोला–'देखिए, मैंने अभी तक कुछ खाया नहीं है–अच्छा, तो चलिए, आज।'

डॉक्टर ने हँसते हुए कहा–'चलिए न, आज भाग्य की परीक्षा करके देख लिया जाए। लेकिन एक बात है, तिवारी बहुत चिन्तित हो जाएगा।'

तिवारी की चर्चा से अपूर्व के मन के अन्दर एक क्रूर बदले की भावना प्रबल हो उठी, वह गुस्सा करके बोला–'मर जाए मुआ', कुछ सोचकर बोला–'चलिए चलें।' यह कहकर उसने एक तरह से जबरन ही उन्हें रोक दिया और उसी सुनसान नीम अँधेरे रास्ते से दोनों पाँव पैदल फिर लौट चले। लेकिन इस बार डर की बात उसे याद नहीं आई। थाने को पार करके सहसा एक समय वह सवाल कर बैठा–'अच्छा, डॉक्टर सा'ब, आप क्या एनार्किस्ट हैं?'

डॉक्टर ने अँधेरे में उसके मुँह की तरफ तीखी निगाह डालकर पूछा–'आपके चाचा का क्या कहना है?'

अपूर्व बोला–'उनका कहना है कि सव्यसाची बहुत बड़ा एनार्किस्ट है।'

'मैं सव्यसाची हूँ, इस बारे में आपको कोई शक नहीं है?'

'नहीं।'

'एनार्किस्ट किसे कहते हैं?'

अपूर्व अचानक इस सवाल का जवाब नहीं दे सका। जरा सोचकर बोला–'यानी राजद्रोही, राजा के शत्रु को एनार्किस्ट कहते हैं।'

डॉक्टर बोले–'हमारे राजा इस देश में नहीं रहते हैं, रहते हैं विलायत में। लोग कहते हैं, वे बहुत शरीफ हैं। मैंने उन्हें भी अपनी आँखों से नहीं देखा है, उन्होंने भी कभी मेरा रत्ती भर भी नुकसान नहीं किया है। फिर मेरे मन में उनके प्रति दुश्मनी कहाँ से आएगी, अपूर्व बाबू?'

अपूर्व बोला–'जिन लोगों के मन में उनके प्रति दुश्मनी आती है, उनके मन में आखिर कैसे आती है, बताइए तो? उन लोगों का भी तो उन्होंने कोई नुकसान नहीं किया है।'

डॉक्टर ने जोर से सिर हिलाकर कहा–'इसीलिए आपका यह कहना कि उन्होंने इस देश के किसी आदमी का कोई नुकसान नहीं किया है, बिलकुल झूठ है।'

उनकी जोरदार आवाज और तीखे इनकार से अपूर्व चौंक पड़ा। उसे अविश्वास करने का साहस नहीं हुआ। हालाँकि इस देश में कोई न कोई गड़बड़ी तो है ही, छुटपन में उस पर इसका असर पड़ चुका था और ड्यूटी मजिस्ट्रेट पिता नहीं होते, तो कितनी मुसीबतें झेलनी पड़तीं, इसका अनुभव उसने बड़ा होने पर कदम-कदम पर किया था। थोड़ा सोचकर बोला–'भले ही राजा के खिलाफ नहीं था, पर सरकारी कर्मचारियों के खिलाफ तो कोई साजिश थी, यह तो झूठ नहीं है डॉक्टर सा'ब?'

डॉक्टर ने बहुत देर तक कोई जवाब नहीं दिया, धीरे-धीरे बोले–'कर्मचारी राजा के नौकर हैं, वे तनखाह पाते हैं, राजा का हुक्म बजाते हैं, एक जाता है तो दूसरा आता है। यह सरल और मोटी बात है। लेकिन जब इसी सरल बात को जटिल और मोटी बात को बारीक करके आदमी देखना चाहता है तभी उससे सबसे बड़ी गलती होती है। इसी वजह से उन लोगों पर चोट करने को ही राजशक्ति की जड़ पर चोट मानकर आदमी अपने आप को धोखा देता है। इतनी भयंकर विफलता दूसरी नहीं है।'

अपूर्व थोड़ी देर चुप रहा, फिर बोला–'यह बेकार का काम करनेवाले लोग क्या भारतवर्ष में नहीं हैं?'

डॉक्टर शान्त भाव से बोले–'हो सकता है, हों भी।'

मगर अपूर्व सहसा आग्रही हो उठा, पूछा–'अच्छा, डॉक्टर सा'ब, ये लोग आजकल कहाँ रहते हैं और क्या करते हैं?'

उसकी उत्सुकता और व्यग्रता देखकर डॉक्टर सिर्फ मुस्कुराए।

अपूर्व बोला–'आप मुस्कुराए क्यों?'

डॉक्टर पहले की ही तरह मुस्कुराते हुए बोले–'आपके वे चाचा यहाँ मौजूद रहते, तो समझ जाते कि मैं क्यों मुस्कुराया। तो आपको विश्वास है कि मैं एनार्किस्टों का सरगना हूँ। उनके मुँह से क्या ऐसे जवाब की आशा करनी चाहिए, अपूर्व बाबू?'

इशारे-इशारे में डॉक्टर ने जो कुछ कहा उससे अपनी नासमझी पर अपूर्व झेंप गया, मन-ही-मन जरा गुस्सा भी किया, बोला–'उनके मुँह से इसके जवाब की

आशा करना पूरी तरह अनुचित होता, अगर आज आप मुझे अपने दल में शामिल नहीं कर लेते। आप शायद इसे इनकार नहीं करेंगे कि मेम्बरों को इतना जानने का हक है। यह कोई खिलवाड़ नहीं है, यह बड़ी जिम्मेदारी का काम है।'

'सो तो है ही।' कहकर डॉक्टर मुस्काए। यह मधुर मुस्कान और निर्भीक सहज कथन ठीक ताने की तरह अपूर्व के कानों में गूँजा। विद्रोही दल की जिल्द लगी बही में जिसका नाम लिखा गया उसके सवाल का यह जवाब? इससे ज्यादा जानने की उसे जरूरत नहीं थी? मन-ही-मन डरकर और गुस्सा होकर उसने आज इस आदमी को गलत समझा, मगर इस गलती को सुधार करके आगे आनेवाले दिनों में बहुत बार उसे यह देखना पड़ा था कि किसी भी हालत में, किसी भी वजह से इसके मुँह की मुस्कान, चिन्ता और आवाज उत्तेजना से चंचल नहीं हो उठी थी।

खामोश गम्भीरता से डॉक्टर के इस मामूली छोटे-से जवाब का उसने करारा जवाब देना चाहा और बिना कोई जवाब दिए चलने लगा, मगर ज्यादा देर तक रह नहीं सका—उस छोटी-सी बात का तीखापन तीर की नोंक की भाँति जैसे उसके कलेजे में बिंधने लगा। वह कड़वी आवाज में बोला—'दल की बही में जल्दी से नाम लिखने से कुछ नहीं होता है। सदस्य को यह समझा देना चाहिए कि उसे क्या करना पड़ेगा।'

'तो क्या उन लोगों ने ऐसा नहीं किया था?'

अपूर्व बोला—'नहीं, कुछ भी नहीं बताया था उन लोगों ने। पथ का दावा करने के लिए तो कर दिया गया, पर यह किसे मालूम था कि दावे का दायरा इतना है और आप भी तो थे वहाँ, नाम लिखने के पहले आपको भी तो यह जानना चाहिए था कि मेरी सही राय क्या है।'

डॉक्टर जरा शार्मिन्दा होकर बोले—'औरतों ने यह समिति बनाई है, यह वे ही लोग जानती हैं कि मेम्बर किसे बनाया जाएगा और किसे नहीं बनाया जाएगा। मैं तो अचानक आकर जुड़ गया हूँ, बस। वास्तव में मैं इन लोगों की समिति के बारे में खास कुछ नहीं जानता हूँ, अपूर्व बाबू।'

अपूर्व ने समझा यह भी मजाक है। उत्कंठा और आशंका से उसे सारी चीजें बहुत बुरी लग रही थी, वह अपने आपको और नहीं रोक सका, वह आगबबूला होकर बोला—'क्यों छल कर रहे हैं डॉक्टर सा'ब, भले ही आप सुमित्रा को प्रेसिडेंट बनाएं या किसी और को, पर यह दल तो आपका है और आप ही इसके सब कुछ हैं, इसमें रत्ती भर भी सन्देह नहीं। आप पुलिस की आँखों में धूल झोंक सकते हैं, मगर मेरी नजरों को आप धोखा नहीं दे सकते, इसे आप पक्का समझ लें।'

उसकी बातें सुनकर दुबले-पतले मजाकिया डॉक्टर घोर आश्चर्य से दोनों आँखें फाड़कर उसके मुँह की तरफ निहारते हुए बोले—'मेरे दल का मतलब एनार्किस्टों का दल तो? आप झूठमूठ में शंकित हो उठे हैं अपूर्व बाबू, आपने पूरी बात को गलत समझा है। वे लोग जान की बाजी लगा देते हैं, वे लोग आप-जैसे डरपोक आदमी को अपने दल में क्यों शामिल करेंगे? वे लोग क्या पागल है?'

अपूर्व शर्म के मारे गड़ गया, लेकिन उसके कलेजे पर से बहुत बड़ा बोझ उतर गया।

डॉक्टर ने कहा—'पथ का दावा नाम से सुमित्रा ने इस छोटे से दल की स्थापना की है। जिन्दगी के सफर में आदमी का राह चलने का अधिकार कितना बड़ा और कितना पवित्र है, इसी बड़ी सच्चाई को आदमी भूल गया है। आप लोग यानी जो लोग दल के सदस्य हैं वे लोग अपना सारा जीवन देकर आदमी को यही याद दिलाना चाहते हैं। सुमित्रा ने अनुरोध किया कि मैं जब तक यहाँ हूँ, उनके दल को सुसंगठित कर दूँ। मैं राजी हुआ हूँ। इसके अलावा आप लोगों के साथ मेरा कोई सम्बन्ध नहीं है। आप लोग हैं समाज-सुधारक, लेकिन मेरे पास समाज का सुधार करते फिरने का न ही समय है और न ही धैर्य। हो सकता है, मैं कुछ दिन यहाँ रहूँ, हो सकता है, कल ही चला जाऊँ। हो सकता है, सारा जीवन फिर कभी मुलाकात भी न हो। मैं जिन्दा हूँ या नहीं, हो सकता है, इतनी-सी भी खबर आप लोगों के कानों में न पहुँचे।'

उन्होंने शान्त और धीर भाव से कहा था—उनकी बातों में उल्लास और आवेग का नामोनिशान तक नहीं था। यह आदमी चाहे कोई भी क्यों न हो, लेकिन सव्यसाची का जो वर्णन अपूर्व ने अपने चाचा के मुँह से सुना था वह चट-से याद आया, तो उसके कलेजे में न जाने कहाँ कुछ काँटे-सा चुभा, मगर उसी वक्त याद आया—वह तो पत्थर है—उसके लिए दुख क्यों किया जाए? थोड़ी देर बाद उसने पूछा—'डॉक्टर सा'ब, सुमित्रा कौन है? आप उसे कैसे जानते हैं?

उसकी बात के जवाब में डॉक्टर सिर्फ थोड़ा-सा मुस्कुराए। जवाब न पाकर अपूर्व ने खुद ही समझा, ऐसा कौतूहल प्रकट करना संगत नहीं। इन थोड़े ही दिनों के अन्दर वह इस विचित्र रहस्यमय समाज की विशेषता को देख रहा था। इसीलिए वह भारती के बारे में भी अपने प्रबल कौतूहल को थामे रहा।

पाँच-छह मिनट इसी तरह से बीते। फिर डॉक्टर ने पहले बात की, बोले—'आपकी बदौलत ही शायद आज रास्ता बिलकुल खतरे से खाली है। ऐसा प्रायः नहीं होता है। लेकिन आप क्या सोच रहे हैं, बताइए तो?'

अपूर्व बोला–'सोच तो बहुत कुछ रहा हूँ, खैर जाने दीजिए। आपने कहा कि आदमी को बेरोक-टोक राह चलने का अधिकार है। वह बेरोक-टोक राह चलने का अधिकार क्या ऐसा ही है जैसा कि हम लोग बेरोक-टोक राह चल रहे हैं?'

डॉक्टर हँसकर बोले–'हाँ, ऐसा ही कुछ न कुछ होगा।'

अपूर्व बोला–'अपने पति को छोड़कर पथ का दावा की सदस्य बनने के लिए आई हुई औरत का क्या मकसद था, यह भी मैंने ठीक-ठीक नहीं समझा।'

डॉक्टर बोले–'मैं यह नहीं कह सकता कि मैंने भी ठीक-ठीक समझा है। उन सब बातों को सुमित्रा ही अच्छी तरह समझती हैं।'

अपूर्व ने प्रश्न किया–'शायद उनके पति नहीं हैं।'

डॉक्टर चुप रहे। अपूर्व को शर्म और दुख के साथ यह याद करना पड़ा कि उसकी अकारण उत्सुकता का उन्होंने जवाब नहीं दिया था। इसकी परख करने के लिए उसने डॉक्टर के मुँह की तरफ कनखियों से निहारा, तो बिलकुल विस्मित हो गया। उसे लगा, इस अजीब आदमी के अनजान जीवन का एक गुप्त पहलू मानो उसे अचानक दिखाई पड़ गया। वह ठीक-ठीक क्या था–यह बताना मुश्किल है, मगर अभी तक उसने जो कुछ देखा था वह उसके परे था; जैसे किसी बहुत दूर जगह पर उनका ध्यान चला गया था, आसपास कहीं अब नहीं था। बहुत देर से करीब के लैम्पपोस्ट से मद्धिम रोशनी उनके मुँह पर पड़ रही थी, उस लैम्पपोस्ट की बगल से होकर जाते समय अपूर्व को स्पष्ट दिखाई पड़ा, इस बेहद सतर्क आदमी की आँखों पर एक धुँधला-सा जाल तिर रहा है। इस पल के लिए जैसे वे सब कुछ भूलकर मन-ही-मन कुछ ढूँढ़ते फिर रहे हों।

अपूर्व ने दूसरा प्रश्न नहीं किया था, वह चुपचाप राह चल रहा था, मगर दो मिनट से ज्यादा नहीं हुआ होगा कि अचानक डॉक्टर अकारण ही हँस उठे और बोले–'देखिए, अपूर्व बाबू, आपसे मैं सच कह रहा हूँ, औरतों के इस सब प्रेमजनित मान-अभिमान के बारे में मैं कुछ भी नहीं समझता हूँ। समझने की कोशिश करना चाहूँ, तो भी बेकार में बहुत समय बर्बाद होगा। कहाँ मिलेगा इतना समय?'

अपूर्व के प्रश्न का यह उत्तर नहीं था, वह चुप रहा। डॉक्टर बोले–'बड़ी मुश्किल है, इन लोगों को छोड़ देता हूँ, तो भी काम नहीं चलता है, तुम्हें साथ रखता हूँ, तो गड़बड़ी मचती है।'

यह टिप्पणी भी असंगत थी, अपूर्व ने कोई जवाब नहीं दिया।

डॉक्टर बोले–'क्या हुआ? आप बात क्यों नहीं करते हैं?'

अपूर्व बोला–'क्या कहूँ, बताइए?'

डॉक्टर बोले–'जो मर्जी कहिए। देखिए अपूर्व बाबू, यह भारती बहुत अच्छी लड़की है। वह जितनी बुद्धिमती है उतनी ही कर्मठ है और उनती ही शरीफ भी।'

यह भी फालतू बात है। लेकिन डॉक्टर की बात के जवाब में उसने जान-बूझकर ही यह प्रश्न नहीं किया कि आपने उसे कब से जाना और कैसे जाना। सिर्फ बोला–'हाँ। लेकिन अगर डॉक्टर का इधर थोड़ा-सा भी खयाल रहता, तो अपूर्व के मुँह से इस एक अक्षर का जवाब सुनकर वे अत्यन्त विस्मित होते। वे तो अनमना होकर ही बात कर रहे थे, अपूर्व को यह नए सिरे से नहीं समझना पड़ा। डॉक्टर ने शायद अपनी ही आखिरी बात का सिलसिला आगे बढ़ाते हुए कहा–'आप लोगों की चर्चा करते हुए उन्होंने आपके बारे में कहा था कि आप कट्टर हिन्दू हैं–बिलकुल दकियानूस। भारती ने कहा था कि इतने कट्टर हिन्दू ब्राह्मण की भी जात उन्होंने बिगाड़ दी है।'

अपूर्व बोला–'हो सकता है, उन्होंने मेरी जात बिगाड़ दी हो।' इस अत्यन्त अन्यमनस्क आदमी के साथ तर्क करने की उसकी इच्छा ही नहीं हुई। बड़ा रास्ता लगभग खत्म होने को आया, गली के मोड़ पर आमने-सामने दो बत्तियाँ सामने ही दिखाई पड़ीं और दस के अन्दर ही डेरे पर पहुँचा जा सकता है। ऐसे समय डॉक्टर ने अपने सोए हुए मन को मानो अचानक झकझोर कर बिलकुल सजग कर दिया, बोले–'अपूर्व बाबू!'

अपूर्व उनकी आवाज के तीखेपन से खुद भी सचेत हो उठा, बोला–'कहिए।'

डॉक्टर बोले–'मैं जब तक इस देश में हूँ तब तक तो इसकी जरूरत नहीं है, लेकिन मेरे चले जाने पर आप निःसंकोच सुमित्रा की मदद कीजिएगा। सारी दुनिया का चक्कर लगा लेने पर भी ऐसी औरत आपको कभी नहीं मिलेगी। यह 'पथ का दावा' का मकसद तिरस्कार और उपेक्षा के चलते कहीं अधूरा न रह जाए। इतने बड़े आइडिया को क्या सिर्फ ये कई औरतें सार्थक कर सकेंगी, आपकी अविचल सेवा की बेहद जरूरत है।'

अपूर्व ने यह विश्वास नहीं किया कि इस आदमी के अनुसार वह सचमुच ही इतना बड़ा आदमी है। बोला–'तो इतने बड़े आइडिया को आप ही छोड़कर आखिर क्यों जाना चाहते हैं?'

डॉक्टर बोले–'अपूर्व बाबू, जिसे छोड़कर चला जाना ही मंगलकारी हो उसे सीने से लगाए रखने में अमंगल होता है। मेरी मदद की आप लोगों को जरूरत नहीं है। आप लोग खुद ही इसे सुसंगठित कीजिए। हो सकता है, इसी के द्वारा देश का सबसे बड़ा काम हो।'

‘नवतारा की बात पर तो मैं विश्वास नहीं कर सकता डॉक्टर सा’ब!’

डॉक्टर बोले–‘मगर सुमित्रा पर विश्वास कीजिएगा। विश्वास का इतना बड़ा आधार आपको और कहीं नहीं मिलेगा, अपूर्व बाबू।’ वे थोड़ी देर रुके, फिर बोले–‘आपसे तो मैंने पहले ही कहा है कि औरतों की बात मैं नहीं समझ सकता, लेकिन सुमित्रा जब यह कहती है कि जीवन में आदमी को स्वतन्त्र रूप से बेरोकटोक राह चलने का अधिकार है तब इस दावे को तो मैं किसी भी युक्ति से नहीं ठुकरा सकता। सिर्फ मनोहर के ही नहीं, बहुतों के द्वारा निर्धारित रास्ते पर चलने से नवतारा का जीवन खतरे से खाली होता, यह मैं समझता हूँ, और जिस रास्ते को उसने खुद चुन लिया, वह रास्ता खतरे से खाली नहीं है, लेकिन खुद मुसीबतों के बीच डूबा रहकर मैं ही भला किस बूते उसका फैसला करूँगा बताइए तो? सुमित्रा कहती हैं, इस जीवन को बिना कोई खतरा मोल लिये बिता पाना ही क्या आदमी का चरम सुख है? आदमी का विचार और प्रवृत्ति ही उसके कार्य को नियन्त्रित करती है लेकिन जब दूसरे के द्वारा निर्धारित विचार और प्रवृत्ति से वह अपने स्वतन्त्र विचारों का मुँह बन्द कर देता है तब उससे बड़ी आत्महत्या तो आदमी के लिए और दूसरी हो ही नहीं सकती है। इस बात का कोई जवाब मुझे ढूँढ़े नहीं मिलता अपूर्व बाबू।’

अपूर्व बोला–‘लेकिन सभी अगर अपने-अपने विचारों के अनुसार... ।’

डॉक्टर ने बीच में ही उसे रोककर कहा–‘यानी सभी अगर अपनी-अपनी मर्जी के मुताबिक काम करना चाहें तो...?’ कहकर ही वे जरा मुस्कुराए फिर बोले–‘तब क्या कुछ होता है, यह आप एक बार सुमित्रा से पूछिएगा।’

अपूर्व ने अपने सवाल की गलती समझ ली, तो वह शरमाते हुए उसे सुधारने जा ही रहा था, मगर उसे वक्त नहीं मिला। डॉक्टर ने उसे रोककर कहा–‘लेकिन अब बहस नहीं की जा सकती है, अपूर्व बाबू, हम लोग अपने डेरे के करीब आ गए हैं। फिर किसी दिन इस पर चर्चा होगी।’

अपूर्व ने सामने निहारा तो देखा, वही लाल रंग का स्कूल है, और उसकी दूसरी मंजिल पर भारती के कमरे में तब भी रोशनी दिखाई पड़ रही है।

डॉक्टर ने पुकारा–‘भारती!’

भारती ने खिड़की से मुँह बाहर निकालकर व्यग्र स्वर में कहा–‘विजय से आपकी मुलाकात हुई है डॉक्टर सा’ब, वह आपको बुलाने गया है।’

डॉक्टर ने हँसकर कहा–‘तुम लोगों की प्रेसिडेंट का हुक्म है न? लेकिन इतनी रात गए किसी को उस रास्ते जाने के लिए नहीं कहना चाहिए। मगर मैं किसे वापस लाया हूँ, देख रही हो?’

भारती ने गौर से देखा, तो अँधेरे में भी उसे पहचान गई; बोली–'यह आपने अच्छा नहीं किया है। लेकिन आप जल्दी जाइए, नरहरि ने शराब पीकर अपनी हैम के सिर पर कुल्हाड़ी मारी है, वह बचेगी या नहीं, इसमें सन्देह है। सुमित्रा दीदी वहीं गई हैं।'

डॉक्टर बोले–'अच्छा ही तो किया है उसने। मरती हो तो मर जाने देना। लेकिन मेरे मेहमान का क्या होगा?'

भारती बोली–'औरतों के प्रति आपके मन में असीम दया है। लेकिन अभी हैम की जगह नरहरि होता, तो आप अब तक बगटुट दौड़ पड़ते।'

डॉक्टर बोले–'लो, मैं बगटुट दौड़ पड़ता हूँ, मगर मेरे मेहमान का क्या होगा?'

'मैं जा रही हूँ, कहकर भारती हाथ में बत्ती लिये दूसरे ही पल नीचे आ गई और दरवाजा खोलकर खड़ी हो गई, बोली–'वास्तव में और देर मत कीजिए डॉक्टर सा'ब, जाइए।'

'लेकिन ईसाई की मेहमानी क्या वे कबूल करेंगे?' डॉक्टर मन-ही-मन झिझकते हुए बोले–'पर इन्हें छोड़कर मैं जाऊँ तो जाऊँ कैसे भारती? तुमने उसे अस्पताल भेजने का इन्तजाम क्यों नहीं किया था?'

भारती गुस्सा करके बोली–'जो करना हो, कीजिए डॉक्टर सा'ब। मैं आपके पैरों पड़ती हूँ, और देर मत कीजिए, मेरी बहुत आदत है, मैं उन्हें सँभाल लूँगी। आप कृपा करके जरा जल्दी जाइए।'

अपूर्व अब तक चुप था। लेकिन उसके चलते एक आदमी मर जाएगा–ऐसा तो किसी भी सूरत में नहीं हो सकता है। उसने कुछ कहना चाहा, लेकिन उसके पहले ही डॉक्टर तेजी से अँधेरे में ओझल हो गए।

तेरहवाँ परिच्छेद

भारती नीचे के कमरे के दरवाजे-खिड़कियाँ बन्द करने में मशगूल रहीं। अपूर्व सीढ़ियाँ चढ़कर ऊपर आया और उसके कमरे में घुसा, वहाँ एक अच्छी-सी आरामकुरसी देखकर उठा ली, उसे बिछाया और उस पर हाथ-पाँव फैलाकर लेट गया। आँखें मूँदकर उसने लम्बी साँस ली और बोला–'आह।' यह उसने समझा कि वह कितना थक गया है।

कुछ मिनट बाद भारती ऊपर आई और जब हाथ की बत्ती तिपाई पर रख रही थी तब अपूर्व को पता चला, लेकिन सहसा उसे इतनी शर्म आई कि यह स्वाँग रचने के अलावा कि इतने कम समय के अन्दर वह सो गया है, कोई दूसरा संगत छल उसे याद नहीं आया। हालाँकि यह कोई नई बात नहीं थी। इसके पहले वे लोग एक कमरे में रात गुजार चुके थे, लेकिन संकोच का कोई नामोनिशान तक उसके मन में नहीं उभरा था। मन-ही-मन उसने इसका कारण ढूँढ़ना चाहा, तो उसे तिवारी याद आया। वह तब मरणासन्न था, उसे होश नहीं था। उसका रहना नहीं रहने के बराबर ही था, फिर भी उसकी मौजूदगी को कारण मान लेने की वजह से अपूर्व ने राहत महसूस की। भारती कमरे में घुसी तो उसने उसकी तरफ सिर्फ एक बार निगाह डाली और उन कामों को करने लगी जिन्हें उसने तब तक पूरा नहीं किया था, उसने उसकी कपट निद्रा को तोड़ने की कोशिश नहीं की, लेकिन इस पुराने मकान के पुराने दरवाजे-खिड़कियों को बन्द करने में जितनी आवाज होने लगी उसमें किसी सचमुच के सोए हुए आदमी की नींद का न टूटना आश्चर्यजनक है, खुद ही यह समझकर अपूर्व उठ बैठा। फिर आँखें मलकर जँभाई ली और बोला–'उफ, इतनी रात गए फिर वापस आना पड़ा।

भारती खींचकर एक खिड़की को बन्द कर ही रही थी, बोली–'जाते समय यह बताकर क्यों नहीं गए कि आप लौट आएँगे? सरकार जी से एकबारगी आपके लिए खाना मँगवाकर रख देती।'

उसकी बात सुनकर अपूर्व की ऊँघ भरी आवाज बिलकुल तीखी हो उठी, बोला–'इसका मतलब? क्या मैं जानता था कि मुझे वापस आना पड़ेगा?'

भारती ने लोहे की सिटकिनी को दबाकर बन्द कर दिया और सहज आवाज में जवाब दिया–'मुझसे ही भूल हुई है। खाने के बारे में उसी वक्त उन्हें कहला भेजना चाहिए था। इतनी रात गए आखिर बखेड़ा नहीं झेलना पड़ता। आप दोनों ने कहाँ बैठकर इतना वक्त गुजारा?'

अपूर्व बोला–'यह उन्हीं से पूछिएगा। तीनेक कोस पाँव-पैदल चलने का नाम बैठकर वक्त गुजारना है या नहीं, मैं ठीक-ठीक नहीं जानता।'

भारती का खिड़कियाँ बन्द करने का काम तब भी पूरा नहीं हुआ था, छींट के परदों को खींचते-खींचते उसने विस्मय प्रकट करते हुए कहा–'ओ, तो कहिए कि भूलभुलैया में पड़ गए थे आप लोग। जाने दीजिए, पैदल चले आप लोग, यही काफी है।' इतना कहकर वह मुड़कर खड़ी हो गई और तनिक मुस्कुराकर बोली–'पूजा-पाठ का झमेला अभी भी है या छूट गया है? अगर है, तो मैं कपड़ा देती हूँ, आप कपड़ा बदल डालिए।' कहकर वह आँचल में बँधे चाबियों का गुच्छा हाथ में लेकर एक आलमारी को खोलते-खोलते बोली–'बेचारा तिवारी चिन्ता के मारे मर जाएगा। आज तो देखती हूँ कि ऑफिस से एक बार डेरे पर जाने का भी समय आपको नहीं मिला है।'

अपूर्व ने गुस्सा दबाकर कहा–'मैं यह कबूल करता हूँ कि आप ऐसी बहुत-सी चीजें नहीं देख पाती हैं जो मुझे नहीं मिली हैं। मगर कपड़ा निकालने की जरूरत नहीं है। मेरा पूजा-पाठ का झमेला छूटा नहीं है, ऐसा नहीं लगता है कि यह इस जन्म में छूटेगी भी। लेकिन आपका दिया हुआ कपड़ा पहनकर पूजा-पाठ नहीं किया जा सकेगा। रहने दीजिए, आप तकलीफ मत कीजिए।'

'पहले देखिए तो सही कि मैं क्या देती हूँ।'

अपूर्व बोला–'मैं जानता हूँ, आप टसर या रेशम का कपड़ा देंगी। लेकिन मुझे जरूरत नहीं है। आप कपड़ा मत निकालिए।'

'तो आप पूजा-पाठ नहीं करेंगे?'

'नहीं।'

'तो क्या पहनकर सोइएगा? कोट-पैंट को पहने हुए ही सोइएगा क्या?'

'हाँ।'

'तो खाना भी नहीं खाइएगा।'

'नहीं।'

'सचमुच?'

अपूर्व की आवाज में बहुत देर से ही उसका सहज सुर नहीं था, इस बार वह साफ-साफ गुस्सा करके बोला–'आप क्या मजाक कर रही हैं?'

भारती ने मुँह उठाकर उसके मुँह की तरफ निहारा, बोली–'मजाक तो आप ही कर रहे हैं। आपकी मजाल है कि आप भूखे रहे?'

यह कहकर उसने आलमारी के अन्दर से एक सुन्दर-सी रेशम की साड़ी निकाली और बोली–'बिलकुल नई है, इसकी तह भी नहीं टूटी हैं। मैंने भी इसे कभी नहीं पहना है। उस छोटे-से कमरे में जाकर कपड़ा बदल आइए, नीचे नल है, मैं रोशनी दिखाती हूँ, मुँह-हाथ धोकर वहीं मन-ही-मन पूजा-पाठ कर लीजिए। लाचारी में ऐसा करने की व्यवस्था शास्त्र में है–ऐसा करने से कोई बहुत बड़ा पाप नहीं होगा।'

अचानक उसकी आवाज और बात करने का ढंग ऐसा बदल गया कि अपूर्व हड़बड़ा गया। उसे चट-से याद आया, उस दिन भोर में ठीक इसी तरह से बात करके वह कमरे से बाहर निकल गई थी। अपूर्व ने हाथ बढ़ाकर धीरे-धीरे कहा–'दीजिए न कपड़ा, मैं खुद ही बत्ती लेकर नीचे जाता हूँ। लेकिन मैं यह कह देता हूँ, मैं ऐरे-गैरे के हाथ का बना भात नहीं खाऊँगा।'

भारती नरम होकर बोली–'सरकार जी तो पक्के ब्राह्मण हैं, गरीब आदमी हैं, होटल चलाते हैं, मगर आचारहीन नहीं हैं। वे खुद खाना बनाते हैं–सभी उनके हाथ का बना खाना खाते हैं। कोई एतराज नहीं करता। हमारे डॉक्टर सा'ब के लिए भी खाना उन्हीं के होटल से आता है।'

फिर भी अपूर्व की झिझक दूर नहीं हुई, मुँह लटकाए बोला–'ऐसा-वैसा खाना खाने में मुझे बड़ी नफरत महसूस होती है।'

भारती हँसकर बोली–'मैं ही क्या आपको ऐसा-वैसा खाना खाने दूँगी। मैं खुद खड़ी रहकर उनसे सब कुछ सहेजवाकर मँगवाऊँगी–तब तो आपको कोई एतराज नहीं न होगा?' इतना कहकर वह फिर जरा मुस्कुराई।

अपूर्व ने फिर प्रतिवाद नहीं किया, बत्ती और कपड़ा लेकर वह नीचे चला गया, लेकिन उसका मुँह देखकर भारती के लिए यह समझना बाकी नहीं रहा कि होटल का खाना खाने में उसे बेहद संकोच और बाधा महसूस हो रही है।

थोड़ी देर बाद जब अपूर्व रेशम की साड़ी पहने नीचे एक लकड़ी की बेंच पर बैठकर पूजा-पाठ करने लगा तब भारती दरवाजा खोलकर अकेले अँधेरे में बाहर निकल गई, पर कह गई, सरकार जी को लेकर वापस आने में उसे देर नहीं होगी, लिहाजा उसके लौटने तक वह नीचे ही रहे।

वास्तव में उसके लौटने में देर नहीं हुई। जब वह लौटी, ठीक उसी समय अपूर्व का पूजा-पाठ खत्म हुआ था, भारती हाथ में बत्ती लिये बड़ी सावधानी से घुसी, साथ में उसके सरकार जी थे, उनके हाथ में एक बड़ी पीतल की पतीली

से ढँकी हुई खाने की थाली थी, उनके पीछे पानी का गिलास और आसन लिये एक और आदमी था। उसने कमरे के एक कोने में भारती के कहे मुताबिक पानी छिड़ककर बैठने की जगह बना दी, तो सरकार जी ने खाने की थाली रख दी। जब सभी चले गए, तो भारती ने किवाड़ बन्द कर दिया, गले में आँचल डाला और हाथ जोड़कर सविनय निवेदन किया—'यह म्लेच्छ का दिया हुआ खाना नहीं है, इसका सारा खर्च डॉक्टर सा'ब ने उठाया है। आप निःसंकोच मेहमानी कबूल कीजिए।'

लेकिन उसकी यह ठठ्ठा-ठिठोली अपूर्व प्रसन्न मन से स्वीकार नहीं कर सका। वह जात-पाँत का भेदभाव मानता है, ऐरे-गैरे का छुआ खाना नहीं खाता है। उसे होटल का खाना खाने में हरगिज रुचि नहीं होती है। मगर इस बात को लेकर उसमें दकियानूसीपन नहीं था कि खाने का पैसा किसने दिया—म्लेच्छ ने या अध्यापक ब्राह्मण ने। उसके बड़े भाइयों ने छुआछूत माननेवाली माँ को बहुत दुख दिया है, अच्छी हो या बुरी, उसी माँ के आदेश और इच्छा का उल्लंघन करने में उसे बड़ा क्लेश महसूस होता है। ऐसी बात नहीं है कि भारती यह बिलकुल नहीं जानती है। हालाँकि जब-तब उसकी इस आचार-निष्ठा को निशाना बनाकर की गई हँसी-दिल्लगी से उसका मन ऊब उठा था। लेकिन बिना कोई जवाब दिए वह आसन पर आकर बैठा और ढक्कन खोलकर खाना खाने लगा।

भारती ने छू जाने से हर तरह से अपने-आपको बचाते हुए सावधानी से दूर फर्श पर बैठकर उसकी देख-रेख करनी चाही, तो वह मन-ही-मन संकुचित और बहुत उद्विग्न हो उठी। वह ईसाई है। इस वजह से वह होटल के रसोईघर में घुस नहीं सकी थी। इतनी रात गए सबके खा-पी चुकने के बाद जो कुछ बचा-खुचा था उसे ही किसी तरह से इकट्ठा करके सरकार जी ले आए थे। भारती ने यह नहीं सोचा था। कमरे में ज्यादा रोशनी नहीं थी, फिर भी उस खाने को देखकर भारती ठगी-सी रह गई। बहुत दिन उसने अपने ऊपर के कमरे के फर्श के छेद से इस आदमी के खान-पान का रंग-ढंग छिपकर देखा था, तिवारी से कोई छोटी-मोटी मामूली-सी भूल-चूक होने पर भी तुनकी आदमी को खाना बर्बाद होते भारती ने इतने दिन अपनी आँखों से देखा था वही चुपचाप उदास मुँह से ऐसा घटिया खाना खाने लगा तो वह हरगिज और चुप नहीं रह सकी। व्याकुल होकर बोल उठी—'रहने दीजिए, अब उसे खाने की जरूरत नहीं—यह आप नहीं खा सकिएगा।'

अपूर्व ने विस्मित होकर मुँह उठाकर निहारा, बोला—'मैं यह खा नहीं सकूँगा? क्यों?'

भारती ने सिर्फ सिर हिलाकर जवाब दिया—'नहीं, आप यह नहीं खा सकेंगे।'

अपूर्व ने प्रतिवाद करते हुए पहले की ही तरह सिर हिलाकर कहा–'नहीं, मैं खा लूँगा।' यह कहकर वह भात सानने को तैयार हुआ, तो भारती उठी और बिलकुल उसके करीब आकर खड़ी हो गई, बोली–'आप यह खाना चाहेंगे, तो भी मैं आपको यह खाने नहीं दूँगी। जबरन खाकर आप बीमार पड़ेंगे, तो मेरी जान पर बन आएगी, भुगतना पड़ेगा मुझे। उठिए।'

अपूर्व उठकर खड़ा हो गया और धीरे-धीरे पूछा–'तो क्या खाऊँगा मैं? आज फिर तलवरकर ऑफिस नहीं आया था। जितना-सा खा सकता हूँ, खा लेता हूँ। क्यों, आपकी क्या राय है?' यह कहकर उसने भारती के मुँह की तरफ कुछ इस तरह से निहारा कि दूसरे के लिए यह समझना जरा भी बाकी नहीं रहा कि उसे बड़ी भूख लगी है।

भारती उदास मुँह से हँसी, लेकिन सिर हिलाकर बोली–'मैं मर जाऊँगी, तो भी मैं आपको ऐसे घटिया खाना खाने नहीं दूँगी अपूर्व बाबू? हाथ धोकर ऊपर चलिए, मैं कोई दूसरा इन्तजाम करूँगी।'

अनुरोध या आदेश के अनुसार अपूर्व शान्त बालक की भाँति हाथ धोकर ऊपर आ गया। दस मिनट के अन्दर ही सरकार जी और उनका होटल का सहयोगी फिर से आ उपस्थित हुए। इस बार एक आदमी के हाथ में भात के बदले फरवी का डब्बा और दूध का कटोरा था, दूसरे के हाथ में थोड़ा-सा फल और पानी का लोटा था, इन्तजाम देखकर अपूर्व मन-ही-मन खुश हुआ। इसकी उसने कल्पना भी नहीं की थी कि इतने कम समय में इतना अच्छा इन्तजाम हो सकता है। जब वे लोग चले गए तो अपूर्व ने प्रसन्न चित्त से खाना खाने में मन लगाया। दरवाजे के बाहर सीढ़ी के पास खड़ी होकर भारती देख रही थी। अपूर्व बोला–'आप कमरे में आकर बैठिए। अगर यह माना जाए कि लकड़ी के फर्श पर बैठने से छूत लग जाएगी, तो फिर बर्मा में रहा नहीं जा सकता है।'

भारती वहीं से मुस्कुराती हुई बोली–'यह क्या कह रहे हैं आप? आप तो बड़े उदार बन गए।'

अपूर्व ने कहा–'सचमुच, लकड़ी के फर्श पर बैठने से छूत नहीं लगती।' डॉक्टर सा'ब ने कहा–'चलिए, लौट चलें–सो मैं भी लौट आया, पर यह किसे मालूम था कि यहाँ शराबी खून-खराबा किया करते हैं।'

'अगर आप यह जानते, तो आप क्या करते?'

'अगर मैं यह जानता तो? यानी अगर मैं यह जानता कि मेरे चलते आपको इतनी तकलीफ उठानी पड़ेगी, तो मैं कतई वापस आने के लिए राजी नहीं होता।'

भारती बोली–'खूब संभव है कि आप ऐसा करते। लेकिन मैंने तो सोचा था

कि आप खुद ही जान-बूझकर लौट आए हैं।'

अपूर्व का मुँह लाल हो उठा। उसने मुँह का निवाला निगल लिया और जोर से प्रतिवाद करते हुए कहा–'कतई नहीं, कतई नहीं। बल्कि कल आप डॉक्टर सा'ब से पूछ लीजिएगा।'

'इतनी पूछ-ताछ की क्या आवश्यकता है? आप क्या झूठ कहेंगे!'

भारती ने शान्त भाव से कहा–'यह चर्चा छेड़ने की भला जरूरत क्या है? आपकी बातों पर क्या विश्वास नहीं किया जा सकता?'

भारती बोली–'भला मैं ही विश्वास क्यों नहीं करूँगी?'

अपूर्व बोला–'यह तो मैं नहीं जानता। सबका अपना-अपना स्वभाव होता है।' यह कहकर उसने मुँह नीचा किया और खाना खाने में मन लगाया।

भारती थोड़ी देर तक चुप रही, फिर धीरे-धीरे बोली–'आप झूठमूठ में गुस्सा कर रहे हैं। डॉक्टर के कहने पर न आकर अपनी मर्जी से लौट आते, तो इसमें भला कौन-सी बुराई थी। मैं तो सिर्फ यही कह रही थी। आप जो खुद ढूँढ़ते-ढूँढ़ते मेरे यहाँ आए, इसमें कौन-सी बुराई हो गई?'

अपूर्व खाता रहा, मुँह नहीं उठाया, बोला–'तीसरे पहर खोज-खबर लेने के लिए आना और इतनी रात गए बिना वजह लौट आना–दोनों एक बात नहीं हैं।'

भारती ने तुरन्त कहा–'हाँ, दोनों एक नहीं है। इसीलिए तो मैं आपसे पूछ रही थी कि जरा कहकर जाते, तो खाना जुगाड़ करने में इतनी तकलीफ नहीं होती। सब कुछ ठीक करके रखा जा सकता था।'

अपूर्व चुपचाप खाना खाने लगा, जवाब नहीं दिया। जब खाना लगभग खत्म होने को आया तब अचानक उसने मुँह उठाया, तो देखा, भारती स्निग्ध मजाक-भरी दृष्टि से उसकी तरफ निहार रही है। बोली–'देखिए तो कितनी तकलीफ हुई आपको खाना खाने में।'

अपूर्व ने गम्भीर होकर कहा–'पता नहीं, आज आपको क्या हुआ है, इतनी सीधी बात को भी आप हरगिज नहीं समझ पा रही हैं।'

भारती बोली–'और ऐसा भी तो हो सकता है कि बात इतनी सीधी नहीं है। इसी वजह से मैं उसे समझ नहीं पाती हूँ।' कहकर वह दाँत निपोरकर हँस पड़ी।

उसको हँसती देख वह खुद भी हँसा, उसे सन्देह हुआ, हो सकता है, भारती अब तक उसे सिर्फ झूठमूठ में तंग कर रही हो और तुरन्त उसे याद आया, ऐसी ही सारी छोटी-मोटी बातों को लेकर यह ईसाई लड़की उसे पहले से ही सिर्फ छेड़ने की कोशिश करती आ रही है। हालाँकि यह विद्वेष नहीं है, क्योंकि इस विद्वेस में उसके लिए इससे बढ़कर कहीं कोई दूसरा आधार नहीं था जिस पर वह किसी

भी मुसीबत में असंदिग्ध रूप से निर्भर कर सके। इस सच्चाई को भी ठीक स्वयंसिद्ध की भाँति उसके हृदय ने हमेशा के लिए बिलकुल स्वीकार कर लिया था।

गिलास का पानी खत्म हो गया था। खाली गिलास को अपूर्व ने हाथ में उठाया, तो भारती व्यस्त हो उठी–'अरे गिलास में तो पानी नहीं है।'

'और पानी नहीं है क्या?'

'हाँ, पानी तो है।' कहकर भारती गुस्सा करके बोली–'इतना पिये रहने से भला क्या आदमी को कुछ याद रहता है? पानी के पीने का लोटा शिबू नीचे की तिपाई पर गलती से रख आया है–मेरी भी किस्मत खोटी है कि मैंने देखा नहीं था। पर अब तो कोई उपाय नहीं है। एक बारगी मुँह-हाथ धोकर पानी पीजिएगा, क्यों, क्या राय है आपकी? लेकिन कह देती हूँ, गुस्सा नहीं कीजिएगा।'

अपूर्व ने हँसकर कहा–'भला इसमें गुस्सा करने की कौन-सी बात है?'

भारती हार्दिक पछतावे के साथ बोली–'इसमें गुस्सा करने की बात तो है। खाते समय पानी न मिले तो बड़ी अतृप्ति महसूस होती है। लगता है, जैसे पेट नहीं भरा। लेकिन इसी वजह से ऐसा नहीं हो सकता कि अब आप और खाएँ ही नहीं। अच्छा, मैं जाऊँ, शिबू को चट से बुला लाऊँ?'

अपूर्व ने उसके मुँह की तरफ निहारा और हँसकर बोला–'इसके चलते आप इस अँधेरे में जाएँगी उसे बुला लाने के लिए? आप क्या यह सोचती है कि मुझमें कोई समझदारी नहीं है?'

उसका खाना खत्म हो चुका था, फिर भी उसने जबरन और दो-चार निवाले मुँह में डाले और अन्त में जब वह उठकर खड़ा हो गया तब उसे खुद ही न जाने कैसी बड़ी शर्म आने लगी। बोला–'मैं सही कह रहा हूँ आपसे, मुझे थोड़ी-सी भी दिक्कत नहीं हुई है। मैं मुँह-हाथ धोने के बाद ही पानी पिऊँगा आप झूठमूठ में दुख मत कीजिए।'

भारती ने हँसकर जवाब दिया–'मैं दुख करूँगी? कतई नहीं। मैं जानती हूँ, दुख करने की मेरे लिए कोई बात नहीं है।' यह कहकर उसने बत्ती उठा ली और दूसरी तरफ मुँह घुमाकर बोली–'मैं रोशनी दिखा रही हूँ, जाइए, आप नीचे से मुँह-हाथ धो आइए। पानी का लोटा सामने ही है उसे लाना नहीं भूलिएगा।'

अपूर्व नीचे चला गया। थोड़ी देर बाद मुँह-हाथ धोकर जब वह ऊपर वापस आया, तो देखा, इसी बीच भारती ने जूठन उठाकर उस जगह को, जहाँ बैठकर उसने खाना खाया था, साफ कर दिया है। उस जगह से हटाई गई दो-एक कुर्सियाँ आदि को फिर से वहाँ रख दिया गया है, और उसके पहले वह जिस आरामकुर्सी पर बैठा था उसी की एक बगल में छोटी-सी तिपाई पर रकाबी में सुपाड़ी-इलाइची आदि रख

दी गई है। भारती के हाथ से तौलिया लेकर उसने मुँह-हाथ पोंछा, सुपारी-इलायची आदि मुँह में डाली और आरामकुर्सी पर बैठ गया और उठंगकर तृप्ति की आह भरी, बोला–'आह, इतनी देर बाद जान में जान आई। बड़े जोर की भूख लगी थी।'

भारती उसकी आँखों के सामने से बत्ती हटाकर बगल में रख रही थी कि तभी उसी रोशनी में उसके मुँह की तरफ निहारकर अपूर्व उठ बैठा और बोला– 'देखता हूँ, आपको जोरों का जुकाम हो गया है।'

भारती ने बत्ती को जल्दी से रख दिया और बोली–'कहाँ, नहीं तो।'

'इनकार करने से जुकाम थोड़े न छुपेगा। आपकी आवाज भर्रा गई है, आँखें सूज गई है। अब तक मैंने खयाल ही नहीं किया था।'

भारती ने जवाब नहीं दिया। अपूर्व बोला–'भला इसमें ठंड का क्या कसूर है। इतनी रात गए आपको कितनी भाग-दौड़ करनी पड़ी।'

भारती ने इसका भी जवाब नहीं दिया। अपूर्व खिन्न आवाज में बोला–'वापस आकर मैंने बेकार में आपको तकलीफ दी। लेकिन आप ही बताइए, यह किसे मालूम था कि डॉक्टर सा'ब मुझे यहाँ बुला लाएँगे और अन्त में आपके कन्धों पर मेरा बोझ डालकर खुद खिसक पड़ेंगे। भुगतना पड़ा आपको।'

भारती खिड़की के पास पीछे मुड़कर कुछ कर रही थी, बोली–'हाँ, भुगतना तो मुझे ही पड़ा। लेकिन अगर भगवान बोझ लाद दें, तो भला शिकायत किसके खिलाफ करूँगी, बताइए तो?'

अपूर्व अचरज में पड़कर बोला–'इसका मतलब?'

भारती पहले की ही तरह काम करते-करते बोली–'मैं ही क्या खाक मतलब जानती हूँ? लेकिन देख तो रही हूँ कि जब से आपने बर्मा में कदम रखा है तब से लेकर अब तक सिर्फ मैं ही आपका बोझ ढोती फिर रही हूँ। पिताजी से झगड़ा किया आपने, जुर्माना दिया मैंने। घर की रखवाली करने के लिए रख गए तिवारी को आप, उसकी तीमारदारी करके मरी मैं। आपको बुला लाए डॉक्टर सा'ब, झमेला झेलना पड़ रहा है मुझे। डरती हूँ, अन्त में आपका बोझ ढोती हुई कहीं मुझे ही न सारा जीवन बिताना पड़े। लेकिन रात तो अब बाकी नहीं रही, आप सोइएगा कहाँ, बताइए।'

अपूर्व विस्मित होकर बोला–'मैं कहाँ सोऊँगा–इस बारे में भला क्या जानूँ?'

भारती बोली–'होटल में डॉक्टर सा'ब के कमरे में आपका बिस्तर लगा देने के लिए मैं कह आई हूँ; शायद बिस्तर लगा दिया गया होगा।'

'पर मुझे वहाँ ले जाएगा कौन? होटल कहाँ है, मैं तो यह भी नहीं जानता।'

'मैं आपको लिवा जाऊँगी, चलिए, पुकारकर उन लोगों को जगा दूँ।'

'चलिए', कहकर अपूर्व तुरन्त उठकर खड़ा हो गया। जरा संकोच के साथ बोला–'मगर आपका तकिया और बिस्तर पर की चादर मैं ले जाऊँगा, ये दोनों मुझे चाहिए ही चाहिए। जान चली जाए, तो चली जाए, पर मैं दूसरे के बिस्तर पर सो नहीं सकता।'

इतना कहकर वह बिस्तर पर से चादर उठाने जा रहा था कि तभी भारती ने उसे रोका। इतनी देर बाद उसका उदास गम्भीर मुँह स्निग्ध हँसी से खिल उठा। लेकिन उसने उसे छिपाने के लिए मुँह घुमाया और धीरे-धीरे बोली–'पर ये दोनों भी तो दूसरे के हैं अपूर्व बाबू, इन्हें लेने में आपको घृणा महसूस नहीं होती है, यह तो बड़े आश्चर्य की बात है। लेकिन अगर ऐसी बात है, तो आपको सोने के लिए होटल जाने की क्या जरूरत है? आप यहीं इसी चारपाई पर सोइए।' यह उसने जान-बूझकर ही नहीं कहा कि कई घंटे पहले उसका दिया हुआ अपवित्र कपड़ा पहनकर भगवान की पूजा करने में भी उसे घृणा महसूस हुई थी।

अपूर्व और अधिक संकुचित हो उठा, बोला–'लेकिन आप कहाँ सोइएगा? आपको तो तकलीफ होगी।'

भारती ने गर्दन हिलाकर कहा–'मुझे जरा भी तकलीफ नहीं होगी।' उँगली के इशारे से दिखाती हुई बोली–'उस छोटे-से कमरे में कुछ-न-कुछ बिछा लूँगी और आराम से सो जाऊँगी। लकड़ी के फर्श पर सिर्फ हाथ पर सिर रखकर तिवारी की बगल में मुझे कितनी रातें गुजारनी पड़ी थीं, यह तो आपने नहीं देखा था।'

अपूर्व ने एक महीने से पहले की बात याद करके कहा–'एक रात मैंने भी देखा था, ऐसी बात नहीं कि मैंने बिलकुल नहीं देखा।'

भारती ने हँसते हुए कहा–'वह आपको याद है? अच्छी बात है। उसी तरह से और एक रात देख लीजिए।'

अपूर्व थोड़ी देर तक मुँह नीचा किए चुपचाप रहा, फिर बोला–'तिवारी तब बहुत बीमार था–लेकिन अभी लोग क्या सोचेंगे?'

भारती ने जवाब दिया–'लोग कुछ भी नहीं सोचेंगे, क्योंकि यहाँ किसी का भी मन ऐसा छोटा नहीं है कि वह दूसरों की बात को लेकर बेकार में सोचे।'

अपूर्व बोला–'नीचे की बेंच पर बिस्तर बिछाकर भी तो मैं आसानी से सो सकता हूँ?'

भारती बोली–'आप वहाँ सोना चाहें, तो भी मैं आपको वहाँ सोने नहीं दूँगी। क्योंकि इसकी जरूरत नहीं है। मैं आपके लिए अस्पृश्य हूँ। मुझे इस बात का डर नहीं है कि आपके द्वारा मेरा कोई नुकसान हो सकता है।'

अपूर्व आवेग के साथ बोला–'इस बात का मुझे भी डर नहीं है कि मेरे द्वारा कभी

आपका रत्ती भर भी नुकसान हो सकता है। लेकिन आपको अस्पृश्य कहने पर मुझे सबसे ज्यादा दुख होता है। अस्पृश्य शब्द के अन्दर घृणा का भाव है, लेकिन आपसे तो मैं घृणा नहीं करता, हमारी जात अलग है, आपका छुआ मैं खा नहीं सकता, लेकिन इसका कारण क्या घृणा है? इतना बड़ा झूठ और हो ही नहीं सकता है। बल्कि इसके चलते आप ही मन-ही-मन मुझसे घृणा करती हैं। उस दिन भोर में जब आप मुझे अपार समुद्र में छोड़कर चली आई थीं उस समय का आपके मुँह का भाव मुझे आज तक स्पष्ट याद है, उसे मैं जीवन भर नहीं भूल सकता।'

भारती बोली–'चाहे और जो भी मेरा कसूर आप क्यों न भूल जाएँ, पर उस कसूर को नहीं भूलिएगा।'

'मैं उसे कभी नहीं भूल सकता।'

'मेरे उस मुँह के भाव में क्या था? घृणा थी?'

'हाँ, उसमें घृणा थी।'

भारती उसके मुँह की तरफ निहारकर हँसी। उसके बाद धीरे-धीरे बोली– 'यानी मनुष्य के मन को समझने की आपकी बुद्धि बड़ी सूक्ष्म है–है या नहीं? लेकिन अब और बात करने की जरूरत नहीं, आप सोइए। मेरी रात को जागने की आदत है, लेकिन आप और ज्यादा जगे रहेंगे, तो मेरी ही मुसीबत की, हो सकता है, सीमा न रहे।' इतना कहकर उसने अपूर्व को जवाब देने का और मौका दिए बिना रैक के ऊपर से दो कम्बल उतार लिए और बगल के छोटे-से कमरे के अन्दर जा घुसी।

थोड़ी देर बाद भारती ने वापस आकर मच्छरदानी टाँग दी, उसे चारों ओर ठूँस दिया और चली गई, लेकिन अपूर्व की बन्द आँखों की कोरों में नींद की छाया तक नहीं पड़ी। कमरे के एक कोने में आड़ करके रखी बत्ती टिमटिमा रही थी, बाहर गहरी अँधेरी रात निस्तब्ध बनी हुई थी–उसे छोड़ शायद ही कहीं भी कोई जगा हुआ हो, कब नींद आएगी, इसका कोई ठीक नहीं। तब भी नींद न आने की वजह से तिल भर भी बेचैनी उसने महसूस नहीं की। उसका तन-मन मानो अक्षरशः यह समझने लगा कि इस कमरे में इस बिस्तर पर इस सन्नाटे-भरी आधी रात में ठीक ऐसे ही, चुपचाप लेटे रहने-जैसी सुन्दर चीज तीनों लोकों में कोई दूसरी नहीं है। उसे लगने लगा कि ऐसे अत्यन्त चिन्ता-रहित निश्चिन्त आराम का आनन्द जैसे उसे और कभी भी नहीं मिला था।

सवेरे भारती की पुकार से उसकी नींद टूटी। आँखें खोलते ही उसने देखा, उसके पैताने भारती खड़ी थी, वह अभी-अभी नहाकर आई थी, पूरब की खिड़की से होकर आ रही उगते सूरज की लाल किरणें उसके भीगे बालों, उसकी रेशम की

सफेद साड़ी की लाल किनारी और उसके सुन्दर मुखड़े के स्निग्ध साँवले रंग पर पड़ रही थीं। ऐसे में वह अपूर्व की आँखों को गजब की खूबसूरत लगी।

भारती बोली–'उठिए, फिर ऑफिस जाना होगा न?'

'हाँ, ऑफिस तो जाना होगा।' कहकर वह बिस्तर से उठ गया। 'देखता हूँ, आप तो नहा भी चुकी हैं।'

भारती बोली–'आपको भी सब कुछ जल्दी से निपटा लेना होगा। कल आपकी खातिरदारी में काफी कमी हो गई थी। हमारी प्रेसिडेंट का आदेश है कि आज आपको अच्छी तरह खिलाए बिना हरगिज नहीं जाने दिया जाएगा।'

अपूर्व ने पूछा–'कल जिस औरत को कुल्हाड़ी मारी गई थी वह बच गई है?'

'उसे अस्पताल भेज दिया गया है। ऐसी उम्मीद है कि वह बच जाएगी।'

उस औरत को अपूर्व ने आँखों से देखा भी नहीं था, फिर भी यह सुनकर कि वह बच जाएगी, उसके मन ने इसे परम लाभ माना। उसे ऐसा जान पड़ा कि आज व किसी का भी कोई अहित सहन नहीं कर सकेगा।

नहा-धो, पूजा-पाठ करके, कपड़े पहनकर तैयार होकर जब वह ऊपर आया तब लगभग नौ बज चुके थे। इसी बीच चौका ठीक करके सरकार जी खाना रख गए थे, अपूर्व ने आसन पर बैठकर पूछा–'आप लोगों की प्रेसीडेंट से तो भेंट नहीं हुई? उनके अतिथि-सत्कार की क्या यही रीति है!'

भारती बोली–'आपके जाने के पहले तो भेंट होगी ही। आपके साथ उन्हें शायद जरा काम भी है।'

अपूर्व बोला–'और डॉक्टर सा'ब ? जो मुझे यहाँ बुलाकर लाए थे, वे शायद अभी भी बिस्तर पर ही पड़े हुए हैं?' यह कहकर वह हँसा।

भारती ने उसकी हँसी में साथ नहीं दिया, बोली–'बिस्तर पर पड़ने का उन्हें समय ही नहीं मिला है। वे तो अभी-अभी अस्पताल से वापस आए। वे सोते हैं या नहीं सोते हैं–दोनों में से किसी का भी उनके लिए कोई मूल्य नहीं है।'

अपूर्व ने अचम्भे में पड़कर प्रश्न किया–'इससे वे बीमार नहीं पड़ते हैं।'

भारती बोली–'मैं तो कभी उन्हें बीमार पड़ते नहीं देखती। सुख-दुख दोनों शायद उनसे हार मानकर भाग चुके हैं। आदमी के साथ उनकी बराबरी नहीं की जा सकती।

अपूर्व को कल रात की बहुत-सी बातें याद आईं, वह मुग्ध आवाज में बोला–'आप सभी शायद उनके प्रति बड़ी श्रद्धा रखते हैं।'

'हम उनमें श्रद्धा करती हैं? श्रद्धा तो बहुतों में बहुतेरे रखते हैं।' कहते-कहते

उसकी आवाज अचानक भर्रा उठी, बोली–'जब सुनती हूँ, वे चले जाएँगे, तब रास्ते की धूल पर पड़ी रहूँ और वे सीने पर पाँव रखकर जाएँ। लगता है तब भी आस पूरी नहीं होती अपूर्व बाबू।' कहकर उसने मुँह घुमा लिया और आँखों की दोनों कोरों को पोंछ डाला।

अपूर्व ने और कुछ नहीं पूछा–'मुँह नीचा किए चुपचाप खाना खाने लगा। उसे बार-बार यही लगने लगा कि सुमित्रा और भारती सरीखी पढ़ी-लिखी और बुद्धिमान नारी-हृदय में जिस आदमी ने इतना ऊँचा सिंहासन बनाया है, पता नहीं, भगवान ने उसे किस धातु से गढ़कर दुनिया में भेजा है। कौन-सा असाधारण कार्य वे उनसे पूरा कराएँगे!

दूर दरवाजे के पास भारती चुपचाप बैठी रही, अपूर्व ने खुद भी कोई खास बात नहीं की। इसके बाद उसका खाना एक तरह से चुपचाप ही खत्म हुआ। कोई अप्रिय घटना नहीं घटी थी, फिर भी आज उसकी सुबह बड़ी मधुर बनकर शुरू हुई थी, पर अकारण न जाने कहाँ से उसके ऊपर एक छाया आ पड़ी।

ऑफिस का कपड़ा पहनकर जब वह तैयार हुआ तो बोला–'चलिए, डॉक्टर सा'ब से एक बार मिल लूँ।'

'चलिए, उन्होंने आपको बुलाया भी है।'

सरकार जी के टूटे-फूटे होटल के एक बेहद अन्दरूनी हिस्से के कमरे में डॉक्टर सा'ब रहते हैं, न रोशनी, न हवा, आस-पास गन्दा पानी जमा हो जाने की वजह से बदबू भी आ रही थी, पुराने तख्तों के फर्श पर कदम रखने में डर लगता है कि कहीं पूरा का पूरा टूट न जाए। एक ऐसे ही घटिया, भद्दे कमरे में जब भारती उसे राह दिखाती हुई लाई तब विस्मय की कोई सीमा नहीं रही। अपूर्व जब उस कमरे में घुसा तो थोड़ी देर तक उसे कुछ भी अच्छी तरह दिखलाई नहीं पड़ा।

डॉक्टर सा'ब ने स्वागत करते हुए कहा–'आइए अपूर्व बाबू!'

'उफ! कैसा भयानक कमरा आपने ढूँढ़ निकाला है डॉक्टर सा'ब!'

'लेकिन कितना सस्ता है! दस आने महीने किराया लगता है।'

अपूर्व बोला–'इस कमरे का दस आने किराया ज्यादा है, बहुत ज्यादा है। इसका किराया दस पैसे होना चाहिए।'

डॉक्टर बोले–'हम दुखी लोग कैसे रहते हैं आप लोगों को अपनी आँखों से देख लेना चाहिए। बहुतों के लिए तो यही राजमहल है।'

अपूर्व बोला–'तब तो भगवान मुझे महल से वंचित ही रखें। बाप रे बाप।'

डॉक्टर बोले–'सुना कि कल रात आपको बड़ी तकलीफ हुई अपूर्व बाबू। मुझे

माफ कीजिएगा।'

अपूर्व बोला–'मैं आपको तभी माफ करूँगा जब आप यह कमरा छोड़ देंगे। उसके पहले नहीं।'

उसकी बात के जवाब में डॉक्टर सिर्फ तनिक-सा मुस्कुराए, बोले–'अच्छा, ऐसा ही होगा।'

अब तक अपूर्व ने ध्यान नहीं दिया था, अचानक बड़े अचरज में पड़कर देख पाया, दीवार के पास एक मूढ़े पर सुमित्रा बैठी हुई है।

'आप यहाँ हैं? मुझे माफ कीजिए, मैं आपको बिलकुल नहीं देख सका था।'

सुमित्रा बोलीं–'यह कसूर आपका नहीं है अपूर्व बाबू, कसूर अँधेरे का है।'

उनकी आवाज सुनकर अपूर्व के विस्मय की सीमा नहीं रही। वह जितनी करुण थी उतनी ही विषण्ण। उसे इस बात का डर लगने लगा कि कहीं कुछ हुआ है। उसने अच्छी तरह गौर करके देखा और धीरे-धीरे बोला–'डॉक्टर सा'ब, आज यह आपकी कैसी पोशाक है? क्या कहीं बाहर निकल रहे है?'

डॉक्टर के सिर पर पगड़ी, बदन में लम्बा कोट, ढीला पाजामा, पाँवों में रावलपिंडी नागरा, एक चमड़े के बैग में बँधे कई बंडल।

बोले–'मैं तो अब जा रहा हूँ अपूर्व बाबू, ये लोग रहीं, आपको इन सबकी देख-भाल करनी पड़ेगी। आज से इससे ज्यादा कहने की मैं जरूरत नहीं समझता।'

अपूर्व ठगा सा बोला–'आप अचानक क्यों जा रहे हैं? कहाँ जा रहे हैं?'

बतौर आदमी डॉक्टर की आवाज में तो कोई बदलाव नहीं हुआ था, पहले की ही तरह सहज, शान्त, स्वाभाविक आवाज में बोले–'हम लोगों के शब्दकोश में क्या अचानक शब्द रहता है अपूर्व बाबू? फिलहाल तो मैं भामो से दूर और भी उत्तर की तरफ जा रहा हूँ। कुछ सच्ची जरी का माल है। वहाँ यह माल ऊँचे दामों में बिकता है। वहाँ ज्यादातर खरीदार सिपाही हैं।' इतना कहकर वे मुँह दबाकर हँसे।

सुमित्रा ने अब तक बात नहीं की थी, वह सहसा बोल उठी–'उन लोगों को पेशावर से हटाकर भामो लाया गया है। तुम जानते हो उन लोगों पर कितनी कड़ी निगरानी रखी जा रही है। तुम्हें भी बहुत-से लोग पहचानते हैं। तुम कभी भी यह मत सोचना कि तुम सभी की आँखों में धूल झोंक सकोगे। अभी कुछ दिन बिना गए क्या काम नहीं चलेगा?' अन्तिम वाक्य कहते समय उसकी आवाज अजीब लगी।

डॉक्टर मन्द-मन्द मुस्कुराकर बोले–'तुम तो जानती हो कि बिना गए काम नहीं चलेगा।'

सुमित्रा ने और कोई बात नहीं की, मगर अपूर्व बात को बिलकुल पलक

झपकते समझ गया। उसकी आँखें और दोनों कान गरम हो गए और उसके अंग-अंग से जैसे आग निकलने लगी। उसने किसी तरह से पूछ डाला–'मान लीजिए अगर उनमें से कोई आपको पकड़ ले तो?'

डॉक्टर बोले–'अगर वे लोग मुझे पकड़ लेंगे, तो शायद मुझे फाँसी दे देंगे। लेकिन अब तो समय नहीं है अपूर्व बाबू, मुझे दस बजे की ट्रेन से जाना है। मैं चला। इतना कहकर उन्होंने स्ट्रेप में बँधे बहुत बड़े बोझ को अनायास अपनी पीठ पर लाद लिया और चमड़े के बैग को हाथ में उठा लिया।'

अभी तक भारती ने न ही एक शब्द कहा था, न ही अब एक शब्द कहा। सिर्फ पैरों के पास झुककर उसने उन्हें प्रणाम किया। सुमित्रा ने भी उन्हें प्रणाम किया, लेकिन पैरों के पास झुककर नहीं, बल्कि बिलकुल उनके पैरों पर माथा रखकर। अचानक लगा, वे शायद अब उठेंगी नहीं, यों ही पड़ी रहेंगी। शायद मिनट भर बीता होगा–जब वे चुपचाप उठकर खड़ी हो गईं तब उस छोटे-से कम रोशन कमरे के अन्दर उनके झुके हुए मुँह का भाव दिखाई नहीं पड़ा।

डॉक्टर कमरे के बाहर आए तो बीती रात की तरह उन्होंने अपूर्व के हाथ को खींचकर अपनी हथेलियों में लिया और बोले–'मैं चला अपूर्व बाबू–मैं सव्यसाची हूँ।'

अपूर्व के मुँह का अन्दरूनी हिस्सा सूखकर रेगिस्तान हो गया था। उसकी आवाज तक न निकली, लेकिन उसने पलक झपकते घुटने टेके और औरतों की तरह उनके पैरों पर माथा रखकर उन्हें प्रणाम किया। डॉक्टर ने उसके सिर पर अपना एक हाथ रखा और दूसरा हाथ भारती के सिर पर रखकर धीमे से कुछ कहा, पर यह सुनाई नहीं पड़ा कि उन्होंने क्या कहा। उसके बाद जरा तेज कदमों से ही वे बाहर निकल गए।

जब अपूर्व उठा, तो देखा, भारती की बगल में वह अकेला खड़ा है, पीछे उस टूटे-फूटे कमरे के बन्द दरवाजे की आड़ में कर्त्तव्य परायण, अत्यन्त बुद्धिमती–'पथ का दावा' की निर्भीक तेजस्विनी सभापति ने कुछ कहा, पर यह मालूम नहीं पड़ा कि उन्होंने क्या कहा।

चौदहवाँ परिच्छेद

भारती और अपूर्व दोनों ने ही पीछे के बन्द दरवाजे की तरफ निगाह डाली, मगर किसी ने भी कोई बात नहीं की। अपूर्व ने कुछ भी न समझते हुए भी इतना समझा कि इस तरह से खुद को अपनी मर्जी बन्दी बनाए रखनेवाले आदमी के बारे में उत्सुक नहीं होना चाहिए था। दोनों चुपचाप होटल के बाहर आए, तो भारती ने कहा—'चलिए, अपूर्व बाबू, हम लोग अपने घर चलें...।'

'लेकिन मुझे तो फिर ऑफिस जाना है।'

'पर आज तो रविवार है। आज भी ऑफिस जाइएगा?'

'आज रविवार है? हाँ, आपने ठीक कहा, आज रविवार है।' अपूर्व खुश होकर बोला—'यह सवेरे याद आया होता, तो नहाने-धोने, खाने-पीने के लिए इतना व्यस्त नहीं होना पड़ता। आपको इतनी चीजें याद रहती हैं, मगर इतनी-सी बात आप भूल गई थीं?'

भारती तनिक मुस्कुराकर बोली—'शायद मैं भूल गई थी, लेकिन मैं यह नहीं भूली हूँ कि कल रात आपने खाना नहीं खाया था।'

अपूर्व अचानक ठिठककर खड़ा हो गया और बोला—'मैं देर करूँ—इसकी गुंजाइश नहीं है। बेचारा तिवारी, हो सकता है, चिन्ता के मारे मर गया हो।'

भारती बोली—'वह चिन्ता के मारे नहीं मर रहा होगा। इसका कारण यह है कि आपके जागने के पहले ही उसे यह खबर मिल गई थी कि आप सकुशल हैं।'

वह यह जानता है कि मैं आपके पास हूँ।

भारती ने गर्दन हिलाकर कहा—'हाँ, वह जानता है। मैंने तड़के ही आदमी भेज दिया था।'

यह खबर सुनकर अपूर्व सिर्फ निश्चिन्त ही नहीं हुआ, बल्कि उसके मन के ऊपर से सचमुच एक बोझ उतर गया। कल रात लौटती बार वापस आने के बाद खाते, सोते या और कुछ करते वक्त उसे इसी चिन्ता ने बहुत बार झकझोरा था कि क्या पता कल सवेरे मुआ तिवारी उसके कहे पर विश्वास करेगा या नहीं। वर्मा में कितनी तरह की जनश्रुतियाँ प्रचलित हैं—हो सकता है, उन्हीं में से किसी

एक के बारे में वह माँ को चिट्ठी लिख दे या वापस जाकर कहानियाँ सुनाए– जिनका असर हो सकता है माँ के मन पर वैसा ही पड़े जैसा असर उस पक्की स्याही का पड़ता है, जो घुल-पुँछ तो जाती है, पर जिसका दाग नहीं मिटता–ये तुच्छ बातें छोटे काँटे की तरह उसके पैरों में हर कदम पर चुभ रही थीं। इतनी देर बाद वह जैसे बेखटके डग भरकर जी उठा। तिवारी चाहे और जो भी करे, पर भारती की कही बातों पर, जान जाए तो जाए, वह अविश्वास नहीं करेगा। अपूर्व यह अच्छी तरह जानता था कि भारती के दिए उसकी निष्कलंकता के प्रमाण-पत्र से बड़ा प्रमाण तिवारी के लिए कोई दूसरा नहीं था। उसने पुलकित चित्त से कहा–'आपकी नजर सब तरफ है। घर में मैंने भाभियों को भी देखा है, दूसरी लड़कियों को भी देखा है, अपनी माँ को भी देखा है, मगर ऐसे हर तरफ ध्यान रखते मैंने किसी को भी नहीं देखा है। मैं सही कहता हूँ, आप ब्याहकर जिस घर में जाएँगी उस घर के लोग आँखें मूँदे दिन बिताएँगे, कभी किसी को कोई दुख नहीं होगा।'

वह पीछे आ रहा था, पीछे से ही फिर से बोला–'इस विदेश में आप नहीं रहतीं, तो मेरा क्या होता, बताइए तो। मेरा सब कुछ चोरी हो जाता। तिवारी, हो सकता है, घर में ही मरा पड़ा रहता–ब्राह्मण के लड़के को डोम, मेहतर खींचते-घसीटते।' इस भयानक संभावना से उसके रोंगटे खड़े हो गए। फिर जरा रुककर बोला–'भला मैं ही क्या यहाँ रह सकता था? नौकरी छोड़-छाड़कर, हो सकता है, मुझे चले जाना पड़ता। फिर वही ढाक के तीन पात। फिर से भाभियों का तिरस्कार सहना पड़ता और माँ को आँसू बहाते देखना पड़ता। आप ही तो सब कुछ हैं। आपने मुझे इन सब स्थितियों से बचा लिया।'

भारती बोली–'हालाँकि आते ही आपने मुझसे झगड़ा किया था।'

अपूर्व झेंपकर बोला–'सारा कसूर मुए तिवारी का है। लेकिन आप यह नहीं जानती हैं कि मेरी माँ जब यह सुनेगी, तो वह आपको कितना आशीर्वाद देगी।'

भारती बोली–'भला मैं यह कैसे जान सकती हूँ। जब आपकी माँ यहाँ आएँगी तब जाकर उनके मुँह से सुन सकूँगी।'

अपूर्व ठगा-सा रहकर बोला–'मेरी माँ बर्मा आएगी? क्या कहती हैं आप?'

भारती ने जोर देकर कहा–'वे क्यों न आएँगी–कितने लोगों की माँ यहाँ रोज आती हैं। यहाँ आने से क्या किसी की जात चली जाती है?'

अपूर्व कमरे में घुसा तो फिर से उसी आरामकुर्सी पर आकर बैठा। बगल की खिड़की से होकर आ रही धूप जब उसके मुँह पर पड़ी, तो भारती ने हाथ बढ़ाकर खिड़की बन्द कर दी और बोली–'आपकी भाभियाँ आपकी माँ की उतनी सेवा नहीं

करती हैं और अगर आपको हमेशा विदेश में नौकरी करनी पड़ी, तो इस उम्र में उनकी सेवा कौन करेगा, बताइए तो?'

अपूर्व बोला–'माँ कहती है कि छोटी बहू आकर उसकी सेवा करेगी।'

भारती बोली–'और अगर वह भी उनकी सेवा न करे तो? आप तो रहेंगे विदेश में। अपनी बड़ी देवरानियों की देखा-देखी वह भी अगर उन्हीं लोगों जैसी हो जाए और आपकी माँ की सेवा न करके उन्हें तकलीफ देना शुरू करे, तो आप क्या करेंगे, कहिए तो?'

अपूर्व डरकर बोला–'ऐसा कभी नहीं हो सकता। निष्ठावान ब्राह्मण के वंश की लड़की जब बहू बनकर आएगी, तो वह मेरी माँ को हरगिज दुख नहीं देगी। यह मैं आपको पक्का कहता हूँ।'

'निष्ठावान ब्राह्मण का वंश?' यह कहकर भारती सिर्फ मुस्कुराई और बोली–'अभी रहने दीजिए, अगर जरूरत पड़ी, तो वह कहानी मैं आपको किसी दूसरे दिन सुनाऊँगी।' थोड़ी देर चुप रहकर उसने प्रश्न किया–'जिसे ब्याहकर आप अपने घर लाएँगे उसे सिर्फ अपनी माँ की सेवा करने के लिए छोड़ आएँगे, आपका ऐसा करना क्या उसके साथ अन्याय नहीं होगा?'

अपूर्व ने उसके मुँह की तरफ निहारकर स्वीकार करते हुए कहा–'हाँ, मेरा ऐसा करना उसके साथ अन्याय करना होगा।'

भारती बोली–'और अपने इस अन्याय के बदले आप यह दावा करेंगे कि वह आपके साथ न्याय करे!'

अपूर्व बहुत देर तक चुपचाप बैठा रहा। अन्त में धीरे-धीरे बोला–'मगर इसके अलावा मेरे लिए और चारा क्या है भारती?'

भारती बोली–'कोई चारा न हो, तो न सही। लेकिन बहुत निष्ठावान घर की लड़की से भी आप ऐसी असम्भव प्रत्याशा नहीं कीजिएगा। इसका नतीजा कभी अच्छा नहीं होगा। वह चाहे जितनी कर्त्तव्यपरायण क्यों न हो, उसके आगे आप अपनी इस निष्ठुरता के चलते छोटे हो जाएँगे। पत्नी की श्रद्धा खोकर हीन बनने से बड़ा दुर्भाग्य दुनिया में दूसरा नहीं है अपूर्व बाबू।'

उसने ऐसा कड़वा सच कहा था कि अपूर्व को उसकी बात का जवाब देते नहीं बना। आधुनिकता का विरोध करते वक्त जिसने मिसाल के तौर पर शास्त्रों के तरह-तरह के उपाख्यान जैसे कि शास्त्र के अनुसार पत्नी का क्या कर्त्तव्य है, पतिव्रता किसे कहते हैं, सास की निःस्वार्थ सेवा का कितना माहात्म्य है, पति की इच्छा का पालन करने से कितना पुण्य प्राप्त होता है आदि, सुनाकर अपने दोस्तों को स्तब्ध कर दिया था, उसके मुँह से ईसाई लड़की के आगे चूँ तक नहीं निकली।

थोड़ी देर बाद उसने थोड़ा-सा अपने आप कहा–'वास्तव में आज के जमाने में ऐसी लड़की शायद कोई नहीं है।'

भारती हँसी, बोली–'ऐसा कैसे कहा जा सकता है कि ऐसी लड़की है ही नहीं, निष्ठावान घर में न हो, तो भी, हो सकता है, कहीं और ऐसी लड़की हो, जो आपके लिए अपने आपको पूरी तरह निछावर कर दे। मगर कहाँ ढूँढ़े मिलेगी वह?'

अपूर्व अपने ही ध्यान में डूबा हुआ था, उसने भारती की बात पर ध्यान नहीं दिया था, बोला–'सो तो आप ठीक ही कह रही हैं।'

भारती ने पूछा–'आप घर कब जाइएगा?'

अपूर्व ने अन्यमनस्कता के साथ जवाब दिया–'क्या पता, माँ कब चिट्ठी लिख भेजेगी।' थोड़ी देर तक वह स्तब्ध रहा, फिर कहने लगा–'पिताजी के साथ माँ की अनबन होने की वजह से मेरी माँ को जीवन में कभी सुख नहीं मिला है। उसी माँ को अकेले छोड़कर आने के लिए मेरा मन हरगिज राजी नहीं हुआ था। क्या पता इस बार जाऊँगा, तो फिर वापस आ सकूँगा या नहीं।' अचानक भारती के चेहरे पर नजरें टिकाकर बोला–'देखिए, बाहर से देखने में हमारे घरेलू हालात चाहे जितना भी खुशहाल क्यों न हो, लेकिन अन्दर बड़ा अभाव है। शहर में ज्यादातर गृहस्थों की ऐसी ही दशा है। भाभियाँ किसी भी दिन हमें अलग कर दे सकती हैं। अगर मैं वापस नहीं आ सका, तो हमारी तकलीफों की, हो सकता है, सीमा न रहे।'

भारती बोली–'आपको आना ही पड़ेगा।'

'मैं माँ से हमेशा अलग ही रहूँगा?'

'आप उन्हें राजी करके साथ ले आइए। मैं पक्का जानती हूँ, वे आएँगी।'

अपूर्व हँसकर बोला–'वह कतई नहीं आएँगी। मेरी माँ को आप नहीं जानतीं। अच्छा, मान लीजिए, अगर वह आए, तो यहाँ उसकी देख-भाल कौन करेगा?'

भारती ने हँसकर कहा–'मैं करूँगी उनकी देख-भाल।'

'आप करेंगी उसकी देख-भाल? आप घर में घुसेंगी, तो माँ हाँड़ी फेंक देगी।'

भारती ने जवाब दिया–'वे कितनी बार हाँडी फेंकेंगी? मैं रोज घर में घुसूँगी।' दोनों ही हँस उठे।

भारती ने सहसा गम्भीर होकर कहा–'आप खुद भी तो उन हाँड़ी फेंकनेवालों में से एक हैं, लेकिन हाँड़ी फेंक देने से ही अगर सारा झँझट मिट जाता, तब तो दुनिया की समस्या खूब सरल हो जाती। विश्वास न हो, तो तिवारी से पूछकर देखिएगा।'

अपूर्व ने स्वीकार करते हुए कहा–'आप सही कह रही हैं। वह बेचारा हाँड़ी

तो फेंकेगा, लेकिन तुरन्त उसकी आँखों से पानी भी गिरेगा। वह आपसे इतनी श्रद्धा रखता है कि आप उसे जरा-सी पट्टी पढ़ा देंगी, तो हो सकता है, वह ईसाई बनने को भी राजी हो जाए, कुछ कहा नहीं जा सकता।'

भारती बोली–'दुनिया में कुछ भी नहीं कहा जा सकता है। न ही नौकर के बारे में, न ही मालिक के बारे में। इतना कहकर जब उसने हँसी छिपाने के लिए अपना मुँह नीचा किया तो खुद अपूर्व का मुँह बिलकुल लाल हो उठा, बोला– 'लेकिन दुनिया में इतना तो आराम से कहा जा सकता है कि नौकर और मालिक की अक्ल में फर्क हो सकता है।'

भारती ने मुँह उठाकर कहा–'नौकर और मालिक की अक्ल में तो फर्क होता ही है। इसीलिए ईसाई बनने के लिए उसे राजी होने में देर हो सकती है। आपको राजी होने में देर नहीं होगी।' दबी हुई हँसी के वेग से उसकी आँखें बिलकुल चंचल हो उठी थी।

अपूर्व ने मजाक को समझा, तो खुश होकर बोला–'अच्छा मजाक नहीं, मैं सही कहता हूँ, आप यह सोचती हैं कि मैं अपना धर्म छोड़ सकता हूँ?'

भारती बोली–'हाँ, मैं सचमुच ही यह सोचती हूँ।'

अपूर्व बोला–'हालाँकि जान जाए, तो जाए, पर सचमुच ही मैं अपना धर्म नहीं छोड़ सकता।'

भारती बोली–'जान जाना क्या चीज है, यह तो आप नहीं जानते, तिवारी जानता है। लेकिन इसको लेकर तर्क करके अब क्या होगा, लेकिन आप-जैसे अँधेरे में भटक रहे आदमी को रोशनी में लाने से कहीं ज्यादा जरूरी काम करना मुझे अभी भी बाकी है। आप जरा सोइए।'

अपूर्व बोला–'मैं दिन में नहीं सोता। लेकिन आपको क्या जरूरी काम है भला?'

भारती बोली–'बेवजह आपके पीछे-पीछे चक्कर लगाना ही क्या मेरा इकलौता जरूरी काम है? मुझे भी अपने हाथों खाना बनाकर खाना पड़ता है। अगर नहीं सोना है, तो मेरे साथ नीचे चलिए। देखिएगा मैं क्या-क्या खाना बनाती हूँ, कैसे बनाती हूँ। जब आपको एक दिन अपने हाथों खाना बनाकर खाना ही है तो बिलकुल अनाड़ी बना रहना अच्छा नहीं है। इतना कहकर वह सहसा खिल-खिलाकर हँस उठी।'

अपूर्व बोला–'मेरी जान जाए, तो जाए, पर मैं आपके हाथ का बना खाना नहीं खाऊँगा।'

भारती बोली–'पर मैं तो आपके जीतेजी खाने के बारे में कह रही हूँ।'

अपूर्व ने पुकारकर कहा–'तब तो मैं अभी अपने डेरे जाऊँगा, बेचारा तिवारी चिन्ता के मारे मरा जा रहा होगा।'

यह कहकर वह कुछ देर तक कान खड़ा किए रहा। आखिरकार उठंग कर लेट गया। हो सकता है, वह सुन नहीं पाई थी, हो सकता है, सुनकर भी उसने जवाब नहीं दिया था, लेकिन यही बड़ी समस्या नहीं थी। बड़ी समस्या यह थी कि उसे तुरन्त डेरा जाना चाहिए। किसी भी बहाने अब देरी करना शोभा नहीं देता है। हालाँकि अन्दर से जाने का जितना तकाजा महसूस होने लगा उतना ही उसका बदन निढाल होने लगा। अन्त में उसी आरामकुर्सी पर माथे पर हाथ रख अपूर्व सो गया।

पन्द्रहवाँ परिच्छेद

'दिन चढ़ गया, उठिए।'

अपूर्व आँखें मलकर उठ बैठा। दीवार की घड़ी की तरफ निहारकर बोला–'ओह, तीन-चार घंटे से कम नहीं सोया मैं। आपने मुझे जगा क्यों नहीं दिया? वाह! सिर के नीचे एक तकिया पता नहीं कब रख गई थीं आप। इतना आराम मिलने पर भला क्या किसी की नींद टूटती है!'

भारती बोली–'जिसे जागना होता है वह खुद ही जग जाता है, उसे जगाने की जरूरत नहीं पड़ती है। अगर मैं आपके सिर के नीचे तकिया नहीं रख देती, तो नाहक आपकी गर्दन में दर्द होता। जाइए मुँह-हाथ धो आइए। सरकार जी नाश्ते की थाली लिये खड़े हैं। उन्हें बहुत काम है, जरा झटपट नाश्ता करके उन्हें छुट्टी दीजिए।'

दरवाजे के बाहर खड़े आदमी ने जल्दबाजी करने को कहा।

अपूर्व नीचे से मुँह-हाथ धोकर आया और नाश्ता करने के बाद सुपाड़ी-इलायची आदि मुँह में डालकर प्रसन्न चित्त से बोला–'अब मुझे छुट्टी दीजिए, मैं अपने डेरे जाऊँगा।'

भारती ने सिर हिलाकर कहा–'नहीं, अभी आप अपने डेरे नहीं जा सकते। मैंने तिवारी को खबर दे दी है कि ऑफिस से लौटती बार तीसरे पहर आप अपने डेरे जाएँगे, और मैंने खबर ली है कि वह सही-सलामत घर की रखवाली कर रहा है। कोई चिन्ता नहीं।'

'लेकिन मैं अभी अपने डेरे क्यों नहीं जा सकता?'

भारती बोली–'क्योंकि फिलहाल आप हम लोगों के अभिभावक हैं। आज सुमित्रा दीदी बीमार हैं। नवतारा अतुल बाबू को साथ लेकर उस पार गई है। आपको जाना पड़ेगा मेरे साथ। आपके लिए प्रेसिडेंट का यही आदेश है। यह लीजिए, मैंने आपके लिए धोती ला दी है। आप इसे पहन लीजिए और मेरे साथ चलिए।'

'कहाँ जाना होगा?'

'मजदूरों के लाइन वाले घर। यानी बड़े-बड़े कारखानों के करोड़पति मालिकों ने वर्कमैनों के लिए कतारों में जो नरक बना दिया है, वहीं जाना है। आज रविवार है, उनकी छुट्टी रहती है, वहाँ काम है।'

अपूर्व बोला–'लेकिन वहाँ क्यों काम करना है?'

भारती बोली–'वहाँ काम नहीं करेंगे, तो क्या 'पथ का दावा' का काम इस कमरे में हो सकता है? फिर तनिक मुस्कुराकर बोली–'आप ठहरे इस सभा के नामी-गिरामी सदस्य, मौके पर गए बिना तो काम करने का तौर-तरीका भी आप नहीं समझ सकेंगे अपूर्व बाबू।'

'चलिए'–कहकर अपूर्व पाँचेक मिनट के अन्दर तैयार हो गया।

भारती ने आलमारी खोलकर कोई चीज निकाली और छिपाकर उसे अपने ब्लाउज के पॉकेट में रखा। अपूर्व को यह दिखाई पड़ गया, बोला–'आपने वह क्या लिया?'

'भरी हुई पिस्तौल है।'

'पिस्तौल? पिस्तौल क्यों ली आपने?'

'आत्म-रक्षा के लिए।'

'इसका लाइसेंस है?'

'नहीं।'

'अगर पुलिस पकड़ेगी तो दोनों की आत्मरक्षा होगी। कितने वर्षों की सजा मिलेगी जानती हो?'

'सजा नहीं मिलेगी–चलिए।'

अपूर्व ने आह भरकर कहा–'दुर्गा, श्रीहरि। चलिए।'

बड़े रास्ते से होते हुए बर्मी और चीनी मुहल्लों को पार करके बाजार की बगल से होकर दोनों लगभग मील भर पैदल चलकर एक बहुत बड़े कारखाने के सामने आ उपस्थित हुए और बन्द फाटक के छोटे-से दरवाजे से होकर गली के अन्दर घुसे। दाईं तरफ कॉरगेट और लोहे के गोदामों की कतारें थीं और उन्हीं के दूसरी ओर कारीगरों और मजदूरों के रहने के लिए बनी हुई टूटी-फूटी लकड़ी और टीन की झुग्गी-झोंपड़ियों की कतारें थीं। सामने की तरफ कई पानी के नालों की कतारें थीं और पीछे की तरफ वैसे ही टीन के पाखानों की। शुरू-शुरू में हो सकता है, उन पाखानों में दरवाजे लगे हों, पर अभी कपड़े और जूट के परदे लटक रहे थे। यही है भारतीय कुली-लाइन। पंजाबी, मद्रासी, बर्मी, बंगाली, उड़िया, हिन्दू, मुसलमान, औरत और मर्द करीब-करीब हजारों प्राणी इसी इन्तजाम पर निर्भर करके दिन पर दिन, महीने-पर-महीने, साल-पर-साल अपनी जिन्दगी गुजारते चले जा रहे हैं।

भारती बोली—'आज काम का दिन नहीं है, अगर आज काम का दिन होता, तो आपको इसी पानी के नल पर दो-एक लहूलुहान लोग देखने को मिलते।'

अपूर्व ने गर्दन हिलाकर कहा—'छुट्टी के दिन की भीड़ देखकर ही मैं यह महसूस कर पा रहा हूँ।' इसी भीड़ के सामने एक मद्रासी औरत पर्दा हटाकर पाखाने में घुस रही थी; परदे की हालत देखकर अपूर्व शर्म से लाल हो उठा और बोला—'पथ का दावा करना हो, तो जल्दी कहीं और चलिए, मैं यहाँ खड़ा नहीं रह सकूँगा।'

उस औरत को पाखाने में घुसते देख, भारती भी शरमा गई थी, लेकिन उसकी बात के जवाब में वह सिर्फ तनिक मुस्कुराई। यानी जिन लोगों को आदमी के दर्जे से गिराकर जानवर बना दिया गया हो, भला उन्हें इन सब बातों से क्या परहेज?

कई घरों को पार करके दोनों एक बंगाली मिस्त्री के घर में घुसे। उस आदमी की उम्र हो गई है। वह कारखाने में पीतल ढलाई करने का काम करता है। शराब पीकर लकड़ी के फर्श पर पड़े-पड़े वह किसी को बेहद गन्दी-गन्दी गालियाँ दे रहा था। भारती ने पुकारकर कहा—'मानिक, तुम किस पर गुस्सा कर रहे हो? सुशीला कहाँ है? वह आज दो दिनों से पढ़ने नहीं जाती है? कहाँ है?'

माणिक हाथ-पाँव के सहारे किसी तरह उठकर बैठा। आँखें खोलकर पहचान सका, तो बोला—'दीदी। आओ, बैठो। सुशीला कैसे तुम्हारे स्कूल जाएगी, बताओ तो? खाना बनाने और बर्तन माँजने से लेकर लड़के को सँभालने का काम सब उसी को करना पड़ता है। कलेजा फटा जा रहा है दीदी, साले योदो का मैं खून न कर दूँ तो मैं केवट नहीं। बड़े साहब को ऐसी दरखास्त दूँगा कि साले की नौकरी खा जाऊँगा।'

भारती मुस्कुराकर बोली—'सो खा जाना उसकी नौकरी और कहो तो मैं ही सुमित्रा दीदी से तुम्हारी दरख्वास्त लिखवा दूँ। मगर कल फरा के मैदान में हम लोगों की मीटिंग है, याद है न?'

तभी एक दस-ग्यारह साल की लड़की आई। उसने आँचल के अन्दर से एक शराब की बोतल निकाली, उसे सावधानी से फर्श पर रखा और बोली, बापू घोड़ा निशान वाली नहीं मिली, इसीलिए टोपी निशान वाली ले आई। चार पैसे बाकी रहे। देखो, बापू राम अइया ने नशे में धुत्त होकर मुझसे क्या कहा, जानते हो?'

उसकी बात के जवाब में उसके पिता ने रमिया को एक भद्दी गाली दी। भारती बोली—'वहाँ तुम अब मत जाना। तुम्हारी माँ कहाँ है, सुशीला?'

'माँ? माँ तो परसों रात यदु चाचा के साथ निकल गई है और लाइन के बाहर किराए पर एक कमरा लेकर रह रही है।'

सुशीला और भी कुछ कहने वाली थी कि तभी मानिक गरज उठा–'देता हूँ रहने वहाँ। यह मेरी ब्याही हुई पत्नी है, वेश्या नहीं है।' इतना कहकर वह काँपते हाथों से स्क्रू न मिलने की वजह से टूटी खुरचनी की नोंक से ही नई बोलत का ढक्कन खोलने लगा।

भारती अचानक अपने आँचल में एक जोर का खिंचाव महसूस करके पीछे मुड़ी, तो देखा अपूर्व का चेहरा बिलकुल फक पड़ गया है, उसने कभी भारती को छुआ नहीं था, लेकिन अभी उसे यह होश ही नहीं था। बोला–'चलिए यहाँ से।'

'थोड़ी देर और ठहरिए।'

'नहीं, अब एक मिनट भी यहाँ नहीं रूकूँगा।' यह कहकर वह उसे बिलकुल जबरन बाहर ले आया। कमरे के अन्दर मानिक ढक्कन, बोतल और टूटी खुरचनी लिए हुए बहादुरी के साथ गरजने लगा–'खून करके उसे फाँसी पर चढ़ना पड़े, तो वह खुशी-खुशी फाँसी पर चढ़ जाएगा। वह देशो गुंडा का बेटा है, न वह जेल जाने से डरता है न फाँसी पर चढ़ने से।'

बाहर आकर अपूर्व वैसे ही भड़क उठा जैसे आग भड़कती है–'हरामजादा, मक्कार, पाजी, शराबी। जैसे पिशाचों का नरक बनाकर रख दिया गया हो। यहाँ कदम रखने में आपको नफरत महसूस नहीं हुई?'

भारती ने उसके मुँह की तरफ निहारा और धीरे-धीरे बोली–'नहीं। इसकी वजह यह है कि यह नरक इन लोगों ने नहीं बनाया है। ये लोग सिर्फ उसका प्रायश्चित कर रहे हैं।'

अपूर्व बोला–'नहीं, इन लोगों ने नहीं, मैंने बनाया है। उस लड़की की बात सुनी आपने। जैसे उसकी माँ ने कोई तीर्थ-यात्रा की हो। बेशर्म, बेहया, शैतान कहीं की। मैं कह देता हूँ, अगर फिर कभी आप यहाँ आएँगी, तो आपको पता चलेगा।'

भारती तनिक मुस्कुराकर बोली–'मैं म्लेच्छ ईसाई हूँ, मेरे यहाँ आने में क्या दोष है?'

अपूर्व ने गुस्सा करते हुए कहा–'आपके यहाँ आने में कोई दोष नहीं है? ईसाइयों के लिए क्या अच्छी-बुरी चीज नहीं है? क्या उन्हें अपने समाज को जवाब नहीं देना पड़ता?'

भारती ने जवाब दिया–'कौन है मेरा जिसे मैं जवाब दूँगी? कौन माथापच्ची करेगा मेरे लिए, आप ही कहिए?'

अपूर्व को सहसा उसकी बात का कोई जवाब ढूँढ़े न मिला, सिर्फ बोला–'यह सब आपकी चालाकी है। आप घर लौट चलिए।'

'मुझे और पाँच जगहों पर जाना है। आपको अच्छा न लग रहा हो तो आप लौट जाइए।'

'आपके यह कहने से ही क्या मैं आपको यहाँ छोड़कर जा सकता हूँ ?'

'अगर नहीं लौटना, तो मेरे साथ चलिए।' आँखें खोलकर यह देखना सीखिए कि एक आदमी दूसरे आदमी पर कितना अत्याचार कर रहा है। आप सोचते हैं कि सिर्फ छूत से अपने आपको बचाकर पवित्र बने रहेंगे और पुण्य बटोरकर एक दिन स्वर्ग चले जाएँगे,' ऐसा सोचिएगा भी नहीं' कहते-कहते भारती के मुँह का भाव कठोर और आवाज तीखी हो उठी। यह रूप और आवाज अपूर्व की जानी-पहचानी थी। भारती बोली–'उस लड़की की माँ और यदु का कसूर सिर्फ उन लोगों को सजा देने से ही खत्म होगा? आप उसका कोई नहीं है? कतई नहीं। जब तब मैंने डॉक्टर सा'ब को नहीं जाना था तब तक मैं भी ठीक इसी तरह सोचती आई थी। लेकिन आज मैं पक्का जानती हूँ कि इस नरक में जितना पाप जमा होगा उसकी जिम्मेदारी आपको भी स्वर्ग के दरवाजे से खींच लाएगी और इस नरक में आपको डुबोएगी। क्या मजाल आपकी कि इस पाप का कर्ज उतारे बिना आप छुटकारा पा जाएँ। हम लोग अपनी गरज से ही यहाँ आते हैं, अपूर्व बाबू। यही समझदारी हमारे 'पथ का दावा' की सबसे बड़ी साधना है, चलिए।'

अपूर्व ने निरीह और निस्पृह की भाँति कहा–'चलिए।' भारती की बात को वह न तो समझ ही सका, न उस पर विश्वास ही कर सका। कुछ दूर पर एक सागौन का पेड़ था, भारती उँगली के इशारे से उसे दिखाती हुई बोली–'वहाँ कई बंगाली परिवार रहते हैं चलिए।'

अपूर्व ने पूछा–बंगालियों के अलावा दूसरी जातियों के बीच आप लोग काम नहीं करती हैं?'

भारती बोली–'हाँ, हम दूसरी जातियों के बीच भी काम करती हैं। हमें सभी की जरूरत है, लेकिन प्रेसिडेंट को छोड़कर और कोई सबकी भाषा नहीं जानता। वे स्वस्थ रहतीं तो यह काम वे ही करतीं, मैं नहीं।'

'वे भारतवर्ष की सभी भाषाएँ जानती हैं?'

'हाँ।' वे भारत की सभी भाषाएँ जानती हैं।'

'और डॉक्टर सा'ब?'

भारती हँसकर बोली–'डॉक्टर सा'ब के बारे में जानकारी हासिल करने की आपको बड़ी उत्सुकता है। आप यह विश्वास क्यों नहीं कर सकते हैं कि जो कुछ

भी जानने लायक है वे उसे जानते हैं, और जो भी करने लायक है वे उसे कर सकते हैं। हममें से कोई यह नहीं जानता कि किसने उनका नाम सव्यसाची रखा था। मगर दुनिया में ऐसा कुछ भी नहीं है जिसे वे कर नहीं सकते और न ही ऐसा कुछ है जिसे वे नहीं जानते।' यह कहकर वह अपने मन से चलने लगी, लेकिन उसके पीछे अपूर्व सहसा ठिठककर खड़ा हो गया। उसके मुँह से गहरी आह निकली। अचानक यह बात उसके कलेजे में उद्वेलित हो उठी कि इस अभागे पराधीन देश में एक इतने बड़े व्यक्ति का कोई मूल्य नहीं है, किसी भी आदमी के हाथों किसी भी पल वह कुत्ते-बिल्लियों की तरह मारा जा सकता है। दुनिया के नियमों में इतना निष्ठुर अन्याय क्या दूसरा है? मंगलमय भगवान अगर यही सच्चाई है, तो यह किसके और किस पाप की सजा है?

दोनों एक घर में आकर घुसे। भारती ने पुकारा—'पँचकौड़ी, कैसे हो आज?'

अँधेरे कोने से आवाज आई, 'आज जरा अच्छा हूँ।' यह कहकर एक बूढ़ा-सा आदमी अपना दाहिना हाथ ऊँचा किए सामने आकर खड़ा हो गया। उसके पूरे हाथ में कोई मलहम लगा हुआ था। बोला—'बेटी, लड़की को आँव पड़ रही है, बहुत लहू जा रहा है, वह शायद बचेगी नहीं। लड़का कल से तेज बुखार में बेहोश पड़ा हुआ है। एक पैसा भी नहीं है पास में कि कोई दवा खरीद दूँ, या एक कटोरा साबूदाना-बार्ली बनाकर खिलाऊँ।' उसकी दोनों आँखें छलछलाने को आईं।

अपूर्व के मुँह से अचानक निकल पड़ा—'पास में पैसा क्यों नहीं है?'

इस अपरिचित व्यक्ति को उस आदमी ने कई पल चुपचाप देखा और बोला—'घिरनी की जंजीर गिर जाने की वजह से मेरा दाहिना हाथ टूट गया है, महीने भर से काम पर नहीं जा सका हूँ; पैसा पास में रहेगा कैसे सा'ब?'

अपूर्व ने प्रश्न किया—'कारखाने का मैनेजर इसके लिए इन्तजाम नहीं करता है?'

पँचकौड़ी ने बाएँ हाथ से एक बार अपने माथे को छुआ और बोला—'दिहाड़ी मजदूरों के लिए भला मैनेजर इन्तजाम करेगा! इतने में ही वह कह रहा है कि काम नहीं कर सकते हो तो घर खाली कर दो। फिर जब अच्छे हो जाओगे तब आना—काम दूँगा। इस हालत में मैं कहाँ जाऊँ, कहिए तो सा'ब? छोटे मैनेजर का हाथ-पाँव पकड़कर ज्यादा-से-ज्यादा और सप्ताह भर रह सकूँगा। बीस बरसों से काम कर रहा हूँ सा'ब, ये लोग ऐसे नमकहराम हैं।'

उसकी बात सुनकर अपूर्व गुस्से के मारे आगबबूला हो गया। उसका मन करने लगा कि मैनेजर मिल जाए, तो वह उसका कान पकड़कर उसे खींचता हुआ लाकर दिखाए कि जिन लोगों ने अपने अच्छे दिनों में तुम्हें लाखों रुपए कमाकर दिए थे वे लोग आज अपने बुरे दिनों में क्या दुख भुगत रहे हैं। अपूर्व के घर

के पास बैलगाड़ियों का अड्डा था, उसे याद आया, बैलों की एक जोड़ी ने जीवन भर बोझ ढोया था, पर अन्त में जब वे दोनों बैल बूढ़े और लाचार हो गए तो उनके मालिक ने उन्हें कसाईखाने में बेच दिया था। इस क्रूरता को दूर करने का कोई उपाय नहीं है, लोग इस क्रूरता को दूर नहीं करते, अगर कोई इस क्रूरता को दूर करना चाहता है, तो सब उसे पागल कहकर उसकी हँसी उड़ाते हैं। जब भी वह उस रास्ते से होकर गुजरा तभी यह सोचकर उसकी आँखों में पानी आ गया था कि धन की प्यास से इस बर्बर निष्ठुरता से आदमी अपने आपको हर दिन कितना छोटा बनाता आ रहा है। सहसा भारती की बात को याद करके वह मन-ही-मन बोला–'बात तो सही है। कौन कहाँ क्या कर रहा है, मैं तो नहीं करता या ऐसा ही तो होता है, ऐसा तो हमेशा से होता आ रहा है। इसी वजह से तो इतनी बड़ी कमी का कोई किसी को जवाब नहीं देता। बैल-घोड़ा तो सिर्फ बहाना है। यह टूटे हाथवाला पँचकौड़ी भी तो वैसा ही है। उन सबकी जो अपने को बचा न पाने की वजह से जान दे रहा है, जो कमजोर होने के कारण सताया जा रहा है, जो लाचार होने की वजह से बेशर्मी से ठगा जा रहा है, जो अपनी चित्तवृत्ति को मार रहा है। यह जो रातभर होनेवाला आत्महत्या का उत्सव चल रहा है' इसकी बत्ती कब बुझेगी? इस नेस्तनाबूद कर देनेवाले पागलपन का अन्त किस उपाय से होगा? मरने के पहले क्या उनकी चेतना नहीं लौटेगी?

कमरे के एक किनारे मैले चिथड़े-चिथड़े हुए बिस्तर पर लड़के-लड़कियाँ मरणासन्न जैसे पड़े हुए थे। भारती करीब जाकर उन लोगों के बदन पर हाथ रखकर जाँचने लगी। अपूर्व डर के मारे वहाँ नहीं जा सका। लेकिन गरीब, बीमार दोनों बच्चों का नीरव दुख उसके कलेजे के अन्दर जैसे हथौड़े से वार करने लगा। वह वहीं खड़े-खड़े उमड़ते जोश से अपने आपसे कहने लगा–यही तो है दुनिया। इसी ढंग से तो दुनिया का सारा काम हमेशा से होता आ रहा है। लेकिन यह कैसी युक्ति है। दुनिया क्या सिर्फ अतीत के लिए ही है! आदमी क्या अपने पुराने संस्कार को लेकर अडिग रहेगा। क्या किसी नई चीज की कल्पना नहीं करेगा। उन्नति करना क्या खत्म हो गया है। जो बीत चुका है, जिसका अस्तित्व नहीं है सिर्फ उसी की इच्छा करना, उसी का नियम मानना आदमी का सारा भविष्य है। आदमी दरवाजा बन्द करके सारे आँधी-तूफान से बचकर सारा जीवन हमेशा राज करेगा!

'चलिए।'

अपूर्व ने चौंककर देखा, भारती है। पँचकौड़ी चुपचाप मुँह लटकाए खड़ा था, भारती ने स्निग्ध स्वर में उससे कहा–'तुम डरो मत। ये लोग अच्छे हो जाएँगे। कल सवेरे ही मैं डॉक्टर, दवा, पथ्य–सब भेज दूँगी।'

भारती की बात खत्म भी नहीं हुई थी कि अपूर्व अपनी जेब में हाथ डालकर रुपया निकाल रहा था। उसके उस हाथ को भारती ने हाथ बढ़ाकर धर दबोचा और रोक दिया। पँचकौड़ी की नजर दूसरी तरफ थी, वह यह नहीं देख सका, मगर अपूर्व ने इसका कारण नहीं समझा। तब भारती ने अपने ब्लाउज के पॉकेट से चवन्नी निकालकर उसके हाथ में दी और कहा–'बच्चों के लिए एक आने की मिसरी, एक आने का साबूदाना लाना और बाकी दो आने का चावल-दाल लाकर इस वक्त खाओ, पँचकौड़ी, मैं कल तुम्हारे लिए इन्तजाम कर दूँगी। अभी हम लोग चलें।' यह कहकर वह अपूर्व को लेकर बाहर निकल आई।

रास्ते पर आकर अपूर्व ने खिन्न होकर कहा–'आप तो बड़ी कंजूस हैं। आपने न मुझे ही देने दिया और न खुद ही दिया।'

भारती बोली–'मैंने तो दिया न।'

'इसे देना कहते हैं? उसके इस बुरे वक्त में पाई-पैसे का हिसाब करके सिर्फ चार आने देना तो उसका अपमान करना है।'

भारती ने पूछा–'आप कितना देना चाहते थे?'

अपूर्व ने यह तय नहीं किया था कि वह कितना देता, बहुत संभव था जितना हाथ में आता, दे देता। लेकिन सोचकर बोला–'मैं तो कम-से-कम पाँच रुपए देता।'

भारती जीभ निकालकर बोली–'अरे बाप रे! तब तो आप बंटाधार करते। बाप तो शराब पीकर रात-भर बेहोश पड़ा रहता और दोनों बच्चे मर जाते।'

'वह उन पैसों से शराब पीता?'

'हाँ, वह तो शराब पीता ही। दुनिया में कौन ऐसा असाधारण व्यक्ति है जो रुपया मिलने पर शराब नहीं पीता?'

अपूर्व थोड़ी देर तक अभिभूत की भाँति स्तब्ध रहा, फिर बोला–'आप तो बात-बात में मजाक करती हैं। यह क्या कभी सही हो सकता है कि बीमार बच्चों के इलाज के रुपए से बाप शराब खरीदकर पिएगा?'

भारती बोली–'मैं सही कहती हूँ। इसके लिए आप मुझे जिस देवता की कसम खाने को कहेंगे मैं उसकी कसम खाऊँगी–माँ मनसा की कसम–' वह अचानक हँस पड़ी, लेकिन तुरन्त अपने आपको संयत किया और बोली–'ऐसा नहीं होता, तो मैं दानी का हाथ दबोचकर दुखी को रुपया पाने से वंचित नहीं कर देती। अच्छा आप सच-सच बताइए तो, मैं क्या इतनी गई-गुजरी हूँ?'

'इनकी माँ नहीं है?'

'नहीं।'

'कहीं कोई रिश्तेदार भी नहीं हैं शायद?'

भारती बोली–'होंगे भी तो काम नहीं आएँगे। दस-बारह बरस पहले पँचकौड़ी एक बार अपने गाँव गया था, वहाँ अपने किसी पड़ोसी की विधवा लड़की को बहला-फुसलाकर यहाँ ले आया था। ये दोनों बच्चे उसी के हैं। दो साल हुए, फाँसी लगाकर उसने दुनिया के दुख-दर्द से छुटकारा पा लिया है। यही है पँचकौड़ी का संक्षिप्त इतिहास।'

अपूर्व ने आह भरी, कहा–'यह तो नरक ही है।'

भारती ने सिर हिलाकर बड़ी सहज आवाज में कहा–'इसमें भला दो राय हो सकती हैं। मगर मुश्किल यह हुई है कि ये सब भाई-बहन हैं। ये खून के रिश्ते को इनकार कर भी दें तो भी इन्हें छुटकारा नहीं मिलनेवाला अपूर्व बाबू। वे जो ऊपर बैठे है न, वे वहाँ से सब कुछ देख रहे हैं, वे इनसे पाई-पाई का हिसाब वसूल कर लेंगे, तब जाकर वे इन्हें छोड़ेंगे।'

अपूर्व ने गम्भीर होकर कहा–'अब लग रहा है कि यह बिलकुल असंभव नहीं है।' थोड़ी देर पहले जब वह पँचकौड़ी के घर के अन्दर खड़ा था तब जो विचार उसे याद आए थे वे सभी के सभी फिर एक बार उसके मन के अन्दर बिजली की गति से बह गए–'जब मैं भी आदमी हूँ तब मेरी भी तो जिम्मेदारी है।'

भारती ने हामी भरी, बोली–'पहले-पहले मैं भी नहीं देख पाती थी, गुस्सा करती थी, झगड़ा करती थी, इन अनजान, दुखी, दुर्बल-चित्त भाई-बहनों के कन्धों पर असहनीय पापों का बोझ रोज-रोज कौन चढ़ा रहा है, पर अब साफ देख पाती हूँ अपूर्व बाबू।'

बगल के कमरे में एक उड़िया मिस्त्री रहता है, उसकी बगल के कमरे से बीच-बीच में तेज हँसी और शोरगुल आ रहा था। पँचकौड़ी के कमरे के अन्दर जब अपूर्व था तब भी यह उसे सुनाई पड़ा था। उसी कमरे में दोनों आ उपस्थित हुए। भारती को ये लोग पहचानते थे, सभी ने एक स्वर में उसकी आवभगत की। एक आदमी भागता हुआ गया और एक तिपाई और एक बेंत का मूढ़ा लाकर दोनों को बैठने के लिए दिया। नंगे लकड़ी के फर्श पर बैठकर छह-सात मर्द और आठ-दस औरतें मिलकर शराब पी रहे थे। बीच में एक टूटा-फूटा हारमोनियम और तबला था, तरह-तरह के आकार की रंग-बिरंगी खाली बोतलें चारों ओर लुढ़क रही थीं। एक बूढ़ी-सी औरत नशे में धुत्त होकर सोई पड़ी थी, उसे नंगी ही कहा जा सकता था। पचीस-छब्बीस से लेकर साठ साल तक के मर्द-औरत बैठे हुए थे–आज रविवार है। मर्दों की छुट्टी का दिन। प्याज-लहसुन की तरकारी की महक के साथ घुली सस्ती जर्मन शराब की महक अपूर्व की नाक में लगी,

तो उसे मतली आ गई। एक कमसिन औरत के हाथ में शराब का गिलास था। वह शायद अब तक परिपक्व नहीं हो पाई थी, हो सकता है, वह थोड़े ही दिन पहले घर छोड़कर आई हो। उसने बाएँ हाथ से जोर से अपनी नाक दबाई और गिलास को मुँह से लगाकर शराब गटक गई। उसके बाद तख्ते की झिरी से थूकने लगी। एक मर्द ने जल्दी से उसके मुँह में थोड़ी-सी तरकारी डाल दी। बंगाली औरत को अपनी आँखों के सामने शराब पीते देखकर अपूर्व जैसे सिटपिटा गया। लेकिन उसने कनखियों से निहारा, तो देखा—इतने वीभत्स दृश्य से भी भारती के चेहरे पर विरक्ति का नामोनिशान तक नहीं था। वह इसकी आदी हो चुकी है। लेकिन थोड़ी देर बाद घर के मालिक की फरमाइश पर जब टूनी ने गाना शुरू किया और जब यही यमुना है वह यमुना और जब बगल के एक आदमी ने हारमोनियम खींच लिया और खामखा उसका एक परदा दबाए रखकर जी-जान से भाथी चलाना शुरू किया, तो भारती को शायद इतना भार बर्दाश्त नहीं हुआ। वह व्यस्त होकर बोल उठी—'मिस्त्री, कल हमारी मीटिंग है, शायद तुम यह भूले नहीं होंगे। मीटिंग में जाना ही होगा।'

'जाना तो होगा ही दीदी।' यह कहकर काला चाँद ने एक गिलास शराब गटक ली।

भारती ने कहा—'बचपन में पढ़ा है न तुमने कि पुआल से बनाई रस्सी से हाथी बाँधा जा सकता है। एक हुए बिना तुम लोग कभी कुछ नहीं कर सकोगे। सिर्फ तुम्हीं लोगों के भले के लिए सुमित्रा दीदी कितनी मेहनत करती हैं, बताओ तो!'

इस बात पर सबने एक स्वर से हामी भरी। भारती कहने लगी—'तुम लोगों के बिना इतना बड़ा कारखाना क्या एक दिन भी चल सकता है? तुम्हीं लोग तो इसके सचमुच के मालिक हो, यह तो सीधी बात है, काला चाँद, पर तुम लोग यह न समझना चाहो, तो क्या हो सकता है।'

सभी ने कहा—'आप ठीक कह रही हैं। वे लोग कारखाना नहीं चलाएँगे तो मौज कैसे उड़ाएँगे।'

भारती बोली—'हालाँकि तुम लोगों को कितनी तकलीफ भुगतनी पड़ती है, एक बार सोचकर देखो तो। साहब लोग तुम लोगों को जब-तब बिना किसी कसूर के लात-जूते मारकर नौकरी से निकाल देते हैं। यही बगल के कमरे में देखो, काम करते वक्त पँचकौड़ी का हाथ टूट गया, इस वजह से उसे खाने को दो रोटियाँ नहीं मिलती हैं, उसके दोनों लड़के-लड़कियाँ दवा-दारू के अभाव में मरे जा रहे हैं। बड़ा साहब उसे घर से भी निकाल देना चाहता है। ये लोग करोड़ों रुपए का

मुनाफा कमाते हैं, किसकी बदौलत? और तुम लोगों को कितना मिलता है? उस दिन छोटे साहब ने श्यामलाल को धकेलकर नीचे गिरा दिया, नतीजतन वह आज तक अस्पताल में है। तुम लोग इसे क्यों बर्दाश्त करोगे? एक बार सभी एक होकर खड़े हो जाओ और जोर से कहो–यह जुल्म अब हम लोग बर्दाश्त नहीं करेंगे। कैसे वे तुम लोगों पर हाथ उठाने की हिम्मत करते हैं, देखूँ। सिर्फ एक बार तुम अपनी सचमुच की ताकत को पहचानो–हम लोग तुम लोगों से और कुछ भी नहीं चाहते काला चाँद।'

एक शराबी अब तक मुँह बाए सुन रहा था। वह बोला–'बाप रे, हम लोग क्या कुछ नहीं कर सकते हैं? एक ऐसा बोल्ट ढीला करके रख दे सकता हूँ कि आधा कारखाना तहस-नहस हो जाएगा।'

भारती डरती हुई बोल उठी–'नहीं, नहीं दुलाल, ऐसा काम कभी मत करना। इससे तुम्हीं लोगों का नुकसान होगा। हो सकता है, लोग मारे जाएँ। हो सकता है...नहीं, नहीं, ऐसी बात सपने में भी मत सोचना दुलाल। इससे बड़ा पाप दूसरा नहीं है।'

जैसे शराबी हँसता है वह आदमी वैसे ही हँसकर बोला–'नहीं, मैं क्या यह नहीं जानता हूँ? यह तो बात की बात है? भला हम लोग कहीं ऐसा कर सकते हैं?'

भारती कहने लगी–'तुम लोगों को सही रास्ते पर, सचमुच के रास्ते पर खड़ा होना होगा–जब तुम लोग ऐसा करोगे तभी तुम लोगों को वह सब कुछ मिलेगा जो तुम लोग पाना चाहते हो। तुम लोग उन लोगों से ढेर सारे रुपए पाओगे? तुम लोगों को अपना पाई-पाई वसूलना होगा।'

औरत-मर्द इसी को लेकर शोरगुल करने लगे। भारती बोली–'शाम हो रही है, अभी और एक जगह मुझे जाना पड़ेगा। अभी हम लोग जाते हैं। लेकिन कल मीटिंग है यह भूल मत जाना। कल आना ही है।' यह कहकर वह उठ खड़ी हुई।

काला चाँद के अड्डे पर जो कुछ हुआ था वह अपूर्व को बेहद बुरा लगा था। मगर अन्त में जो बातचीत हुई उससे उसकी विरक्ति की सीमा नहीं रही। जब वह बाहर आया, तो बेहद गुस्सा करके बोला–'तुमने इन लोगों से ऐसी बातें कहीं?'

भारती ने पूछा–'कौन-सी बातें?'

अपूर्व बोला–'वह मुआ, हरामजादा, शराबी। दुलाल ही नाम है न उसका? उसने क्या कहा, तुमने सुना न? मान लो ये सारी बातें साहबों के कानों में पहुँचे तो?'

'ये सारी बातें उनके कानों में पहुँचेंगी कैसे?'

'अरे, ये लोग उन्हें सारी बातें बता देंगे। ये लोग क्या दूध के धुले हैं? शराब के नशे में धुत्त होकर ये लोग कब कौन हरकत कर बैठें—इसका कोई ठीक है! तब सारा कसूर तुम्हारे मत्थे मढ़ दिया जाएगा। हो सकता है, साहब कहें कि तुम्हीं ने इन लोगों को पट्टी पढ़ाई है।'

'लेकिन यह तो सरासर झूठ है।'

अपूर्व ने अधीर होकर कहा—'हाँ, यह सरासर झूठ है। पर इससे क्या? अरे, अँगरेजों के राज में क्या कभी किसी को झूठ की वजह से जेल की सजा नहीं हुई है? अँगरेजों का राज तो झूठ की ही नींव पर खड़ा है।'

भारती बोली—'तो यही न होगा कि मुझे भी जेल की सजा मिलेगी। मिलेगी, तो मिलेगी।'

अपूर्व बोला—'कहने को तो तुमने कह दिया कि मुझे जेल की सजा मिलेगी तो मिलेगी। नहीं, नहीं, ऐसा नहीं हो सकता है। तुम यहाँ फिर कभी नहीं आओगी—कभी नहीं आओगी।'

एक आदमी से काम था।

लेकिन जब उसके दरवाजे पर ताला लगा देखा, तो दोनों उसी रास्ते लौट पड़े। जब दोनों काला चाँद के घर के करीब आए, तो देखा, 'यही यमुना है वही यमुना' वाला गाना रुक गया था, उसके बदले नशे में चूर लोगों के बीच बड़े जोर-शोर से बहस चल रही थी। एक औरत ने नशे में धुत्त होकर अपने पति के शोक में रोना शुरू किया था, दूसरी औरत उसे यह कहकर दिलासा दे रही थी कि गाँव की बात कहने से कोई फायदा नहीं—यहीं तुझे फिर सब कुछ मिलेगा, बल्कि तू मन्नत मानकर हर पूर्णिमा में सत्यनारायण की कथा सुना कर। बहुतेरे यह कहकर झगड़ा कर रहे थे कि ये ईसाई लड़कियाँ कारखाने में हड़ताल करवा देना चाहती हैं। अगर कारखाने में हड़ताल हो जाएगी तो उन लोगों की तकलीफों की कोई सीमा नहीं रहेगी। उन लोगों को लाइन के घरों में अब नहीं आने देना चाहिए। काला चाँद मिस्त्री समझाकर कह रहा था कि वह बेवकूफ नहीं है, वह सिर्फ यह देख रहा है कि इनकी दौड़ कहाँ तक है। एक बड़ी सावधान औरत ने सलाह दी कि मुन्ना साहब को इसी वक्त सावधान कर देना अच्छा है।

अपूर्व भारती को वहाँ से जबरन खींचकर दूर ले गया और कड़वी आवाज में बोला—'और करोगी इन लोगों का भला? नमकहराम, हरामजादे, पाजी, मक्कार कहीं के। उफ, बगल के घर में दो अनाथ लड़के-लड़कियाँ मर रहे हैं, कोई उनकी ओर नजर उठाकर नहीं देखता। इसी को तो नरक कहते हैं। नरक और कहाँ है?

भारती उसके मुँह की तरफ निहारकर बोली—'अचानक क्या हुआ आपको?'

अपूर्व बोला—'मुझे तो कुछ नहीं हुआ है। मैं जानता था। मगर तुमने सुना या नहीं, तुम्हीं बताओ।'

भारती बोली—'इसमें नया कुछ नहीं है। ऐसा तो हम लोग रोज सुनते हैं।'

अपूर्व गरज उठा—'ऐसी शैतानी? ऐसी कृतघ्नता? तुम इन लोगों को अपने दल में शामिल करना चाहती हो? इन्हें संगठित करना चाहती हो? तुम इन लोगों का भला करना चाहती हो?'

भारती की आवाज में कोई उत्तेजना प्रकट नहीं हुई। वह जरा उदासी-भरी हँसी हँसकर बोली—'ये कौन लोग हैं, अपूर्व बाबू? जो यह हैं वही तो हम हैं। इनमें और हममें कोई फर्क नहीं है। जब आप यह छोटी-सी बात भूलते हैं तभी आप से गड़बड़ होती है और जहाँ तक भला करने की बात है, अगर भला करना नामक कोई शब्द दुनिया में है, और अगर उसका कोई मतलब है, तो वह यहीं सार्थक होता है। डॉक्टर सा'ब का तो भला नहीं किया जा सकता है अपूर्व बाबू।'

अपूर्व ने इस बात का कोई जवाब नहीं दिया।

दोनों चुपचाप फाटक को पार करके फिर उसी बर्मी मुहल्ले के अन्दर से होकर बाजार के रास्ते से घूमकर बड़े रास्ते पर आ गए। तब तक शाम ढल चुकी थी, लोगों के घरों में बत्तियाँ जल गई थीं। रास्ते के दोनों किनारे शाम के वक्त लगनेवाले बाजार में छोटी-छोटी दुकानें खुल गई थीं, खरीद-फरोख्त शुरू हो गया था—इसी के बीच से होकर भारती लम्बा घूँघट काढ़कर चुपचाप तेज कदमों से पैदल चली। अन्त में बस्ती खत्म होने के बाद जहाँ दलदल और मैदान शुरू हुआ वहाँ तिराहे पर आकर उसने पीछे निहारकर कहा—'आप अपने डेरे जाएँगे, तो शहर जाने के लिए यही दाईं तरफवाला रास्ता है।'

अपूर्व अन्यमनस्क हो गया था, पूछा—'आपका क्या कहना है?'

भारती बोली—'तो इतनी देर बाद आपका दिमाग ठंडा हुआ है। अब जाकर आपको याद आया कि किसे क्या कहकर सम्बोधित करना चाहिए।'

'इसका मतलब?'

इसका मतलब यह है कि गुस्सा होने की वजह से इतनी देर तक आपको यह समझ नहीं थी कि आप और तुम सम्बोधन में क्या फर्क है। अब जाकर आपकी समझ लौटी।

अपूर्व ने बेहद शर्मिन्दा होकर अपनी गलती कबूल की और बोला—'आपने गुस्सा तो नहीं न किया है?'

भारती हँस पड़ी बोली—'अगर जरा-सा गुस्सा किया भी है मैंने, तो क्या होता है? चलिए।'

'फिर जाऊँगा?'

'आप नहीं जाएँगे, तो क्या मैं अँधेरे रास्ते से अकेले जाऊँगी?'

अपूर्व ने फिर कुछ नहीं कहा। आज उसके मन के अन्दर ढेरों जहर, बड़ी आग धू-धू करके जल रही थी। शराबियों की बातें वह किसी भी सूरत में भूल नहीं पा रहा था। चलते-चलते अचानक वह कटु स्वर में बोल उठा–'यह सब है सुमित्रा का काम, आपको वहाँ सरदारी करने के लिए जाने की क्या जरूरत है? कौन कहाँ क्या कर बैठेगा, और आपको लेकर खींचतान शुरू हो जाएगी।'

भारती बोली–'मुझको लेकर खींचतान शुरू हो जाएगी, तो हो जाए।'

अपूर्व बोला–'वाह रे, आपने कह दिया और बात खत्म! असली बात यह है कि सरदारी करना आपका स्वभाव है। मगर और भी तो जगहें हैं जहाँ सरदारी की जा सकती है।'

'पर आप एक भी ऐसी जगह दिखा दीजिए न जहाँ मैं सरदारी कर सकूँ।'

'मुझे क्या गरज पड़ी है कि मैं आपको वह स्थान दिखाऊँ।'

एक जगह पर रास्ते की खुदाई करके उसकी मरम्मत की जा रही थी। जाते वक्त दिन में कोई तकलीफ नहीं हुई थी। लेकिन अभी दोनों किनारों के धुँधची के पेड़ों के नीचे खुदा हुआ रास्ता अँधेरे में बिलकुल दुर्गम हो उठा था। भारती ने हाथ बढ़ाकर अपूर्व का बायाँ हाथ कसकर पकड़ा और बोली–'मेरा सरदारी करने का स्वभाव तो नहीं जाएगा अपूर्व बाबू, कुछ न कुछ तो करना ही होगा, लेकिन आप-जैसे अनाड़ी पर सरदारी कर पाऊँ, तो मैं और सब कुछ छोड़ दे सकती हूँ।'

'आपसे बातों में जीतने की गुंजाइश नहीं।' यह कहकर वह सावधानी से राह चलने लगा।

सोलहवाँ परिच्छेद

अगले दिन तीसरे पहर सुमित्रा के नेतृत्व में जो सभा फरा के मैदान में बुलाई गई उसमें ज्यादा लोग जमा नहीं हुए और भाषण देने का वादा करनेवालों में से भी बहुत-से लोग नहीं आ सके। विभिन्न कारणों से सभा की कार्रवाई शुरू करने में देरी हुई और रोशनी का इन्तजाम न होने की वजह से शाम के तुरन्त बाद ही सभा भंग कर देनी पड़ी। खुद सुमित्रा के भाषण के अलावा शायद इस सभा में कोई भी उल्लेखनीय बात नहीं हो पाई। लेकिन इसी वजह से यह भी नहीं कहा जा सकता कि 'पथ का दावा' का यह पहला प्रयास बेकार हो गया, क्योंकि एक मुँह से दूसरे मुँह चारों तरफ के मजदूरों में भी जैसे इस बात का प्रचार होना बाकी नहीं रहा वैसे ही कारखाने के पदाधिकारियों के कानों में भी यह बात पहुँचने में देर नहीं हुई। जैसे भी हो, हर जगह यह बात फैल गई कि सारी दुनिया का चक्कर लगाकर आई कोई बंगाली औरत अन्त में बर्मा आ पहुँची है और जैसा उनका रूप है, वैसी ही उनमें शक्ति है, किसकी मजाल है कि कोई उन्हें रोके। उन्होंने अपने ही मुँह से खुलेआम यह कह सुनाया है कि कैसे वे अँगरेजों का कान पकड़कर मजदूरों के लिए हर तरह की सुख-सुविधा हासिल कर लेंगी और मजदूरों की मजदूरी दुनी करवा देंगी। जानकारी न मिलने की वजह से जो लोग उस दिन मौजूद होकर खुद उनके मुँह से सारी बातें नहीं सुन सके थे, वे लोग अगले शनिवार को मैदान में पहुँचें।

बीस-पच्चीस कोस के अन्दर जितने कल-कारखाने थे उनमें यह खबर जंगल की आग की तरह फैल गई। सुमित्रा को भला कितने लोगों ने देखा होगा, लेकिन उनके रूप और शक्ति की ख्याति अतिरंजित, बल्कि अमानवीय होकर जब लोगों के कानों में पहुँची तो इन अनपढ़ मजदूरों के अन्दर जैसे एक हलचल मच गई। दुनिया में जो हमेशा जुल्म के शिकार होते हैं, जो सताए जाते हैं, कमजोर होने की वजह से जिन्हें सबके द्वारा आदमी के सहज अधिकारों से वंचित किया जाता है, उन्हीं लोगों के देवता और दैव पर सबसे ज्यादा विश्वास होता है। सुमित्रा के बारे में कही हुई बातें उन लोगों को जरा भी असंगत महसूस नहीं हुईं। एक तरह

से यह लगभग तय हो गया कि एक रोज काम पर न जाकर शनिवार के दिन फरा के मैदान में हाजिर होना ही है। उनकी बातों और नसीहतों के अन्दर यदि पारस-पत्थर की-सी कोई चीज है जिससे दिहाड़ी मजदूरों की दुख-भरी तकदीर रातोरात, बिलकुल जादू की तरह सौभाग्य की चमक से लाल हो उठेगी तब तो, चाहे जैसे भी हो, उस दुर्लभ चीज को उन लोगों को बटोरकर लाना ही होगा।

उस दिन तीसरे पहर सभा में भाषण देनेवालों की कमी की वजह से जब भाषण देने के लिए अपूर्व से भी अनुरोध किया गया था तो लाचार होकर उस जैसे अनाड़ी को भी खड़ा होकर दो-चार शब्द कहने पड़े थे। उसने कभी कोई भाषण नहीं दिया था, इस वजह से भी उसे बेहद बुरा लगा था और इसलिए वह मन-ही-मन बेइंतहा शर्मिन्दा भी हुआ था। मगर आज अचानक जब उसे यह खबर मिली कि उन लोगों का उस दिन का भाषण बेकार तो हुआ ही नहीं था, बल्कि उसका नतीजा यह हुआ है कि कारीगरों ने सारे कल-कारखानों का काम बन्द करके उन लोगों की अगली सभा में उपस्थित होने का संकल्प किया है तो गौरव और आत्मसन्तोष के आनन्द से उसकी छाती चौड़ी हो गई। उस दिन वह अपनी बात को अच्छी तरह से नहीं कह सका था, लेकिन उसका डर दूर हो गया था। बहुत-से लोगों के बीच उठकर भीड़ को सम्बोधित करने में जो नशा है उसका स्वाद उसने उस दिन चखा था। आज ऑफिस आया तो सुमित्रा की चिट्ठी पाकर वह उत्तेजना से चंचल हो उठा, क्योंकि सुमित्रा ने अपनी चिट्ठी में उसकी तारीफों के पुल बाँधते हुए उसे अगली सभा में फिर से भाषण देने के लिए कहा था। वह ऑफिस के कामों में मन नहीं लगा सका। वह मन-ही-मन यही रिहर्सल करने लगा कि कैसे और भी विस्तार से, कैसे और भी जोर-शोर से, कैसे और भी सुन्दर ढंग से बोला जा सकता है। आज दोपहर में जब वह टिफिन करने बैठा, तो उसने रामदास से यह बात कह डाली। एक दिन उसी के चलते उसने भारती को अपमानित किया था, तब से लेकर आज तक उससे जरा-सा भी सम्पर्क के बारे में रामदास से कहने में अपूर्व को बेहद शर्म आती थी। जिस दिन अदालत में जुर्माना हुआ था उस दिन से लेकर आज तक कितने दिन बीत गए हैं, पर रामदास सिर्फ इतना ही जानता था कि वह बड़ा बर्बर साहब चल बसा है, उसकी बंगाली पत्नी गुजर गई है और उन लोगों की वह शैतान ईसाई लड़की घर छोड़कर पता नहीं कब चली गई है। लेकिन उसे इसकी कोई खबर नहीं मिली थी कि इस अवधि में उसी गृहविहीन लड़की के साथ गुप्त रूप से उसके ऊबड़-खाबड़ जीवन में कितना बड़ा काव्य और कितना बड़ा दुख का इतिहास बड़ी तेज गति से रचा जा रहा था। आज पुलक के आधिक्य में जब अपूर्व सारी बातें ब्योरेवार कहने लगा,

तो रामदास उसके मुँह की तरफ निहारता हुआ चुपचाप बैठा रह गया। भारती, सुमित्रा, डॉक्टर सा'ब, नवतारा यहाँ तक कि उस शराबी तक का उल्लेख करके उसने उन लोगों के 'पथ का दावा' का कार्य और उद्देश्य कह सुनाया और जब उस दिन के लाइन के घरों में जाने का ब्योरा एक-एक करके देने लगा तब तक भी रामदास ने एक प्रश्न नहीं किया। एक दिन देश के वास्ते रामदास ने जेल की सजा भुगती थी, बेंत खाया था, हो सकता है और भी कितना जुल्म भुगता हो, सिर्फ उसी एक दिन को, जिसका कोई वर्णन अपूर्व कभी रामदास से नहीं सुन पाया था, उसने कल्पना में बढ़ा लिया था और ऑफिस में बड़ा होते हुए भी अपने आपको हमेशा ही छोटा समझे बिना वह नहीं रह सकता था। ओछापन उसमें नहीं था, रामदास उसका दोस्त था, दोस्त के प्रति उसके मन में कोई बैर नहीं था। लेकिन वह मन से यह विचार भी नहीं निकाल सकता था कि वह बड़ा है और रामदास छोटा है। यों ही इन दो सालों में घनिष्ठता के बीच में भी दूरी की प्राचीर खड़ी होती जा रही थी। आज उसने सुमित्रा की चिट्ठी रामदास की नजरों के सामने रख दी और अपने आपको 'पथ का दावा' का एक खास सदस्य और देश के काम में लगा व्यक्ति कहकर एक ही पल में अपने दोस्त के बराबर हो गया।

वह चिट्ठी अँगरेजी में लिखी हुई थी, तलवरकर ने उस चिट्ठी को शुरू से लेकर आखिर तब दो बार चुपचाप पढ़ा और मुँह उठाकर पूछा–'हाल्दार बाबू, ये सब बातें आपने मुझे क्यों नहीं बताई थीं?'

अपूर्व बोला–'मैं आपको ये सब बातें बताता, तो भी क्या आप पहले कभी हम लोगों के साथ शामिल होते?'

तलवरकर बोला–'आप मुझसे यह क्यों पूछ रहे हैं? मुझे तो आपने शामिल होने के लिए बुलाया नहीं था।'

उसकी आवाज में अभिमान का एक अत्यन्त स्पष्ट सुर था, जो अपूर्व के कानों में गूँजा। वह थोड़ी देर तक चुप रहा, फिर बोला–'इसकी वजह है रामदास बाबू। आप तो यह जानते हैं कि ऐसे कामों को करने में कितनी बड़ी जिम्मेदारी निभानी पड़ती है, इस सिलसिले में मन में कितनी शंकाएँ पैदा होती हैं। आप शादीशुदा हैं, आपकी बेटी है, पत्नी है। आप घर-गिरस्ती वाले हैं। इसीलिए मैंने आपको इस तूफान के बीच नहीं बुलाना चाहा था।'

तलवरकर ने विस्मित होकर कहा–'घर-गिरस्तीवालों को देश की सेवा करने का अधिकार नहीं है? जन्मभूमि क्या आप ही लोगों की है, हम लोगों की नहीं?'

अपूर्व शरमा कर बोला–'ऐसा तो मैंने नहीं कहा है तलवरकर, मैंने तो सिर्फ यही कहा है कि आप शादीशुदा हैं, घर-गिरस्ती वाले हैं। दूसरी जगह आपकी बहुत

जिम्मेदारियाँ हैं। इसीलिए इस विदेश में इतनी बड़ी मुसीबत उठाना आपके लिए शायद ठीक नहीं है।'

तलवरकर बोला–'शायद। ऐसा हो सकता है। मगर हारे हुए पराधीन देश की सेवा करने का नाम ही तो मुसीबत है अपूर्व बाबू। इसका कोई दूसरा नाम नहीं है, यह मैं हमेशा से जानता हूँ। हमारे हिन्दुओं के घर में शादी करना धर्म है, और मातृभूमि की सेवा करना उससे भी बड़ा धर्म है। मैं अगर एक दिन के लिए भी यह जानता हाल्दार बाबू कि एक धर्म को पालन करना दूसरे धर्म का पालन करने में अड़चन बनेगा, तो मैं कभी शादी नहीं करता।'

अपूर्व ने उसके मुँह की तरफ निहारा, पर कोई प्रतिवाद नहीं किया, चुप रहा। लेकिन इस युक्ति का उसने मन-ही-मन समर्थन नहीं किया। एक दिन अपने देश के काम में इस आदमी ने बहुत दुख झेला था, आज भी उसके मन का तेज बिलकुल बुझ नहीं गया था, मामूली प्रसंग छिड़ने से ही वह सहसा उभर उठा था। यह सोचकर अपूर्व श्रद्धा से पसीज उठा। लेकिन इससे अधिक और किसी चीज की उसने सही, सचमुच ही प्रत्याशा नहीं की। उसके साथ शामिल होने के लिए कहने से ही वह अपनी पत्नी और बेटी की मोहमाया छोड़ देगा और उनके गुजर-बसर की राह में काँटे बिछाकर–'पथ का दावा' का सदस्य बनने के लिए भागा चला जाएगा, उसने न यह विश्वास ही किया और और न उसने ऐसा चाहा ही। अपने देश की सेवा करने के अधिकार की उसकी हिमाकत इन्हीं कई दिनों में इतनी बढ़ गई थी। सहसा जब उसने इस प्रसंग को बन्द करके अगली सभा के कारण और उद्‌देश्य के बारे में बताना चाहा, तो अपने दोस्त से इसी सरल आवाज में कहा कि उस दिन के पहले जीवन में कभी उसने भाषण नहीं दिया था, सुमित्रा के कहे को वह टाल नहीं सकेगा, लेकिन अपनी बात बहुतों को सुनाने लायक उसके पास न ही भाषा है, न ही अभिज्ञता।

तलवरकर ने पूछा–'तो फिर क्या कीजिएगा आप?'

अपूर्व बोला–'अपने जीवन में सिर्फ एक ही दिन मुझे कारखाना देखने का मौका मिला है–इसके आधार पर कितना कहा जा सकता है। हाँ मैं यह देख आया हूँ कि कारखाने के ज्यादातर कुली-मजदूर जानवरों का जीवन जीते हैं, लेकिन वे ऐसा जीवन क्यों और किस वजह से जीते हैं, इसके बारे में तो मैं कुछ भी नहीं जानता हूँ।'

रामदास ने हँसते हुए कहा–'तब भी आपको बोलना पड़ेगा? मत बोलिए।'

अपूर्व चुप रहा, मगर उसका मुँह देखकर यह स्पष्ट था कि इतनी बड़ी प्रतिष्ठा को छोड़ना उसके लिए मुश्किल है।

तब रामदास ने खुद ही कहा–'लेकिन मैं इन लोगों के बारे में थोड़ा-बहुत जानता हूँ।'

'आपने इन लोगों के बारे में कैसे जाना?'

'मैं बहुत दिनों तक इन लोगों के बीच में था अपूर्व बाबू। मेरी नौकरी के सर्टिफिकेटों को आप एक बार देखेंगे, तो आप देख सकते हैं कि देश में मैंने कल-कारखानों और कुली-मजदूरों को लेकर ही वक्त गुजारा है। अगर आप कहें, तो मैं आपको ढेरों दुख-भरी कहानियाँ सुना सकता हूँ। वास्तव में इन लोगों को देखे बिना देश की ऐसी जगह अनदेखी रह जाती है जहाँ ये लोग दुख-दर्द भरी जिन्दगी गुजारते हैं।'

अपूर्व ने कहा–'सुमित्रा भी ठीक यही कहती हैं।'

रामदास बोला–'बिना कहे कोई चारा नहीं। और वे इन लोगों के बारे में जानती हैं, इसी वजह से वे 'पथ का दावा' की कर्त्ताधर्त्ता हैं। हाल्दार बाबू, आत्म त्याग का उत्स यहीं है। देश की बुनियाद उन लोगों पर है, उन लोगों के सम्पर्क में आए बिना आपका सारा प्रयास, सारी इच्छाएँ रेगिस्तान की तरह सूख जाएँगी।'

अपूर्व के लिए ये बातें नई नहीं थीं, लेकिन उन बातों ने मानो रामदास के कलेजे के अन्दर से आवाज करते हुए ऊपर आकर आज उसके कलेजे पर तीखी चोट की। रामदास और भी कुछ कहने जा रहा था कि तभी अचानक परदा हटाकर साहब घुसा, दोनों ही चौंककर उठकर खड़े हो गए।

साहब ने अपूर्व से कहा–'मैं तुम्हारे टेबल पर एक चिट्ठी रख आया हूँ। कल ही उसका जवाब देना जरूरी है।' इतना कहकर वे अचानक बाहर निकल गए। दोनों ने ही घड़ी की तरफ निगाह डाली, तो विस्मय के साथ देखा–चार बज चुके हैं।

सतरहवाँ परिच्छेद

साहब जब चला गया, तो आज जरा जल्दी ऑफिस में छुट्टी देकर दोनों फरा के मैदान जाने के लिए निकल पड़े। पाँच बजे मीटिंग शुरू होनेवाली थी, पाँच बजने में अब देर नहीं थी। इधर गाड़ी नहीं मिलती है। इसलिए जरा तेज न चलने से समय पर पहुँचा जा सकेगा या नहीं, इसमें सन्देह था। रास्ते में अपूर्व ने कोई बातचीत नहीं की। आज उसके जीवन का एक खास दिन था। आशंका और आनन्द की उत्तेजना से उसके मन के अन्दर आँधी बह रही थी। कारीगरों और कुली-मजदूरों के बारे में उसने कुछ जानकारी एक किताब से और कुछ जानकारी रामदास से हासिल कर ली थी। उन्हीं जानकारियों को मन-ही-मन तरतीब से सहेजकर अपूर्व चुपचाप रिहर्सल करते-करते चलने लगा। 1863 ई. में बम्बई की किस जगह पर सबसे पहले रूई का कारखाना खुला था, उसके बाद उनकी संख्या बढ़ते-बढ़ते कितनी हो गई है, तब कुली मजदूरों की कितनी शोचनीय दशा थी, दिन-रात उन्हें कैसी मेहनत करनी पड़ती थी, और इसको लेकर विलायत और भारतवर्ष के मिल-मालिकों के बीच कब झगड़ा शुरू हुआ था और किस ईस्वी की किस तारीख को कौन-कौन-सी अड़चनों को पार करके कारखाना-कानून पास होकर पहली बार इस देश में लागू हुआ था और उसमें कौन-सी शर्तें थीं और अभी वही कानून बदलकर कैसा हो गया है, तब विलायत और भारतवर्ष के मजदूरों की मजदूरी में कितना फर्क था और अब कितना फर्क है, इन लोगों को संगठित करने की कल्पना शुरू-शुरू में किसने की थी, उसका क्या नतीजा निकला था, दोनों देशों के मजदूरों के बीच फैले भ्रष्टाचार का तुलनात्मक अध्ययन करने से क्या नजर आता है, इससे कितना नफा होता है और कितना नुकसान, यह दुनिया में कहाँ निर्धारित हुआ था, आदि बातों का सिलसिला कहीं टूट न जाए, इसी डर से उसने अपने आपको बार-बार सतर्क किया। उसकी याददाश्त बड़ी अच्छी थी, उसे इस बात का भरोसा था कि भाषण देते समय बीच में वह कोई बात भूल नहीं जाएगा, क्योंकि उसने बहुत सारी परीक्षाएँ अच्छी तरह पास की थीं। वह सोचने लगा, वह अपना सारगर्भित भाषण देते समय कभी ऊँची आवाज में

बोलेगा, तो कभी हुँकार भरेगा और जब उसका भाषण खत्म हो जाएगा तब सुननेवालों की तालियाँ रुकने का नाम नहीं लेंगी। सुमित्रा की प्रसन्न दृष्टि वह स्पष्ट देखने लगा। और भारती। इतने कम समय में उसने इतना ज्ञान और अभिज्ञता कैसे हासिल की! इसी के आनन्दित विस्मय से उसका मुँह चमक उठा और आँखें पुरनम होकर एकमात्र उसी के (भारती) मुँह पर पड़ीं। कल्पना में अपूर्व को सब कुछ प्रत्यक्ष-सा दिखाई पड़ा, तो उसकी धमनियों का लहू तेजी से बहने लगा।

वह इतने तेज कदमों से चल रहा था कि उसके कदम से कदम मिलाकर चलना तलवरकर के लिए दुरूह हो गया। जब वे लोग फरा के मैदान में पहुँचे तो देखा, वहाँ तिल धरने की भी जगह नहीं थी। अनगिनत लोग जमा हो गए थे। उस दिन के वक्ता के रूप में अपूर्व को जो लोग पहचान सके उन्होंने तो रास्ता छोड़ दिया, और जो उसे नहीं पहचानते थे वे भी औरों की देखा-देखी किनारे हट गए। भारी भीड़ के बीचोबीच मंच बना हुआ था। डॉक्टर आज भी नहीं लौटे थे, इसीलिए सिर्फ उनको छोड़ 'पथ का दावा' के सभी सदस्य बैठे हुए थे। अपने दोस्त को साथ लेकर किसी तरह भीड़ को चीरता हुआ अपूर्व वहाँ आ उपस्थित हुआ। मंच पर एक बेंच तब भी खाली थी, सुमित्रा ने आँखों के इशारे से उन लोगों को वहीं बैठने को कहकर उन लोगों की आवभगत की। मंच के अगले हिस्से पर खड़ा होकर एक पंजाबी जोर-शोर से भाषण दे रहा था। शायद वह नौकरी से निकाला गया मिस्त्री था या ऐसा ही कोई। अपूर्व और रामदास के आने की वजह से उसके भाषण देने में थोड़ी देर के लिए खलल पड़ा, पर वह फिर से दूनी तेजी से चिल्लाने लगा। अच्छे वक्ता से भीड़ कोई युक्ति, कोई तर्क सुनना नहीं चाहती है, जो बुरा है वह क्यों बुरा है, यह जानकारी उन लोगों के लिए जरूरी नहीं होती, वे लोग सिर्फ यही सुनकर कृतार्थ हो जाते हैं कि जो बुरा है वह कितना बुरा है, और उसे बुरा साबित करने के लिए उसके नाम के साथ कितने बुरे विशेषण लगाए जाते हैं। पंजाबी मिस्त्री ने अपने भाषण में शायद काफी बुरे विशेषणों का इस्तेमाल किया था, इसी वजह से सुननेवाले कितने चंचल हो उठे थे, उन लोगों का मुँह देखने से यह समझ में आ रहा था। अचानक न जाने कैसा खलल पड़ा। मैदान के एक सिरे से अनगिनत लोगों का आतंक-भरा शोर आया और दूसरे ही पल देखने में आया कि बहुत-से लोग धक्का-मुक्की करते हुए भागने की कोशिश कर रहे हैं और उन्हीं लोगों को दो भागों में बाँटते हुए रौंदते-कुचलते बहुत बड़े-बड़े घोड़ों पर सवार होकर बीस-पच्चीस अँगरेज पुलिसवाले तेजी से आगे बढ़ते आ रहे हैं। उन लोगों के एक हाथ में लगाम थी और दूसरे हाथ में चाबुक—कमरबन्द में

पिस्तौल लटक रही थी। उनके कन्धों पर के लोहे के जाल चमक रहे हैं और मुँह गुस्से और डूबते सूरज की किरणों से सिन्दूर की भाँति लाल हो उठा है। भाषण देनेवाले व्यक्ति की हुँकार कब बन्द हुई और कब वह मंच से नीचे उतरकर भीड़ में पलक झपकते कैसे और कहाँ ओझल हो गया, पता नहीं चला।

अँगरेज पुलिसवालों का मुखिया आया और मंच से सटकर कर्कश आवाज में बोला–'मीटिंग बन्द करनी होगी'

सुमित्रा अभी भी पूरी तरह चंगी नहीं हो पाई थीं, उनके मुरझाए चेहरे पर पीली छाया पड़ी, मगर वे तुरन्त उठकर खड़ी हो गईं और पूछा–'क्यों, मीटिंग क्यों बन्द करनी पड़ेगी?'

उसने कहा–'हक्म है।'

'किसका हुक्म है?'

'गवर्नमेंट का।'

'किसलिए?'

'हड़ताल करने के लिए मजदूरों को भड़काना मना है।'

सुमित्रा बोलीं–'खुशियाँ मनाने के लिए इन लोगों को बेकार में भड़काकर तमाशा देखने का हमारे पास समय नहीं है। इस मीटिंग का उद्देश्य इन लोगों को यह समझाना है कि यूरोप आदि देशों के मजदूरों की तरह इन लोगों को भी संगठित होने की जरूरत है।'

अँगरेज ने चौंककर कहा–'तो आप इन लोगों को संगठित करना चाहती हैं? फर्म के खिलाफ? ऐसा करना इस देश में गैरकानूनी है। इससे पक्के तौर पर शान्ति भंग हो सकती है।'

सुमित्रा बोली–'हाँ, पक्के तौर पर शान्ति भंग तो हो ही सकती है। जिस देश में गवर्नमेंट के नाम पर अँगरेज व्यापारी शासन करते हों और समूचे देश का लहू चूसने के लिए ही बड़े-बड़े कल कारखाने खोले गए हों...।'

सुमित्रा की बात पूरी भी नहीं हो पाई कि अँगरेज की आँखें अंगारे की तरह लाल हो उठीं। उसने डाँटते हुए कहा–'अगर आप ऐसी बात दोबारा जबान पर लाएँगी, तो मैं आपको अरेस्ट करने के लिए बाध्य हो जाऊँगा।'

सुमित्रा के आचरण में थोड़ा-सा भी चांचल्य प्रकट नहीं हुआ, वह सिर्फ थोड़ी देर तक उसके मुँह की तरफ निहारकर तनिक मुस्कुराई। बोली–'साहब, मैं बीमार और बहुत कमजोर हूँ। वरना सिर्फ दूसरी बार क्यों, सैकड़ों बार चिल्लाकर मैं इन लोगों को यह बात सुना देती। मगर आज मुझमें ताकत नहीं है।' इतना कहकर वह फिर तनिक मुस्काई।

इस बीमार नारी की सहज शान्त मुस्कान से अँगरेज मन-ही-मन शायद शरमा गया, 'ऑलराइट, मैंने आपको सावधान कर दिया।' फिर घड़ी उतारकर बोला–'मुझे मीटिंग भंग कर देने के लिए नहीं कहा गया है। मैंने आपको दस मिनट का समय दिया, आप दो-चार शब्दों में इन लोगों को शान्त भाव से चले जाने के लिए कह दीजिए। फिर कभी ऐसी मीटिंग नहीं बुलाइएगा।'

कुछ दिनों से बिना खाए ही सुमित्रा का वक्त कट रहा था। आज भी उन्हें हल्का-सा बुखार था, फिर भी सबके मना करने के बावजूद वे सभा में उपस्थित हुई थीं। लेकिन अभी थकान और अवसाद ने उन्हें शिथिल कर दिया। कुर्सी की पुश्त पर सिर टेककर उन्होंने धीमे से पुकारकर कहा–'अपूर्व बाबू, सिर्फ दस मिनट बचे हुए हैं, हो सकता है, उतना समय भी अब नहीं हो। आप चिल्लाकर सबको बता दीजिए कि संगठित हुए बिना इन लोगों के लिए कोई दूसरा उपाय नहीं है। कारखाने के मालिकों ने आज हम लोगों का जो अपमान किया है, अगर ये लोग आदमी हैं तो, उसका बदला लें।' कहते-कहते उनकी कमजोर आवाज टूट गई, लेकिन सभापति का यह आदेश सुनकर अपूर्व का सारा चेहरा फक पड़ गया। विह्वल आँखों से सुमित्रा की तरफ निहारकर वह बोला–'इन लोगों को उत्तेजित करना क्या गैरकानूनी नहीं होगा?'

सुमित्रा विस्मित मृदु स्वर में बोलीं–'पिस्तौल के बल पर सभा भंग कर देना क्या कानूनन सही है? बेकार का खून-खराबा मैं नहीं चाहती, लेकिन आप सारी ताकत लगाकर इन लोगों को यह सुना दीजिए कि आज का अपमान मजदूर हरगिज न भूलें।'

मंच पर बैठे हुए 'पथ का दावा' के दूसरे चार-पाँच मर्द सदस्यों का चेहरा-मोहरा देखकर लगा कि वे लोग कोई मामूली और तुच्छ व्यक्ति हैं। हो सकता है कारीगर या ऐसे ही कोई। अपूर्व नया था, तो भी समिति का पढ़ा-लिखा और खास सदस्य था। इतनी बड़ी भीड़ को सम्बोधित करने की जिम्मेदारी उसी पर पड़ी थी। अपूर्व ने सूखी आवाज में कहा–'पर मैं तो हिन्दी अच्छी तरह नहीं जानता।'

सुमित्रा बात नहीं कर पा रही थीं, फिर बोलीं–'आप जैसी हिन्दी जानते हैं उसी में दो शब्दों में कह दीजिए अपूर्व बाबू, वक्त बर्बाद मत कीजिए।'

अपूर्व ने सबके मुँह की तरफ देखा। भारती मुँह घुमाए हुए थी, उसकी राय तो मालूम नहीं पड़ी, मगर मालूम पड़ा अँगरेजों के मुखिया के मन का भाव। उसके साथ बेहद करीब से खूब समझ और बड़ी कड़ाई से उसकी आँखें चार हुईं। बोलने के लिए अपूर्व उठकर खड़ा हुआ, उसके होंठ हिलने लगे, लेकिन उन दोनों काँपते

होंठों से कोई भी भाषा नहीं निकली—न बंगला, न अँगरेजी, न हिन्दी। अत्यन्त पीले मुँह पर जो भाव उभरा वह चाहे और जिसके लिए भी क्यों न हो—'पथ का दावा' के सदस्यों के लिए नहीं था।

तलवरकर उठकर खड़ा हो गया। उसने सुमित्रा से कहा—'मैं हाल्दार बाबू का दोस्त हूँ। मैं हिन्दी नहीं जानता हूँ। आप कहेंगी तो जो कुछ हाल्दार बाबू को कहना है उसे मैं सबको चिल्लाकर सुना दूँगा।' भारती ने मुँह घुमाकर निहारा, सुमित्रा विस्मित तीखी आँखें खोलकर स्थिर रहीं और इन दो नारियों की फटी-फटी आँखों के सामने लज्जित, अभिभूत, वाक्यहीन अपूर्व स्तब्ध मुँह नीचा किए बेजान चीज की तरह बैठ गया। रामदास मुड़कर खड़ा हो गया और अपने दाएँ, बाएँ और सामने के विक्षुब्ध, भयभीत, चंचल जनसमूह को सम्बोधित करता हुआ कहने लगा—'भाइयो! मुझे बहुत-सी बातें कहनी थीं, मगर इन लोगों ने जबर्दस्ती हमारा मुँह बन्द कर दिया है।' इतना कहकर उसने उँगली के इशारे से सामने के घुड़सवार पुलिसवालों को दिखाते हुए कहा—'इन शिकारी कुत्तों को जिन लोगों ने हमारे और तुम लोगों के खिलाफ बुलाया है वे हैं तुम्ही लोगों के कारखाने के मालिक। वे लोग हरगिज यह नहीं चाहते कि कोई तुम लोगों को तुम्हारे दुखों और तुम्हारी बुरी हालत के बारे में तुमको बताए। तुम लोग उन लोगों की मशीन चलानेवाले, उनका बोझ ढोनेवाले जानवर हो। हालाँकि तुम भी तो उन्हीं लोगों जैसे आदमी हो। जैसा भर पेट खाने और जी खोलकर मौज उड़ाने का जन्मसिद्ध अधिकार उन्हें हैं वैसा ही भर पेट खाने और जी खोलकर मौज उड़ाने का जन्मसिद्ध अधिकार भगवान से तुम्हें भी मिला है, इस सच्चाई को भी ये लोग अपनी सारी ताकतों और चालबाजियों से तुम लोगों से छिपाकर रखना चाहते हैं। सिर्फ एक बार अगर तुम लोगों की नींद टूटे, फिर एक बार अगर तुम लोग इस सच्चाई को समझ सको कि आखिर तुम लोग भी तो आदमी हो, तुम लोग चाहे जितने भी दुखी, जितने भी गरीब, जितने भी अनपढ़ क्यों न हो, तब भी तुम लोग आदमी हो, तुम लोगों के आदमी होने के दावों को किसी बहाने कोई रोक नहीं सकता। यह तुम लोग समझ सको, तो इन गिने-चुने कारखाने के मालिकों की तुम लोगों के आगे क्या बिसात? यह सच्चाई क्या तुम लोग नहीं समझोगे? यह लड़ाई गरीब सिर्फ इसलिए लड़ रहे हैं कि वे अमीरों के जुल्म से अपने आपको बचाना चाहते हैं। इस लड़ाई में यह नहीं देखना है कि कौन कहाँ का रहनेवाला है, किस जाति का है, किस धर्म और सिद्धान्त को माननेवाला है—यह लड़ाई लड़नेवाला न हिन्दू है, न मुसलमान, न जैन, न सिख—वह है तो सिर्फ आज वंचित भूखा मजदूर है, इसके सिवा उसका कोई दूसरा परिचय नहीं है और दूसरी ओर हैं दौलत के अन्धे

मालिक। वे लोग इस बात से डरते हैं कि संगठित होकर तुम लोग ताकतवर बन जाओगे, उन लोगों को बड़ा सन्देह है कि तुम लोग पढ़-लिख जाओगे, तो अपनी ताकत को पहचान लोगे, जब वे लोग देखते हैं कि तुम लोगों में जानकारी हासिल करने की चाह पैदा हुई है तब उन लोगों का खून सूख जाता है। अक्षय, दुर्बल, मूर्ख और भ्रष्टाचार में डूबे तुम्हीं लोग तो उन लोगों की मौज-मस्ती के इकलौते आधार हो। इसीलिए वे लोग तुम लोगों को सिर्फ उतना ही देते हैं जिससे कि तुम लोग जी सको, इससे तिल भर भी ज्यादा वे लोग तुम लोगों को अपनी मर्जी से कभी नहीं देंगे। इस सच्चाई को समझना क्या तुम लोगों के लिए इतना मुश्किल है? और क्या इसी कसूर की वजह से कि हमने खुलकर यह बात जाहिर की है, आज हमें इन अँगरेजों से लाँछना ही नसीब होगी? गरीबों की इस जिन्दा रहने की लड़ाई में तुम लोग क्या अपनी सारी ताकत से शामिल नहीं हो सकोगे?'

अँगरेज पुलिसवालों के मुखिया ने इस देश में रहते हुए जितनी हिन्दी सीखी थी उससे वह भाषण का थोड़ा-सा भी आशय नहीं समझ सका। लेकिन वहाँ एकत्र सुननेवालों के मुँह-आँख पर उत्तेजना का निशान देखकर वह खुद भी उत्तेजित हो उठा। अपनी रिस्टवाच की तरफ संकेत करते हुए उसने कहा–'अब सिर्फ पाँच मिनट बचे हैं, आप अपना भाषण खत्म कीजिए।'

तलवरकर ने कहा–'मैं सिर्फ पाँच मिनट लूँगा। उससे एक मिनट भी ज्यादा नहीं लूँगा। तब भी इन कीमती कई मिनटों को मैं बेकार नहीं होने दूँगा। सर्वहारा भाइयो! तुम लोगों से मेरी विनती है कि हम लोगों पर तुम अविश्वास मत करो। हम पढ़े-लिखे हैं, शरीफ खानदान के हैं, इसलिए हम कारखाने में दिहाड़ी मजदूरों का काम नहीं करते, इस वजह से हम लोगों को सन्देह की नजर से देखकर तुम लोग अपने आप अपना सर्वनाश मत करो। तुम लोगों को नींद से जगाने के लिए हर देश में हर काल में हमीं लोग पहले-पहल शंख फूँकते आए हैं। आज, हो सकता है, तुम लोग यह न भी समझ पाओ, मगर यह पक्का जान लो कि इस 'पथ का दावा' से बड़ा दोस्त इस देश में तुम्हारा और कोई नहीं है।'

उसकी आवाज सूखी और सख्त होने को आ रही थी, फिर भी वह जी-जान से चिल्लाकर कहता रहा–'मैं बहुत दिनों से तुम लोगों के बीच काम करता आया हूँ। हम लोगों को तुम लोग नहीं पहचानते हो, मगर मैं तुम सबको को पहचानता हूँ। जिन लोगों को तुम लोग मालिक समझते हो, एक दिन मैं उन्हीं में से एक था। वे लोग तुम लोगों को हरगिज आदमी नहीं बनने देंगे। सिर्फ जानवरों की तरह रखकर ही वे तुम लोगों के आदमी होने के अधिकार को रोक सकते हैं, और किसी भी तरह से नहीं। इस बात को समझे बिना आज तुम लोगों का काम नहीं

चलनेवाला। तुम लोग बेईमान हो, उद्दंड हो और कामुक हो—उन लोगों के मुँह से ऐसा ही कलंक तुम लोग हमेशा सुनते आए हो, इसलिए जब भी तुम लोगों ने अपना दावा जताया है तभी तुम लोगों के दुख-कष्टों की जड़ तुम्हारे ही असंयत चरित्र को ठहराकर वे लोग तुम लोगों की हर तरह की तरक्की को रोकते आए हैं। सिर्फ इसी झूठ को वे लोग तुम लोगों की पल-पल समझाते आए हैं कि अच्छा हुए बिना किसी की तरक्की कभी नहीं हो सकती है। मगर आज मैं तुम लोगों को बेझिझक और बिना किसी दुराव-छिपाव के यह बताना चाहता हूँ कि उन लोगों का यह कहना पूरे तौर पर सही नहीं है। सिर्फ तुम लोगों का चरित्र ही तुम लोगों की इस हालत के लिए जिम्मेवार नहीं है, बल्कि तुम लोगों की इस लुटी-पिटी, गई-गुजरी हालत ही तुम लोगों के चरित्र के वास्ते जिम्मेदार है। उन लोगों के झूठ का आज तुम लोगों को बेखौफ प्रतिवाद करना ही पड़ेगा। तुम लोगों को जोर-शोर से यह घोषणा करनी ही पड़ेगी कि सिर्फ रुपया ही सब कुछ नहीं है।' कहते-कहते उसकी नीरस आवाज अत्यन्त प्रखर हो उठी, बोला—'बिना मेहनत के दुनिया में कोई भी चीज पैदा नहीं होती है। इसीलिए मजदूर भी ठीक वैसे ही मालिक हैं जैसे तुम लोग हो। ठीक तुम लोगों की तरह ही मजदूर भी सारी चीजों, सारे कारखानों के अधिकारी हैं।' इसी समय किसी पंजाबी ने अँगरेज पुलिसवालों के मुखिया से कान में कोई बात कही, तो उसकी लाल-लाल आँखें जलते अंगारे की मानिन्द तेज हो उठीं। उसने गरजकर कहा—'स्टॉप। तुम ऐसा नहीं कह सकते। इससे शान्ति भंग होगी।'

अपूर्व चौंक उठा। वह रामदास की कमीज का खूँट पकड़कर खींचने लगा—'रुक जाओ, रामदास रुक जाओ। इस विदेश में जहाँ न कोई मददगार है न कोई दोस्त—तुम्हारी पत्नी है, तुम्हारी बित्ता भर छोटी-सी बेटी है।'

रामदास ने उसकी बात पर कान तक नहीं दिया। वह चिल्लाकर कहने लगा—'ये लोग अन्यायी हैं! ये लोग डरपोक हैं! ये लोग तुम लोगों को हरगिज सच्चाई नहीं सुनने देना चाहते। मगर इन लोगों को यह नहीं मालूम कि सच्चाई को गला दबाकर नहीं मारा जा सकता। वह अमर है। वह चिरजीवी है!' अँगरेज ने इसका मतलब नहीं समझा। लेकिन अचानक हजारों लोगों के अंग-अंग से छिटककर आई मानो तीखी तपिश की आँच उसके मुँह को लगी। वह गरज उठा—'तुम ऐसा नहीं कह सकते। यह राजद्रोह है।'

पलक झपकते पाँच-छह घुड़सवार घोड़े से कूद पड़े और रामदास के दोनों हाथों को पकड़ नीचे उतार लिया। उसका लम्बा-चौड़ा बदन घोड़ों और घुड़सवारों के बीच एक पल में ओझल हो गया, लेकिन उसकी तीखी तेज आवाज हरगिज

नहीं दबी, इस गुस्साई भीड़ के एक सिरे से लेकर दूसरे सिरे तक गूँजने लगी–'भाइयो! हो सकता है, तुम लोग फिर कभी मुझे न देखो, मगर आदमी के रूप में जन्म लेने की मर्यादा को अगर तुम लोगों ने अपने मालिक के पैरों पर चुपचाप निछावर न कर दिया हो, तो इतने बड़े जुल्म, इतने बड़े अपमान को तुम लोग बर्दाश्त मत करना।'

लेकिन उसकी बातें खत्म भी नहीं हुई थीं कि भगदड़ मच गई। घोड़े दौड़े, चाबुक चले और अपमानित, अभिभूत, त्रस्त मजदूर दम साधे ऐसे भागे कि कौन किस पर गिरा और कौन किसके पैरों तले कुचला जाने लगा, इसका ठिकाना नहीं रहा।

मैदान सुनसान होने में देर नहीं लगी। कई रौंदे-कुचले घायल लोग मैदान में पड़े रहे। जो लोग किसी तरह लँगड़ाते-लँगड़ाते चले जा रहे थे उनकी तरफ एकटक निहारकर सुमित्रा स्तब्ध रह गईं और उन्हीं के करीब बैठा अपूर्व और एक दूसरा आदमी अपूर्व की तरह ही चुपचाप मुँह नीचा किए बेसुध-से स्थिर रहे।

जो व्यक्ति गाड़ी बुलाने गया था दसेक मिनट बाद जब वह गाड़ी लेकर आया, तो सुमित्रा चुपचाप भारती का हाथ पकड़कर धीरे-धीरे गईं और उस पर बैठ गईं। खुद ही से जब उन्होंने कोई बात नहीं की, तो उनके विचारों में खलल डालने के किसी और ने भी उनसे बेकार में कोई प्रश्न नहीं किया। खासकर आज वे बीमार, थकी हुई और दुखी थीं। भारती वापस आकर बोली–'चलिए।'

अपूर्व ने मुँह ऊपर उठाकर निहारा, कुछ देर तक न जाने क्या सोचा और पूछा–'मुझे कहाँ जाने के लिए कहती हैं?'

भारती ने कहा–'मेरे घर।'

अपूर्व कई पल चुप रहा। अन्त में धीरे-धीरे बोला–'आप लोग तो जानती हैं कि मैं समिति के लिए अयोग्य हूँ। वहाँ तो अब मुझे ठौर नहीं मिल सकता।'

भारती ने प्रश्न किया–'तो फिर आप अभी कहाँ जाएँगे? अपने डेरे?'

'अपने डेरे? पर एक बार तो जाना पड़ेगा'–यह कहकर अपूर्व की आँखें नम होने को आईं, पर किसी तरह अपने उमड़ते आँसुओं को रोककर वह बोला–'मगर इस विदेश में एक दूसरी जगह मैं कैसे जाऊँगा, मुझे सोचते नहीं बनता भारती।'

सुमित्रा ने गाड़ी के अन्दर से क्षीण आवाज में पुकार कर कहा–'तुम लोग जाओ।'

भारती ने फिर से कहा–'चलिए।'

अपूर्व ने गर्दन हिलाकर कहा–' 'पथ का दावा' में अब मेरे लिए कोई जगह नहीं।'

भारती ने अचानक उसका हाथ पकड़ना चाहा, लेकिन उसने अपने आपको सँभाल लिया और एक पल उसके मुँह पर अपनी दोनों आँखें टिकाकर धीरे-धीरे बोली–' 'पथ का दावा' में भले ही आपके लिए कोई जगह न हो, लेकिन एक दूसरे दावे से आपको दरकिनार कर दे ऐसी तो कोई भी चीज दुनिया में नहीं है अपूर्व बाबू।'

गाड़ी से सुमित्रा ने फिर से अधीर आवाज में प्रश्न किया–'तुम लोगों के आने में कितनी देर होगी भारती?'

भारती ने हाथ हिलाकर गाड़ीवान को जाने का इशारा करते हुए कहा–'आप जाइए, यहाँ से घर तक हम लोग पैदल ही जाएँगे।'

रास्ते में चलते-चलते अपूर्व अचानक बोल उठा–'तुम मेरे साथ चलो भारती।'

भारती ने कहा–'साथ ही तो जा रही हूँ।'

अपूर्व बोला–'सो नहीं। तलवरकर की पत्नी के पास मैं कैसे जाऊँगा। कैसे उन्हें बताऊँगा, उनके लिए मैं क्या उपाय करूँगा, मुझे तो किसी तरह कुछ सोचते नहीं बनता। तलवरकर को यहाँ साथ में लाने की नासमझी मुझसे क्यों हुई?'

भारती चुप रही, अपूर्व कहने लगा–'इस विदेश में यह कैसा सर्वनाश हो गया। मुझे तो कोई रास्ता ही नहीं दिखाई पड़ता।'

भारती ने कोई टिप्पणी नहीं की। दोनों थोड़ी देर तक चुपचाप चलते रहे। उसके बाद अपूर्व तलवरकर की पत्नी की मदद के लिए कोई उपाय नहीं ढूँढ़ पाने की वजह से चिन्ता में पड़ गया और व्याकुल होकर सहसा गरज उठा–'मेरा क्या कसूर है? बार-बार सावधान करने पर भी अगर कोई फाँसी पर लटक जाना चाहे तो मैं उसे कैसे बचा सकता हूँ? मैंने क्या कहा था भाषण में जो-सो कहने के लिए? जिसे इस बात का होश नहीं कि पत्नी है, बेटी है, घर-गिरस्ती है, फिर भी जो अपने भाषण में जो-सो कहे, तो वह नहीं मरेगा, तो कौन मरेगा? फिर भुगते दो साल जेल की सजा।'

भारती बोली–'तो क्या आप उनकी पत्नी के पास नहीं जाएँगे?'

अपूर्व ने उसके मुँह की तरफ निहार कर कहा–'हाँ, उसकी पत्नी के पास तो जाना ही होगा। लेकिन साहब को मैं आखिर क्या जवाब दूँगा? लेकिन मैं तुम्हें बता देता हूँ भारती कि साहब मुझे एक शब्द भी कहेगा, तो मैं नौकरी छोड़ दूँगा।'

'नौकरी छोड़कर आप क्या करेंगे?'

'मैं अपने घर चला जाऊँगा। भला इस देश में कहीं आदमी रहता है?'

भारती बोली–'तो आप उन्हें छुड़ाने की कोशिश भी नहीं करेंगे?'

अपूर्व ठिठककर खड़ा हो गया और बोला–'चलो न, एक अच्छे बैरिस्टर के

पास चलें भारती। मेरे पास लगभग एक हजार रुपए हैं—इनसे काम नहीं चलेगा? मेरी घड़ी-वड़ी बेचने पर, हो सकता है और भी पाँच-छह सौ रुपए मिल जाएँगे। चलो न, चलें।'

भारती बोली—'लेकिन सबसे पहले उनकी पत्नी के पास जाना जरूरी है अपूर्व बाबू। अब आप मेरे साथ मत जाइए, आप यहीं से एक गाड़ी लेकर स्टेशन चले जाइए। उन्हें क्या चाहिए, उन्हें किस चीज की कमी है? कम-से-कम उन्हें खबर देना भी जरूरी है।'

अपूर्व ने गर्दन हिलाकर हामी भरी, मगर फिर भी वह उसके साथ ही चलने लगा। भारती बोली—'बस, अब तो घर थोड़ी ही दूर है। अब मैं अकेले ही चली जाऊँगी, आप लौट जाइए।'

जवाब देने में अपूर्व को शायद हिचकिचाहट हो रही थी, लेकिन वह हिचकिचाहट सिर्फएक पल रही। उसके बाद उसने कहा—'पर मैं अकेले नहीं जा सकूँगा।'

भारती बोली—'तो डेरे पर से तिवारी को साथ ले लीजिए।'

'नहीं, तुम मेरे साथ चलो।'

'पर मुझे तो जरूरी काम है।'

'रहने दो तुम अपने जरूरी काम को। तुम मेरे साथ चलो।'

'लेकिन आप मुझे इस मामले में क्यों घसीट रहे हैं?'

'अपूर्व चुप ही रहा।'

भारती ने उसके मुँह की तरफ निहारा, जरा मुस्कुराई, बोली—'अच्छा, तो चलिए मेरे साथ। पहले मैं अपना काम निपटा लूँ।'

रास्ते में भारती ने सहसा कहा—'जिसने आपको नौकरी करने के लिए विदेश भेजा है वह आपको नहीं पहचानता है। भले ही वे माँ ही क्यों न हों? माँ होकर भी वे आपको नहीं पहचानती हैं। तिवारी अपने गाँव जा रहा है, मैं खुद जाकर प्रयास करके आपको उसके साथ भेज दूँगी।'

अपूर्व चुप रहा। भारती बोली—'कहाँ, आपने कोई खास जवाब नहीं दिया?'

अपूर्व बोला—'जवाब देने की कोई बात ही नहीं है। माँ जिन्दा नहीं रहती, तो मैं संन्यासी बन जाता।'

भारती ने अचरज में पड़कर कहा—'आप संन्यासी बन जाते? लेकिन आपकी माँ तो जिन्दा हैं।'

अपूर्व बोला—'शहर के मकान के अलावा मेरा एक छोटा-सा मकान मेरे गाँव में भी है। मैं अपनी माँ को वहीं ले जाऊँगा।'

'उसके बाद?'

'मेरे पास जो एक हजार रुपए हैं उन्हीं से मैं एक छोटी-सी परचून की दुकान खोलूँगा। उससे हम दोनों का गुजर-बसर हो जाएगा।'

भारती बोली–'सो तो हो जा सकता है। लेकिन अचानक इसकी जरूरत किस वजह से पड़ी?'

अपूर्व बोला–'माँ के बिना दुनिया में मेरा कोई दाम नहीं। भगवान करें, मैं किसी से भी इससे ज्यादा कुछ न माँगूँ।'

भारती ने पलभर उसके मुँह की तरफ निहारा और पूछा–'आपकी माँ क्या आपको बहुत प्यार करती हैं?'

अपूर्व बोला–'हाँ। मेरी माँ हमेशा दुख सहती रही है। मैं सिर्फ इस बात से डरता हूँ कि कहीं उसका दुख और न बढ़ जाए। जब मैं काम-काज करता रहता हूँ, तब मुझे लगता है कि मेरा आधा हिस्सा मेरी माँ बनकर मेरे दूसरे आधे हिस्से को कलेजे से लगाए रखता है। इस खयाल से मुझे एक पल के लिए भी छुटकारा नहीं मिलता है। भारती, इसीलिए मैं डरपोक हूँ, इसीलिए मैं सबकी घृणा का पात्र हूँ।' इतना कहकर उसके मुँह से सहसा आह निकली।

इसका जवाब भारती ने नहीं दिया, सिर्फ अपना हाथ उसने धीरे-धीरे अपूर्व के हाथ को थमा दिया और चुपचाप राह चलने लगी।

शाम का अँधेरा गहरा होने को आ रहा था, अपूर्व ने उद्विग्न आवाज में पूछा–'रामदास के परिवार के लिए कौन-सा उपाय करोगी भारती? सिर्फ उसकी दाई को छोड़ इस देश में उन लोगों के गाँव का शायद कोई आदमी नहीं है। होगा भी तो भला क्या कोई उन लोगों की जिम्मेदारी लेगा?'

भारती को खुद भी कुछ सोचते नहीं बनता था, पर सिर्फ उसकी हिम्मत बढ़ाने के लिए ही वह बोली–'चलिए तो, जाकर देखूँ कोई-न-कोई उपाय तो होगा ही।'

अपूर्व ने समझा, यह खोखली बात है। उसके मन ने किसी दिलासे को नहीं माना, बोला–'तुम्हें, हो सकता है वहाँ रहना पड़े।'

'लेकिन मैं तो ईसाई हूँ, भला मैं उन लोगों के किस काम आऊँगी?'

'सो तो है।' उसकी बात अपूर्व को नए सिरे से बिंधी।

जब दोनों डेरे पर आ पहुँचे तब शाम ढले बहुत देर हो चुकी थी। मन-ही-मन यह सोचकर कि इस रात कैसे क्या होगा, उन लोगों के डर और चिन्ता की सीमा नहीं थी। नीचे का कमरा खुला हुआ था, अन्दर कदम रखते ही भारती को दिखाई पड़ा, दूसरी तरफ की खुली खिड़की के किनारे आरामकुर्सी पर कोई लेटा हुआ है। मुँह उठाकर निहारा, तो भारती उसे पहचान सकी। जैसे ही उसने पहचाना वह

उल्लास से चीख पड़ी—'डॉक्टर सा'ब कब आए आप? सुमित्रा दीदी से मुलाकात हुई?'

'नहीं!'

अपूर्व बोला—'बहुत बड़ी घटना हो गई है डॉक्टर सा'ब, हमारे एकाउंटेंट रामदास तलवरकर को पुलिस पकड़कर ले गई है।'

भारती बोली—'वे इन्सिन में रहते हैं। वहाँ उनकी पत्नी है, बेटी है, उन्हें अभी इस विषय में पता भी नहीं है।'

अपूर्व बोला—'इतनी दूर पर इस अँधेरी रात में यह कितनी बड़ी मुसीबत आ गई डॉक्टर सा'ब!'

डॉक्टर जँभाई लेकर तनकर बैठे और मुस्कुराए, फिर भारती से कहा—'मैं बड़ा थका हुआ हूँ, मुझे जरा चाय पिला सकती हो भई?'

भारती बोली—'हाँ, पिला सकती हूँ। मगर हम लोगों को तो इसी वक्त निकलना होगा डॉक्टर सा'ब।'

'कहाँ जाओगे तुम लोग?'

'इन्सिन। तलवरकर बाबू के डेरे।'

'कोई जरूरत नहीं है जाने की?'

अपूर्व ने विस्मय के साथ उनके मुँह की तरफ निहारकर कहा—'जाने की जरूरत क्यों नहीं है डॉक्टर सा'ब? उनके मुसीबत में पड़े परिवार के लिए कोई इन्तजाम करना होगा, कम-से-कम उनकी खोज-खबर लेना तो जरूरी लगता है।'

डॉक्टर मुस्कुराकर बोले—'इसमें कोई सन्देह नहीं। लेकिन उनके परिवार के लिए इन्तजाम करने की जिम्मेदारी मेरी है, आप लोग ज्यादा से ज्यादा इस अँधेरे में रातभर इन्सिन के जंगल-झाड़ में घूमते फिरेंगे—आखिरकार हो सकता है, आप लोग उनका घर भी न ढूँढ़ पाएँ।' इतना कहकर वे फिर से मुस्कुराते हुए बोले—'बल्कि इससे अच्छा यह होगा कि आप बैठिए और भारती चाय बना लाए। लेकिन आप तो भारती का छुआ कुछ स्वयं पिएँगे नहीं? खैर, अच्छी बात है, होटल का ब्राह्मण रसोइया पवित्रता से कुछ खाना बनाकर दे जाए आप खा-पीकर आराम कीजिए।'

भारती निश्चिन्त और प्रफुल्ल चित्त से चाय बनाने के लिए ऊपर जा रही थी, लेकिन अपूर्व ने किसी भी बात पर विश्वास नहीं किया। डॉक्टर की तमाम बातें उसे पहेली-सी लगीं बुरी भी। उसने भारती से खिन्न आवाज में कहा—'इतनी रात गए तकलीफ उठाने से तुम हो सकता है, बच गई, मगर मेरी जिम्मेदारी बहुत ज्यादा है। चाहे जितनी भी रात क्यों न हो, मुझे वहाँ जाना ही होगा।'

उसकी टिप्पणी सुनकर भारती ठिठककर खड़ी हो गई, लेकिन तभी डॉक्टर की आँखों की तरफ निहारकर वह फिर बेखटके चाय बनाने के लिए चली गई।

डॉक्टर सा'ब ने मोमबत्ती का एक टुकड़ा जलाया और अपनी जेब से कई चिट्ठियाँ निकालकर उनका जवाब लिखने बैठ गए। दसेक मिनट चुपचाप इन्तजार करके अपूर्व विरक्त और उत्कंठित हो उठा। पूछा–'इन चिट्ठियों का जवाब देना क्या बहुत जरूरी है?'

डॉक्टर ने मुँह उठाए बिना ही कहा–'हाँ!'

अपूर्व बोला–'तलवरकर के परिवार के लिए कोई इन्तजाम होना भी तो कम जरूरी नहीं है। आप क्या उनके डेरे पर किसी को नहीं भेजेंगे?'

डॉक्टर बोले–'इतनी रात गए? कल सवेरे के पहले शायद कोई आदमी नहीं मिलेगा।'

अपूर्व बोला–'तब तो इसके लिए अब आप चिन्तित मत होइए। सवेरे मैं खुद ही चला जाऊँगा। आपने भारती को मना नहीं किया होता, तो हम लोग आज ही जा सकते थे और मुझे लगता है, यही सबसे अच्छा होता।'

डॉक्टर के चिट्ठी लिखने में खलल नहीं पड़ा, क्योंकि उन्हें मुँह उठाने तक की फुर्सत नहीं मिली, सिर्फ बोले–'यह जरूरी नहीं था।'

अपूर्व ने अपना अन्दरूनी गुस्सा भरसक दबाया–'इस मामले में क्या जरूरी है और क्या करना जरूरी नहीं है, इस बारे में मेरी और आपकी धारणा एक नहीं है। वह मेरा दोस्त है।'

भारती चाय का सामान लेकर नीचे उतर आई और दो प्याले चाय बनाकर डॉक्टर के पास बैठ गई। डॉक्टर चिट्ठी भी लिखते रहे और साथ-ही-साथ चाय भी पीते रहे। दो-तीन मिनट चुपचाप बिताने के बाद भारती सहसा अभिमान के सुर में बोल उठी–'हम लोगों को तो इतना-सा भी वक्त नहीं मिलता है कि दो पल आपके पास बैठकर आपसे कोई बात सुनूँ।'

डॉक्टर ने चाय के प्याले से मुँह हटाकर हँसते हुए कहा–'क्या करूँ भई, मुझे अभी दो बजे की ट्रेन से फिर जाना पड़ेगा।'

यह खबर सुनकर भारती चौंक गई और अपने दोस्त के बारे में अपूर्व के मन का सन्देह बिलकुल घनीभूत हो उठा। भारती ने पूछा–'आपको क्या इतनी भी फुर्सत नहीं मिलेगी कि आप एक रात आराम कर सकें डॉक्टर बाबू?'

डॉक्टर ने चाय का प्याला खत्म किया और बोले–'मुझे सिर्फ एक दिन फुर्सत मिलेगी भई भारती, मगर वह दिन अभी तक आया नहीं है।'

भारती समझ न सकी, इसलिए उसने पूछा–'वह दिन कब आवेगा?'

डॉक्टर ने इसका जवाब नहीं दिया।

अपूर्व के मन के अन्दर सिर्फ एक बात हलचल मचा रही थी, उसी का सिलसिला आगे बढ़ाते हुए उसने कहा–'समिति का सदस्य बने बिना ही रामदास जो सजा भुगतने जा रहा है वह असाधारण है।'

डॉक्टर ने कहा–'सजा भी हो सकती है।'

अपूर्व ने कहा–'सजा न हो, तो यह उसकी तकदीर। लेकिन अगर उसे सजा होती है, तो इसके लिए मैं कसूरवार होऊँगा। क्योंकि मैं ही उसे वहाँ लाया था।'

डॉक्टर केवल मुस्कुरा दिए।

अपूर्व कहने लगा–'देश की खातिर जिस व्यक्ति ने दो साल जेल की सजा भुगती है, जिसकी पत्नी-बेटी इस विदेश में सिर्फ उसी की आश्रित हैं उसका इतनी बड़ी हिम्मत करना गैरमामूली बात है। इसकी कोई तुलना नहीं।'

उसने अपने दोस्त की तारीफों का जो पुल बाँधा उसमें भी एक गुप्त आघात था, लेकिन वह पूरा-का-पूरा बेकार हो गया। डॉक्टर के मुँह पर चमक आ गई, उन्होंने कहा–'इसमें भला क्या सन्देह है अपूर्व बाबू। पराधीनता की आग में जिसका कलेजा दिन-रात जल रहा हो उसके लिए ऐसा करने के अलावा दूसरा कोई उपाय नहीं है। अँगरेजों के कल-कारखाने की बड़ी नौकरी हो या इन्सिन के डेरे पर पड़ी पत्नी और बेटी–कोई भी चीज उसे ऐसा करने से रोक नहीं सकती–उसके लिए ऐसा करना ही एकमात्र उपाय है।'

दुश्चिन्ता और तीव्र सन्देह से अपूर्व की बुद्धि और ज्ञान सुन्न नहीं हो गया होता, तो वह इतनी बड़ी गलती नहीं कर सकता था। डॉक्टर की बात को ताना समझकर वह अचानक जैसे पागल हो गया। बोला–'आप भले ही उसके महत्त्व का अनुभव नहीं कर सकते हों, मगर अँगरेजों के कल-कारखाने की नौकरी तलवरकर-जैसे आदमी को ओछा नहीं बना दे सकती है। जितनी मर्जी आप मुझे ताना मारें, लेकिन रामदास किसी भी हिसाब से आपसे उन्नीस नहीं है। इसे आप पक्का जान लीजिए।'

डॉक्टर ने अचम्भे में पड़कर कहा–'मैं यह पक्का जानता हूँ। वे मुझसे उन्नीस हैं, ऐसा तो मैंने नहीं कहा है अपूर्व बाबू।'

अपूर्व बोला–'हाँ, आपने ऐसा कहा है। आपने उसकी और मेरी खिल्ली उड़ाई है। मगर मैं यह जानता हूँ कि जन्मभूमि उसके लिए जान से भी ज्यादा प्यारी है। वह निडर है। वह धीर है। वह आपकी तरह छिपता नहीं फिरता है। वह

आपकी भाँति पुलिस से डरकर वेश बदलकर भचक-भचककर नहीं चलता है। आप तो डरपोक हैं।'

प्रचंड विस्मय से भारती ठगी-सी रह गई थी, लेकिन अब वह बर्दाश्त नहीं कर सकी। तेज आवाज में बोल उठी–'आप किससे क्या कह रहे हैं अपूर्व बाबू? अचानक आप पागल हो गए क्या?'

अपूर्व बोला–'नहीं, मैं पागल नहीं हो गया हूँ। वे चाहे जो भी क्यों न हों, वे रामदास तलवरकर के पैरों की धूल के बराबर नहीं हैं, यह मैं बेधड़क कह सकता हूँ। उसके तेज, उसकी भाषण-कला, उसके निडरपन से वे मन-ही-मन जलते हैं। इसीलिए उन्होंने तुम्हें नहीं जाने दिया, इसीलिए उन्होंने बड़ी चतुराई से मुझे रोका।'

भारती उठकर खड़ी हो गई। उसने अपने आपको बड़े जतन से संयत किया और सहज आवाज में बोली–'मैं आपको अपमानित नहीं कर सकती, लेकिन आप यहाँ से चले जाइए अपूर्व बाबू। हम लोगों ने आपको गलत समझा था। डर के मारे जिसे इस बात का होश नहीं रहता कि क्या करना अच्छा है और क्या करना बुरा, ऐसे पागल के लिए यहाँ कोई ठौर नहीं है। आपने सही कहा था कि 'पथ का दावा' में आपके लिए कोई जगह नहीं होगी। इसके बाद फिर किसी बहाने, कभी मेरे डेरे में घुसने की कोशिश नहीं कीजिएगा।'

उसकी बात का जवाब दिए बिना अपूर्व उठकर खड़ा हो गया, तो डॉक्टर ने उसका हाथ पकड़ लिया। बोले–'और थोड़ी देर बैठिए अपूर्व बाबू। इस अँधेरे में अकेले मत जाइए। मैं स्टेशन जाते वक्त आपको आपके डेरे पहुँचा दूँगा।'

अपूर्व की चेतना लौटने को आ रही थी, वह फिर से मुँह नीचा किए बैठ गया।

बचे-खुचे बिस्कुटों को डॉक्टर को अपनी जेब में डालता देखकर भारती ने पूछा–'ये क्या कर रहे हैं आप?'

'मैं रसद इकट्ठा करके रख रहा हूँ भई।'

'तो क्या सचमुच ही आप आज रात चले जाइएगा?'

'नहीं तो क्या झूठमूठ में ही मैंने अपूर्व बाबू को रोका है। सभी अगर यों ही आपस में एक दूसरे पर अविश्वास किया करेंगे, तो मैं कैसे जिन्दा रहूँगा बताओ तो?' इतना कहकर उन्होंने बनावटी गुस्सा जाहिर किया, तो भारती ने अभिमान करके कहा–'नहीं, आज आपको जाने की जरूरत नहीं। आप बहुत थके हुए हैं। इसके अलावा सुमित्रा दीदी बीमार हैं, आप तो पता नहीं कहाँ चले जाते हैं, आपसे न कोई बात सुन पाती हूँ, न आपसे कोई उपदेश ले पाती हूँ। 'पथ का दावा' को मैं अकेले कैसे चलाऊँगी, बताइए तो? तो मैं भी जहाँ मर्जी चली जाऊँगी।'

लिखी हुई चिट्ठियाँ डॉक्टर ने उसके हाथ में दीं और मुस्कुराते हुए बोले–'इनमें एक तुम्हारे लिए है, एक सुमित्रा के लिए है और तीसरी तुम लोगों के 'पथ का दावा' के लिए है। मेरा उपदेश कहो या आदेश–सब कुछ तुम्हें इन्हीं में मिलेगा।'

चिट्ठियों को मुट्ठी में लेकर भारती ने चेहरा लटकाकर कहा–'इस बार क्या आप ज्यादा दिनों के लिए जा रहे हैं?'

'देवा न जानन्ति'–कहकर वे मुस्कुराए।

भारती बोली–'हम लोगों के लिए मुश्किल यह हुई है कि बिना मुँह देखे, बिना बात सुने आपके मन की बात कैसे जानें! आप ठीक से बताकर जाइए कि आप कब लौटेंगे।

'अभी-अभी तो कहा मैंने, देवा न जानन्ति।'

'नहीं यह कहने से काम नहीं चलेगा; सचमुच बताइए कि आप कब लौटेंगे?'

'पर इतना तकाजा क्यों करती हो बताओ तो?'

भारती बोली–'पता नहीं, इस बार न जाने कैसा डर लग रहा है। लगता है, जैसे सब कुछ टूट-फूटकर तहस-नहस हो जाएगा।' कहते-कहते सहसा उसकी आँखों में आँसू भर आए।

उसके सिर पर हाथ रखकर डॉक्टर ने मसखरी करते हुए कहा–'कुछ तहस-नहस नहीं होगा जी, कुछ तहस-नहस नहीं होगा। सब ठीक हो जाएगा।' इतना कहकर वे अचानक दाँत निपोरकर हँस पड़े और बोले–'लेकिन मैं यह कह देता हूँ कि इस आदमी से यों झूठमूठ में झगड़ा करोगी, तो तुम्हें सचमुच ही रोना पड़ेगा। अपूर्व बाबू गुस्सा तो करते हैं, मगर जिसे प्यार करते हैं उसे प्यार करना भी जानते हैं। मनुष्य के अन्दर यह जो हृदय नाम की चीज है वह हम लोगों के सम्पर्क में रहने की वजह से अभी भी सूखकर मुरझा नहीं गई है, बल्कि वह खिलते कमल की भाँति ठीक ताजा है।'

भारती कोई जवाब देने जा रही थी कि तभी अपूर्व ने अचानक मुँह उठाया, तो उसके मुँह की तरफ निहारकर उसका अपना मुँह बन्द हो गया।

इसी समय दरवाजे के पास आकर एक घोड़ागाड़ी रुकी और थोड़ी देर में दो आदमी अन्दर घुसे। उनमें से एक आदमी तो सिर से लेकर पाँव तक अँगरेजी पोशाक में था, जो डॉक्टर को छोड़कर और सभी के लिए अनजान था और दूसरा था रामदास तलवरकर। अपूर्व का चेहरा खिल उठा, लेकिन शोर मचाता हुआ वह अपने दोस्त की अगवानी करने के लिए नहीं गया। रामदास आगे बढ़कर आया और डॉक्टर के पैरों की धूल लेकर अपने माथे से लगाई। अपूर्व

को यह अजीब लगा। डॉक्टर के मुँह की तरफ उसने चुपचाप निगाह डाली और चुप्पी साधे रहा।

अँगरेजी पोशाक पहने आदमी ने अँगरेजी में ही बात की, बोले–'जमानत के चलते ही इतनी देर हुई, गवर्नमेंट शायद केस नहीं चलाएगा।'

डॉक्टर ने मन्द-मन्द मुस्कुराकर कहा–'इसका मतलब यह है कि तुमने आज तक गवर्नमेंट को नहीं पहचाना है कृष्ण अय्यर।'

इस बातचीत में रामदास मुस्कुराता हुआ शामिल हो गया और पूछा–'मैदान से लेकर थाने तक मैंने हर दम आपको साथ में देखा था, मगर अचानक आप कब गायब हो गए मुझे पता ही नहीं चला।'

डॉक्टर ने मुस्कुराकर कहा–'ऐसी स्थिति हो गई थी कि मुझे गायब होना पड़ा था रामदास बाबू। यहाँ तक कि रातोरात यहाँ से भी मुझे गायब होना पड़ेगा।'

रामदास बोला–'उस दिन रेलवे स्टेशन पर मैंने आपको पहचान लिया था।'

डॉक्टर ने गर्दन हिलाकर कहा–'मैं जानता हूँ। मगर सीधे अपने डेरे न जाकर आप इतनी रात गए यहाँ क्यों आए?'

रामदास बोला–'आपको प्रणाम करने के लिए। पूना की सेंट्रल जेल में मेरे जाने के बाद ही आप चले गए। तब आपको प्रणाम करने का मुझे मौका नहीं मिला था। नीलकान्त जोशी का क्या हुआ, आप जानते हैं? वह तो आपके साथ ही था।'

डॉक्टर ने सिर हिलाकर कहा–'हाँ। बैरक की चहारदीवारी को वह लाँघ नहीं सका, इस वजह से सिंगापुर में उसे फाँसी पर चढ़ा दिया गया।'

अपूर्व को यह सब अचिन्तनीय और बड़े अजीब बुरे सपनों-जैसा महसूस होने लगा। उससे और रहा नहीं गया, वह अचानक पूछ उठा–'डॉक्टर सा'ब, तो क्या आपको भी फाँसी पर चढ़ा दिया जाता।'

डॉक्टर उसके मुँह की तरफ निहारकर जरा मुस्कुराए। इस हँसी को देखकर अपूर्व के सिर के बाल तक सिहर उठे।

रामदास उत्सुक होकर बोला–'उसके बाद?'

डॉक्टर बोले–'एक बार इसी सिंगापुर में मुझे तीनेक सालों तक रुकना पड़ा था, पदाधिकारी मुझे पहचानते थे। इसीलिए सीधा रास्ता छोड़कर बैंकाक के रास्ते पहाड़ को लाँघकर मैं टेवाय आ पहुँचा। तकदीर अच्छी थी। अचानक जंगल के बीच एक हाथी के बच्चे को भी भगवान ने भेज दिया। एक साथी भी मिल गया अन्त में हाथी के बच्चे को बेचकर देसी जहाज में नारियल के साथ मैं खुद भी लदकर तीनेक महीने के अन्दर एकबारगी अराकान आ पहुँचा। मैं यहाँ अच्छा-खासा

रह रहा था, रामदास बाबू, पर अचानक थाने के अन्दर एक जिगरी दोस्त से आमने-सामने मुलाकात हो गई। उसका नाम है वी.ए. चेलिया। वे बड़ा स्नेह करते हैं मुझे। बहुत दिनों से उन्होंने मुझे देखा नहीं है, इसी वजह से वे मुझे ढूँढ़ते-ढूँढ़ते एकबारगी सिंगापुर से बर्मा आ उपस्थित हुए हैं। उन्हें देखने से लगता है कि उन्हें मेरा पता चल चुका है। लेकिन भीड़ के बीच वे उतना ध्यान नहीं दे सके थे। वरना मेरा गला उन्हें विरासत में मिल जाता'–इतना कहकर उन्होंने ठहाका मारकर हँसना चाहा, पर अचानक अपूर्व के मुँह की तरफ निहारकर बिलकुल चौंक उठे– 'वह क्या कर रहे हैं अपूर्व बाबू? क्या हुआ आपको।'

अपूर्व दाँतों से होंठों को दबाकर अपने आपको सँभालने की कोशिश कर रहा था, उनकी बात खत्म भी नहीं हुई थी कि वह दोनों हाथों से अपना मुँह ढँककर तेजी से कमरे से दौड़ता हुआ बाहर निकल गया।

अठारहवाँ परिच्छेद

अपूर्व यों बाहर तो निकल गया, पर उसकी इस हरकत ने सभी को विस्मित किया। कमरे में रोशनी ज्यादा नहीं थी, लेकिन उसका अस्वाभाविक चेहरा और रुआँसी आवाज बहुत अशोभनीय लगी। बैरिस्टर कृष्ण अय्यर थोड़ी देर तक चुपचाप रहे, फिर पूछा–'ये कौन हैं डॉक्टर? ये तो बेहद सेंटिमेंटल हैं।' उनके आखिरी वाक्य में एक शिकायत-भरा ताना था यानी ऐसा आदमी यहाँ क्यों है?

डॉक्टर तनिक मुस्कुराए, मगर जल्दी से इस सवाल का जवाब दिया तलवरकर ने। बोले–'ये हैं मेरे सुपिरियर ऑफिसर।' जरा रुककर श्रद्धा और स्नेह के साथ बोले–'लेकिन ये मेरे बड़े जिगरी–मेरे जिगरी दोस्त हैं। रही बात इनके सेंटिमेंटल होने की? यस ही इज सेंटिमेंटल। डॉक्टर सा'ब, आपने शायद उस दिन की कहानी नहीं सुनी होगी जिस दिन हाल्दार पहली बार रंगून आए। वह एक...।'

सहसा भारती पर निगाह पड़ी, तो वे शरमाते हुए रुक गए और बोले–'सो चाहे जो भी हो, जिस दिन पहली बार इनसे मेरी जान-पहचान हुई उसी दिन से हम एक दूसरे के दोस्त हैं–वास्तव में वे जिगरी दोस्त हैं।'

तलवरकर की व्यग्रता और खासतौर से उनके बार-बार जिगरी दोस्त शब्द के इस्तेमाल से सेंटिमेंटलिज्म के प्रति ताना मारने की बैरिस्टर साहब ने फिर हिम्मत नहीं की, लेकिन उनके मुँह का भाव मानो संदिग्ध और अप्रसन्न हो गया।

डॉक्टर ने मुस्कुराते हुए कहा–'सेंटिमेंटल नाम की चीज निपट बुरी नहीं होती है कृष्ण अय्यर और यह सोचना भी ठीक नहीं है कि सभी तुम्हारी तरह पत्थर न बनेंगे तो काम नहीं चलेगा।'

कृष्ण अय्यर खुश नहीं हुए, बोले–'ऐसा मैं सोचता भी नहीं, लेकिन इतना सोचने में भी शायद कोई दोष नहीं है डॉक्टर कि इस कमरे को छोड़कर भी उन लोगों के लिए चलने-फिरने की काफी लम्बी-चौड़ी जगह दुनिया में खुली हुई है।'

तलवरकर मन-ही-मन गुस्सा हुए। जिन्हें वे बार-बार अपना जिगरी दोस्त कह रहे थे उन्हें उन्हीं के सामने अनचाहा साबित करने की कोशिश की जा रही थी, इससे उन्होंने अपने-आपको अपमानित समझा और कहा–'मिस्टर अय्यर अपूर्व

बाबू को मैं पहचानता हूँ। यह सच है कि वे हमारे बहुत पुराने सदस्य नहीं हैं, लेकिन दोस्त को कैसे छुटकारा मिलेगा—यह सोचकर थोड़ा-सा विचलित होना हमारे लिए भी भयंकर कसूर नहीं है। दुनिया में चलने-फिरने की जगह अपूर्व बाबू के लिए काफी है और आशा करता हूँ कि इस कमरे में भी कभी उनके लिए जगह छोटी नहीं पड़ेगी।

कृष्ण अय्यर ने भीड़ के बीच खड़ा होकर अपूर्व को देखा था, वे चुप रहे, लेकिन डॉक्टर ने अपनी स्वाभाविक शान्ति के साथ कहा—'उनके लिए कमरे में जगह जरूर छोटी नहीं पड़ेगी तलवरकर बाबू, जरूर छोटी नहीं पड़ेगी। इतना कहकर वे वहाँ मौजूद सबके मुँह की तरफ थोड़ी देर तक चुपचाप निहारते रहे, अन्त में भारती को ही खासतौर पर देखकर वे अचानक गम्भीर हो गए और बोले—'मगर यह दोस्ती नाम की चीज दुनिया में कितनी नाजुक होती है भारती। एक दिन जिसके बारे में सोचा तक नहीं जा सकता है, उससे दोस्ती हो जाती है और एक दिन कितनी छोटी-सी बात की वजह से उससे दोस्ती हमेशा हमेशा के लिए टूट जाती है। ऐसा होना भी दुनिया में अस्वाभाविक नहीं है तलवरकर बाबू इसके लिए भी तैयार रहना अच्छा है। मनुष्य बड़ा दुर्बल है कृष्ण अय्यर, बड़ा दुर्बल है। जब दोस्ती टूट जाती है तब इसी सेंटिमेंट की जरूरत पड़ती है उसका सदमा सहने के लिए।

इन सब बातों का न जवाब ही देने की कोई जरूरत थी न इनका प्रतिवाद ही किया जा सकता था, दोनों ही चुप रहे, मगर भारती का मुँह लटक गया। डॉक्टर के प्रति उन लोगों की अविचलित और असीम श्रद्धा थी, बेवजह एक भी शब्द बोलने का डॉक्टर का स्वभाव नहीं था, यह सच्चाई भारती भली-भाँति जानती थी, लेकिन क्या और किसके बारे में उन्होंने यह कहा और इसका ठीक-ठीक आशय क्या था, यह नहीं समझ पाने की वजह से उसका मन में सिर्फ चिन्ता और आशंका के भाव आए।

डॉक्टर ने सामने की घड़ी की तरफ निहारकर कहा—'धीरे-धीरे मेरे जाने का समय तो होने को आया भारती, आज रात की गाड़ी से मैं चला, तलवरकर।'

जानेवाला जब खुद यह नहीं बताता है कि वह कहाँ और किसलिए जा रहा है, तो इस बारे में जानने का कौतूहल प्रकट करने का रिवाज इन लोगों में नहीं था। तलवरकर जिज्ञासु बनकर एक पल निहारता रहा, फिर प्रश्न किया—'मेरे लिए आपका क्या आदेश है?'

डॉक्टर ने मुस्कुराकर कहा—'हाँ, आदेश तो है। लेकिन एक बात है। वह यह कि यह पक्का है कि बर्मा में अगर जगह की कमी हो भी जाए, पर अपने देश में तो जगह की कमी नहीं होगी। मजूदरों का जरा ध्यान रखना।'

तलवरकर ने गर्दन हिलाकर कहा—'अच्छा! पर फिर कब मुलाकात होगी?'

डॉक्टर ने कहा—'नीलकान्त जोशी के शिष्य हो तुम, यह भला कैसा प्रश्न है तलवरकर?'

तलवरकर चुप्पी साधे ही रहा। डॉक्टर ने फिर से कहा—'और देर मत करो, जाओ डेरे पहुँचते-पहुँचते लगभग भोर हो जाएगी। तो तुमने तय किया कि तुम यहीं प्रैक्टिस करोगे कृष्ण अय्यर।'

कृष्ण अय्यर ने सिर हिलाकर हामी भरी। किराए की गाड़ी बाहर इन्तजार कर रही थी। दोनों बाहर निकलने लगे, तो तलवरकर ने सिर्फ एक बार कहा—'अँधेरे में अपूर्व बाबू न जाने कहाँ चले गए, एक बार मुलाकात नहीं हुई...।'

लेकिन इस बात का जवाब देना शायद किसी ने जरूरी नहीं समझा। थोड़ी ही देर में गाड़ी की आवाज से समझ में आया कि वे लोग चले गए। तब डॉक्टर ने कहा—'तुम्हें क्या लगता है कि अपूर्व अपने डेरे चला गया होगा?'

भारती ने सिर हिलाकर कहा—'बहुत संभव है, वे कहीं आसपास ही होंगे। जरा ढूँढ़कर देखूँगी, तो वे मिल जाएँगे। आप से और एक बार मिले बिना वे कतई नहीं जाएँगे।'

डॉक्टर ने मुस्कुराकर कहा—'तब तो दस-पन्द्रह मिनटों के अन्दर ही मुझसे मिल लेना जरूरी है। इससे ज्यादा समय तो मैं नहीं दे सकूँगा भई।'

'नहीं, इसी बीच वे आ जाएँगे। ऐसी बात नहीं कि...' यह कहकर भारती ने वहाँ मौजूद डॉक्टर की बात का जवाब दिया, और अपने आपको भी भरोसा दिया। अकेले इस अँधेरे में अपूर्व हरगिज नहीं जाएगा, इसलिए वह कहीं करीब ही होगा, इस बारे में वह जितनी निश्चिन्त थी उतनी ही निःसंदिग्ध वह इस बारे में भी थी कि उन लोगों के बड़े भक्ति और श्रद्धाभाजन इस महामानव के चले जाने के पहले और एक बार हृदय से उससे माफी माँगवा लेने की भी जरूरत है। तरह-तरह से विभिन्न कारणों से आज अपूर्व ने बहुत ज्यादा गुनाह किया है, समय रहते उसी से उन गुनाहों के लिए माफी मँगवाए बिना भला भारती जिन्दा कैसे रहेगी? लेकिन वही कीमती थोड़ा-सा समय बेकार में खत्म होने लगा—पर अपूर्व का कहीं अता-पता नहीं था। अँधेरे दरवाजे की तरफ भारती की चंचल आँखें तीखी होने को आईं और मन बाहर जानी-पहचानी कदमों की आहट सुनने के इन्तजार में बिलकुल अधीर हो उठा। वह कहीं करीब ही होगा। एक बार उसका जी चाहा कि वह भागती हुई जाए और एक पल में उसे ढूँढ़ लाए। मगर इतनी अकुलाहट जाहिर करने में आज उसे बेहद शर्म महसूस हुई। डॉक्टर ने अपनी स्ट्रेप-बँधी गठरी पर निगाह डाली, जँभाई ली और उठकर खड़े हो गए। भारती ने

दीवार की घड़ी की तरफ निहारा, तो देखा ज्यादा समय नहीं है, और पाँच-छह मिनट बचे हैं। बोली–'आप क्या पैदल ही जाएँगे?

डॉक्टर ने गर्दन हिलाकर कहा–'नहीं। बहुत संभव है, दो बजकर दस मिनट पर मुख्य रास्ते से होकर एक घोड़ागाड़ी वापस जाएगी–चलती गाड़ी 63 पैसा किराया देने से वह गाड़ी मुझे स्टेशन पहुँचा देगी।

भारती बोली–'बिना पैसा दिए ही वह गाड़ी आपको स्टेशन पहुँचा देगी। मगर जाने से पहले आप सुमित्रा दीदी से नहीं मिलिएगा? वे सचमुच ही बीमार हैं।

डॉक्टर ने कहा–'मैंने तो यह नहीं कहा है कि वे बीमार नहीं हैं। लेकिन डॉक्टर को बिना दिखाए ही वे अच्छी कैसे होंगी?

भारती बोली–'लेकिन अगर डॉक्टर को दिखाने से ही वे अच्छी हो जाएँगी, तो दुनिया में आपसे बड़ा डॉक्टर भला कौन है?

डॉक्टर ने मसखरी-भरा जवाब दिया–तब तो हो चुकीं वे अच्छी। लम्बे अरसे तक लोगों का इलाज न करने की वजह से मैं यह भूल गया हूँ कि किस बीमारी का क्या इलाज किया जाता है। इसके अलावा बैठे-बैठे किसी का भी इलाज करूँ, इतना समय ही भला कहाँ है मुझे?

उनकी बात खत्म भी नहीं हुई थी कि भारती बोल उठी–समय कहाँ है! समय कहाँ है! कोई मर जाए, तो भी आपको समय नहीं मिलेगा। ऐसा ही है देश का काम? देखिए डॉक्टर सा'ब, इलाज करना कोई डॉक्टर नहीं भूलता। आप भी नहीं भूले हैं। सचमुच ही अगर आप कुछ भूल गए हैं, तो वह है दया-माया।

डॉक्टर का खिला हुआ चेहरा पलभर के लिए गम्भीर हुआ, पर फिर से पहले की तरह ही खिल उठा। भारती उसी एक पल में अपनी गलती समझ पाई। यह सच है कि उन लोगों की नजदीकियाँ बहुत दूर तक जा चुकी थी, लेकिन इस ओर उँगली उठाने का हक आज तक उसे नहीं था। वास्तव में भारती आज तक इस बारे में कुछ भी नहीं जानती थी कि सुमित्रा कौन है, डॉक्टर से उसका क्या रिश्ता है, और कब कैसे वह इस दल में शामिल हो गई। उन लोगों के दल में यह जानने के लिए उत्सुक होने की सख्त मनाही है कि यहाँ किसका किससे क्या रिश्ता है। इसलिए अन्दाजा लगाने के सिवा सही तौर पर कुछ भी जानने का कोई उपाय नहीं था। सिर्फ औरत होने की वजह से उसने सुमित्रा का मनोभाव समझा था। लेकिन अपनी उसी अनुभूति के आधार पर उसने अचानक इशारे-इशारे में इतनी बड़ी बात कह डाली थी, इस वजह से वह न सिर्फ संकुचित ही हुई, बल्कि डर भी गई। वह डॉक्टर से नहीं डरी–वह डरी सुमित्रा से। यह बात किसी भी तरह उनके कानों में पहुँचेगी तो बहुत बुरा होगा। उनका दूसरा परिचय तो मालूम नहीं

था, तो भी किसी के लिए भी यह छिपा हुआ नहीं था कि वे बहुत ही पढ़ी-लिखी और समझदार औरत हैं और उनके बारे में गहरी जानकारी हासिल करना बड़ा कठिन है। सभी यह महसूस करते थे कि वे बहुत कम बोलती हैं, गजब की खूबसूरत हैं, अडिग और गम्भीर हैं। दल में रहकर भी वे अपने इन गुणों की वजह से सबसे काफी दूरी बनाए रहती हैं। यहाँ तक कि उनकी बीमारी को लेकर भी अनचाही चर्चा करने की किसी को हिम्मत नहीं होती थी। लेकिन जिस दिन दुर्लंध्य कठोरता को भेदकर उनकी अत्यन्त गुप्त दुर्बलता अपूर्व और भारती के सामने प्रकट हुई, जिस दिन एक आदमी के चले जाते वक्त सुमित्रा अपने आपको रोक नहीं सकीं, उसी दिन से वे सबसे और भी बहुत दूर अपने आपको हटा ले गई थी, निःसंदिग्ध रूप से यह अनुभव करके कि ज्यों ही उन्हें ऐसा लगेगा कि दूसरों की अनचाही सहानुभूति से उनकी वह लम्बी दूरी कम होती जा रही है त्यों ही उनके मन के अन्दर दबा-ढँका दुख बाहर निकल आएगा, भारती का दुखी मन शंका से भर जाता था।

डॉक्टर ने आरामकुर्सी पर अच्छी तरह उठंग कर लेट कर अपने दोनों लम्बे पाँवों को सामने के टेबल पर फैला दिया और बड़े आराम से साँस लेकर बोले–'आह...।'

भारती ने अचरज में पड़कर कहा–'आप तो बड़े ठाठ से लेट गए?'

डॉक्टर ने गुस्सा करके कहा–'क्यों, मैं क्या घोड़ा हूँ कि जरा लेटूँगा तो पंगु हो जाऊँगा? मुझे नींद आ रही है–तुम लोगों की तरह मैं खड़े-खड़े नहीं सो सकता।'

भारती बोली–'खड़े-खड़े तो हम लोग भी नहीं सो सकते। लेकिन कोई अगर आकर यह कहे कि आप दौड़ते-दौड़ते सो सकते हैं, तो मुझे इसमें भी आश्चर्य नहीं होगा। यह कोई नहीं जानता कि आप दुनिया में क्या नहीं कर सकते हैं? मगर समय तो हो गया, अभी नहीं निकलिएगा, तो गाड़ी चली जाएगी।'

'चली जाने दो।'

'यह आप क्या कह रहे हैं?'

'उफ–बड़ी नींद आ रही है भारती; मैं आँखें नहीं खोल सकता।' इतना कहकर डॉक्टर ने अपनी दोनों आँखें मूँद लीं।

उनकी बात सुनकर भारती ने पुलकित मन से अनुभव किया कि सिर्फ उसके कहने से उन्होंने अपना जाना स्थगित कर दिया। वरना सिर्फ नींद ही क्यों, वज्र गिरने की बात कहकर भी कोई उन्हें उनके संकल्प से नहीं डिगा सकता। बोली–'और अगर सचमुच ही आपको नींद आ रही हो, तो ऊपर जाकर सो जाइए न।'

डॉक्टर ने आँखें मूँदे-मूँदे ही प्रश्न किया–'तुम्हारा अपना क्या उपाय होगा? अपूर्व की बाट जोहती हुई तुम सारी रात बैठे-बैठे गुजारोगी?'

भारती बोली–'मुझे क्या गरज पड़ी है उनकी बाट जोहने की! बगल के छोटे कमरे में मैं अभी जाकर बिस्तर लगाकर सो जाऊँगी।'

डॉक्टर बोले–'गुस्सा करके लेटा जा सकता है, लेकिन गुस्सा करके सोया नहीं जा सकता। बिस्तर पर पड़े-पड़े छटपटाना बहुत बड़ी सजा है। इससे बेहतर यह होगा कि तुम जाकर उसे ढूँढ़ लाओ–मैं किसी से नहीं कहूँगा।'

भारती का मुँह लाल हो उठा। लेकिन डॉक्टर यह समझ नहीं सके कि वह शरमा गई, क्योंकि वे अपनी आँखें मूँदे हुए थे। उनकी मुँदी आँखों की तरफ नजरें टिकाए भारती कई पल चुप रही, फिर अपने आपको सँभाल लिया और धीरे-धीरे पूछा–'अच्छा, डॉक्टर सा'ब, यह आपने कैसे जाना कि बिस्तर पर पड़े-पड़े छटपटाना बहुत बड़ी सजा है?'

डॉक्टर बोले–'लोगों को ऐसा कहते सुनता हूँ।'

'अपने अनुभव से आप कुछ भी नहीं जानते?'

डॉक्टर ने आँखें खोलकर कहा–'अरे भाई, हम-जैसे अभागों को सोने के लिए बिस्तर ही नहीं मिलता है। जिसे सोने के लिए बिस्तर ही नहीं मिलता वह भला बिस्तर पर पड़े-पड़े छटपटाएगा कैसे? इतनी रईसी करने की फुर्सत कहाँ है?' कहकर वे मुस्काए।

भारती ने अचानक प्रश्न किया–'अच्छा डॉक्टर सा'ब, सभी कहते हैं कि आप में गुस्सा नहीं है, यह क्या कभी सच हो सकता है?'

डॉक्टर बोले–'यह सच हो सकता है? कतई नहीं, कतई नहीं। लोग झूठमूठ में मेरे खिलाफ अफवाह फैलाते हैं। मैं उन्हें फूटी आँखों नहीं सुहाता।'

भारती ने हँसकर कहा–'या वे लोग आपको बहुत ज्यादा प्यार करते हैं, इसी वजह से, हो सकता है, वे लोग आपके खिलाफ ऐसी अफवाह फैलाते हों। उन लोगों का और भी कहना है कि आपमें न मान-अभिमान है न दया-माया, और आपका समूचा कलेजा बिलकुल पत्थर का बना हुआ है।'

डॉक्टर बोले–'यह भी बेहद प्यार-भरी बात है।'

भारती बोली–'उसके बाद, उस पाषाण-स्तूप के अन्दर है सिर्फ एक चीज–जननी जन्मभूमि। न उसका आदि है न अन्त, न क्षय, न व्यय–उसका भयंकर रूप हम लोगों को नजर नहीं आता है, इसी वजह से हम लोग आपके करीब रह सकते हैं वरना...' कहते-कहते वह अचानक एक पल रुकी और बोली–'वह भयंकर रूप कैसा है, जानते हैं डॉक्टर सा'ब। सुमित्रा दीदी को साथ लेकर मैं एक

दिन बर्मा आयल कम्पनी की बगल से जा रही थी, उस दिन उन लोगों के नए बॉयलर की जाँच हो रही थी। बहुत-से लोग भीड़ लगाए तमाशा देख रहे थे। काला पहाड़ जैसा एक प्रचंड जड़पिंड था–मगर जड़पिंड से ज्यादा वह और कुछ भी नहीं था। अचानक उसका एक दरवाजा खुल गया, लगा, जैसे उसके अन्दर आग की धारा बहती जा रही हो। उस बॉयलर को देखकर ऐसा लगा कि अगर इस धरती को भी लोंदा बनाकर उसमें डाल दिया जाए, तो वह पलभर में उसे जलाकर राख कर देगा। सुना, वह अकेले ही इतने बड़े कारखाने को चला दे सकता है। दरवाजा बन्द हुआ, वह फिर पहले जैसा शान्त जड़पिंड था, अन्दर की रोशनी तक बाहर नहीं निकल रही थी।' सुमित्रा दीदी के मुँह से गहरी लम्बी साँस निकली। मैंने विस्मित होकर पूछा–'क्या बात है दीदी?' सुमित्रा दीदी बोलीं–'इस भयानक मशीन को याद रखना भारती, इससे तुम अपने डॉक्टर सा'ब को पहचान सकोगी। यही है उनकी सचमुच की प्रतिमूर्ति।' इतना कहकर वह थोड़ी देर तक उनके मुँह की तरफ निहारती रही।

डॉक्टर ने अन्यमनस्क की भाँति जरा मुस्कुराकर कहा–'सभी मुझे कितना प्यार करते हैं! मगर नींद के मारे मैं अब आँखें नहीं खोल सकता भारती। कोई उपाय करो। लेकिन इसके पहले एक बार उस आदमी को नहीं ढूँढ़ोगी, आखिर वह गया कहाँ?'

'लेकिन आप यह किसी से नहीं कहेंगे।'

'नहीं, मैं यह किसी से नहीं कहूँगा। लेकिन क्या तुम्हें मुझसे शरमाने की जरूरत नहीं।'

भारती ने सिर हिलाकर कहा–'नहीं, सिर्फ मनुष्य से ही मनुष्य शरमाता है।' इतना कहकर उसने हाथ में लालटेन उठा ली और बाहर चली गई।

दस-पन्द्रह मिनट बाद वह वापस आकर बोली–'अपूर्व बाबू चले गए हैं।'

डॉक्टर विस्यम से उठ बैठे और बोले–'इस अँधेरे में? अकेले?'

'ऐसा ही लगता है।'

'आश्चर्य है!'

भारती बोली–'मेरा बिस्तर लगाया हुआ है, सोने चलिए।'

'और तुम कहाँ सोओगी?'

'मैं फर्श पर कोई कम्बल-वम्बल बिछा लूँगी। चलिए।'

डॉक्टर उठकर खड़े हो गए और बोले–'अच्छा, तो चलो। लाज-संकोच तो मनुष्य मनुष्य से ही करता है। मैं तो पत्थर के सिवा और कुछ नहीं हूँ।'

ऊपर के कमरे में जाकर जब डॉक्टर बिस्तर पर गए, तो भारती ने मच्छरदानी

लगा दी और बड़े जतन से उसे चारों ओर ठूँस दिया, और उसी के करीब नीचे फर्श पर अपना बिस्तर बिछा लिया। डॉक्टर ने उस तरफ निहारकर खिन्न आवाज में कहा–'सभी मिलकर मुझे इस तरह ठुकराती हो, तो मेरे आत्मसम्मान को चोट लगती है।'

भारती हँस पड़ी और बोली–'हम सभी ने मिलकर आपको मनुष्यों के दल से निकालकर पत्थर का देवता बनाकर रखा है।'

'इसका मतलब है कि मुझसे कोई नहीं डरता?'

भारती ने बेझिझक जवाब दिया–'हाँ, आपसे कोई रत्ती भर भी नहीं डरता। यह हम लोग सोच ही नहीं सकते कि आपसे किसी का जरा-सा भी अहित हो सकता है।'

उसकी बात के जवाब में डॉक्टर हँसे और सिर्फ इतना कहा–'अच्छा, एक दिन तुम लोगों को इसका पता चलेगा।'

बिस्तर पर लेटकर भारती ने अचानक प्रश्न किया–'अच्छा, आपका यह सव्यसाची नाम किसने रखा था डॉक्टर सा'ब? यह तो आपका असली नाम नहीं है।'

डॉक्टर सा'ब हँसने लगे। बोले–'मेरा असली नाम चाहे जो भी क्यों न हो, मेरा यह नकली नाम रखा था हमारी पाठशाला के पंडित जी ने। उनका एक बहुत लम्बा आम का पेड़ था, सिर्फ मैं ही ढेले मारकर उस पेड़ का आम तोड़ सकता था। एक बार छत से कूदते वक्त मेरा दाहिना हाथ टूट गया। डॉक्टर ने आकर बैंडेज बाँधा और उसे मेरे गले में लटका दिया। सभी दुख प्रकट करने लगे। सिर्फ पंडित जी ही खुश हुए और बोले–'खैर, मेरे कुछ आम ढेले की चोट खाने से तो बचे। जब आम पक जाएँगे, तो हो सकता है, मैं दो-चार आम खा भी सकूँ।'

भारती बोली–'आप तो बड़े शरारती थे।'

डॉक्टर सा'ब बोले–'हाँ, शरारती लड़के के तौर पर मैं जरा बदनाम तो था। जो हो, अगले दिन से ही मैं फिर पहले की ही तरह आम तोड़ने में जुट गया, मगर पंडित जी को पता नहीं कैसे इसकी खबर मिल गई, सो उस दिन तो उन्होंने मुझे बिलकुल रँगे हाथों पकड़ लिया। थोड़ी देर तक वे ठगे-से निहारते रहे, फिर बोले–'कसूर हो गया है बेटा सव्यसाची, अब मैं आम की आशा नहीं करता। दाहिना हाथ टूटा है, तो बायाँ हाथ चल रहा है, बायाँ हाथ टूटेगा तो शायद दोनों पाँव चलेंगे। रहने दो बेटा, और तकलीफ मत उठाओ, जितने कच्चे आम बाकी बचे हैं उन्हें मैं दूसरी आदमी से तुड़वा देता हूँ।'

भारती खिलखिलाकर हँस उठी और बोली–'पंडित जी ने बड़े दुख से आपका

यह नाम रखा था।'

डॉक्टर खुद भी हँसे और बोले–'हाँ, बड़े दुख से रखा गया मेरा यह नाम है। मगर तभी से मेरा असली नाम लोग भूल ही गए।'

भारती थोड़ी देर तक स्थिर रही, फिर पूछा–'अच्छा, सब कहते हैं कि देश ही आप हैं और आप ही देश हैं–ये दोनों ही अपने आपमें एकाकार हो गए हैं–यह कैसे हुआ?'

डॉक्टर बोले–'वह भी बचपन की एक घटना है भारती। इस जीवन में कितना कुछ आया, कितना कुछ गया लेकिन उस दिन की घटना इस जीवन में बिलकुल अमिट बनी रही। हमारे गाँव के एक किनारे वैष्णवों का एक मन्दिर था। एक रात वहाँ डाका पड़ा। चीखना-चिल्लाना और रोना-धोना सुनकर गाँव के बहुत सारे लोग जमा हुए, मगर डाकुओं के पास एक भरी हुई बन्दूक थी, वे लोग गोलियाँ चलाने लगे। यह देखकर कोई उनके पास तक नहीं फटक सका। मेरे एक चचेरे भाई थे, जो मेरे ताऊ के लड़के थे और उम्र में मुझसे बड़े थे, वे बड़े साहसी और परोपकारी थे, वे जाने के लिए छटपटाने लगे, लेकिन यह जानकर कि जो वहाँ जाएगा वह निश्चित रूप से मारा जाएगा, सभी ने उन्हें पकड़ रखा। जब वे अपने आपको किसी भी तरह छुड़ा नहीं सके, तो वे वहीं रहकर सिर्फ विफल उछल-कूद करने लगे। लेकिन इसका कोई नतीजा नहीं निकला। उन लोगों ने उसी एक बन्दूक के बल पर दो-तीन सौ लोगों के सामने महन्थ बाबाजी को खूँटे में बाँधकर तिल-तिल करके जला डाला। भारती तब मैं बच्चा था, लेकिन आज भी उनकी गिड़गिड़ाहट, आज भी उनकी मरते वक्त की चीखें बीच-बीच में मुझे कानों में सुनाई पड़ती हैं–उफ वह कैसा हृदयविदारक आर्तनाद था।'

भारती ने साँस रोककर कहा–'उसके बाद?'

डॉक्टर बोले–'उसके बाद बाबाजी गिड़गिड़ाते रहे कि कोई उन्हें बचा ले, मगर कोई उन्हें बचाने के लिए आगे नहीं आया और समूचे गाँव के सामने उनकी गिड़गिड़ाहट धीरे-धीरे खत्म हो गई। डाकुओं की लूट-पाट बेखटके बेधड़क खत्म हुई–जाते वक्त डाकुओं का सरदार अपने बाप की कसम खाकर बड़े भैया से कह गया कि आज वे लोग थके हुए हैं, लेकिन महीने भर बाद वे लोग वापस आकर इसका बदला लेंगे। बड़े भैया जिले के अँगरेज मैजिस्ट्रेट के पास गए और फूट-फूटकर रो पड़े, उन्हें एक बन्दूक चाहिए। मगर पुलिस बोली, तुम्हें बन्दूक नहीं मिलेगी। दो साल पहले एक बेहद जुल्मी सब इंस्पेक्टर का कान उमेठ देने के जुर्म में उन्हें दो महीने की जेल की सजा हुई थी। और इसी जुर्म की वजह से अँगरेज मेजिस्ट्रेट ने कहा–'किसी भी सूरत में तुम्हें बन्दूक नहीं मिलेगी।' भैया ने कहा–

'सा'ब तो क्या हम लोग मर जाएँ?' मेजिस्ट्रेट ने हँसकर कहा–'जिसे इतना डर है वह अपना घर-बार बेचकर मेरे जिले से चला जाए।'

भारती उत्तेजना से बिस्तर पर उठ बैठी और बोली–'तो मैजिस्ट्रेट ने उन्हें बन्दूक नहीं दी? यह जानकर भी कि इतनी बड़ी मुसीबत आनेवाली है, मैजिस्ट्रेट ने उन्हें बन्दूक नहीं दी?'

डॉक्टर बोले–'नहीं। और सिर्फ इतना ही नहीं, बल्कि जब बड़े भैया ने व्याकुल होकर तीर-धनुष और भाला बनवाया, तो पुलिसवाले खबर पाकर उन्हें भी उनसे छीनकर ले गए।'

'उसके बाद क्या हुआ ?'

डॉक्टर बोले–'उसके बाद की घटना तो बहुत ही छोटी है। उसी महीने के अन्दर डाकुओं के सरदार ने अपनी प्रतिज्ञा पूरी की। इस बार शायद एक और भी ज्यादा बन्दूक थी। घर के सभी भाग गए, सिर्फ बड़े भैया को कोई डिगा नहीं सका। लिहाजा, डाकू की गोली खाकर उन्होंने अपनी जान गँवाई।

भारती रक्तहीन पीले मुँह से बोल उठी–'उन्होंने अपनी जान गँवा दी?'

डॉक्टर बोले–'हाँ। वे चारेक घंटे जिन्दा थे, उन्हें तब तक होश था। समूचे गाँव के लोग इकट्ठा होकर हो-हल्ला करने लगे, कोई डाकुओं को, तो कोई अँगरेज मैजिस्ट्रेट को गालियाँ देने लगा, सिर्फ भैया ही चुप रहे। ठेठ देहात, अस्पताल दस-बारह कोस दूर था, रात का वक्त गाँव का डॉक्टर बैंडेज करने के लिए आया तो भैया ने उसका हाथ हटा दिया और सिर्फ बोले–'रहने दीजिए। मैं जीना नहीं चाहता।' कहते-कहते उस पत्थर के देवता की आवाज जरा काँप गई। वे थोड़ी देर तक चुप रहे। उसके बाद फिर से बोले–'बड़े भैया मुझे बहुत प्यार करते थे। मुझे रोता देख उन्होंने सिर्फ एक बार आँखें खोलकर निहारा। उसके बाद धीरे-धीरे बोले–'छिः! लड़कियों की तरह इन गाय, भेड़, बकरियों की आवाज में आवाज मिलाकर तू अब मत रो शैल। राज करने के लालच में जिन लोगों ने समूचे देश में मनुष्य नाम के एक भी प्राणी को अब नहीं रखा है उन लोगों को तू जीवन में कभी माफ नहीं करना। ये कई बातें उन्होंने कही थीं, इससे ज्यादा उन्होंने एक शब्द भी नहीं कहा था। नफरत के मारे एक उफ, आह तक उनके मुँह से आखिर तक नहीं निकली थी। सिर्फ मैं ही यह जानता हूँ भारती कि उस दिन कितना बड़ा प्राण निकल गया।'

भारती चुपचाप स्थिर रही। कब किस देहाती इलाके में एक दुर्घटना घटी थी। डाका पड़ने की वजह से दो अनजान, गुमनाम आदमियों की जान चली गई थी। बस इतना ही न! दुनिया की बड़ी-बड़ी लड़ाइयों में मारे गए लोगों के मुकाबले

भला यह क्या था। हालाँकि इस पत्थर को इस घटना ने कितना गहरा जख्म दिया है। बराबरी और गिनती के हिसाब से कमजोरों के दुखों के इतिहास में इस हत्या की क्रूरता एकदम नगण्य है। इसी बंगाल में तो रोज कितने लोग चोर-डाकुओं के हाथों मारे जाते हैं। मगर यह क्या सिर्फ इतना भर है? वह पत्थर क्या इतनी-सी चोट से चूर-चूर हो गया है? भारती ने नजरें बचाकर निहारा, तो देखा, उस पत्थर के मुँह पर उस घटना का सारा रहस्य पलक झपकते ठीक वैसे प्रकट हो गया जैसे बिजली की कौंध अचानक अँधेरे को चीरकर उस चीज को दिखा देती है जो अँधेरे में दिखाई नहीं पड़ती है। उसने देखा, इस दुख के इतिहास में मौत कोई चीज ही नहीं है—मौत ने उसे चोट नहीं पहुँचाई थी, उसे मर्मभेदी आघात पहुँचाया था उन दोनों आदमियों की मौत के अन्दर से होकर उभरी हुई तमाम पददलित जंजीरों में जकड़े भारतीयों की निरुपाय अक्षमता ने। अपने भाई की चुपचाप होनेवाली हत्या को रोकने के अधिकार से वह वंचित था—अधिकार है सिर्फ आँखें खोलकर निहारते रहने का। भारती को सहसा लगा समूचे राष्ट्र की इस असहनीय लाँछना और अपमान की ग्लानि ने उस पत्थर के मुँह पर जैसे गहरी घनी कालिख पोत दी हो।

भारती का समूचा कलेजा दुख से आलोड़ित हो उठा, बोली—'भैया।'

डॉक्टर ने विस्मय के साथ गर्दन उठाई और बोले—'क्या तुम मुझे भैया कहकर पुकार रही हो?'

भारती बोली—'हाँ। मैंने तुम्हें भैया कहकर पुकारा है। अच्छा, अँगरेजों से क्या तुम्हारी सुलह नहीं हो सकती है?'

'नहीं। मुझसे बड़ा दुश्मन उन लोगों का और कोई नहीं है।'

भारती मन-ही-मन खिन्न होकर बोली—'यह तो मैं सोच भी नहीं सकती भैया कि तुम किसी से दुश्मनी करोगे या किसी का अहित करना चाहोगे।'

डॉक्टर कई पलों तक चुपचाप भारती के मुँह की तरफ निहारते रहे, फिर मन्द-मन्द मुस्कुराकर बोले—'भारती, यह बात तुम्हारे मुँह को ही शोभा देती है और इसके लिए मैं तुम्हें आशीर्वाद देता हूँ कि तुम सुखी होओ।' इतना कहकर वे फिर से तनिक मुस्कुराए। लेकिन भारती यह जानती थी कि इस मुस्कुराहट की कोई कीमत नहीं है—हो सकता है, यह कोई दूसरी चीज हो। इसका मतलब निकालने की कोशिश करना बेकार है। इसीलिए वह चुप रही। डॉक्टर धीरे-धीरे बोले—'मेरी यह बात तुम हमेशा याद रखना भारती कि मैं इन लोगों का दुश्मन इसलिए नहीं हूँ कि मेरा देश उन लोगों के हाथ में गया है। एक दिन मुसलमानों के हाथ में भी यह देश गया था। मैं इन लोगों का दुश्मन इसलिए हूँ कि सारी मानवता का

इतना बड़ा दुश्मन दुनिया में कोई दूसरा नहीं है। अपना स्वार्थ पूरा करने के लिए आदमी को धीरे-धीरे जानवर बनाने का संस्कार इन लोगों की रग-रग में समाया हुआ है। यही है इन लोगों का पेशा, यही है इन लोगों का मूलधन। अगर तुम से बन पड़े तो देश के नर-नारियों को यह सच्चाई बता देना।'

नीचे की घड़ी में टन-टन करके चार बजे। सामने की खुली खिड़की के बाहर रात के आखिरी पहर का अँधेरा और भी गहरा होने को आया, उधर अपलक निहारती हुई भारती स्तब्ध, स्थिर होकर बैठे-बैठे कितना कुछ सोच गई, इसका कोई ठिकाना नहीं, मगर उसका यह अविश्वास करने का हरगिज जी नहीं चाहा कि एक समूचे राष्ट्र पर लगाया गया यह आरोप सही है।

उन्नीसवाँ परिच्छेद

कल रात भर भारती सो नहीं पाई थी। दिन में उसका तन और मन दोनों ही अच्छे नहीं थे, इसीलिए उसका मन किया था कि आज जरा जल्दी खा-पीकर सो जाएगी। इसलिए शाम के पहले ही उसने खाना बनाने की सोची। इसी समय दल के एक आदमी ने आकर उसके हाथ में एक चिट्ठी दी। वह सुमित्रा की लिखी चिट्ठी थी, उन्होंने एक पंक्ति में सिर्फ यह लिखकर बुलाया था कि वह चाहे जिस भी स्थिति में क्यों न हो, चाहे जो भी काम क्यों न करती हो, उसे छोड़-छाड़कर वह इस पत्रवाहक के साथ चली आए।

सुमित्रा का आदेश न मानने की गुंजाइश नहीं थी, लेकिन भारती अत्यन्त विस्मित हुई। पूछा–'वे क्या अचानक बीमार पड़ गई हैं?' जवाब में पत्रवाहक ने बताया–नहीं। जब वह नीचे उतरी, तो देखा, दरवाजे पर उसकी बेहद जानी-पहचानी किराए की घोड़ागाड़ी खड़ी है, मगर पहलेवाला गाड़ीवान नहीं है, यह दूसरा गाड़ीवान है। इसे देखने से ऐसा नहीं लगता है कि गाड़ी चलाना इसका पेशा है। इसके अलावा सुमित्रा ने गाड़ी क्यों भेजी है? यहाँ से सुमित्रा के डेरे जाने में तो तीन मिनट से ज्यादा वक्त नहीं लगता है। और अधिक विस्मय से उसने प्रश्न किया–'बात क्या है हीरा सिंह? सुमित्रा कहाँ हैं?'

यह हीरा सिंह उन लोगों के 'पथ का दावा' का सदस्य नहीं था, तो भी बहुत विश्वासी था। वह जात से पंजाबी सिख था, पहले वह हाँगकाँग में पुलिस में नौकरी करता था, अभी रंगून टेलीग्राफ ऑफिस में प्यादे का काम करता है। उसने चुपके-चुपके कहा कि चार-पाँच मील दूर अत्यन्त गुप्त और जरूरी सभा हो रही है, वहाँ आपके गए बिना काम नहीं चलनेवाला है। भारती और कोई सवाल किए बिना शाम के झुटपुटे में गाड़ी के सारे दरवाजे-खिड़कियों को बन्द करके चल पड़ी और हीरा सिंह सरकारी प्यादे की पोशाक में सरकारी साइकिल पर दूसरे रास्ते से चला। रास्ते में भारती को बहुत बार लगा कि वह गाड़ी को लौटाकर अपनी पिस्तौल साथ में ले आए लेकिन इस डर से कि कहीं देर न हो जाए, वह लौट नहीं सकी, बिना हथियार के असुरक्षित रूप से उसे अनिश्चित जगह के लिए आगे

बढ़ते जाना पड़ा। गाड़ी के अन्दर बैठी रहकर भी भारती की समझ में आ रहा था कि गाड़ी बेहद चक्करदार रास्ते से चली जा रही है और थोड़ी ही देर में ऊबड़खाबड़ रास्ते और बेतरतीब बुरी स्थिति से वह यह महसूस कर सकी कि वे लोग शहर से बहुत दूर आगे निकल आए हैं, लेकिन ठीक कहाँ आए हैं, यह जानना मुश्किल था। साथ में घड़ी नहीं थी, मगर अन्दाजन रात के दस बजे के करीब गाड़ी एक बगीचे के अन्दर जाकर रुकी। हीरा सिंह पहले ही पहुँच चुका था, उसने गाड़ी का दरवाजा खोल दिया। सिर के ऊपर बड़े-बड़े पेड़ों ने मिलकर अँधेरे को ऐसा गहरा कर दिया था कि अपना हाथ भी दिखाई नहीं पड़ता था, नीचे लम्बी-लम्बी और बेहद घनी घास के बीच एक पगडंडी का निशान था, इस भयानक रास्ते पर हीरा सिंह अपनी साइकिल की छोटी-सी लालटेन की रोशनी से राह दिखाता हुआ आगे-आगे चलने लगा। राह चलते भारती को हजारों बार यह लगा कि यह उसने अच्छा नहीं किया है, यह उसने अच्छा नहीं किया है इस भयंकर जगह में आकर उसने अच्छा नहीं किया है। थोड़ी देर बाद वे लोग एक टूटी-फूटी हवेली में आ पहुँचे। अँधेरे में उस हवेली को देखकर भारती ने समझा, यह कोई बहुत पुराना उजड़ा विहार है, बहुत पुराने समय में यहाँ संभवतः बौद्ध-श्रमण रहा करते थे, इसके आस-पास कहीं कोई बस्ती भी नहीं थी।

इतनी बड़ी टूटी-फूटी हवेली, न जरा भी रोशनी, न कोई आदमी, चोर इसके दरवाजे-खिड़कियाँ चुराकर ले गए थे, सामने के कमरे में घुसते ही चमगादड़ों और फुदकियों की भयानक गन्ध से भारती का दम अटकने को आया—उसी के बीच से होकर रास्ता था, शायद कितने विषधर साँपों ने वहाँ अड्डा जमाया होगा, इसकी इयत्ता नहीं थी।

बहुत बड़े हॉल के एक कोने में ऊपर जाने की सीढ़ी थी। लकड़ी की सीढ़ियों के बीच-बीच में लकड़ी नहीं थी, इसी से होकर भारती हीरा का हाथ थामे दुमंजिले पर आई और इतनी देर में इतना दुख झेलने के बाद निर्धारित जगह पर आ पहुँची। कमरे के अन्दर चटाई बिछाई हुई थी, एक किनारे दो मोमबत्तियाँ जल रही थीं और उन मोमबत्तियों की बगल में सभापति के आसन पर सुमित्रा बैठी हुई थीं। दूसरे किनारे डॉक्टर बैठे हुए थे, उन्होंने ही स्नेह-भरी आवाज में पुकारकर कहा—'आओ भारती, मेरे पास आकर बैठो।'

अनजानी शंका से भारती का कलेजा धड़क उठा, पर मुँह से कोई शब्द नहीं निकला, लेकिन जरा तेज कदमों से जाकर वह डॉक्टर से सटकर बैठ गई। उन्होंने अपना बायाँ हाथ उसके कन्धे पर रखकर मानो उसे भरोसा दिया। हीरा सिंह कमरे में नहीं घुसा, दरवाजे के पास खड़ा रहा। भारती ने देखा, वहाँ बैठे पाँच-छह लोगों

को वह बिलकुल ही नहीं पहचानती थी। जिन लोगों को वह पहचानती थी उनमें डॉक्टर और भारती को छोड़कर रामदास तलवरकर और कृष्ण अय्यर थे। सबसे पहले नजर आया एक बड़े डील-डौलवाला आदमी—वह गेरुआ चोगा पहने था, और उसके सिर पर बड़ी-सी पगड़ी बँधी थी। बड़ी हाँड़ी-जैसा गोलाकार मुँह और गैंडे-जैसा मोटा, माँसल और खुरदुरा बदन। गेंद-जैसी आँखों पर भवों का नामोनिशान नहीं था, कड़े तिनके जैसे मूँछ के बालों को शायद दूर से गिना जा सकता है। ताँबे जैसा रंग, नजर पड़ते ही यह समझने में सन्देह नहीं रहा कि वह आदमी अनार्य मंगोल जाति का है। इस बेहद भयानक आदमी की तरफ भारती नजरें उठाकर नहीं देख सकी। दो मिनट समूचा कमरा बिलकुल स्तब्ध रहा। तब सुमित्रा ने पुकारकर कहा—'भारती तुम्हारे मन के भाव को मैं जानती हूँ। इसीलिए तुम्हें बुलाकर दुख देने की मेरी इच्छा ही नहीं थी, मगर डॉक्टर ने हरगिज मेरी इच्छा पूरी नहीं होने दी। जानती हो, अपूर्व बाबू ने क्या किया है?'

भारती के एकान्त हृदय में दिन भर उसे ऐसा ही कुछ कोई कह रहा था। उसका गला सूख गया और आँखें बदरंग हो उठीं। वह चुपचाप टुकुर-टुकुर निहारती रही।

सुमित्रा बोलीं—'बोथा कम्पनी ने रामदास को आज नौकरी से निकाल दिया है। अपूर्व बाबू की भी यही दशा होती, लेकिन चूँकि उन्होंने हम लोगों की तमाम बातें बिना किसी दुराव-छिपाव के पुलिस कमिश्नर को बता दी हैं, इसलिए उनकी नौकरी बच गई है। तनख्वाह तो कम नहीं है, शायद पाँच सौ रुपए तनख्वाह होगी।'

रामदास ने गर्दन हिलाकर कहा—'हाँ, उनकी तनख्वाह पाँच सौ रुपए है।'

सुमित्रा बोलीं—'सिर्फ इतना ही नहीं, बल्कि उन्होंने यह जानकारी भी नहीं छिपाई है कि 'पथ का दावा' विद्रोहियों का दल है और हम लोग पिस्तौल-रिवॉल्वर छिपाकर रखते हैं। इसके लिए उन्हें क्या सजा मिलनी चाहिए भारती?'

वह बड़े डील-डौलवाला आदमी गरज उठा—'उन्हें मौत की सजा मिलनी चाहिए।'

अब तक भारती अपनी दोनों आँखों को उनके मुँह पर अपलक टिकाए हुए थी।

रामदास बोला—'यह खबर वे लोग जानते हैं कि सव्यसाची ही डॉक्टर है। अपूर्व बाबू ने यह बताने में भी कोई कसर नहीं रखी है कि होटल के कमरे के अन्दर ही उन्हें पकड़ा जा सकता है। यहाँ तक कि उन्होंने यह भी उन लोगों को बता दिया है कि मैंने पॉलिटिकल जुर्म में दो सालों की जेल की सजा भुगती है।'

सुमित्रा बोलीं–'भारती जानती हो, डॉक्टर पकड़े जाएँगे, तो उसका क्या नतीजा होगा? उन्हें फाँसी पर चढ़ा दिया जाएगा। और अगर उन्हें फाँसी नहीं दी गई, तो उनका ट्रांस्पोर्टेशन कर दिया जाएगा। जेंटलमेन! इस गुनाह की क्या सजा आप लोग तय करते हैं?'

सबने एक साथ कहा–'उन्हें मौत की सजा दी जाए।'

'भारती, तुम्हें कुछ कहना है?'

भारती बात नहीं कर सकी। सिर्फ सिर हिलाकर उसने बताया कि उसे कुछ नहीं कहना।

उस भयंकर आदमी ने अब की बार बंगला में बात की। उसका उच्चारण सुनकर यह समझ में आया कि वह चट्टग्राम इलाके का मग है। बोला–'एक्जिक्युशन की जिम्मेदारी मैंने ली। मगर मुझे गोली-गोला, छुरी-छूरा नहीं चाहिए। यह रही मेरी गोली और यह रहा मेरा गोला। इतना कहकर उसने बाघ-जैसे अपने दोनों पंजों की मुट्ठी बाँधकर ऊपर उठा दिया।'

कृष्ण अय्यर ने दरवाजे की तरफ निहारकर हीरा सिंह से कहा–'बगीचे के उत्तरी कोने में एक सूखा कुआँ है–उसमें थोड़ी ज्यादा मिट्टी डालकर उसे कुछ सूखे डाल-पत्तों से ढँक देना होगा, ताकि बदबू न निकले।'

हीरा सिंह ने सिर हिलाकर बताया कि इसमें किसी तरह की कोताही नहीं होगी।

तलवरकर ने कहा–'हाल्दार बाबू को यह सुना दिया जाए कि उन्हें मौत की सजा दी गई है।'

वहाँ मौजूद ज्यूरियों की मदद से अपूर्व के गुनाह का फैसला पाँच मिनट के अन्दर ही कर लिया गया। फैसला करनेवालों की राय जितनी छोटी थी उतनी ही साफ थी। ऐसी कहीं कोई उलझन नहीं थी जिसे न समझा जा सके। भारती ने सब कुछ सुना, मगर उसके कानों और अक्ल के बीचोबीच कहीं एक दुर्भेद्य परकोटा खड़ा था जिसे भेदकर बाहर की कोई चीज हरगिज अब अन्दर नहीं आ पा रही थी। इसीलिए शुरू से लेकर आखिर तक जो कोई भी बात कह रहा था उसी के मुँह की तरफ भारती व्याकुल जिज्ञासु आँखों से नादान की तरह निहार रही थी। बस उसने इतना-सा समझा था कि अपूर्व ने बहुत बड़ा गुनाह किया है और इन लोगों ने उसे मार डालने को ठान लिया है। इस देश में उसका जीवन संकट में पड़ा हुआ है। लेकिन उसने इस बारे में कुछ भी नहीं समझा था कि यह संकट कितना करीब आ गया है। सुमित्रा के इशारे से एक आदमी उठकर बाहर निकल गया और दो मिनट के बाद जो दृश्य भारती को नजर आया वह बहुत

बुरे सपने के भी परे था। वह आदमी अपूर्व को साथ लिए कमरे में घुसा। उसके दोनों हाथ पीठ की तरफ मजबूती से रस्सी से बँधे हुए थे और कमर से बँधी रस्सी में बँधा एक बहुत बड़ा पत्थर लटक रहा था। पलभर के लिए होश गँवाकर भारती डॉक्टर के बदन पर लुढ़क गई। लेकिन तब सबकी नजरें अपूर्व पर टिकी हुई थीं, इसी वजह से सिर्फ एक आदमी को छोड़ यह खबर और कोई नहीं जान सका।

भारती के यहाँ आने के पहले ही अपूर्व का बयान लेना खत्म हो चुका था। उसने किसी भी बात से इनकार नहीं किया था। उसने यह कहा था कि ऑफिस के बड़े साहब और पुलिस के बड़े साहब ने मिलकर उससे तमाम जानकारियाँ हासिल कर ली थीं, लेकिन वह अभी तक यह नहीं जानता था कि उसने किस वजह से अपने दल और देश से इतनी बड़ी दुश्मनी मोल ली।

आज बारह बजे के अन्दर ही रामदास ने यह खबर सुमित्रा के कानों में डाल दी थी। सजा भी तय हो गई थी और किस तरीके से अपूर्व को शिकंजे में कसा गया वह इस प्रकार है—पक्के तौर पर यह अन्दाजा लगाकर कि ऑफिस की छुट्टी के बाद आज अपूर्व पैदल चलकर अपने डेरे जाने की हिम्मत नहीं करेगा, हीरा सिंह की मदद से उन लोगों की किराए की गाड़ी को गेट के पास रख दिया गया था। इस फंदे में अपूर्व ने आसानी से कदम रख दिए थे। कुछ दूर आकर गाड़ीवान ने उसे बताया था कि एक बहुत बड़ा रोलर टूट जाने की वजह से गली का मोड़ बन्द हो गया है, इसलिए घूमकर जाना पड़ेगा। अपूर्व ने इसे स्वीकार किया। इसी के बाद शायद वह अन्यमनस्क हो गया था, लेकिन घंटे भर बाद उसे तब होश आया जब हीरा सिंह गाड़ी के अन्दर घुस आया और पिस्तौल दिखाकर उसे यहाँ ले आया।

सुमित्रा ने पुकारकर कहा—'अपूर्व बाबू, हम लोगों ने आपको मौत की सजा दी। आपको और कुछ कहना है?'

अपूर्व ने गर्दन हिलाकर कहा—'नहीं। लेकिन उसका मुँह देखकर लगा कि उसने कुछ भी नहीं समझा था।'

डॉक्टर ने अब तक लगभग कोई बात नहीं की थी, पीछे निहारकर बोले—'हीरा, तुम्हारी पिस्तौल कहाँ है?'

हीरा सिंह ने इशारे से सुमित्रा को दिखा दिया, डॉक्टर ने हाथ बढ़ाकर कहा—'पिस्तौल दो तो सुमित्रा।'

सुमित्रा ने बेल्ट से पिस्तौल निकालकर डॉक्टर के हाथ में दी। डॉक्टर ने पूछा—'और किसी के पास पिस्तौल या रिवॉल्वर है?'

सभी ने बताया कि और किसी के पास पिस्तौल या रिवॉल्वर नहीं है। तब सुमित्रा की पिस्तौल को अपनी जेब में रखकर डॉक्टर ने तनिक मुस्कुराकर कहा–'सुमित्रा, तुमने कहा कि हम लोगों ने मौत की सजा दी। लेकिन भारती ने तो मौत की सजा नहीं दी है।'

सुमित्रा ने एक पल भारती के मुँह की तरफ निहारकर मृदु स्वर में कहा–'भारती मौत की सजा नहीं दे सकती है।'

डॉक्टर ने कहा–'उसे मौत की सजा देनी भी नहीं चाहिए। क्यों भारती? मैं ठीक कहता हूँ न?'

भारती ने बात नहीं की, इस सख्त सवाल के जवाब में उसने सिर्फ डॉक्टर की गोद में औंधी गिरकर अपना मुँह छिपाया।

डॉक्टर ने उसके सिर पर अपना एक हाथ रखा और बोले–'अपूर्व बाबू ने जो कर डाला है वह तो अब लौटेगा नहीं–उसका नतीजा हम लोगों को भुगतना ही पड़ेगा। उन्हें सजा देकर भी हमें भुगतना पड़ेगा और उन्हें सजा दिए बिना भी हमें भुगतना पड़ेगा। इसलिए मेरा यह कहना है कि उन्हें सजा देने से कोई फायदा नहीं होनेवाला है–बल्कि भारती इनकी जिम्मेदारी ले ले और इस कमजोर आदमी को जरा मजबूत बना डाले। इस बारे में तुम्हारा क्या कहना है सुमित्रा?'

सुमित्रा बोलीं–'नहीं, मेरी राय में उन्हें सजा मिलनी चाहिए।'

सब एक साथ बोल उठे–'नहीं, उन्हें सजा मिलनी चाहिए।'

उस बदसूरत आदमी ने सबसे ज्यादा उछल-कूद मचाई। उसने अपने दोनों पंजों को ऊपर उठाया और भारती को इशारे से कुछ कहा।

सुमित्रा ने सख्त आवाज में कहा–'हम सबकी राय है कि उन्हें सजा मिले। इतने बड़े अन्याय को बढ़ावा देने पर हमारा सारा किया-धरा मटियामेट हो जाएगा।'

डॉक्टर बोले–'अगर उन्हें सजा न देने से हमारा सारा किया-धरा मटियामेट हो जाएगा, तो चारा क्या है?'

सुमित्रा के साथ ही पाँच-सात आदमी गरज उठे–'चारा क्या है? देश की खातिर, स्वाधीनता की खातिर इसके अलावा और कोई बात नहीं मानेंगे। अकेले आपके कहने से कुछ भी नहीं हो सकता है।'

चीखना-चिल्लाना रुका, तो डॉक्टर ने जवाब दिया–'इस बार उनकी आवाज कुछ अजीब ढंग से शान्त और मृदु लगी। उनकी आवाज में उत्साह और उत्तेजना की तपिश भी नहीं थी, बोले–'सुमित्रा विद्रोह को बढ़ावा मत दो। तुम लोग तो यह जानते हो कि अकेले मेरी राय तुम सैकड़ों लोगों से ज्यादा सख्त होती है।

उस भयंकर आदमी को सम्बोधित करके उन्होंने कहा–'ब्रजेन्द्र, अपनी उद्दंडता के चलते तुमने बटाविया में एक बार तुम्हें सजा देने के लिए मुझे बाध्य किया था। दूसरी बार ऐसा करने के लिए तुम मुझे बाध्य मत करो।'

भारती ने मुँह नहीं उठाया था, वह पहले की ही तरह पड़ी हुई थी। लेकिन उसका सारा बदन थर-थर काँप रहा था। डॉक्टर ने उसकी पीठ पर स्नेह के साथ अपना हाथ फेरा और पहले की तरह ही सहज आवाज में बोले–'डरो मत भारती, अपूर्व को मैंने बख्श दिया।'

भारती ने मुँह नहीं उठाया, उसे भरोसा भी नहीं मिला। उनके दाहिने हाथ की लम्बी-लम्बी पतली उँगलियों को उसने अपनी मुट्ठी में कस लिया और चुपके-चुपके बोली–'मगर उन लोगों ने तो उसे नहीं बख्श दिया।'

डॉक्टर बोले–'वे लोग उसे आसानी से बख्शेंगे भी नहीं। मगर वे लोग यह समझते हैं कि मैंने जिसे बख्श दिया उसे छुआ नहीं जा सकता है। मुझे अच्छा खाना नहीं मिलता है भारती, आधा पेट खाकर ही प्रायः दिन कट जाता है–तब भी वे लोग यह जानते हैं कि इन पतली-पतली उँगलियों के दबाव से आज भी ब्रजेन्द्र के उतने बड़े बाघ के पंजे चूर-चूर हो जाएँगे। क्या ब्रजेन्द्र, मैं ठीक कहता हूँ न?'

चटगँवइया मग चेहरा स्याह चुप रहा। डॉक्टर बोले–'लेकिन अपूर्व को अब यहाँ नहीं रहना चाहिए। वह अपने देश चला जाए। अपूर्व ट्रेटर नहीं है, वह अपने देश को तहे दिल से प्यार करता है, मगर ज्यादातर रहने दो, अपनी बिरादरी की मैं और निन्दा नहीं करूँगा–लेकिन वह बड़ा कमजोर है, सचमुच उसे मजबूत बनाने की जिम्मेदारी मैंने तुम्हें सौंप दी, मगर मुझे भरोसा नहीं होता भारती। घर वापस जाकर उसे आज की बात, तुम्हारी–कुछ भी भूलने में ज्यादा वक्त नहीं लगेगा। खैर यह बाद की बात है। फिलहाल हम लोग सभापति से अनुरोध करें कि आज भर के लिए सजा भंग की जाए।' इतना कहकर उन्होंने सुमित्रा की तरफ निहारा।

सुमित्रा उन्हें कभी तुम, तो कभी आप कहकर सम्बोधित करती थीं, अभी उन्होंने उसी ढंग से कहा–'ज्यादातर लोगों की राय को जहाँ व्यक्ति विशेष की जबर्दस्ती से नकार दिया जाता हो उसे चाहे और जो भी कहा जाए, सभा नहीं कहते। लेकिन अगर आपने ऐसा ही नाटक और अभिनय करने को ठान लिया था, तो आपने दोपहर के पहले ही यह क्यों नहीं बताया था।'

डॉक्टर बोले–'नाटक और अभिनय नहीं होता, तो अच्छा होता, लेकिन अगर खास परिस्थिति में नाटक हुआ भी हो सुमित्रा, तो तुम लोगों को यह कबूल करना

ही पड़ेगा कि अभिनय अच्छा हुआ है।'

रामदास बोला–'मेरी धारणा नहीं थी कि ऐसा हो सकता है।'

डॉक्टर बोले–'तो क्या तुम्हारी यह धारणा थी तलवरकर कि दोस्ती नाम की चीज इतनी क्षण भंगुर होती है।' हालाँकि ऐसी सच्चाई भी दुनिया में दुर्लभ है।

कृष्ण अय्यर ने कहा–'हमारी बर्मा की गतिविधि तो चौपट हो गई। अब हमें यहाँ से भागना पड़ेगा।'

डॉक्टर बोले–'हाँ, भागना पड़ेगा। लेकिन समय पर किसी जगह को छोड़कर जाना और गतिविधि छोड़ देना दोनों एक चीज नहीं है, अय्यर। लम्बे अरसे तक अगर कहीं हम निश्चिन्त होकर नहीं बैठ पाएँ तो इसके लिए शिकायत करना हमें शोभा नहीं देता।' इतना कहकर वे भारती को इशारा करके उठ खड़े हुए और बोले–'हीरा सिंह, अपूर्व बाबू का बन्धन खोल दो, चलो भारती मैं तुम लोगों को थोड़ी दूर तक सही-सलामत पहुँचा दूँ।'

हीरा सिंह आदेश का पालन करने के लिए आगे बढ़ा, तो सुमित्रा ने सख्त आवाज में कहा–'नाटक के आखिरी अंक पर खुशी से तालियाँ बजाने को जी चाहता है, मगर यह नया नहीं है। लड़कपन में कहीं किसी उपन्यास में मैंने ऐसी ही एक कहानी पढ़ी थी, लेकिन उस कहानी और इस कहानी में थोड़ा-सा फर्क है, कुछ अंश छूट गया है। युगल-मिलन हम लोगों के सामने हो जाता, तो कहानी में कहीं कोई नुक्स नहीं रहता। क्यों, भारती, मैं ठीक कहती हूँ न?'

भारती शर्म से मर गई। डॉक्टर बोले–'इसमें शरमाने की तो कोई बात नहीं है भारती। बल्कि मैं तो कामना करता हूँ कि जो इस नाटक को खत्म करनेवाला मालिक है, वो एक दिन इस नाटक में कहीं कोई नुक्स न रखे। उन्होंने अपनी जेब से सुमित्रा की पिस्तौल निकाली, उसे सुमित्रा के नजदीक रख दिया और बोले–'मैं इन लोगों को पहुँचाने चला, लेकिन डरने की बात नहीं है। मेरे पास एक और भरी हुई पिस्तौल है।' वृजेन्द्र की तरफ तिरछी नजरों से निहारकर मुस्कुराते हुए बोले–'तुम सभी तो मजाक-मजाक में कहा करते थे कि अँधेरे में मैं उल्लू की तरह देख सकता हूँ–आज कोई इसे न भूले।' इतना कहकर उन्होंने एक प्रच्छन्न भयंकर इशारा किया और भारती और अपूर्व को साथ लेकर बाहर निकलने को तैयार हुए।

सुमित्रा अचानक उठकर खड़ी हो गई और बोलीं–'अपने हाथों फाँसी का फंदा पहने बिना क्या काम नहीं चलता।'

डॉक्टर ने हँसकर कहा–'एक मामूली-से फंदे से डरने से काम कैसे चलेगा सुमित्रा?'

यह याद करके सुमित्रा शर्मिंदा हुई कि किसी काम को करने के पहले इस आदमी को मौत का डर दिखाने की कोशिश करना कितनी बेतुकी बात है। मगर तुरन्त वे व्याकुल आवाज में बोल उठीं—'सारा किया-धरा तो मटियामेट हो गया, लेकिन फिर कब मुलाकात होगी?'

डॉक्टर ने कहा—'जब जरूरत पड़ेगी तब मुलाकात होगी।'

'क्या अभी तक जरूरत नहीं पड़ी है?'

'जरूरत पड़ेगी, तो जरूर मुलाकात होगी।' इतना कहकर वे अपूर्व और भारती को साथ लिए सावधानी से नीचे उतर गए।

भारती को लेकर आई हुई गाड़ी इन्तजार कर रही थी। उस गाड़ी के गाड़ीवान को नींद से जगा तीनों उसी गाड़ी पर सवार हो चल पड़े। बहुत देर की चुप्पी को तोड़कर भारती ने इस बार बात की। पूछा—'भैया, हम लोग कहाँ जा रहे हैं?'

'अपूर्व बाबू के डेरे'—यह कहकर डॉक्टर ने गाड़ी से मुँह निकालकर अँधेरे में जहाँ तक नजरें जा सकती थीं वहाँ तक देख लिया और स्थित होकर बैठे। दो मील चुपचाप चलने के बाद गाड़ी रोककर डॉक्टर उतरने को तैयार हुए, तो भारती ने अचरज में पड़कर पूछा—'आप यहाँ क्यों उतर रहे हैं।'

डॉक्टर बोले—'अब की बार मैं लौटूँगा। वे लोग इन्तजार कर रहे होंगे। कोई समझौता तो करना होगा।'

'समझौता करना होगा?' भारती ने आकुल होकर उनका हाथ दबोच लिया और बोली—'ऐसा हरगिज नहीं हो सकता है। तुम हमारे साथ चलो।' ऐसा कहकर वह सुमित्रा की ही तरह शर्मिंदा हुई, क्योंकि इनके ऐसा कहने का मतलब ही है तय करके कहना। और दुनिया का कोई भी डर उन्हें डिगा नहीं सकता है। फिर भी भारती ने उनका हाथ नहीं छोड़ा, धीरे-धीरे बोली—'मगर तुम्हारी मुझे बड़ी जरूरत है भैया।'

'यह मैं जानता हूँ। अपूर्व बाबू, आप क्या परसों के जहाज से घर जा सकेंगे न?'

अपूर्व बोला—'हाँ, मैं जा सकता हूँ।'

भारती अचानक अत्यन्त व्यस्त हो उठी, बोली—'भैया, इसी वक्त मुझे डेरे जाना होगा।'

डॉक्टर ने गर्दन हिलाकर जवाब दिया—'नहीं। तुम्हारा कागज-पत्र, तुम्हारी 'पथ का दावा' की बही, तुम्हारी पिस्तौल और कारतूस सब कुछ अब तक नवतारा ने हटा लिया होगा। भोर तक खाना-तलाशी होगी—आर्टिस्ट खुद सशरीर वहाँ मौजूद रहेगा—उसकी देसी शराब की बोतलें, और उसका वही पुराना वॉयलिन वहाँ

रहेगा। अपूर्व बाबू आपका उस वॉयलिन पर जरा-सा दावा है न?' यह कहकर वे तनिक मुस्कुराते हुए बोले–'इसके अलावा और कोई खतरनाक चीज पुलिस के हाथ नहीं लगेगी। अन्दाजन नौ-दस बजे डेरे पर लौटकर खाना बनाकर खा-पी लेना, उसके बाद शायद तुम्हें जरा सोने का भी वक्त मिलेगा भारती। रात दो-तीन बजे तक मुलाकात होगी–कुछ खाना-वाना रखना।'

भारती ठगी-सी रही। मन-ही-मन बोली–'ऐसा बेहद सजग हुए बिना क्या कोई इस मरण-यज्ञ में साथ देने के लिए आना चाहता? पर मुँह से बोली–'तुम्हारी नजरों से कुछ भी छिपा नहीं रहता है, तुम सबके भले-बुरे के बारे में सोचा करते हो। दुनिया में मेरा अपना कोई नहीं है, तुम अपने 'पथ का दावा' से मुझे निकाल मत देना भैया।'

अँधेरे में ही डॉक्टर ने बार-बार सिर हिलाकर कहा–'भगवान के काम से निकाल देने का हक किसी को भी नहीं है, लेकिन तुम्हें इसका ढंग बदल लेना होगा।'

भारती ने कहा–'तुम्हीं बदल देना।'

डॉक्टर ने इस सवाल का जवाब नहीं दिया। सहसा व्यग्र होकर बोले–'भारती अब मेरे पास वक्त नहीं है। मैं चला।' इतना कहकर वे पलभर में अँधेरे रास्ते में ओझल हो गए।

बीसवाँ परिच्छेद

गाड़ी चलने को हुई तो भारती ने अपूर्व के डेरे का पता बता देने के लिए मुँह बढ़ाकर कहा–'देखो गाड़ीवान, तीस नम्बर...।'

उसकी बात खत्म भी नहीं हुई थी कि गाड़ीवान बोल उठा–'आई नो, आई नो।'

गाड़ी के अन्दर जगह कम थी, इस वजह से दोनों एक दूसरे से सटकर बैठे थे, गाड़ीवान के मुँह से अँगरेजी शब्द सुनकर अपूर्व का सारा बदन सिहर उठा, भारती ने यह साफ-साफ महसूस किया। इसके बाद किराए की गाड़ी लगभग घंटा भर धड़धड़-खड़खड़ करती हुई चलती रही, लेकिन दोनों में कोई बात नहीं हुई। सन्नाटे-भरी अँधेरी रात में रास्ते के पत्थरों पर चलते गाड़ी के पहियों से कर्कश आवाज आने लगी, इससे अपूर्व के रोंगटे खड़े हो गए और उसे सिर्फ यह डर लगने लगा कि कहीं मुहल्ले के लोगों की नींद न टूट जाए और कहीं शहर की सारी पुलिस न आ जाए। मगर कोई दुर्घटना नहीं घटी, गाड़ी अपूर्व के डेरे के दरवाजे पर आकर रुकी। भारती ने अन्दर से गाड़ी का दरवाजा खोला, अपूर्व को उतरने का इशारा करके खुद भी उसके पीछे-पीछे उतर आई और मृदुस्वर में पूछा–'कितना किराया देना होगा?'

गाड़ीवान तनिक मुस्कुराया और बोला–'नॉट ए पाइस,' दूसरे ही पल उसने दो बार सिर हिलाकर कहा–'गुड नाइट टू यू।' यह कहकर वह गाड़ी हाँकता हुआ सीधे बाहर निकल गया।

भारती ने पूछा–'तिवारी है न?'

'हाँ, है।'

ऊपर आकर दरवाजे पर दस्तक दे अपूर्व ने तिवारी को जगाया। तिवारी ने किवाड़ खोले तो दीये की रोशनी में उसे सबसे पहले भारती दिखाई पड़ी। कल अपूर्व डेरे लौटा था लगभग भोर के वक्त और आज लौटा है पिछली रात। साथ में है भारती। इसीलिए तिवारी के लिए कुछ भी समझना बाकी नहीं रहा, गुस्से के मारे उसका अंग-अंग जलने लगा और एक शब्द भी कहे बिना वह तेज कदमों

से अपने बिस्तर पर जाकर सिर से लेकर पाँव तक चादर ओढ़कर लेट गया। इस लड़की को तिवारी प्यार करता था। एक दिन उसने उसे मौत के मुँह से बचाया था। इस वजह से ईसाई होने के बावजूद उस पर वह मन-ही-मन विश्वास करता था, लेकिन कुछ दिनों से जैसी घटनाएँ घट रही थीं उनसे तिवारी के मन में अपूर्व के बारे में तरह-तरह की बड़ी-बड़ी दुश्चिन्ताएँ पैदा हो रही थीं। यहाँ तक कि उसे ऐसी भी दुश्चिन्ता होती थी कि कहीं अपूर्व की जात न चली जाए। उस सर्वनाश का प्रकट रूप आज जैसे तिवारी के दिमाग में बिलकुल साफ उभर आया। उसे इस तरह लेटता देखकर अपूर्व ने उससे आदतन पूछा—'तूने दरवाजा बन्द नहीं किया है तिवारी?'

उसके बेहोश-से पागल चित्त ने किसी भी बात पर ध्यान नहीं दिया था, मगर ध्यान दिया था भारती ने। उसी ने जल्दी से जवाब दिया—'मैं बन्द कर देती हूँ।'

अपूर्व अपने सोने के कमरे में आया तो देखा, चारपाई पर बिस्तर पहले की ही तरह समेटा हुआ है, बिछाया नहीं गया था। वास्तव में आज शाम को तिवारी बरामदे में बैठकर बाट जोहता रहा था, बिस्तर बिछाने की बात उसे याद भी नहीं आई थी। लेकिन वह जवाब देता, इसके पहले ही भारती व्यस्त होकर बोल उठी—'आप आरामकुर्सी पर जरा बैठिए, मैं एक मिनट में सब ठीक कर देती हूँ।'

अपूर्व ने आरामकुर्सी खींच ली और उस पर बैठकर फिर से पुकारा—'एक गिलास पानी दे तो तिवारी।'

उसकी बगल की तिपाई पर ही पीने के पानी की सुराही और गिलास था, बिस्तर बिछाते-बिछाते भारती ने उसे दिखा दिया और बोली—'सोते हुए आदमी को भला क्यों जगाते हैं अपूर्व बाबू। आप खुद ही सुराही से पानी ले लीजिए।'

अपूर्व ने हाथ बढ़ाकर सुराही को उठाना चाहा, पर वह उसे उठा नहीं सका, तब उठकर आया, किसी तरह से सुराही से उड़ेलकर गिलास में पानी लिया और उसे एक साँस में पीकर फिर से आरामकुर्सी पर बैठने जा रहा था कि तभी भारती ने मना करते हुए कहा—'अब वहाँ नहीं, एकबारगी बिस्तर पर लेट जाइए।'

अपूर्व शान्त बालक की भाँति चुपचाप आया और आँखें मूँदकर लेट गया। भारती मच्छरदानी लगाकर उसके निचले सिरों को चारों ओर बिस्तर के नीचे दबा दे रही थी, अपूर्व ने अचानक पूछा—'तुम कहाँ सोओगी?'

'मैं?' भारती कुछ अचम्भे में पड़ी। क्योंकि ऐसी घटना नई भी नहीं थी, और इस कमरे में कहाँ क्या है वह भी उससे छिपा नहीं था। इस गैरजरूरी सवाल के जवाब में उसने सिर्फ आरामकुर्सी को दिखा दिया और बोली—'सुबह होने में अब सिर्फ दो-घंटे की देरी है। आप सो जाइए।'

अपूर्व ने उसका हाथ पकड़ लिया और बोला–'नहीं, वहाँ नहीं, तुम मेरे पास बैठो।'

'आपके पास?' वास्तव में भारती के विस्मय की सीमा नहीं रही। अपूर्व और चाहे जैसा भी क्यों न हो, पर इन सब मामलों में वह कभी अपनी हद को नहीं भूलता था। ऐसे कितने दिन कितने ही कारणों से उन लोगों ने एक कमरे में रात बिताई थी। लेकिन किसी दिन ऐसा एक भी शब्द, एक भी संकेत उसके आचरण से प्रकट नहीं हुआ था जिससे किसी की इज्जत को बट्टा लगे।

अपूर्व बोला–'यह देखो, इन लोगों ने मेरा हाथ तोड़ दिया है। क्यों तुम मुझे इन लोगों के बीच खींच लाई? आखिरी वाक्य कहते वक्त वह रुआँसा हो गया। भारती मच्छरदानी का एक सिरा उठाकर उसके पास बैठ गई, उसके हाथ को गौर से देखा, बहुत देर से मजबूती से बँधा हुआ था, नतीजतन हाथ में जगह-जगह पर नील पड़ गया है और हाथ सूज गया है। उसकी आँखों से आँसू गिर रहे थे। भारती ने उसके आँसुओं को पोंछ लिया और उसे हिम्मत बँधाती हुई बोली–'डरने की कोई बात नहीं है। तौलिया भिंगोकर मैं उसे हाथ में लपेट देती हूँ। दो-एक दिनों में ही सब अच्छा हो जाएगा।' यह कहकर वह उठकर गई और गुसलखाने से एक गमछा भिंगोकर लाई तथा हाथ के निचले हिस्से में उसे लपेटकर स्निग्ध स्वर में बोली–'आप जरा सोने की कोशिश कीजिए, मैं आपके सिर पर हाथ फेर देती हूँ।' इतना कहकर वह उसके सिर पर अपना हाथ फेरने लगी।

अपूर्व रुआँसा होकर बोला–'कल जहाज जाता, तो मैं कल ही चला जाता।'

भारती बोली–'अच्छी बात है। तो आप परसों ही चले जाइएगा। एक दिन के अन्दर आपका कोई अमंगल नहीं होगा।'

अपूर्व थोड़ी देर तक चुप रहा, फिर कहने लगा–'बड़े-बुजुर्गों की बात नहीं सुनने से ऐसा ही होता है। माँ ने मुझे बार-बार मना किया था।'

'माँ क्या आपको यहाँ नहीं आने देना चाहती थी?'

'माँ ने मुझे सैकड़ों बार मना किया था, मगर मैंने उसकी एक नहीं सुनी? उसका नतीजा है यह कि कुछ खतरनाक लोगों की आँखों का मैं हमेशा-हमेशा के लिए काँटा बन गया। सो जो होगा, होगा। दुर्गा दुर्गा कहकर मैं परसों एकबार जहाज पर चढ़ सकूँ, तो पिंड छूटे।' यह कहकर उसने सहसा आह भरी। लेकिन वह यह जान भी नहीं सका कि इसी के साथ इससे सौ गुनी गहरी आह एक और व्यक्ति के हृदय में चुपचाप हिलोरें मारने लगी। अपूर्व को और एक भी दिन देर न हो, दुर्गा दुर्गा कहकर एकबार वह जहाज पर चढ़ सके तो पिंड छूटे। उसका बर्मा आना पूरे तौर पर विफल हुआ है, घर जाकर उसे हमेशा सिर्फ यही याद रहेगा

कि इस देश के कुछ लोगों की आँखों का वह काँटा बन गया है। लेकिन एक दिन भी उसे, हो सकता है, यह याद न आए कि सब आँखों के पीछे एक व्यक्ति की आँखों से बहते आँसू की हर बूँद से चुपचाप अमृत झर रहा है।

अपूर्व कहने लगा—'इस मकान में कदम रखते ही तुम्हारे पिता से मेरा झगड़ा हुआ, कोर्ट में जुर्माना तक मुझे हो गया जो जिन्दगी में मुझे कभी नहीं हुआ था। इसी से मुझे होश आ जाना चाहिए था, मगर मुझे होश नहीं आया।'

भारती चुप थी, चुप ही रही। अपूर्व खुद भी एक पल चुप रहकर अपनी दूरदर्शिता का सिलसिला जारी रखते हुए बोला—'तिवारी ने मुझे बार-बार सावधान किया था—बाबू उन लोगों की और हमारी जात अलग-अलग है, यह सब मत कीजिए। लेकिन तकदीर में तकलीफ लिखी हो, तो उसे कौन दूर करेगा, कहो। मेरी अच्छी-खासी नौकरी गई। इस उम्र में कितने लोगों को पाँच सौ रुपए तनख्वाह मिलती है? इसके अलावा यह हाथ मैं लोगों के सामने निकालूँगा कैसे?'

भारती ने धीरे-धीरे कहा—'तब तक हाथ का दाग अच्छा हो जाएगा।' इससे ज्यादा बात उसके मुँह से बाहर नहीं निकली। उसके सिर पर फिरते हाथ ने अब चलना नहीं चाहा और यह सोचकर कि उसने इस अत्यन्त तुच्छ मामूली-से आदमी को मन-ही-मन प्यार किया है, वह अपने आप पर शर्मिंदा हुई। दल के बहुतों ने यह जाना है; आज अपूर्व की जान बचाने के वक्त उन लोगों के लिए गुनहगार और सुमित्रा की नजरों में वह छोटी बन गई है, लेकिन यह सोचकर कि इस बेहद तुच्छ आदमी की हत्या करने की बेइज्जती और ओछेपन से वह उन लोगों को बचा सकी है, अभी उसे गर्व महसूस हुआ।

अपूर्व बोला—'दाग आसानी से नहीं मिटेगा। मुझे नहीं पता कि किसी के पूछने पर मैं क्या जवाब दूँगा।' मगर भारती की हामी न मिलने पर वह अपने आप ही कहने लगा—'सब सोचेंगे कि मैं काम नहीं कर सका। इसीलिए तो लोग कहते हैं—बंगाली लड़के बी.ए., एम.ए. तो पास कर लेते हैं, मगर कोई बड़ी नौकरी मिलती है तो वे उसे रख नहीं सकते। मेरे कॉलेज के लड़के मेरी थू-थू करेंगे, पर मैं जवाब नहीं दे सकूँगा।'

'जो भी हो, कुछ न कुछ गढ़कर कह दीजिएगा। अच्छा, आप सोइए।' यह कहकर भारती उठकर खड़ी हो गई।

'और जरा सिर पर हाथ फेर दो न भारती।'

'नहीं, मैं बहुत थकी हुई हूँ।'

'तब रहने दो, रहने दो। अब रात भी बाकी नहीं है।'

भारती बगल के कमरे में आई, तो देखा, दीया तब भी टिमटिमा रहा है और तिवारी पहले की ही तरह सिर से लेकर पाँव तक चादर ओढ़े सो रहा है। करीब ही एक टूटा-सा डेक चेयर (मुड़नेवाली कुर्सी) पड़ा हुआ था, वह आकर उसी पर बैठ गई। अपूर्व के कमरे में बढ़िया आरामकुर्सी थी, लेकिन उस आदमी को सामने देखते हुए एक ही कमरे के अन्दर रात बिताने में आज उसे बेहद नफरत महसूस हुई। किसी तरह से उस डेक चेयर पर वह जरा उठंगकर बैठी, तो उसके मन के अन्दर अपार हलचल मचने लगी। इसके पहले इसी कमरे के अन्दर उसने एकाधिक बार कड़ा सदमा पाया था, लेकिन आज के सदमे के साथ उस सदमे की बराबरी नहीं हो सकती।

भारती को अब पहलेपहल लगा, इतनी बड़ी बात अपूर्व भूल ही गया कि कैसे और किसकी असीम करुणा से वह सुनिश्चित और एकदम करीब आई मौत के हाथ से आज बच सका, हालाँकि रात भी नहीं बीती। उसे यह भी याद नहीं था कि अपने जिगरी दोस्त तलवरकर के प्रति, दल के प्रति और खासकर बतौर आदमी डॉक्टर के प्रति उसने कितना बड़ा गुनाह किया है। उसे याद रहा तो सिर्फ यह कि उसकी अच्छी-खासी नौकरी चली गई और उसके हाथ में दाग है। वहीं बैठे-बैठे अचानक भारती को सामने की खुली खिड़की से भोर का उजाला दिखलाई पड़ा। उसने पलभर में उठकर दरवाजा खोला और वह ठीक वैसे ही तेज कदमों से सीढ़ियाँ उतरकर रास्ते पर बाहर निकल पड़ी जैसे नशा टूटने पर शराबी अपना मुँह ढँककर भागता है।

इक्कीसवाँ परिच्छेद

अगले दिन तीसरे पहर भारती ने सारी बातें, सारी घटनाएँ बारीकी से कह सुनाईं और अन्त में बोली–'यह समझने में मैंने एक दिन भी गलती नहीं की थी कि अपूर्व बाबू बहुत बड़े आदमी हैं, मैंने कभी सोचा भी नहीं था कि वे इतने मामूली, इतने तुच्छ हैं।'

भारती के कमरे में चारपाई पर बैठे डॉक्टर सव्यसाची एक किताब के पन्ने उलट रहे थे, उन्होंने उसकी तरफ निहारा और गम्भीर भाव से बोले–'लेकिन मैं जानता था। वह इतना तुच्छ नहीं होता, तो क्या तुम्हारा इतना बड़ा प्यार इतने तुच्छ कारण से जाता? खैर, जान तो बची भई, उसे गलत समझकर तुम झूठमूठ में दुख के सिवा और तो कुछ नहीं पा रही थी।'

इधर-उधर बिखरी चीजों, खासकर फर्श पर बिखरी किताबों के ढेर को देखने से ही यह समझ में आ जाता है कि इसके पहले इस कमरे की पुलिसिया जाँच हो चुकी है। उन बिखरी हुई चीजों को सहेजते-सहेजते भारती बात कर रही थी। उसने हाथ का काम बन्द करके विस्मय के साथ नजरें उठाईं और बोली–'तुम मजाक कर रहे हो भैया?'

'नहीं तो।'

'तुम जरूर मजाक कर रहे हो।'

डॉक्टर बोले–'मुझ-जैसा खतरनाक आदमी, जो बम-पिस्तौल लेकर आदमी की हत्या करता फिरता है, भला कहीं मजाक कर सकता है?'

भारती बोली–'मैं तो यह नहीं कहती कि तुम आदमी की हत्या करते फिरते हो। ऐसा काम तो तुम कर ही नहीं सकते। लेकिन अगर वह मजाक नहीं था, तो और क्या था, बताओ तो? पर जो दो-तीन घंटे के अन्दर ही सब कुछ भूल जाए और सिर्फ यह याद रखे कि उसके हाथ में दाग है और उसकी पाँच सौ रुपए तनख्वाह वाली नौकरी चली गई; उससे गया-गुजरा और ओछा व्यक्ति कोई दूसरा तो मुझे दिखाई नहीं पड़ता। तुम कह रहे थे कि यह मेरा मोह है। अच्छी बात है। अगर यह मेरा मोह है, तो तुम आशीर्वाद दो कि मेरा यह मोह

हमेशा के लिए दूर हो जाए और मैं पूरे तन-मन से तुम्हारे देश के काम में लग जाऊँ।'

डॉक्टर के होंठों पर हल्की-सी मुस्कान खिल उठी, बोले–'तुम्हारी भाषा से तो ऐसा ही लगता है कि तुम्हारा मोह दूर हो सकता है, इसमें मुझे सन्देह नहीं, लेकिन मुश्किल यह है कि तुम्हारी आवाज से नहीं लगता कि तुम्हारा मोह दूर हो सकता है। वो चाहे जो भी क्यों न हो भारती, तुमसे मेरा देश का काम जरा-सा भी नहीं हो सकता। देश के काम से कहीं अच्छे तुम्हारे अपूर्व बाबू हैं। किसने किसको क्या दिया और किसने किससे क्या पाया–बारीकी से इसका फैसला करते-करते एक दिन तुम लोगों में समझौता भी हो सकता है बल्कि तुम लोग समझौता कर लो।'

भारती बोली–'इसका मतलब है कि मैं देश को प्यार नहीं कर सकती।'

डॉक्टर ने मुस्कुराकर कहा–'लेकिन बहुत-सी परीक्षाएँ दिए बिना ठीक-ठीक कुछ भी नहीं कहा जा सकता है भई।'

भारती कुछ देर स्थिर रही, फिर सहसा जोर देकर बोल उठी–'आज मैं तुम्हें यह बता देती हूँ भैया कि मैं तमाम परीक्षाओं में पास होऊँगी। तुम्हारे काम के अन्दर जरा भी स्वार्थ, सन्देह और ओछेपन के लिए जगह नहीं है।'

उसकी उत्तेजना से डॉक्टर हँसे, बाद में अपने माथे को ठोंककर बोले–'हाय मेरी फूटी किस्मत! मैदान, नद-नदी और पहाड़ को तुमने देश मान लिया। एक अपूर्व को लेकर ही जीवन से विरक्ति पैदा हो गई, तुम वैरागी बनना चाहती हो। देश में सिर्फ सैकड़ों-हजारों अपूर्व ही नहीं, बल्कि उससे भी बड़े-बड़े अपूर्व घूमते-फिरते रहते हैं। अरे, पराधीन देश का सबसे बड़ा अभिशाप ही तो है कृतघ्नता। तुम जिन लोगों की सेवा करोगी वे ही लोग तुम्हें सन्देह की नजर से देखेंगे, जिन लोगों की तुम जान बचाओगी वे ही लोग तुम्हें बेच देना चाहेंगे। मूर्खता और कृतघ्नता सुई की तरह तुम्हें कदम-कदम पर चुभेगी। न विश्वास, न स्नेह, न सहानुभूति ही, न कोई तुम्हें अपने पास बुलाएगा, न कोई तुम्हारी मदद करने के लिए आएगा, लोग तुम्हें देखकर वैसे ही दूर हट जाएँगे जैसे विषधर साँप को देखकर हट जाते हैं। देश को प्यार करने का यही हमारा पुरस्कार है भारती। इससे ज्यादा दावा करने के लिए अगर कुछ हों, तो उसका दावा सिर्फ परलोक में किया जा सकता है। इतनी खतरनाक परीक्षा तुम किसलिए देने जाओगी बहन? बल्कि मैं तुम्हें आशीर्वाद देता हूँ, तुम अपूर्व को लेकर सुखी रहो–मैं पक्के तौर पर यह जानता हूँ कि उसकी सारी दुविधाएँ, सारे संस्कार हमेशा नहीं रहेंगे और तुम्हारी कीमत एक दिन उसे नजर आएगी ही।'

भारती की दोनों आँखों में आँसू भर आए। लेकिन वह कई पल चुपचाप मुँह नीचा किए रही, फिर बड़ी कोशिश से उन आँसुओं को रोककर उसने पूछा–'तुम क्या मुझ पर विश्वास न कर पाने की वजह से मुझे किसी तरह से यहाँ से निकाल देना चाहते हो भैया?'

उसके इस अत्यन्त सरल, निःसंकोच सवाल का ऐसा सीधा जवाब शायद डॉक्टर की जबान पर नहीं आया। वे हँसकर बोले–'तुम-जैसी प्यारी लड़की का मोह क्या कोई आसानी से दूर कर सकता है बहन? कल तो तुम अपनी आँखों से देख पाई कि इसके अन्दर कितना दुराव-छिपाव, कितनी जलन, कितना भयानक गुस्सा घुला-मिला है। तुम्हारी तरफ निहारने से ही लगता है कि तुम इस सबके लिए नहीं बनी हो। तुम्हें इसके अन्दर खींच लाना अच्छा नहीं हुआ है। तुमसे काम लेने के लिए मेरे पास सिर्फ एक दिन है; किसी भी दिन छुट्टी लेने के लिए मेरा बुलावा आ सकता है।'

भारती इस बार अपने आँसुओं को नहीं रोक सकी, मगर तभी उसने हाथ से उन्हें पोंछ डाला और बोली–'तो तुम भी उन लोगों के बीच मत रहो भैया।'

उसकी बात सुनकर डॉक्टर हँस पड़े, बोले–'अबकी बार तुमने बड़े बुद्धुओं-जैसी बात की भारती।'

भारती शर्मिंदा नहीं हुई, बोली–'यह मैं जानती हूँ, लेकिन ये लोग सभी-के-सभी बड़े निर्मम हैं।'

'और मैं?'

'तुम भी बड़े निष्ठुर हो।'

'और सुमित्रा कैसी लगी भारती?'

यह सवाल सुनकर भारती का सिर झुक गया। शर्म के मारे वह जवाब नहीं दे सकी, मगर जवाब के लिए तकाजा भी नहीं आया। कुछ देर के लिए दोनों ही चुपचाप रहे। ज्यादा देर नहीं, लेकिन इसी थोड़ी देर की चुप्पी में इस अजीबोगरीब आदमी के और भी अजीब हृदय की रहस्य से घिरी तह में अचानक बिजली कौंध गई।

लेकिन दूसरे ही पल डॉक्टर ने तमाम बातों को दबा डाला। सहसा बच्चों की तरह सिर हिलाकर स्निग्ध स्वर में बोले–'अपूर्व के साथ तुमने बड़ा अन्याय किया है भारती। उस बेचारे ने शायद इसकी कल्पना भी नहीं की होगी कि उसके चलते इतनी बड़ी घटना घट जाएगी। मैं सच कह रहा हूँ तुमसे, वह इतना ओछा, इतना गया-गुजरा कतई नहीं है। वह नौकरी करने के लिए विदेश आया है, घर में माँ है, भाई हैं, वहाँ यार-दोस्त हैं, यही उसकी आशा है कि घर की माली हालत में

सुधार करके वह लोगों के बीच सिर ऊँचा करके रहेगा। वह पढ़ा-लिखा है, शरीफ घर का लड़का है, वह यह अनुभव करता है कि पराधीन होकर जीना कितनी शर्म की बात है और कुछ बंगाली लड़कों की भाँति वह सचमुच ही अपने देश का भला चाहता है। इसीलिए जब तुमने उससे 'पथ का दावा' का सदस्य बनने और देश का काम करने के लिए कहा, तो उसने कहा–'बहुत अच्छा। वह निःसन्देह सिर्फ इतना समझता है कि तुम्हारी बात सुनने से कभी उसका बुरा नहीं होगा। इस विदेश में सारी मुसीबतों में तुम्हीं उसका एकमात्र सहारा हो। वह क्या भला यह जानता था कि तुम्हीं, जिस पर उसने भरोसा किया था, उसे मौत के मुँह में धकेल दोगी, बताओ तो?'

भारती ने अपने आँसुओं को छिपाने के लिए मुँह नीचा किया और बोली–'क्यों तुम उनके लिए इतनी वकालत कर रहे हो भैया? वे इस काबिल नहीं हैं। कल मैंने जो बातें उनके मुँह से सुनी थीं उन्हें सुनने के बाद अब उन पर विश्वास नहीं करना चाहिए।'

डॉक्टर ने हँसकर कहा–'क्या हुआ जो जीवन में तुमने एक अनुचित काम किया।' यह कहकर वे थोड़ी देर स्थिर रहे, फिर कहने लगे–'तुमने तो अपनी आँखों से नहीं देखा था भारती, मगर मैंने तो अपनी आँखों से देखा था। जब उन लोगों ने उसे रस्सी से बाँधा, तो वह ठगा-सा रह गया। उन लोगों ने उससे पूछा–तुमने ये सारी बातें उन्हें बताई हैं? उसने गर्दन हिलाकर कहा–'हाँ। उन लोगों ने कहा–'इसकी सजा है तुम्हारी मौत। उन लोगों की बातों के जवाब में वह सिर्फ टुकुर-टुकुर निहारता रहा। मैं तो जानता हूँ तब उसकी विह्वल दृष्टि किसे ढूँढ़ती फिर रही थी। इसीलिए तो तुम्हें लाने के लिए मैंने आदमी भेजा था बहन। अब चाहे जो भी उसने तुमसे क्यों न कहा हो, भारती, इस सदमे को आज तक अपूर्व दूर नहीं कर पाया होगा।'

भारती अब अपने आपको रोक नहीं सकी। वह फूट-फूटकर रो पड़ी। बोली–'तुम मुझे यह सब क्यों सुना रहे हो भैया? तुमसे ज्यादा आशंका और किसी को भी नहीं है, उनके अचारण से तुमसे ज्यादा मुसीबत में और कोई नहीं पड़ा। तब भी सिर्फ मेरा मुँह देखकर तुमने उन्हें बचाना चाहा और घर-बाहर अपने दुश्मन पैदा कर लिये।'

'वाह! मेरे दुश्मन पैदा हुए हैं!'

'तो किसलिए तुमने उन्हें बचाना चाहा?'

'मैंने बचाना चाहा अपूर्व को? अरे छिः! मैंने बचाना चाहा उस अनमोल चीज को जिसे भगवान ने बनाया है। जो चीज तुम लोगों-जैसे नर-नारियों के

बहाने बन गई है, उसकी क्या कोई कीमत नहीं है कि ब्रजेन्द्र-जैसे बर्बर लोगों को मैं दूँगा उसे बर्बाद कर डालने के लिए? सिर्फ यही वजह है भारती, यही वजह है। वरना आदमी की जान की कीमत हम लोगों के लिए क्या है? एक फूटी कौड़ी भी नहीं!' इतना कहकर डॉक्टर ठहाका मारकर हँसने लगे।

भारती ने आँखें पोंछते-पोंछते कहा–'ऐसा क्यों हँसते हो भैया? तुम्हारी हँसी देखती हूँ, तो मेरे बदन में आग लग जाती है। ऐसा जी चाहता है कि तुम्हें आँचल से ढँककर किसी जंगल में ले जाऊँ और हमेशा के लिए वहाँ तुम्हें छिपाकर रख दूँ। तुम्हें पकड़कर फाँसी देनेवाले क्या तुम्हारी कीमत जानते हैं? उन्हें क्या इसका पता चलेगा कि उन्होंने दुनिया का क्या सर्वनाश किया? अपने ही देश के लोग तुम्हें हत्यारा, डाकू, रक्त पिपासु आदि कहते हैं। मगर मैं सोचती हूँ कि कलेजे के अन्दर इतना स्नेह, इतनी करुणा लिये तुम कैसे इन लोगों के बीच हो।'

इस बार डॉक्टर दूसरी तरफ निहारते रहे, सहसा जवाब नहीं दे सके। उसके बाद मुँह घुमाकर उन्होंने हँसने की कोशिश की, मगर अभी वह स्वच्छन्द सुन्दर हँसी नहीं खिली। उन्होंने बात की लेकिन उस सहज आवाज पर पता नहीं कहाँ से एक अपरिचित भार चढ़ आया, बोले–'निष्ठुरता से क्या कभी...अच्छा, रहने दो वह बात। तुम्हें एक कहानी सुनाता हूँ। नीलकान्त जोशी नाम के एक मराठी लड़के को तुमने नहीं देखा था, लेकिन जब से मैंने तुम्हें देखा है तब से लेकर अब तक मुझे सिर्फ उसी की याद आती है। रास्ते से होकर मुर्दा ले जाते हुए आदमी को वह देखता तो उसकी आँखों से आँसू बहने लगते थे। एक दिन रात को कोलम्बो के एक पार्क के अन्दर हम लोगों ने बाड़े को लाँघकर पनाह ली थी। जब पेड़ के नीचे पड़ी एक बेंच पर मैं सोने गया, तो देखता हूँ, एक दूसरा आदमी उस पर सोया हुआ है। आदमी की आवाज सुनकर वह पानी-पानी कहने लगा। चारों ओर से बड़ी बदबू आ रही थी–दियासलाई जलाकर उसके मुँह की तरफ ताका, तो समझ में आया, उसे हैजा हुआ है। नीलकान्त उसकी सेवा में लग गया। पौ फटने को आई, तो मैंने कहा–'जोशी यह आदमी शाम के धुँधलके में चाहे जैसे भी हो प्यादों की नजरें बचाकर इस बगीचे में रह गया है। लेकिन सुबह होने पर प्यादों की नजर उस पर पड़ेगी ही। हम लोग ऐसे मुजरिम हैं जिनके खिलाफ वारंट निकला हुआ है–यह तो मरेगा ही, साथ में हम लोग भी पकड़े जाएँगे। चलो, यहाँ से खिसक चलें। नीलकान्त रोने लगा, बोला–'इसे इस हालत में छोड़कर कैसे जाऊँ भाई? बल्कि इससे अच्छा यह है कि तुम चले जाओ, मैं यहाँ रहता हूँ। मैंने उसे बहुत समझाया, लेकिन मैं जोशी को डिगा नहीं सका।'

भारती ने डरते हुए कहा—'उसके बाद क्या हुआ?'

डॉक्टर बोले—'वह आदमी इस बात का फैसला कर सकता था कि ऐसी घड़ी में उसे क्या करना चाहिए। सो भोर होने के पहले ही उसने अपनी आँखें मूँद लीं। इसीलिए उस दफे मैं नीलकान्त को डिगा सका।' थोड़ी देर वे चुप रहे, फिर लम्बी साँस लेकर बोले—'सिंगापुर में जोशी को फाँसी दे दी गई थी। अगर वह दल के लोगों का नाम बता देता, तो उसकी फाँसी की सजा माफ हो जाती—गवर्नमेंट की तरफ से बहुत कोशिश की गई थी, लेकिन जोशी अपनी बात से मुकरा नहीं, वह कहता रहा—मैं नहीं जानता। लिहाजा राजा के कानून के मुताबिक उसे फाँसी दे दी गई। हालाँकि जिन लोगों के लिए उसने अपनी जान दी उन्हें वह अच्छी तरह पहचानता भी नहीं था। अभी भी ऐसे लड़के इस देश में पैदा होते हैं भारती। अगर ऐसे लड़के पैदा नहीं हुआ करते, तो हो सकता है, मैं अपना बाकी जीवन तुम्हारे आँचल के नीचे छिपकर बिताने के लिए राजी हो जाता।'

डॉक्टर की बात के जवाब में भारती ने सिर्फ आह भरी। डॉक्टर बोले—'नर-हत्या करना मेरा व्रत नहीं हैं भई। मैं तुमसे सच कह रहा हूँ, ऐसा मैं करना नहीं चाहता।'

'भले ही तुम ऐसा करना नहीं चाहते हो, मगर जरूरत पड़े तो?'

'जरूरत पड़े तो? लेकिन व्रजेन्द्र की जरूरत और सव्यसाची की जरूरत दोनों तो एक नहीं हैं भारती।'

भारती बोली—'यह मैं जानती हूँ। मैं तुम्हारी जरूरत के बारे में पूछ रही हूँ भैया।'

सवाल सुनकर डॉक्टर थोड़ी देर तक चुप रहे। लगा, जैसे जवाब देने में वे झिझक महसूस कर रहे हों। उसके बाद थोड़े अन्यमनस्क की तरह धीरे-धीरे बोले—'कौन जाने कब मेरा वह सबसे बड़ी जरूरत का दिन आएगा। मगर रहने दो, भारती, यह तुम जानना मत चाहो। उसका चेहरा-मोहरा तुम कल्पना में भी बर्दाश्त नहीं कर सकोगी बहन।'

भारती इस संकेत को समझ गई और मन-ही-मन सिहर उठी, बोली—'इसके अलावा क्या कोई दूसरा रास्ता नहीं है?'

'नहीं।'

उनके मुँह से यह बेझिझक, बेधड़क जवाब सुनकर भारती हक्का-बक्का रह गई। मगर इस भयंकर 'नहीं' को वह सचमुच ही बर्दाश्त नहीं कर राकी। व्याकुल होकर बोल उठी—'इसके अलावा और कोई दूसरा रास्ता न हो, ऐसा तो नहीं हो सकता।'

डॉक्टर मुस्कुराकर बोले–'नहीं रास्ता तो है। अपने आपको फुसलाने के लिए बहुत-से रास्ते खुले हुए हैं भारती, लेकिन सच्चाई तक पहुँचने के लिए और कोई दूसरा रास्ता नहीं है।'

भारती इसे स्वीकार नहीं कर सकी। शान्त मृदु स्वर में बोली–'भैया, तुम बहुत बड़े ज्ञानी हो। इसी एकमात्र लक्ष्य को ध्यान में रखकर तुमने दुनिया का चक्कर लगाया है, तुम्हारी अभिज्ञता का अन्त नहीं है। तुम जैसा इतना बड़ा आदमी मैंने कभी नहीं देखा। मुझे लगता है, सिर्फ तुम्हारी ही सेवा करती हुई मैं अपना सारा जीवन बिता दे सकती हूँ। तुमसे बहस करना मुझे शोभा नहीं देता। लेकिन कहो कि तुम मुझे माफ कर दोगे।'

डॉक्टर हँस पड़े और बोले–'क्या मुसीबत है! मैं तुम्हें माफ करूँगा किसलिए?'

भारती पहले की तरह ही स्निग्ध विनयपूर्वक कहने लगी–'मैं ईसाई हूँ, बचपन से अँगरेजों को ही मैं अपना रिश्तेदार और दोस्त जानकर बड़ी हुई हूँ। आज उन लोगों के प्रति मन को नफरत से भर लेने में मुझे बड़ी तकलीफ होती है। मगर तुम्हारे सिवा किसी और के सामने मैं यह नहीं कह सकती। हालाँकि तुम्हीं लोगों की तरह मैं भारतवर्ष की हूँ–बंगाल की लड़की हूँ। मुझ पर तुम अविश्वास मत करना।'

उसकी बात सुनकर डॉक्टर अचम्भे में पड़े। उन्होंने स्नेह के साथ अपना दाहिना हाथ उसके सिर पर रखा और बोले–'तुम्हें ऐसी आशंका क्यों है भारती? तुम तो जानती हो कि मैं तुमसे कितना स्नेह करता हूँ, तुम पर कितना विश्वास करता हूँ।'

भारती बोली–'जानती हूँ। और तुम भी क्या मेरी यह बात नहीं जानते हो भैया? न तुम डरते हो, न तुम्हें डराया जा सकता है, सिर्फ इसी वजह से मैं तुमसे कह नहीं सकी थी, इस मकान में अब तुम मत आना। लेकिन मैं यह भी जानती हूँ कि आज रात के बाद फिर कभी–नहीं, नहीं, ऐसी बात नहीं, हो सकता है, बहुत दिनों तक मुलाकात न हो। उस दिन जब तुमने पूरी अँगरेज जाति पर आरोप लगाया तब मैंने प्रतिवाद नहीं किया था, लेकिन ईश्वर से मैंने लगातार यही प्रार्थना की थी कि इतना बड़ा बैर तुम्हारे मन की पूरी सच्चाई पर हावी न हो जाए। भैया, तब भी मैं तुम्हीं लोगों की हूँ।'

डॉक्टर मुस्कुराकर बोले–'हाँ, मैं यह जानता हूँ कि तुम हमारी ही हो।'

'तो फिर तुम यह रास्ता छोड़ दो।'

डॉक्टर चौंक उठे–'कौन-सा रास्ता'

'क्रान्तिकारियों का यह निर्मम रास्ता।'

'तुम मुझे यह रास्ता छोड़ने को क्यों कहती हो?'

भारती बोली–'मैं तुम्हें मरने नहीं दूँगी। सुमित्रा तुम्हें मरने दे, तो दे, लेकिन मैं तुम्हें मरने नहीं दूँगी। हम चाहते हैं कि भारत स्वतन्त्र हो–हम चाहते हैं कि हमारी आवाज पर कोई पाबन्दी न हो, हम अपनी बात बेधड़क, बेझिझक कह सकें। हम चाहते हैं कि कमजोर, दुखी और भूखे भारतवासियों को रोटी-कपड़ा मिले। हम चाहते हैं कि आदमी स्वतन्त्र होकर जीने का आनन्द प्राप्त करे, जो उसका जन्म-सिद्ध अधिकार है। मैं किसी भी सूरत में यह नहीं सोच सकती कि भगवान की इतनी बड़ी सच्चाई तक पहुँचने के लिए इस खून-खराबे वाले रास्ते को छोड़कर और कोई रास्ता खुला हुआ नहीं है। दुनिया का चक्कर लगाकर तुम सिर्फ इसी रास्ते की जानकारी हासिल करके आए हो, पुराने समय से, स्वतन्त्रता की लड़ाई लड़नेवाले सैकड़ों-हजारों लोगों के कदमों से बने इसी रास्ते का निशान, हो सकता है, तुम्हें साफ-साफ नजर आया हो, लेकिन तमाम लोगों की समझदारी, उनकी अपार विचार-शक्ति क्या ऐसी खत्म हो गई है कि इस खून-खराबेवाले रास्ते को छोड़कर और किसी रास्ते का पता उन्हें किसी दिन नजर नहीं आएगा? ऐसा नियम हरगिज सही नहीं हो सकता है। भैया, इंसानियत की इतनी बड़ी कामयाबी तुम्हारे सिवा किसी और में मैंने नहीं देखी है–खून-खराबे की इस बँधी-बँधाई लीक पर तुम मत चलो। दरवाजा हो सकता है, आज भी बन्द हो, इसीलिए तुम उसे हम लोगों के वास्ते खोल दो, ताकि इस दुनिया के सभी लोगों को प्यार करते हुए हम लोग तुम्हारे पीछे-पीछे चलें।'

डॉक्टर उदास मुँह से तनिक मुस्कुराए और उठकर खड़े हो गए। उसके बाद भारती के सिर पर अपना हाथ रखा और उसे दो बार धीरे-धीरे थपथपाकर बोले–'अब मेरे पास समय नहीं है भई, मैं चला।'

'आपने मेरी बात का कोई जवाब नहीं दिया भैया?'

उसकी बात के जवाब में डॉक्टर ने सिर्फ इतना कहा–'भगवान तुम्हारा भला करें।' कहकर वे धीरे-धीरे बाहर निकल गए।

बाइसवाँ परिच्छेद

पानी के रास्ते से आनेवाले दुश्मन के जहाजों को रोकने के लिए नदी के किनारे, शहर के आखिरी सिरे पर एक छोटा-सा मिट्टी का किला है यहाँ सिपाही-सन्तरी ज्यादा नहीं रहते। सिर्फ बैटरी चलाने की खातिर कुछ अँगरेज दोलंदाज बैरक में रहते हैं। अँगरेजों के लिए इन निर्विघ्न शान्ति के दिनों में यहाँ कोई खास कड़ाई नहीं थी। किसी बाहरी आदमी के वहाँ आने की मनाही थी। इसी के एक किनारे पेड़-पौधों के बीच पत्थर-मढ़ा एक घाट है—हो सकता है, किसी बड़े पदाधिकारी के आने के वास्ते इसे बनाया गया हो, लेकिन अभी न तो इसका कोई काम ही है, न ही इसकी कोई जरूरत है। भारती बीच-बीच में अकेले आकर यहाँ बैठती थी। ऐसी बात नहीं कि किले की रखवाली करने की जिम्मेदारी जिन लोगों पर थी उनमें से कोई उसे नहीं देखता था, सम्भवतः औरत, शरीफ औरत समझकर ही वे लोग एतराज नहीं करते थे। शायद अभी-अभी सूरज डूबा होगा, लेकिन अँधेरा होने में तब भी थोड़ी देर थी। नदी के कई हिस्सों में और उस पार के पेड़-पौधों पर आखिरी सुनहली किरणें पड़ रही थीं, झुंड के झुंड पंछी कतार बाँधे एक तरफ से दूसरी तरफ उड़ते चले जा रहे थे। कौवों के काले, बगुलों के सफेद और फाख्तों के अजीब पीले रंगों के साथ घुल-मिलकर आसमान की लाल रोशनी ने अचानक मानो उन पंछियों को किसी अनजाने देश का जीव बना दिया था। उनकी बेरोक-टोक स्वच्छन्द गति का पीछा करती हुई भारती उन्हें निहारती रही। पता नहीं, कहाँ है इन पंछियों का घोंसला! मगर किसी के लिए भी उस छिपे आकर्षण को टाल जाने की गुंजाइश नहीं थी। यही सोचकर उसकी दोनों आँखें आँसुओं से भर गईं। उसने हाथ से अपने आँसुओं को पोंछा और निहारा, तो देखा, दूर पेड़ों पर सुनहली रोशनी बुझने को आ रही है और नदी के किनारे के पेड़-पौधों की नदी पर पड़ती लम्बी छाया ने पानी को काला बना दिया है और इसी के बीच से अँधेरे ने मानो अपनी लम्बी जीभ फैलाकर सामने की सारी रोशनी को चुपचाप चाट लिया हो।

सहसा नदी की दाईं तरफ वाले मोड़ से एक छोटी-सी शैम्पेन नाव सामने आ उपस्थित हुई। नाव पर मल्लाह के सिवा और कोई नहीं था। वह चटगँवइया मुसलमान था। थोड़ी देर तक उसने भारती के मुँह की तरफ निहारा और चटगाँव की अपनी दुर्बोध्य मुसलमानी बंगला में बोला–'अम्मा, उस पार जाना है? एक आना दोगी, तो मैं तुम्हें उस पार पहुँचा दूँगा।'

भारती ने हाथ हिलाकर कहा–'नहीं, मुझे उस पार नहीं जाना है।'

मल्लाह ने कहा–'अच्छा, दो ही पैसे दो; चलो।'

भारती बोली–'नहीं भई, तुम जाओं मेरा घर इसी पार है, मुझे उस पार जाने की जरूरत नहीं है।'

पर मल्लाह नहीं गया, वह जरा मुस्कुराकर बोला–'जाने दो, मत देना पैसा। चलो, मैं तुम्हें जरा घुमा लाता हूँ।' कहकर वह नाव को घाट के एक किनारे लगा देने को तैयार हुआ। भारती डर गई। पेड़-पौधों के बीच वह जगह अँधेरी और सुनसान थी। लम्बे अर्से से इस देश में रहने के चलते भारती इन लोगों की भाषा बोल नहीं सकती थी, तो भी वह इसे समझती थी। और वह यह भी जानती थी कि चटगाँव के मुसलमान मल्लाह बड़े शैतान होते हैं। वह जल्दी से उठकर खड़ी हो गई और गुस्साई आवाज में बोली–'मैं कहती हूँ तुम चले जाओ यहाँ से, वरना मैं पुलिस को बुलाऊँगी।'

उसकी ऊँची आवाज और तीखी निगाह से शायद चटगँवइया मुसलमान इस बार डरकर रुका। भारती ने गौर से देखा। उस आदमी की उम्र अन्दाजन पचास पार कर गई है, मगर शौक नहीं मिटा था। वह बेल-बूटेदार लुँगी पहने हुए था, जो तेल और मैल से बेहद मैली हो गई थी। वह कीमती मिलिटरी फ्रक कोट पहने हुए था, जरी की किनारी थी, लेकिन वह जितना गन्दा था उतना ही फटा हुआ था, शायद वह ऐसी दुकान से खरीदा हुआ था जहाँ पुराने कपड़े-लत्ते बेचे जाते हैं। सिर पर बेल-बूटेदार चिथड़े की टोपी पहने हुए था, जो कपाल तक खिंची हुई थी। इस रूप को गुस्साई नजरों से निहारकर भारती कई पल बाद ही हँस पड़ी, बोली–'भैया, चेहरा-मोहरा चाहे जैसा भी क्यों न हो, लेकिन तुमने अपनी आवाज तक को बदलकर मुसलमान बना डाला है।'

मल्लाह बोला–'जाऊँ, या तुम पुलिस को बुलाओगी?'

भारती बोली–'पुलिस को बुलाकर तुम्हें पकड़वा देना ही चाहिए। अपूर्व बाबू की इच्छा को भला अधूरा क्यों रखूँ?'

मल्लाह बोला–'मैं उसी की बात कह रहा हूँ। अब ज्यादा ज्वार नहीं आता है। अभी भी दो कोस जाना होगा।'

भारती नाव पर चढ़ी, नाव को धकेलकर डॉक्टर पक्के मल्लाह की भाँति तेज रफ्तार से आगे बढ़े। जैसे दोनों हाथों से दो चप्पू चलाना ही उनका पेशा हो। बोले–'लामा जहाज चला गया, देखा तुमने?'

भारती ने कहा–'हाँ।'

डॉक्टर बोले–'अपूर्व इस तरफ वाले डेक पर खड़ा था, दिखाई पड़ा?'

भारती ने गर्दन हिलाकर कहा–'नहीं।'

डॉक्टर बोले–'मेरे लिए उसके डेरे या ऑफिस जाने की गुंजाइश नहीं थी। इसीलिए जेटी के एक किनारे शैम्पेन को बाँधकर मैं ऊपर खड़ा था। हाथ उठाकर सलाम करते ही...।'

भारती ने व्याकुल होकर कहा–'आखिर किसके लिए किस वजह से तुम इतना भयानक काम करने गए भैया? तुम्हारी जान क्या बिलकुल ही खिलवाड़ है?'

डॉक्टर ने सिर हिलाकर कहा–'नहीं, मेरी जान बिलकुल खिलवाड़ नहीं है। और मैं गया किस वजह से? जिस वजह से तुम चुपचाप यहाँ अकेले बैठी हुई हो बहन, ठीक उसी वजह से मैं वहाँ गया।'

भारती अपनी उमड़ती रुलाई को दबा नहीं सकी। वह रो पड़ी और बोली–'कतई नहीं। यहाँ मैं यों ही आई हूँ। मैं यहाँ प्रायः आया करती हूँ। किसी के लिए मैं कतई नहीं आई हूँ। वे तुम्हें पहचान सके?'

डॉक्टर मुस्कुराते हुए बोले–'नहीं, वे मुझे बिलकुल नहीं पहचान सके। यह हुनर मेरा खूब अच्छी तरह सीखा हुआ है–यह दाढ़ी-मूँछ असली है या नकली, यह समझ पाना आसान काम नहीं है, लेकिन मेरी बड़ी इच्छा थी कि अपूर्व बाबू मुझे पहचान सकें। मगर इतने व्यस्त थे कि उन्हें समय कहाँ था।'

भारती चुपचाप निहार रही थी, उस अत्यन्त उत्सुक मुँह की तरफ निहारकर थोड़ी देर के लिए डॉक्टर निर्वाक् हो गए।

भारती ने पूछा–'उसके बाद क्या हुआ?'

डॉक्टर बोले–'खास कुछ भी नहीं।'

भारती कोशिश करके तनिक मुस्कुराकर बोली–'खास कुछ नहीं हुआ, यह मेरी किस्मत। पहचान पाते, तो वे तुम्हें पकड़वा देते, और उस अपमान को टालने के लिए मुझे आत्महत्या करनी पड़ती। नौकरी जाए तो जाए, लेकिन जान तो बची।' यह कहकर उसने उस पार नजरें फैलाकर आह भरी।

डॉक्टर चुपचाप नाव खेने लगे। थोड़ी देर तक चुप रहकर भारती ने सहसा मुँह घुमाकर प्रश्न किया–'क्या सोच रहे हो भैया?'

'बताओ तो जानूँ?'

'बताऊँ? तुम सोच रहे हो कि यह लड़की भारती आदमी को मुझसे कहीं ज्यादा पहचान सकती है। अपनी जान बचाने के लिए कोई पढ़ा-लिखा आदमी इतना ओछापन कबूल कर सकता है–न शर्म, न कृतज्ञता, न दया-माया, न कोई खबर दी, न खबर लेने की जरा-सी भी कोशिश की–डर के मारे बिलकुल जानवर की भाँति दौड़ता हुआ भाग गया, इसकी मैं कल्पना भी नहीं कर सका था, लेकिन भारती ने यह बिलकुल निःसन्देह रूप से जाना था। ठीक यही सोच रहे हो न तुम? सच-सच बताइए तो?'

डॉक्टर गर्दन घुमाकर बिना कोई जवाब दिए चप्पू चलाते रहे, उन्होंने कुछ भी नहीं कहा।

'मेरी तरफ एक बार देखो न भैया।'

डॉक्टर ने मुँह घुमाकर निहारा, तो भारती के दोनों होंठ थर-थर काँपने लगे, बोली–'इंसान में इंसानियत का कोई नामोनिशान तक नहीं, ऐसा कैसे हो सकता है भैया?' यह कहकर उसने अपने दोनों काँपते होंठों को जबरन दाँतों से दबाकर काँपने से रोका, लेकिन दोनों आँखों की कोरों से आँसुओं की धारा बहने लगी।

डॉक्टर ने न हामी भरी, न प्रतिवाद किया, न दिलासे का एक शब्द ही उनके मुँह से निकला। सिर्फ पल-भर के लिए लगा, जैसे उनकी सुरमा लगी आँखों की चमक धीमी पड़ने को आई।

इरावती की यह शाखा नदी छिछली और सँकरी है। इस वजह से इसमें स्टीमर या बड़ी नाव आमतौर पर नहीं चलती थी। मछुआरों की मछली पकड़ने की डोंगियाँ किनारे बँधी बीच-बीच में दिखाई पड़ीं। लेकिन कोई आदमी नहीं था, सिर के ऊपर तारे दिखाई पड़ रहे थे, नदी का पानी काला हो गया था, सूनेपन और पूरे सन्नाटे के बीच डॉक्टर के सावधानी से चलाते चप्पुओं की मामूली-सी छप-छप की आवाज के अलावा और कहीं कोई आवाज नहीं थी। दोनों किनारों के पेड़ों की कतारें मानो सामने एक होकर घुल-मिल गई थीं। उन्हीं पेड़ों के डाल-पत्तों से ढँके अँधेरे भीतरी हिस्से में अपनी नम आँखों को टिकाए भारती चुपचाप स्थिर होकर बैठी हुई थी। न भारती यह जानती थी कि उन लोगों की नाव कहाँ चली जा रही है न जानने लायक उसके उत्सुक और सचेत मन की हालत थी, लेकिन सहसा एक बड़े पेड़ के पीछे लताओं और पेड़ के पत्तों से ढँकी बड़ी सँकरी खाई के अन्दर अपनी छोटी-सी नाव को घुसते देखकर उसने चौंककर पूछा–'मुझे कहाँ लिए जा रहे हो?'

डॉक्टर ने कहा–'अपने डेरे पर।'

'वहाँ और कौन रहता है ?'

'कोई नहीं।'

'कब मुझे मेरे डेरे पर पहुँचा दोगे?'

'कब पहुँचा दूँगा? अगर आज रात के अन्दर न पहुँचा सका, तो कल सवेरे पहुँचा दूँगा।'

भारती ने सिर हिलाकर कहा–'नहीं भैया, ऐसा नहीं हो सकता है। तुम मुझे जहाँ से लाए हो वहीं वापस छोड़ आओ।'

'लेकिन मुझे तुमसे बहुत-सी बातें कहनी है भारती।'

भारती ने इसका जवाब नहीं दिया, पहले की तरह ही सिर हिलाकर एतराज जताती हुई बोली–'नहीं तुम मुझे वापस छोड़ आओ।'

'मगर किस वजह से भारती? मुझ पर क्या तुम्हें विश्वास नहीं होता है?'

'भारती बिना कोई जवाब दिए मुँह नीचा किए रही।'

डॉक्टर बोले–'ऐसी कितनी रातें तो तुमने अकेले अपूर्व के साथ बिताई हैं, वह क्या तुम्हारा मुझसे ज्यादा विश्वास-पात्र है?'

भारती पहले की तरह ही चुप रही, हाँ या ना कुछ भी नहीं कहा उसने। नाले की यह जगह जितनी अँधेरी है उतनी ही सँकरी है। दोनों किनारों के पेड़ों की डालें उसके बदन को छू-छू जाती थीं। इधर नदी में भाटा शुरू हो गया था–डॉक्टर नाव के अन्दर से लालटेन निकाल लाए, उसे जलाकर सामने रखा, चप्पू रख दिए और हाथ में एक पतला-सा बाँस लेकर उससे नाव को धकेलते-धकेलते बोले–'आज मैं तुम्हें जहाँ ले जा रहा हूँ भारती वहाँ से दुनिया का कोई भी तुम्हें निकालकर नहीं ला सकता। लेकिन मेरे मन की बात समझना शायद अब तुम्हारे लिए बाकी नहीं रहा।' यह कहकर वे ठठाकर मानो जबरन हँसने लगे। अँधेरे में उनके मुँह का भाव भारती देख नहीं सकी, मगर उनको हँसता देख न जाने कौन अचानक उनके अन्दर से उन्हें धिक्कार उठा। भारती ने मुँह उठाकर बेखटके कहा–'मुझमें इतनी अक्ल नहीं है कि मैं तुम्हारे मन की बात समझ सकूँ। लेकिन मैं यह जानती हूँ कि तुम्हारा चरित्र कैसा है। मुझे अकेले नहीं रहना चाहिए, इसी वजह से मैंने वैसी बात कही थी भैया, तुम मुझे माफ करो।'

डॉक्टर थोड़ी देर तक निस्तब्ध रहे, फिर स्वाभाविक शान्त स्वर में बोले–'भारती तुम्हें छोड़कर जाने में मुझे तकलीफ होती है। तुम मेरी बहन हो, मेरी दीदी हो, मेरी माँ हो–यह विश्वास मुझे अपने आप पर नहीं रहता, तो मैं इस रास्ते नहीं आता। लेकिन इस दुनिया में मेरे सिवा कोई दूसरा ऐसा नहीं है जो तुम्हें तुम्हारा मूल्य दे सके। इसका सौवाँ हिस्सा भी अपूर्व अगर किसी दिन समझे, तो उसका

जीवन सार्थक हो जाएगा। दीदी, तुम लौट जाओ, जाकर अपनी घर-गिरस्ती बसाओ–हम लोगों के साथ अब तुम मत रहो। सिर्फ तुम्हारी ही बात कहने के लिए आज मैं अपूर्व से मिलने गया था।'

भारती चुप रही। आज एक शब्द भी कहे बिना अपूर्व चला गया। वह नौकरी करने के लिए बर्मा आया था, बीच में भला कितने दिनों की जान-पहचान थी।

वह ब्राह्मण का लड़का है, अपने धर्म और हिन्दू-आचार के प्रति उसे अगाध निष्ठा है, उसका अपना घर-गाँव है, समाज है, घर-मकान है, नाते-रिश्तेदार हैं, कितना कुछ है। और अछूत ईसाई लड़की भारती जिसका न अपना कोई घर-गाँव है, न घर-मकान है, न माँ-बाप हैं, न अपना कहने के लिए कहीं कोई है। यह परिचय अगर खत्म हो गया हो, तो शिकायत करने की भला कौन-सी बात है। भारती पहले की तरह ही चुपचाप स्थिर होकर बैठी रही। सिर्फ अँधेरे में उसकी दोनों आँखों से अविराम आँसू बहने लगे।

करीब ही पेड़-पौधों के बीच से थोड़ी-सी रोशनी दिखाई पड़ी। डॉक्टर ने उसे दिखाते हुए कहा–'वह रहा मेरा डेरा। इस घुमाव को पार करते ही उसकी दहलीज पर जा पहुँचूंगा। बड़ा आजाद था मैं, पर कैसी माया में पड़ गया, भारती, तुम्हारे ही लिये मुझे चिन्ता होती है। काश! जाने के पहले मैं यह देख लेता कि तुम्हें ऐसी जगह मिल गई है, जहाँ कोई खतरा नहीं है।'

भारती ने आँचल से अपने आँसू पोंछ डाले। बोली–'मैं तो अच्छी ही हूँ भैया।'

डॉक्टर के मुँह से एक आह निकल आई। यह आह ऐसी असाधारण थी कि वह भारती के कानों में बिंधी। डॉक्टर बोले–'कहाँ अच्छी हो भई। मेरे आदमी ने आकर मुझसे कहा कि तुम अपने कमरे में नहीं हो। मैंने सोचा, तुम जेटी पर कहीं मिलोगी, पर वहाँ तो तुम नहीं मिली, लेकिन तभी मुझे पक्के तौर पर यह लगा कि इसी नदी के किनारे कहीं न कहीं तुम मिलोगी ही। बदकिस्मती सिर्फ तुम्हारे आनन्द को चुराकर नहीं ले गई है, भारती, बल्कि उसने तुम्हारी हिम्मत को भी बर्बाद कर दिया है।'

इस बात का पूरा मतलब न समझ पाने की वजह से भारती चुप रही। डॉक्टर कहने लगे–'उस दिन रात को तुमने निश्चिन्त मन से मेरे लिए अपना बिस्तर छोड़ दिया और खुद तुम नीचे सोई। तुमने हँसकर कहा, भैया तुम कोई आदमी हो जो तुमसे मैं शरमाऊँगी या डरूँगी। तुम सोओ। लेकिन आज वह हिम्मत तुममें नहीं है। विशेष निर्भर करने लायक आदमी अपूर्व नहीं है, तब भी वह करीब ही था, इसलिए कल भी, हो सकता है, ऐसी आशंका तुम्हें न होती। आश्चर्य तो इस बात का है कि तुम-जैसी लड़की की भी स्वाधीनता को उसके जैसा एक अक्षम

आदमी कितनी आसानी से चूर-चूर करके जा सकता है।

भारती ने मृदु स्वर में कहा–'लेकिन उपाय क्या है भैया?'

डॉक्टर ने गर्दन हिलाकर कहा–'उपाय, हो सकता है, न हो, मगर मैं सोच रहा हूँ बहन कि आज तुम्हारे चरित्र पर सन्देह करनेवाला कोई नजदीक में नहीं है, इसलिए तुम्हारा अपना ही मन दिन-रात अगर तुम पर सन्देह करता फिरे, तो तुम जिन्दा रहोगी कैसे? ऐसे तो किसी की भी जान नहीं बचती भारती।'

इस तरह से भारती ने खुद अपना विश्लेषण करके अपने आपको नहीं देखा था। ऐसा करने का उसे भला समय ही कहाँ था। उसके विश्वास और विस्मय की सीमा नहीं रही। मगर वह चुप रही।

डॉक्टर कहने लगे–'मैं एक और लड़की को जानता हूँ, वह रूसी है। मगर उसकी बात रहने दो। मैं यह नहीं जानता कि फिर कब हमारी मुलाकात होगी, लेकिन लगता है, एक न एक दिन मुलाकात होगी। विधाता करें, हमारी मुलाकात हो। तुम्हारे प्यार की कोई बराबरी नहीं है, वहाँ से अपूर्व को कोई हटा नहीं सकेगा। लेकिन अपने आपको इस काबिल बनाने के लिए कि वह तुम्हें अपना सके, आज से तुम्हें बड़ी कड़ी साधना शुरू करनी होगी। इस साधना में तुम्हें हर दिन अपमानित होना पड़ सकता है, उसकी ग्लानि तुम्हारी इंसानियत को बिलकुल चकनाचूर कर देगी भारती। हाय रे! ऐसे विशुद्ध हृदय का मूल्य जहाँ नहीं है वहाँ इसी तरह से समझाना पड़ता है। कमल का फूल चबाकर खाए बिना जिन लोगों को तृप्ति नहीं होती, देह की शुद्धता से इसी तरह से कान उमेठकर उनसे कीमत वसूलनी पड़ती है। हो सकता है कीमत वसूल भी हो। क्या पता तकदीर में तब तक जिन्दा रहने की मेरी मियाद है या नहीं, लेकिन अगर हो दीदी, तो बहन कहकर गर्व करने के लिए सव्यसाची के पास और कुछ न होगा।

भारती ने पूछा–'तो तुम मुझसे क्या करने के लिए कहते हो? तुमने तो मुझसे बार-बार कहा है कि मैं लौट जाऊँ और जाकर अपनी घर-गिरस्ती बसाऊँ।'

'लेकिन मैंने तुम्हें सिर झुका कर जाने के लिए नहीं कहा है।'

भारती बोली–'मगर सभी तो यह पसन्द नहीं करते भैया कि औरतें अपना सिर ऊँचा किए रहें।'

डॉक्टर बोले–'तब तुम मत जाना।'

भारती ने उदास मुँह से हँसकर कहा–'इस बारे में तुम निश्चिन्त रहो भैया, मैं नहीं जाऊँगी। तमाम रास्तों को मैंने अपने हाथ से बन्द करके सिर्फ एक रास्ता खुला रखा था, वह भी आज बन्द हो गया है। यह तो तुम अपनी आँखों से देख आए हो। अब जो रास्ता तुम दिखा दोगे मैं उसी पर चलूँगी, सिर्फ मेरी इतनी-सी

विनती मान लो कि तुम अपने खून-खराबे वाले रास्ते पर चलने के लिए मुझसे मत कहना। जब भगवान-जैसी दुष्प्राप्य चीज को भी पाने के लिए इतने रास्ते निकले हैं तब क्या तुम्हारे लिए अपने लक्ष्य तक पहुँचने के वास्ते खून-खराबेवाले रास्ते को छोड़कर कोई दूसरा रास्ता नहीं है? मेरे मन का यह पक्का विश्वास है कि आदमी की अक्ल बिलकुल खत्म नहीं हो गई है, कहीं न कहीं दूसरा रास्ता होगा ही। अभी से मैं उसी की तलाश में निकल पड़ूँगी। बड़े से बड़ा दुख क्या है, इसका पता मुझे उस रात चल गया था जिस रात तुम लोगों ने उनकी हत्या करने के लिए कमर कस ली थी।'

डॉक्टर मुस्कुराए, बोले–'यह है मेरा डेरा'। यह कहकर उन्होंने छोटी-सी नाव को जोर से थल पर धकेल दिया। उतरे, हाथ में लालटेन उठा ली और राह दिखाते हुए बोले–'जूतियाँ उतारकर उतर आओ। पैरों में जरा-सा कीचड़ लगेगा।'

भारती चुपचाप उतर आई। चारेक मोटी-मोटी सागौन की लकड़ी के खूँटों पर पुराने और लगभग बेकार पड़े तख्तों को ठोंक-ठोंककर एक लकड़ी का घर बना लिया गया है। ज्वार का पानी उतर जाने से उसके नीचे के समूचे हिस्से में थोड़ा-सा कीचड़ पड़ा हुआ है। लताओं और पेड़-पौधों की सड़ांध से हवा भी बोझिल हो उठी थी, सामने दो हाथ चौड़े रास्ते को छोड़कर चारों तरफ केवड़े आदि का ऐसा घना जंगल घिरा हुआ है कि सिर्फ साँप-बिच्छू और बाघ-भालू ही नहीं, बल्कि हाथियों का झुंड भी छिपा रहे, तो उन्हें देखने की गुंजाइश नहीं। इसके अन्दर आदमी रह सकता है, आँखों से देखे बिना इसकी कल्पना करना असंभव है। मगर इस आदमी के लिए सब कुछ संभव है। रस्सी पकड़कर एक टूटी-फूटी लकड़ी की सीढ़ी से ऊपर आने पर एक सात-आठ साल के लड़के ने आकर दरवाजा खोला तो भारती विस्मय से अवाक् रह गई। अन्दर कदम रखते ही दिखाई पड़ा, फर्श पर चटाई बिछाकर एक कमसिन बर्मी औरत लेटी हुई है, जो तीन-चार बच्चे वहाँ पड़े हुए हैं उन्हीं में से एक ने शायद पाखाना कर दिया है– बहुत संभव है, यह महसूस करके कि उसकी सफाई करना गैरजरूरी है, उसकी सफाई नहीं की गई थी–एक दुःसह बदबू से घर का वायुमंडल जहरीला हो उठा था, फर्श पर हर जगह भात, मछली के काँटे और प्याज-लहसुन के छिलके बिखरे हुए हैं, करीब ही दो-तीन छोटी-बड़ी कालिख लगी मिट्टी की हॉड़ियाँ हैं, यह देखने से ही समझ में आ जाता है कि बच्चों ने उनमें हाथ डालकर भात-तरकारी निकालकर पंजों से खाया है। इसी की बगल से होकर भारती डॉक्टर के पीछे-पीछे एक-दूसरे कमरे में जा पहुँची, कहीं किसी असबाब का नामोनिशान तक नहीं था, फर्श पर चटाई बिछी हुई थी, एक किनारे एक शतरंजी समेटी हुई थी। डॉक्टर ने

अपने हाथ से उसे झाड़कर बिछा दिया और भारती को उस पर बैठने को कहा। भारती ने उस पर बैठकर निहारा, तो देखा डॉक्टर की वही परिचित बहुत बड़ी गठरी एक ओर पड़ी हुई है। यानी फिलहाल सचमुच ही इसी कमरे में रहते हैं। दूसरे कमरे से उस बर्मी औरत ने कुछ पूछा। डॉक्टर ने बर्मी भाषा में ही उसका जवाब दिया। थोड़ी ही देर बाद वही लड़का चीनी मिट्टी की तश्तरी में दो लोंदा भात, प्याले में शोरबा और पत्ते में थोड़ी-सी झुलसी हुई मछली लेकर आया और उन सबको एक किनारे रखकर चला गया। साथ में लाई हुई नाव की लालटेन की रोशनी में भारती ने उन सब खाने की चीजों की तरफ निहारा, तो उसे मतली आने लगी।

डॉक्टर ने कहा–'तुम्हें भी शायद भूख लगी हो, लेकिन ये सब...।'

भारती के मुँह से कोई शब्द नहीं निकला, लेकिन उसने बड़े वेग से सिर हिलाकर जताया, नहीं, नहीं हरगिज नहीं। वह ईसाई की लड़की है, वह जात-पाँत का भेद-भाव नहीं मानती है, मगर जहाँ से जिस तरह से यह सब लाया गया उसे तो वह आते वक्त अपनी आँखों से देख आई है।

डॉक्टर बोले–'मगर मुझे तो बड़ी भूख लगी है भई, पहले मैं अपना पेट भर लेता हूँ।' यह कहकर उन्होंने हाथ धोया और मुस्कुराते हुए खाना खाने बैठ गए। भारती देख भी नहीं सकी, घृणा और बड़े दुख से वह मुँह घुमाए रही। रुलाई उसके कलेजे को चीरकर मानो हजारों धाराओं में गिरने लगी। हार रे देश! हाय रे आजाद होने की प्यास! दुनिया में लोगों ने ऐसी किसी भी चीज को बचा-खुचाकर नहीं रखा है जिसे ये लोग अपनी कह सकें। यह घर, यह खाना, यह घृणित सम्पर्क, इस तरह से जंगली जानवरों-सा जीवन जीना, थोड़ी देर के लिए मौत भी भारती को वास्ते बहुत अच्छी लगी। ऐसा जीवन, हो सकता है, बहुत-से लोग जी सकते हों, लेकिन यह जो तन-मन को अविराम दुख देना, अपनी मर्जी से पल-पल खुद अपनी हत्या करते रहने की दुःसह सहिष्णुता, उसकी बराबरी स्वर्ग-नरक, कहीं भी मिलेगी क्या है। पराधीन होकर जीने के दुख ने क्या इन लोगों के और सारे दुख-बोध को बिलकुल धो-पोंछ दिया है? कुछ भी कहीं बाकी नहीं है? उसे अपूर्व याद आया। उसके नौकरी जाने का दुख है, वह अपने दोस्तों को अपने हाथ में पड़े नील का निशान दिखाने में शरमाता होगा–ये ही लोग भारत माता की कोटि-कोटि सन्तान हैं। ये लोग देश के मेरुदंड हैं, ये लोग खा-पहनकर परीक्षा पास करके नौकरी में कामयाब होते हैं और लगातार सही-सलामत रहकर जिन्दगी गुजार रहे हैं। और वह आदमी जो अत्यन्त तृप्ति से निर्विकार चित्त से बैठकर भात निगल रहा है–भारती को पलभर के लिए लगा–हिमालय है और उसके आगे वे

लोग पत्थर के तुच्छ टुकड़ों से ज्यादा नहीं हैं। और उनमें से एक को प्यार करके, उसी की घर-गिरस्थी करने के सुख से वंचित होने के दुख से उसका कलेजा फटा जा रहा है और वह मरी जा रही है। अचानक भारती जोर लगाकर बोल उठी– 'भैया, तुम्हारा वह निर्धारित खून-खराबे वाला रास्ता हरगिज अच्छा नहीं है। अतीत की चाहे जितनी भी मिसाल तुम क्यों न दो, जो बीत गई सो बात गई–अतीत ही हमेशा भविष्य की छाती पर सवार होकर उसे परिचालित करेगा–मानव-जीवन में यह नियम हरगिज सही नहीं है। तुम्हारे रास्ते को नहीं, मगर तुम्हारी देश-सेवा को, जिसकी खातिर तुमने अपना सब कुछ निछावर कर दिया, मैंने आज से अपनी सिर-आँखों पर लिया। अपूर्व बाबू सुख से रहें, उनके लिए अब मैं दुख नहीं करती, अपने जिन्दा रहने के मन्त्र को मैं आज अपनी आँखों से देख सकी हूँ।'

डॉक्टर ने विस्मय के साथ मुँह उठाया और भात के लोंदे को सानते हुए धीमी आवाज में पूछा–'क्या हुआ भारती?'

तेईसवाँ परिच्छेद

डॉक्टर हाथ-मुँह धोकर आए और अपनी गठरी पर चढ़ बैठे। वही लड़का एक बहुत बड़े बर्मी चुरूट का कश लगाते हुए कमरे में घुसा और कई पलों तक कश लगाकर नाक-मुँह से धुआँ निकाल उसे डॉक्टर के हाथ में देकर चला गया। डॉक्टर ने यह अनुभव करके कि भारती के चेहरे पर विस्मय का निशान है, मुस्कुराते हुए कहा–'यों ही मिले, तो मैं दुनिया में किसी भी चीज को छोड़ देना पसन्द नहीं करता भारती।' अपूर्व के चाचा ने जब मुझे रंगून की जेटी पर पहली बार गिरफ्तार किया था तब मेरी जेब से गाँजे की चिलम निकली थी। नहीं तो शायद मुझे छुट्टी नहीं मिलती।' यह कहकर वे मन्द-मन्द मुस्कुराने लगे।

भारती ने यह घटना सुनी थी, बोली–'यह मैं जानती हूँ कि तुम गाँजा नहीं पीते, भले ही लाखों बार तुम्हारी जेब से गाँजे की चिलम निकलने की वजह से तुम्हें छुट्टी क्यों न मिल जाए। मगर यह घर किसका है भैया?'

'मेरा है।'

'और यह बर्मी औरत और बच्चे ?'

डॉक्टर हँस पड़े और बोले–'नहीं, वे लोग–मेरे एक मुसलमान दोस्त की अमानत हैं। वह भी मुझ-जैसा फाँसी के तख्ते पर चढ़नेवाला मुजरिम है। लेकिन वह दूसरी वजह से। फिलहाल वह दूसरी जगह गया हुआ है, उससे तुम्हारी जान-पहचान कराने का मौका नहीं मिलेगा।'

भारती बोली–'उनसे जान-पहचान करने के लिए मैं व्याकुल नहीं हूँ, लेकिन और सब जगहों को छोड़कर तुम इस स्वर्गपुरी में रहते हो, यह कुछ अजीब-सा लगता है। अच्छा तो यह है कि तुम मुझे मेरे डेरे पर पहुँचा दो, भैया। यहाँ तो मेरा दम घुट रहा है।'

डॉक्टर ने मुस्कुराते हुए जवाब दिया–'तुम्हें यहाँ लाने के पहले ही मैं यह जानता था कि यह स्वर्गपुरी तुम्हें नहीं भाएगी। लेकिन इस स्वर्गपुरी के सिवा और कोई ऐसी जगह नहीं है जहाँ मैं अपने मन की सारी बातें तुमसे कह सकूँ भारती। आज तुम्हें थोड़ी-सी तकलीफ झेलनी ही पड़ेगी।'

भारती ने पूछा–'तो क्या तुम जल्दी ही कहीं और जाओगे?'

डॉक्टर बोले–'हाँ। उत्तर और पूरब के देशों का एक बार और चक्कर लगा आना पड़ेगा। लौटने में, हो सकता है, दो साल लगें। लेकिन आज तुमने तरह-तरह से इतना दुख पाया है बहन कि सारी बातें कहने में मुझे शर्म आती है, लेकिन मुझे यह भरोसा भी नहीं कि आज की रात के बाद फिर तुमसे आसानी से मिल सकूँगा।'

उनकी बात सुनकर भारती उद्विग्न हो उठी, बोली–'तो क्या तुम कल ही चले जाओगे?'

डॉक्टर चुप रहे। भारती ने मन-ही-मन समझा, इसमें कोई बदलाव नहीं होगा। इस रात के बीतने के साथ ही इस दुनिया में वह बिलकुल अकेली हो जाएगी। खोज-खबर लेनेवाला भी कोई नहीं रहेगा।

डॉक्टर कहने लगे–'पाँव पैदल मुझे दक्षिण चीन के अन्दर से होकर आगे बढ़ना पड़ेगा। और उस रास्ते काम के सिलसिले में अगर अमेरिका न जा पहुँचूँ, तो प्रशान्त महासागर के द्वीपों का चक्कर लगाकर फिर इसी देश में आकर रहूँगा। उसके बाद जब तक आग नहीं जलेगी तब तक मैं यहीं रहूँगा भारती।' फिर तनिक मुस्कुराते हुए बोले–'और अगर मैं लौट ही न सकूँ बहन, तो शायद तुम्हें कोई न कोई खबर मिलेगी ही।'

इस आदमी की शान्त आवाज में कही गईं आसान-सी बातें कितनी मामूली हैं, लेकिन उनका भयंकर भाव भारती की नजरों के सामने उभर उठा। वह थोड़ी देर तक स्तब्ध रही, फिर बोली–'यह मैंने सुना है कि पाँव पैदल चीन जाना कितना कठिन है। लेकिन तुम मन-ही-मन हँसना मत भैया, मैंने तुम्हें डराना नहीं चाहा है–मैं तुम्हें पहचानती हूँ, तुम्हें कोई नहीं डरा सकता। लेकिन अगर तुम बाहर निकल ही जाते हो, तो फिर यहीं तुम क्यों वापस आना चाहते हो? तुम्हारी अपनी जन्मभूमि में क्या तुम्हारे लिए कोई काम नहीं है?'

डॉक्टर बोले–'अपनी जन्मभूमि के ही काम के लिए मैं इस देश को आसानी से छोड़कर नहीं जाऊँगा। इस देश की औरतें स्वतन्त्र हैं, स्वतन्त्रता का मर्म वे लोग समझेंगी। उन्हें मेरी बड़ी जरूरत है। अगर कभी तुम्हें इस देश में जलती आग दिखाई पड़े, तो तुम चाहे जहाँ कहीं भी क्यों न रहो भारती, तब मेरी यह बात याद करना कि यह आग औरतों ने ही जलाई है। मेरी बात याद रहेगी न?'

इस संकेत को भारती ने समझा, बोली–'लेकिन मैं तो तुम्हारी राह की राहगीर नहीं हूँ।'

डॉक्टर बोले—'यह मैं जानता हूँ। मगर तुम्हारी राह चाहे जो भी हो, बड़े भाई की बात को याद करने में तो कोई बुराई नहीं है—इसी बहाने बीच-बीच में बड़ा भाई याद आएगा।'

भारती बोली—'मेरे पास बहुत-सी चीजें हैं जिनसे बड़ा भाई याद आएगा। लेकिन इसी तरह से क्या तुम दूसरी राह के राहगीर को अपनी राह पर खींच लाते हो भैया? लेकिन मुझे तुम अपनी राह पर खींचकर नहीं ला सकोगे।' यह कहकर वह सहसा उठ गई, और समेटी हुई सतरंगी को झाड़कर बिछा दिया, बाँस की अरगनी से कम्बल, तकिया आदि उतार लिया, अपने हाथ से बिस्तर बिछाना शुरू कर दिया, और धीरे-धीरे बोली—'अपूर्व बाबू के जहाज के पहिए आज मुझे जिस राह का पता बता गए हैं इस जीवन में वही मेरी एकमात्र राह है। फिर जिस दिन मुलाकात होगी उस दिन तुम भी यह बात कबूल करोगे।'

डॉक्टर व्यग्र होकर बोल उठे—'अचानक फिर तुमने यह क्या शुरू कर दिया भारती? उस फटे हुए कम्बल को क्या मैं खुद नहीं बिछा सकता था? इसकी तो कोई जरूरत नहीं थी।'

भारती बोली—'तुम्हें तो इसकी जरूरत नहीं थी, लेकिन मुझे इसकी जरूरत थी। चाहे जिसके वास्ते जब भी मैं बिस्तर बिछाऊँगी भैया, तुम्हारे इस फटे कम्बल को मैं अब कभी नहीं भूलूँगी। औरत के जीवन में अगर इसकी भी जरूरत न हो, तो किस चीज की जरूरत है, बता सकते हो?'

डॉक्टर हँसकर बोले—'इसका जवाब मैं नहीं दे सकता, बहन, मैं तुमसे हार मानता हूँ। तुम्हारे सिवा मुझे अपनी हार कभी भी किसी से भी नहीं माननी पड़ी है।'

भारती ने मुस्कुराकर पूछा—'सुमित्रा दीदी से भी नहीं?'

डॉक्टर ने सिर हिलाकर कहा—'नहीं। सुमित्रा से भी नहीं।'

बिस्तर बिछा दिया गया, तो डॉक्टर अपनी गठरी से उतरकर बिस्तर पर आकर बैठ गए। भारती करीब ही फर्श पर बैठकर थोड़ी देर तक मुँह नीचा किए चुपचाप रही, फिर बोली—'जाने से पहले एक और बात अगर मैं तुमसे पूछूँ, तो छोटी बहन का कसूर माफ तो करोगे'

'हाँ, माफ करूँगा।'

'तो बताओ, सुमित्रा दीदी तुम्हारी कौन हैं? वे तुम्हें कहाँ मिलीं?'

उसका सवाल सुनकर डॉक्टर बहुत देर तक चुप्पी साधे रहे, उसके बाद मन्द-मन्द मुस्कुराकर बोले—'अगर वह खुद इसका जवाब न दे, तो यह जानने का कोई उपाय नहीं है कि वह मेरी कौन है? यह भी कहा जा सकता है कि जिस

दिन मैं उसे नहीं पहचानता था उस दिन मैंने उसका परिचय अपनी पत्नी के रूप में दिया था। उसका सुमित्रा नाम मैंने ही रखा था—आज सब इसी नाम से उसे जानते हैं।'

भारती बड़े कौतूहल से स्थिर होकर निहारती रही। डॉक्टर बोले—'सुना है, उसकी माँ यहूदी थी, मगर उसके बाप थे बंगाली ब्राह्मण। पहले पहल सर्कस पार्टी के साथ वे जावा गए थे। बाद में वे सुरवाया रेलवे स्टेशन में नौकरी करते थे। जब तक वे जिन्दा थे तब तक सुमित्रा मिशनरी स्कूल में पढ़ती-लिखती थी। उनके गुजर जाने के बाद पाँच-छह बरसों तक क्या हुआ, यह सुनने की तुम्हें कोई जरूरत नहीं।'

भारती ने सिर हिलाकर कहा—'नहीं भैया, ऐसा नहीं हो सकता। तुम मुझे सब कुछ बताओ।'

डॉक्टर बोले—'मैं भी सब कुछ नहीं जानता भारती, मैं सिर्फ इतना जानता हूँ कि माँ, बेटी, दो मामा, एक चीनी और दो मद्रासी मुसलमान मिलकर जावा में अफीम-गाँजे की तस्करी किया करते थे। तब तक मैं कुछ भी नहीं जानता था कि ये लोग क्या करते हैं। मैं सिर्फ यह देख पाता था कि सुमित्रा प्रायः रेलगाड़ी में बटाविया से सुरवाया तक आया-जाया करती थी। गजब की खूबसूरत होने की वजह से बहुतों की भाँति मेरी भी नजर उस पर पड़ी थी। बस इतना ही। अचानक एक दिन जान-पहचान हो गई तेग स्टेशन के वेटिंग रूम में। तभी मुझे पहली बार यह जानकारी मिली कि वह बंगाली लड़की है।'

भारती बोली—'वे गजब की खूबसूरत थीं, इस वजह से आप उन्हें फिर भूल नहीं सके—है न भैया?'

डॉक्टर बोले—'सो चाहे जो भी हो, एक दिन मैं जावा छोड़कर पता नहीं कहाँ चला गया भारती—शायद मैं उसे भूल गया था। मगर साल भर बाद अचानक बेंकुलन शहर की जेटी पर उससे मुलाकात हो गई। एक ट्रंक में अफीम थी, चारों तरफ पुलिस थी और उसके बीच सुमित्रा थी। उसने मुझे देखा, तो उसकी आँखों से आँसू बहने लगे। यह सन्देह अब नहीं रहा कि मुझे उसे बचाना ही होगा। मैंने पुलिस को बताया कि यह मेरी पत्नी है और यह अफीम का ट्रक हमारा नहीं है। सुमित्रा ने नहीं सोचा था, वह चौंक गई। यह सुमात्रा की घटना थी, इस वजह से मैंने उसका नाम सुमित्रा रख दिया। वरना उसका पुराना नाम था—रोज दाऊद। तब बेंकुलन का मामला मुकदमा पदांग शहर में होता था। वहाँ मेरा एक जिगरी दोस्त था पॉलक्रुगर। मैं सुमित्रा को उसके घर ले आया। मुकदमे में मैजिस्ट्रेट ने सुमित्रा को रिहा तो कर दिया, मगर सुमित्रा ने फिर मुझे रिहा नहीं कराना चाहा।'

भारती हँसकर बोली–'रिहाई तुम्हें कभी मिलेगी भी नहीं भैया।'

डॉक्टर कहने लगे–'खबर पाकर उसके दल के लोग ताक-झाँक करने लगे। मैं देख पाया कि मेरा दोस्त क्रुगर भी उसकी खूबसूरती पर लट्टू हो गया है, इसलिए उसके जिम्मे उसे छोड़कर एक दिन मैं चुपके-चुपके सुमात्रा छोड़कर खिसक पड़ा।'

भारती अचरज में पड़कर बोली–'उन लोगों के बीच उन्हें अकेले छोड़कर? उफ, तुम कितने निष्ठुर हो भैया।'

डॉक्टर बोले–'हाँ, बहुत कुछ अपूर्व-जैसा। फिर साल भर बीत गया। तब मैं सेलिवीस द्वीप के मैक्सर शहर के एक छोटे-से गुमनाम होटल में रह रहा था, एक दिन शाम के वक्त जब मैं अपने कमरे में घुसा, तो देखता हूँ, सुमित्रा बैठी हुई है। हिन्दू औरत की तरह वह टसर की साड़ी पहने हुए थी, और उसी दिन पहली बार उसने हिन्दू औरत की नाईं झुककर मुझे प्रणाम किया और उठकर खड़ी हो गई। बोली–'मैं सब कुछ छोड़कर चली आई हूँ, मैंने अपने तमाम अतीत को धो-पोंछ दिया है, तुम मुझे अपने दल में भर्ती कर लो, मुझसे ज्यादा विश्वासी अनुचर तुम्हें कोई दूसरा नहीं मिलेगा।'

भारती ने साँस रोककर प्रश्न किया–'उसके बाद?

डॉक्टर बोले–'बाद की घटना के बारे में मैं सिर्फ इतना ही कह सकता हूँ भारती कि सुमित्रा के खिलाफ शिकायत करने का मुझे आज तक कोई कारण नहीं मिला है। जो अपने इक्कीस सालों के तमाम संस्कारों को एक दिन में धो-पोंछकर आ सकती है उस पर मैं विश्वास करता हूँ। लेकिन वह है बड़ी निष्ठुर।'

भारती चुपचाप बैठी रही। उसका सिर्फ यही जी चाह रहा था कि वह पूछे, वह निष्ठुर है, तो है, लेकिन तुम उसे कितना प्यार करते हो? लेकिन शर्म के मारे वह अपने मुँह से यह नहीं कह सकी। हालाँकि उस अजीब नारी के मन की बहुत-सी गुप्त बातों का आज उसे पता चल गया था। उनकी निर्मम चुप्पी, कठोर उदासीनता–किसी भी चीज का मतलब समझना अब उसके लिए बाकी नहीं रहा।

अचानक असावधानी के चलते डॉक्टर के मुँह से एक आह निकल पड़ने की वजह से पलभर के लिए मानो वे शर्म से व्याकुल हो उठे। मगर बस एक पल के लिए। लम्बी साधना से अपने तन-मन के हर पहलू पर उन्होंने इतने दिनों तक बेकार में असाधारण अधिकार अर्जित नहीं किया था। दूसरे ही पल उनका शान्त स्वर और सहज मुस्कान लौट आई, बोले–'उसके बाद सुमित्रा को लेकर मुझे कैन्टॉन चले आना पड़ा।'

भारती हँसी छिपाकर शरीफों की तरह मुँह चिढ़ाकर बोली–'मत आते यहाँ भैया, आखिर किसने सिर की कसम देकर तुम्हें यहाँ आने को कहा था। हममें से तो किसी ने तुम्हें यहाँ आने के लिए सिर की कसम नहीं दी थी।'

डॉक्टर मुस्कुराते हुए बहुत देर तक चुप रहे, फिर बोले–'ऐसी बात नहीं है कि यहाँ आने के लिए किसी ने कसम नहीं दी थी, लेकिन मैंने सोचा था कि यह बात और कोई नहीं जानेगा मगर तुम लोगों में यही दोष है कि पूरी बात सुने बिना तुम लोगों का कौतूहल दूर नहीं होता है। और अगर मैं न बताऊँ तो तुम लोग ऐसा अन्दाजा लगाती रहोगी कि कुछ कहा नहीं जा सकता, बल्कि उससे अच्छा तो यही है कि मैं सारी बातें बता ही दूँ।

भारती बोली–'मेरा भी तो यही कहना है भैया, तुम सारी बातें बता ही डालो।'

डॉक्टर बोले–'बात यह है कि जिस होटल में मैं था सुमित्रा ने उसी होटल की दूसरी मंजिल पर एक कमरा किराये पर लिया। मैंने उसे बहुत मना किया, मगर उसने मेरी एक न सुनी। जब मैंने कहा कि तब तो मुझे यहाँ से दूसरी जगह चले जाना होगा, तब उसकी आँखों से आँसू बहने लगे। बोली–'आप मुझे शरण दीजिए। अगले ही दिन बात समझ में आई। वही दाऊद का दल दिखाई पड़ा। दसेक लोग थे, एक आधा अरबी आधा निग्रो, जो एक छोटे-मोटे हाथी-जैसा था, अनायास यह दावा कर बैठा कि सुमित्रा उसकी पत्नी है।'

भारती बोली–'ऐसी हिमाकत और तुम्हारे सामने? तब तो तुम दोनों में शायद बहुत झगड़ा हुआ होगा?'

डॉक्टर ने गर्दन हिलाकर कहा–'हाँ। सुमित्रा इनकार करती हुई बार-बार कहने लगी–सब झूठ है। यह एक बड़ी साजिश है। यानी वे लोग उसे अफीम की तस्करी करने के लिए वापस ले जाना चाहते थे। प्रशान्त महासागर के सारे द्वीपों में उन लोगों का अड्डा है। इन लोगों के दल में बहुत बड़े-बड़े बदमाश शामिल हैं। ऐसा कोई भी काम नहीं है जिसे ये लोग अंजाम नहीं दे सकते। समझा, सुमित्रा ने क्यों मुझसे दूर जाना नहीं चाहा था। और इससे भी ज्यादा मैंने यह समझा कि इस समस्या का आसानी से फैसला नहीं होगा। लेकिन उन लोगों से देर नहीं सही जाती थी, तुरंत रफा-दफा करके वे लोग सुमित्रा को खींचकर ले जाना चाहते थे। मैंने उन्हें रोका, यह कहकर मैंने उन्हें डराया कि पुलिस को बुलाकर मैं उन लोगों को पकड़वा दूँगा। वे लोग चले गए। मगर वे लोग बाकायदा यह धमकी दे गए कि उन लोगों के हाथ से आज तक किसी को भी छुटकारा नहीं मिला है। और यह उन्होंने निहायत झूठ नहीं कहा था।'

भारती शंका से भरकर बोली–'उसके बाद?'

डॉक्टर बोले—'रात को तो मैं सावधान रहा। पर मैं यह नहीं जानता था कि वे लोग दल-बल के साथ वापस आकर धावा बोलेंगे।'

भारती व्यग्र होकर बोली—'तो उसी वक्त तुम लोग भाग क्यों नहीं गए? पुलिस को खबर क्यों नहीं दी? डच सरकार की पहरू-पुलिस नाम की क्या कोई चीज नहीं है?'

डॉक्टर बोले—'डच सरकार की पहरू-पुलिस नहीं के बराबर है। इसके अलावा थाना-पुलिस के चक्कर में पड़ना खुद मेरे लिए भी खतरे से खाली नहीं था। चाहे जो भी हो, लेकिन रात सही-सलामत गुजरी। वहाँ समुद्र के किनारे खेई जानेवाली बहुत-सी मालवाही नावें मिलती हैं। अगले दिन सवेरे ही मैं एक मालवाही नाव ठीक कर आया—मगर सुमित्रा को बुखार आ गया—वह उठ नहीं सकी। बहुत रात गए दरवाजा खुलने की आवाज से मेरी नींद टूट गई, खिड़की से झाँका तो देखा। होटल मालिक ने किवाड़ खोल दिया है और दस-बारह आदमी होटल में घुस रहे हैं। उन लोगों की इच्छा थी मेरे दरवाजे को किसी तरह रोककर बगल की सीढ़ियाँ चढ़कर ऊपर सुमित्रा के कमरे में जा घुसने की।'

भारती साँस रोककर बोली—'उसके बाद? तो तुम लोग भागे कहाँ से होकर?'

डॉक्टर बोले—'भागने का भला समय कहाँ मिला? लेकिन उन लोगों के आने के पहले ही मैंने अपने कमरे का दरवाजा खोलकर ऊपर जानेवाली सीढ़ी के रास्ते को रोक डाला।'

भारती का चेहरा पीला पड़ गया, पूछा—'अकेले? उसके बाद?'

डॉक्टर बोले—'उसके बाद की घटना अँधेरे में घटी, इसलिए मैं उसका सही वर्णन नहीं कर सकता। लेकिन मैं यह जानता हूँ कि मैंने क्या किया? एक गोली आकर मेरे बाएँ कन्धे में लगी और दूसरी लगी ठीक घुटने के नीचे। सुबह हुई, पुलिस आई, पहरू आया। गाड़ी आई, डोली आई, छह-एक लाशों को पुलिसवाले उठाकर ले गए—होटल के मालिक ने बयान दिया—डाका पड़ा था। अँगरेजों का राज होता, तो बात कहाँ तक जाती कहा नहीं जा सकता, लेकिन सेलीवियस का नियम कानून शायद अलग था, जब लाशों की शिनाख्त ही नहीं हुई तब उन्हें दफना-वफना दिया गया शायद।'

वर्णन सुनकर भय और विस्मय से थोड़ी देर तक भारती चुप्पी साधे रही, बाद में सूखे, बदरंग मुँह से धीमी आवाज में बोली—'पुलिस ने उन लाशों को दफना-वफना कर अपना पल्ला झाड़ लिया? तो क्या तुम्हारे हाथों इतने आदमी मारे गए?

डॉक्टर बोले—'मैं तो बहाना भर था। यह मान लेना ठीक होगा कि वे लोग

खुद अपने ही हाथों मरे।'

अब भारती ने बात नहीं की, सिर्फ एक लम्बी साँस लेकर वह चुपचाप बैठी रही। खुद डॉक्टर भी थोड़ी देर तक स्थिर रहे, फिर बोले—'उसके बाद कुछ दूर नाव से, कुछ दूर घोड़ागाड़ी से तो कुछ दूर स्टीमर से सफर करके हम लोग मिनाडो शहर आ पहुँचे, और वहाँ से नाम-पता बदलकर हम दोनों एक चीनी जहाज पर चढ़े और किसी तरह कैन्टॉन आ उपस्थित हुए। लेकिन अब शायद सुनने का तुम्हारा मन नहीं कर रहा है? मैं ठीक कह रहा हूँ न भारती? तुम्हें लग रहा होगा कि भैया का भी हाथ आदमी के खून से रँगा हुआ है।'

अन्यमनस्क भारती उनके मुँह की तरफ निहारकर बोली—'मुझे मेरे डेरे नहीं पहुँचा दोगे भैया?'

'इसी वक्त जाना है?'

'हाँ, मुझे तुम पहुँचा आओ।'

'तो चलो।' यह कहकर उन्होंने फर्श के एक तख्ते को हटाया और कोई चीज निकालकर उसे छिपाकर अपनी जेब में डाला। भारती ने समझा वह भरी हुई पिस्तौल है, उसके पास भी पिस्तौल है और सुमित्रा के कहे मुताबिक वह भी इसके पहले उसे गुप्त रूप से साथ में लेकर रास्ते पर निकली थी, लेकिन यह आदमी को मारने का हथियार है, यह होश उसे जैसे आज पहली बार हुआ। यह सोचकर उसके रोंगटे खड़े हो गए कि डॉक्टर की जेब में पड़ी उस पिस्तौल ने, हो सकता है, अनेक लोगों की जान ली हो।

नाव पर चढ़कर भारती ने धीरे-धीरे कहा—'तुम चाहे जो भी क्यों न करो, तुम्हारे सिवा अब दुनिया में मेरा कोई अपना नहीं है। जब तक मेरा मन अच्छा होता है तब तक तुम मुझे छोड़कर नहीं जाना भैया। कहो, तुम मुझे छोड़कर नहीं जाओगे?'

डॉक्टर ने मन्द-मन्द मुस्कुराकर कहा—'अच्छा, ऐसा ही होगा बहन, तुमसे छुट्टी लेकर ही मैं जाऊँगा।'

चौबीसवाँ परिच्छेद

नदी के रास्ते से आते वक्त भारती के मन में जितने विचार आते-जाते रहे वे सिलसिलेवार न थे। ज्यादातर बेतरतीब थे। जिस विचार ने बीच-बीच में आकर उसके मन को सबसे ज्यादा सदमा पहुँचाया, वह थी सुमित्रा की कहानी। यह दुर्भाग्यजनक अनूठी कहानी थी उस वक्त की जब उसने जवानी की दहलीज पर पहले-पहल कदम रखा था। किसी भी औरत के लिए यह आसान नहीं था कि वह सुमित्रा को अपनी सहेली समझने का दुसाहस करे, भारती उसे प्यार नहीं कर सकी थी, उसकी भक्ति बेहद भय में बदल गई थी, जिस दिन उसने नारी होकर अनायास अपूर्व की हत्या करने का आदेश दिया—अपूर्व ने चाहे जितना भी कसूर क्यों न किया हो, उस दिन वह वैसे ही अभिभूत हो गई थी जैसे बलि का बकरा रक्त लगे खड्ग के सामने अभिभूत हो जाता है। सुमित्रा के लिए यह अजाना नहीं था कि भारती अपूर्व को कितना प्यार करती है। यह भी उससे छिपा नहीं था कि प्यार क्या चीज है, फिर भी नारी होकर दूसरी नारी के जान से भी ज्यादा प्रिय व्यक्ति की हत्या करने का आदेश देने में उसे जरा भी हिचकिचाहट नहीं हुई थी। दुख की आग में जब उसका कलेजा इस तरह धू-धू जलता रहता था तब वह अपने आपको यह कहकर समझाती थी कि कर्त्तव्य-बोध के प्रति इतनी निर्मम निष्ठा नहीं रहती, तो 'पथ का दावा' की कर्त्ताधर्त्ता उसे कौन बनाता? जिन लोगों के जीवन का कोई मूल्य नहीं है, अदालतों में राजा के कानून से जिन लोगों को पकड़कर जेल में डाल दिया गया है वे लोग निर्भर करते, तो किस पर? उसके जन्म, उसकी पढ़ाई-लिखाई, उसके बचपन, उसकी जवानी की विचित्र कहानी, उसकी दृढ़ आसक्ति, उसके कर्त्तव्य-बोध, उसके पत्थर-हृदय सबमें आज भारती मेल देखने लगी। नारी के रूप में उसके खिलाफ भारती को जो प्रचंड अभिमान था वह आज जैसे अपने-आप ही बिलकुल फिजूल हो गया। वह आज यह सोच भी नहीं सकी कि वह उसकी बिरादरी की है। आज उसे लगा, सुमित्रा से स्नेह और करुणा का दावा कर भीख माँगने-जैसा मजाक दुनिया में कोई दूसरा नहीं है।

जब नाव घाट पर आकर लगी, तो एक आदमी पेड़ के पीछे से बाहर निकलकर आया। डॉक्टर का हाथ थामे भारती नीचे की सीढ़ी पर पाँव रखने जा रही थी कि अचानक ज्यों ही उस आदमी पर नजर पड़ी त्यों ही उसने डरते हुए अपना पाँव उठा लिया।

डॉक्टर ने मृदु आवाज में कहा—'वह तो हमारा हीरासिंह है, तुम्हें पहुँचा देने के लिए खड़ा है। क्या सिंह जी, सारी खबर अच्छी है न?'

हीरासिंह बोला—'हाँ, सब ठीक है।'

'क्या मैं भी जा सकता हूँ।'

हीरासिंह बोला—'दुनिया में कहीं जाने से आपको कोई रोक सकता है? यह कहकर वह तनिक मुस्कुराया।'

समझ में आया कि पुलिसवाले भारती के डेरे पर नजर रखे हुए हैं। डॉक्टर का वहाँ जाना खतरे से खाली नहीं है।

भारती ने डॉक्टर का हाथ नहीं छोड़ा, चुपके-चुपके बोली—'मैं नहीं जाऊँगी भैया।'

'मगर तुम्हें तो भागते फिरते रहने की जरूरत नहीं है भारती।'

भारती ने पहले की तरह ही धीरे-धीरे कहा—'जरूरत होगी, तो भी मैं भाग नहीं सकूँगी। लेकिन मैं इसके साथ नहीं जाऊँगी।'

डॉक्टर ने भारती के एतराज की वजह को समझा। अपूर्व के फैसले के दिन यही हीरासिंह उसे फुसलाकर ले गया था। वे जरा सोचकर बोले—'लेकिन तुम तो यह जानती हो भारती कि यह मुहल्ला कितना बुरा है, इतनी रात गए तुम अकेले जा नहीं सकती। और मैं तो...।'

भारती ने व्याकुल आवाज में उन्हें बीच में ही बोलने से रोक दिया और बोल उठी—'नहीं भैया, तुम मुझे पहुँचा दोगे, मैं तो अभी तक पागल नहीं हुई हूँ कि...।'

इतना कहकर वह अपनी अधूरी बात के बीच में ही रुक गई। लेकिन इस सच्चाई को भला उससे ज्यादा कौन जानता था कि इतनी रात गए अकेले उस पार जाना भी असंभव है। जब डॉक्टर ने यह देखा कि भारती उनका हाथ छोड़कर नाव से उतरने वाली नहीं है, तो उन्होंने स्नेह-पगे स्वर में धीरे-धीरे कहा—'तुम्हें अपने वहाँ वापस ले जाने में खुद मुझे ही शर्म आती है, लेकिन जाओगी दीदी एक दूसरी जगह? हमारे कवि के वहाँ? वह नदी के ठीक उस पार रहता है। जाओगी?'

भारती ने पूछा—'यह कवि कौन है भैया?'

डॉक्टर ने कहा—'वे हैं हमारे उस्तादजी। वे वॉयलिन बजाते हैं...।'

भारती ने खुश होकर कहा–'वे क्या घर पर मिलेंगे? अगर उन्हें शराब मिल गई होगी, तो हो सकता है, वे नशे में धुत हों।'

डॉक्टर बोले–'इसमें कोई आश्चर्य नहीं। लेकिन मेरी आवाज सुनने पर उसका नशा हिरन हो जाता है। इसके अलावा करीब ही नवतारा रहती है, हो सकता है, वह तुम्हें खाने के लिए दो रोटियाँ भी दे सके।'

भारती व्यस्त होकर बोली–'मुझे बख्श दो भैया, इस पिछली रात में अब मुझे खिलाने की कोशिश मत करो। तो चलो, वहीं चले चलें, सुबह होने पर हम लोग लौट आएँगे।'

डॉक्टर ने फिर से नाव खेना शुरू किया, तो हीरा सिंह अँधेरे में जैसे विलीन हो गया। भारती ने उत्सुक होकर प्रश्न किया–'भैया, इस आदमी पर पुलिस ने अभी तक शक नहीं किया है?'

डॉक्टर बोले–'नहीं। वह टेलीग्राफ ऑफिस का चपरासी है, लोगों का जरूरी तार बाँटता फिरता है, इसीलिए दिन या रात के किसी भी वक्त कहीं भी उसका जाना अजीब नहीं लगता।

उसी वक्त ज्वार आना शुरू हुआ, भारती यह महसूस करके कि मुहाने से बाहर निकलकर बड़ी नदी में थोड़ी दूर तक बहती धारा पर पहुँचे बिना उस पार के घाट पर नाव लगाना मुश्किल है और किनारे से सटकर धीरे-धीरे बड़ी सावधानी से लग्गे से नाव को धकेलते हुए जाना बड़ी मेहनत का काम है। अचानक बोल उठी–'रहने दो भैया, हमें वहाँ जाने की जरूरत नहीं, बल्कि इससे अच्छा यह है कि चलो, हम तुम्हारे घर लौट चलें, ज्वार के सहारे जाने में आधा घंटा भी नहीं लगेगा।

डॉक्टर बोले–'सिर्फ तुम्हारे लिए ही वहाँ जाना जरूरी नहीं है, भारती। बल्कि मेरे लिए भी उससे मिलना खास जरूरी है।'

उनकी बात के जवाब में भारती ने मजाक उड़ाते हुए कहा–'मुझे तो आसानी से यह विश्वास नहीं होता भैया कि किसी आदमी के लिए उनसे मिलना जरूरी हो सकता है।'

डॉक्टर थोड़ी देर तक स्तब्ध रहे, फिर कहने लगे–'तुममें से कोई उसे नहीं जानता है भारती। उसके-जैसा सचमुच का कलाकार तुम्हें कहीं नहीं मिलेगा। कोई ऐसी जगह नहीं है जहाँ वह अपने उसी टूटे-फूटे वॉयलिन के सहारे नहीं गया। इसके अलावा वह बहुत बड़ा पंडित है। मेरे लिए उसके सिवा ऐसा कोई दूसरा आदमी नहीं है जिससे मैं यह जान सकूँ कि किस किताब में कहाँ क्या लिखा हुआ है। वास्तव में मैं उसे प्यार करता हूँ।'

भारती मन-ही-मन झेंपकर बोली–'तो तुम उनसे शराब छुड़वाने की कोशिश क्यों नहीं करते हो?'

डॉक्टर बोले–'मैं किसी से कोई चीज छुड़वाने की कोशिश नहीं करता भारती।' वे थोड़ी देर चुप रहकर बोले–'इसके अलावा वह कवि है, वह कलाकार है, उन लोगों की दुनिया अलग है। जो उन लोगों के लिए अच्छा या बुरा है, जरूरी नहीं कि वही हमारे लिए भी अच्छा या बुरा हो। इसी वजह से दुनिया का बना-बनाया कानून, जो यह बताता है कि क्या करना अच्छा है और क्या करना बुरा, उन लोगों पर लागू नहीं होता। उसके गुण का नतीजा सभी मिलकर भुगतते हैं और वह खुद सहन करता है सिर्फ दोष की सजा। इसीलिए बीच-बीच में जब वह बहुत दुख पाता है तब मन-ही-मन मैं उसका दुख बाँट लेता हूँ।'

भारती बोली–'तुम सभी के लिए दुख महसूस करते हो भैया, तुम्हारा मन औरतों से भी ज्यादा कोमल है। मगर तुम अपने उस कलाकार पर विश्वास कैसे करते हो? वे तो नशे में धुत होकर सब कुछ बता दे सकते हैं।'

डॉक्टर बोले–'वह इतना भर जानता है कि उसे क्या बताना चाहिए और क्या नहीं बताना चाहिए। पर एक और सहूलियत यह है कि उसकी बात पर खास कोई विश्वास भी नहीं करता है।'

भारती बोली–'उसका नाम क्या है भैया?'

डॉक्टर बोले–'जब जो नाम मन में आता है वह बता देता है–मसलन–अतुल, सुरेन, धीरेन। वैसे उसका असली नाम है शशिपद भौमिक।'

'मुझे लगता है, वे नवतारा पर फिदा हैं।'

डॉक्टर मुस्काए, बोले–'मुझे भी ऐसा ही लगता है।' यह कहकर उन्होंने उस पार जाने के लिए नाव का मुँह मोड़ दिया। बहाव और चप्पुओं के जोरदार थपेड़े से छोटी-सी नाव बेहद तेज रफ्तार से चलने लगी और देखते-देखते इस पार आकर रुकी। चारों तरफ अँगरेज कम्पनी के ढेर लगे बड़े-बड़े लकड़ी के कुन्दों के बीच की खाली जगह में आ घुसे ज्वार के पानी पर दूर से जहाज की तेज रोशनी झिलमिला रही थी। कुन्दों के बीच की एक खाली जगह पर डॉक्टर ने डोंगी घुसा दी और भारती का हाथ पकड़कर उतर पड़े। फिसलन-भरी लकड़ियों के ऊपर से होकर पाँवों को दबा-दबाकर थोड़ी दूर आगे बढ़े, तो एक सँकरी डगर मिली, अगल-बगल पानी भरे छोटे-बड़े गड्ढे थे, लता-गुल्म और कंटीले पौधे बहुतायत में थे, उसी के एक किनारे से होकर यह डगर अँधेरे जंगल के बीच कहाँ जा रही थी, इसका कोई अता-पता नहीं था।

भारती ने डरते हुए पूछा–'भैया यह जगह भी वैसी ही भयानक है जैसी भयानक उस पार की वह जगह थी, तुम मुझे वहाँ से यहाँ ले आए। बाघ-भालुओं की तरह तुम लोग ऐसी जगह रहते हो–तुम लोग क्या कहीं और रहना नहीं जानते? भले ही किसी और चीज से न डरो, पर साँप से तो डरना चाहिए।'

डॉक्टर हँसकर बोले–'साँप विलायत से नहीं आया है दीदी। उसे तमीज है, जो उसे नहीं छेड़ता उसे वह नहीं काटता।

डॉक्टर की टिप्पणी सुनकर भारती को एक और दिन की बात याद आई। उस दिन भी उनकी ऐसी ही मुस्कुराहट-भरी आवाज से बड़ी नफरत जाहिर हुई थी। वे फिर से बोले–'और बाघ-भालू बहन? मैं तो कितने दिन यह सोचता रहा हूँ कि इस भारतवर्ष में आदमी न रहकर अगर बाघ-भालू ही रहते, तो हो सकता है, ये लोग विदेश से यहाँ आकर शिकार करने आते, लेकिन ऐसे दिन-रात खून चूसने के लिए दाँत गड़ाए पड़े नहीं रहते।'

भारती चुप रही। किसी भी राष्ट्र के प्रति किसी का भी इतना बैर उसे बहुत दुखी कर देता था। खासकर इस आदमी के इतने विशाल हृदय से जब जहर निकलता था तब उसकी दोनों आँखें आँसुओं से भर जाती थीं। अपने मन में जी-जान से कहती रहती–यह कतई सच नहीं है, हरगिज सच नहीं है। ऐसा हो ही नहीं सकता है।

थोड़ी देर से एक अनोखा मीठा स्वर बीच-बीच में आकर उन लोगों के कानों में पहुँच रहा था। डॉक्टर सहसा ठिठककर खड़े हो गए और बोले–'हमारे उस्तादजी जगे हुए हैं और होशोहवास में हैं–ऐसा वॉयलिन तुमने कभी नहीं सुना होगा भारती।'

और भी कई डग आगे बढ़कर भारती स्तब्ध होकर रुक गई। कहाँ किस अँधेरे के कलेजे को चीर कर एक गहरी रुलाई जैसे तिरती हुई आ रही हो। उसका आदि-अन्त नहीं था, इस दुनिया में उसकी बराबरी नहीं हो सकती। दो मिनटों के लिए भारती को जैसे होश नहीं रहा। डॉक्टर ने उसके हाथ को जरा दबा दिया और बोले–'चलो।'

भारती चौंककर बोली–'चलो। मैंने न तो कभी ऐसा सोचा था, न कभी ऐसा सुना था।'

डॉक्टर ने धीरे-धीरे कहा–'मेरे लिए दुनिया में ऐसी कोई जगह नहीं है जहाँ मैं नहीं जा सकता। मुझे भी नहीं लगता कि इससे अच्छा मैंने कहीं कभी सुना है।' फिर तनिक मुस्कुराकर बोले–'मगर इस पागल के हाथ में पड़कर उस बेचारे

वॉयलिन की दुर्दशा की सीमा नहीं है। मैंने शायद दस बार उसे दूसरे के हाथ में जाने से बचाया होगा। अभी भी सुना है कि उस वॉयलिन के एवज में उसने अपूर्व से पाँच रुपए लिए हैं।'

भारती बोली—'हाँ, लिए हैं। उनके नाम से मैं दस रुपए भेज दूँगी।'

पेड़-पौधों के पीछे एक दुमंजिला लकड़ी का घर था। निचली मंजिल पर कीचड़ था, ज्वार का पानी था, देनो के पेड़ वहाँ उग आए थे, सामने एक लकड़ी की सीढ़ी थी और उसी की सबसे ऊपरी सीढ़ी पर एक तोरण-जैसा बना दिया गया था। उसमें एक बहुत बड़ी रंगीन चीनी लालटेन लटक रही थी। अन्दर की रोशनी में साफ-साफ पढ़ने में आया, उस पर बड़े-बड़े काले अक्षरों में अँगरेजी में लिखा हुआ था—शशितारा लॉज।

भारती बोली—'घर का नाम रखा गया है शशितारा लॉज। लॉज तो मैंने समझा, पर यह शशितारा क्या है?'

डॉक्टर ने मुँह दबाकर मुस्कुराते हुए कहा—'शायद शशिपद का शशि और नवतारा का तारा मिलकर शशितारा लॉज बना है।'

भारती का मुँह गम्भीर हो गया, बोली—'यह बड़ा अन्याय है। इस सबको तुम बढ़ावा कैसे देते हो?'

डॉक्टर हँस पड़े, बोले—'तुम अपने बड़े भाई को क्या सबसे ज्यादा ताकतवर समझती हो? कौन अपने लॉज का नाम शशितारा लॉज रखेगा, कौन अपने पैलेस का नाम अपूर्व-भारती रखेगा इसे मैं कैसे रोक सकता हूँ?'

भारती ने गुस्सा करके कहा, नहीं भैया, तुम उन्हें ऐसी गन्दी हरकत करने से मना कर दो। वरना मैं उनके घर नहीं जाऊँगी।

डॉक्टर बोले—'सुनता हूँ, जल्दी ही उन लोगों की शादी होनेवाली है।'

भारती व्याकुल होकर बोली—'उन लोगों की शादी कैसे हो सकती है? नवतारा का पति तो जिन्दा है।'

डॉक्टर बोले—'नसीब मेहरबान हो, तो मुद्दई के मरने में कितना वक्त लगता है दीदी? सुना है कि उस मुए को मरे पन्द्रह दिन हुए।'

भारती को बड़ी विरक्ति हुई, इसके बावजूद वह हँस पड़ी और बोली—'हो सकता है यह झूठ हो। इसके अलावा कम-से-कम एक साल तो उन्हें रुकना ही पड़ेगा, नहीं तो, यह बड़ा बुरा दीखेगा।

उसकी उत्कंठा देखकर डॉक्टर ने अपना मुँह गम्भीर करके कहा—'अच्छी बात है? मैं उनसे कहकर देखूँगा, लेकिन सोचने की बात यह है कि रुकने पर बुरा दीखेगा या न रुकने पर बुरा दीखेगा।'

इस संकेत के बाद भारती शर्म के मारे चुप रही। सीढ़ियाँ चढ़ते-चढ़ते डॉक्टर दबी आवाज में कहने लगे–'इस पागल के लिए ही मुझे तकलीफ होती है। सुना है, उस औरत को वह वास्तव में प्यार करता है। काश, वह किसी और को प्यार करता।' सहसा उन्होंने लम्बी साँस लेकर कहा–'लेकिन दुनिया का यह कहना कि यह करना अच्छा है, यह करना बुरा है, और दोस्तों को क्या पसन्द है और क्या नापसन्द है–ये सब बड़ी तुच्छ बाते हैं भारती! मैं सिर्फ यही कामना करता हूँ कि अगर उसके प्यार के अन्दर सच्चाई हो, तो वही सच्चाई उसे बचा ले।'

भारती चौंक उठी और पहले की तरह ही दबी आवाज में सहसा उसने प्रश्न कर डाला–'दुनिया में क्या ऐसा होता है भैया?'

डॉक्टर ने अँधेरे में ही मुँह घुमाकर निहारा। उसके बाद दबे पाँव ऊपर आए और कलाकार के बन्द दरवाजे के सामने जाकर खड़े हो गए।

पुकार सुनकर शशिपद ने वॉयलिन बजाना बन्द किया। थोड़ी देर बाद अन्दर से दरवाजा खोलकर वह बाहर आकर खड़ा हो गया। डॉक्टर को तो उसने आसानी से पहचाना, लेकिन अँधेरे में गौर से देखकर जब वह भारती को पहचान सका, तो बिलकुल उछल पड़ा–'आयँ आप? भारती? आइए, आइए। मेरे कमरे में आइए।' यह कहकर वह भारती के दोनों हाथों को पकड़कर उसे अन्दर ले गया। उसके खुशी से चमकते मुँह के बेधड़क बुलावे और उसकी स्वाभाविक उमड़ती अगवानी से भारती का तमाम गुस्सा ठंडा हो गया। शशि ने बिस्तर की किसी गुप्त जगह से एक बड़ा-सा लिफाफा बाहर निकाला और उसे भारती के हाथ में देकर कहा–'इसे खोलकर पढ़िए। परसों दस हजार रुपए का ड्रॉफ्ट आ रहा है–नॉट ए पाई लेस। मैं कहता था न। मैं ठग हूँ। मैं झूठा हूँ। मैं शराबी हूँ। क्यों, हुआ न? दस हजार–नॉट ए पाई लेस।'

इस दस हजार रुपए के ड्राफ्ट के बारे में एक पुराना इतिहास है, उसे यहाँ बताना जरूरी है। उसके यार-दोस्तों, शत्रु-मित्रों, परिचित-अपरिचितों में से ऐसा कोई नहीं था जिसने शशि के मुँह से यह नहीं सुना था कि निकट भविष्य में उसे मोटी रकम मिलने की संभावना है। पर कोई खास विश्वास नहीं करता था, बल्कि सभी ठठ्ठा-मसखरी करते थे, मगर यही था उस्ताद जी का मूलधन। इसी का उल्लेख करके एकदम बेझिझक होकर लोगों से कर्ज माँगता था और कसम खाकर कहता था कि जल्दी ही एक दिन वह कर्ज ली गई रकम को सूद समेत लौटा देगा। इसी अत्यन्त अनिश्चित धन के साथ उसका कितना आशा-भरोसा घुला-मिला था! पाँच-सात साल पहले जब उसके अमीर नाना का देहान्त हुआ था तब उसे अपने मौसेरे भाइयों के साथ नाना की जायदाद का एक हिस्सा मिला था। इतने दिन

इसी जायदाद को उन लोगों के पास बेच देने के बारे में बातचीत चल रही थी। महीने भर पहले सौदा तय हो गया था। लिफाफे के अन्दर कलकत्ता के एक बड़े एटॉर्नी की चिट्ठी थी, उसमें उन्होंने यह लिखकर बताया था कि दो-एक दिनों में ही रुपया मिल जाएगा।

जब भारती ने पूरी चिट्ठी पढ़ ली, तो डॉक्टर ने पूछा–'बीस हजार रुपए की बात थी न, शशि?'

शशि ने हाथ हिलाकर कहा–'अहा, दस ही हजार रुपया क्या कम है? इसके अलावा वे अपने मौसेरे भाई हैं–जायदाद तो एक तरह से अपने ही घर रही, डॉक्टर सा'ब, और ठीक यही बात तो मँझले भैया ने लिखकर बताई है। कैसा लिखा है उन्होंने, इसे एक बार–' यह कहकर उसने अपने मँझले भैया की चिट्ठी लाने के वास्ते उठने की तैयारी की, तो डॉक्टर ने उसे रोक दिया और बोले–'रहने दो, रहने दो, तुम्हारे मँझले भैया की चिट्ठी पढ़ने का हमें कोई कौतूहल नहीं है।' फिर भारती से बोले–'एक ऐसा पागल मौसेरा भाई हमारा रहता तो–' और हँसने लगे।

शशि खुश नहीं हुआ, वह जी-जान से यह साबित करने लगा कि जायदाद को एक तरह से बिना बेचे ही उसे इतने सारे रुपए मिले, और सो भी सिर्फ इसलिए कि उसके मँझले भैया जैसे आदर्श पुरुष दुनिया में थे।

भारती मुस्कुराई, बोली–'यह आप ठीक कर रहे हैं अतुल बाबू, आपके मँझले भैया को बिना देखे ही उनका देवता का-सा चरित्र मेरी समझ में आ गया है। अब इसे साबित करने की जरूरत नहीं।'

शशि तुरत बोला–'लेकिन कल मुझे और दस रुपए देने होंगे। तब उस दिन के दस, कल के दस और अपूर्व बाबू की बाबत साढ़े आठ रुपए–कुल मिलाकर पूरे तीस रुपए मैं परसों-तरसों आपको दे दूँगा। रुपए आपको लेने होंगे, इनकार नहीं करेंगी।'

भारती हँसने लगी, शशि कहने लगा–'ड्राफ्ट आएगा, तो मैं उसे बैंक में जमा कर दूँगा। शराबी, ठग, स्पेंडथ्रिफ्ट जो मुँह में आया था लोगों ने मुझे कहा था, मगर इस बार मैं दिखाऊँगा। मैं मूलधन में हाथ नहीं लगाऊँगा, सूद के रुपए से ही मैं घर-गिरस्ती का खर्च चला लूँगा। बल्कि देखिएगा, कुछ रुपए बच भी जाएँगे। पोस्ट ऑफिस में एक एकाउंट खोलूँगा। घर में रुपए नहीं रखूँगा। पाँच-छह सालों के अन्दर एक मकान खरीद लूँगा–मकान तो भला खरीदना ही पड़ेगा। घर-गिरस्ती का बोझ कन्धे पर पड़ा न! आजकल के बाजार में घर-गिरस्ती का खर्च चलाना आसान नहीं है।'

भारती के मुँह की तरफ निहारकर डॉक्टर ठठाकर हँस उठे, लेकिन वह मुँह

गम्भीर किए दूसरी तरफ निहारती रही।

शशि बोला–'शायद आपने सुना होगा कि मैंने शराब छोड़ दी है।'

डॉक्टर बोले–'नहीं, मैंने नहीं सुना।'

शशि बोला–'हाँ, मैं सच कह रहा हूँ, मैंने शराब बिलकुल छोड़ दी है। नवतारा ने शराब न पीने की मुझसे प्रतिज्ञा करवा ली है।'

इसको लेकर दोनों की बातचीत लम्बी हो सकती थी, लेकिन एक के मजाक-भरे सवालों की झड़ी और दूसरे के उत्साह-भरे जवाबों के आदान-प्रदान से भारती मुसीबत में पड़ गई। उसे इस बातचीत में शामिल न होता देख डॉक्टर ने दूसरा प्रसंग चलाकर असली बात छेड़ी–'शशि, तब तो तुम यहाँ से टस-से-मस नहीं होगे।'

शशि बोला–'यहाँ से टस-से-मस होना? नहीं, अब तो यह असंभव है।'

डॉक्टर बोले–'अच्छी बात है। तब तो हम लोगों का यहाँ एक स्थायी अड्डा रहा।'

शशि ने तुरत जवाब दिया–'ऐसा कैसे हो सकता है? आप लोगों के साथ तो अब मैं कोई सम्बन्ध नहीं रखूँगा। अपनी लाइफ को मैं रिस्क में नहीं डालूँगा।'

डॉक्टर भारती को देखकर मुस्कुराते हुए बोले–'हमारे उस्ताद में और चाहे जो भी बुराई क्यों न हो, पर बड़े-से-बड़ा दुश्मन भी उसे यह कलंक नहीं लगा सकता कि उसे नजरों का लिहाज है। अगर हो सके, तो तुम यह हुनर उसे सीख लो भारती।'

डॉक्टर की बात के जवाब में शशि की तरफदारी करके भारती ने बड़े शरीफ आदमी की तरह कहा–'मगर झूठी आशा देने से तो साफ-साफ कह देना ही अच्छा है। मैं ऐसा नहीं कह सकती, लेकिन अतुल बाबू से मैं यह हुनर सीख ले सकती, तो आज तो मेरी छुट्टी हो जाती भैया।'

उसकी आवाज का आखिरी हिस्सा न जाने कैसा बोझिल हो गया। शशि ने ध्यान नहीं दिया, ध्यान देता, तो भी वह इसका मतलब, हो सकता है, नहीं समझ पाता। लेकिन इसका निहितार्थ जिन्हें समझना था उन्हें समझने में देर नहीं लगी।

दो मिनट सभी चुप रहे। पहले बात की डॉक्टर ने, बोले–'शशि, दो दिनों के अन्दर मैं जा रहा हूँ। पाँव-पैदल चीन के बीच से होकर फैसिफिक के सारे आइलैंडों का और एक बार चक्कर लगाऊँगा। शायद जापान से अमेरिका भी जाऊँ। मैं नहीं जानता कि मैं कब लौटूँगा, लौटूँगा भी या नहीं, यही भला कौन जाने–लेकिन अचानक अगर कभी लौटूँ शशि, तो तुम्हारे घर में शायद मेरे लिए

कोई जगह नहीं होगी।'

शशि थोड़ी देर तक उनके मुँह की तरफ अपलक निहारता रहा, उसके बाद उसका अपना मुँह और आवाज अजीब ढंग से बदल गई। उसने गर्दन हिलाकर कहा—'हाँ, होगी, आपके लिए मेरे घर में हमेशा जगह होगी।'

डॉक्टर ने मजाक करते हुए कहा—'यह तुम क्या कह रहे हो शशि? मुझे जगह देने से बड़ी और कोई दूसरी मुसीबत आदमी के लिए है क्या?'

शशि ने पलभर के लिए भी सोचे बिना कहा—'मैं यह जानता हूँ, मुझे जेल की सजा होगी, सो हो।' यह कहकर वह चुप रहा। थोड़ी देर बाद भारती की ओर मुखातिब होकर धीरे-धीरे कहने लगा—'ऐसा दोस्त भला कहाँ मिलेगा? 1911 ई. में जापान के टोकियो शहर में बम फेंकने के चलते जब कोटोकू के दल के सारे सदस्यों को फाँसी की सजा मिली तब डॉक्टर उसके अखबार के इंग्लिश सब-एडिटर थे। डेरे के सामनेवाले हिस्से को पुलिस ने घेर रखा था, मैं रोने लगा, उन्होंने कहा—'रोने से काम नहीं चलेगा शशि, हमें भागना होगा। पीछे की खिड़की में रस्सी बाँधकर उन्होंने मुझे उतार दिया, बाद में खुद भी उतर पड़े—डॉक्टर सा'ब, उफ—याद है आपको?' यह कहकर बीती घटना को याद करने की वजह से उनके रोंगटे खड़े हो गए।

डॉक्टर ने हँसकर कहा—'हाँ, याद तो है।'

शशि बोला—'याद तो रहना चाहिए। लेकिन आ-किम मदद नहीं करता, तो उस बार हमारी इहलीला खत्म हो गई होती डॉक्टर सा'ब। शंघाई बोट पर फिर कदम रखने की जरूरत नहीं पड़ती। उफ—उन नाटे मुओं जैसा बदमाश सारी दुनिया में कोई दूसरा नहीं है। मैं तो भला आप लोगों के बम फेंकनेवालों के दल में नहीं था—मैं डेरे पर रहता था, वॉयलिन सिखाता था। लेकिन इस बात को क्या कोई सुननेवाला था? शैतान मुओं का न था कोई कानून और न थी कोई अदालत। वे लोग मुझे पकड़ पाते, तो ठीक मेरा कत्ल कर डालते। आज जो मैं बोल रहा हूँ, चल-फिर रहा हूँ वह सिर्फ उन्हीं की कृपा से।' यह कहकर उसने आँखों के इशारे से उन्हें दिखा दिया। बोला—'ऐसा दोस्त दुनिया में नहीं मिलेगा भारती, ऐसी दया-माया भी दुनिया में मैंने और किसी में नहीं देखी है।'

भारती की आँखें पुरनम हो उठीं—'तुम अपनी सारी कहानी एक दिन हमें सुनाओ न भैया। भगवान ने तुम्हें इतनी समझ दी थी, क्या सिर्फ इस अनमोल जान की कीमत समझने की अक्ल देना वे भूल गए थे। तुम फिर उन्हीं जापानियों के देश में जाना चाहते हो?'

शशि बोला—'मैं भी ठीक यही कहता हूँ भारती। मेरा कहना है, इतने बड़े

स्वार्थी, लोभी और नीच राष्ट्र से आप कोई उम्मीद ही मत कीजिए। वे लोग कभी आपकी कोई मदद नहीं करेंगे।'

डॉक्टर ने हँसकर कहा–'शशि न कमर में रस्सी बाँधनेवाली उस घटना को ही भूल सका न इस जीवन में वह जापानियों को माफ ही कर सका। लेकिन यही उनके लिए सब कुछ नहीं था भारती, इतना बड़ा अजीब राष्ट्र भी दुनिया में और कोई दूसरा नहीं है। यह सिर्फ आज की बात नहीं है, पहली ही नजर में उन लोगों ने गोरी चमड़ीवालों को पहचान लिया था। जिस राष्ट्र ने ढाई सौ साल पहले यह कानून बनाया था कि जब तक चाँद-सूरज मौजूद रहेंगे तब तक ईसाई उन लोगों के राज्य में नहीं घुसेंगे और अगर घुसने की जुर्रत करेंगे तो उन्हें कड़ी से कड़ी सजा भुगतनी पड़ेगी, उस राष्ट्र ने चाहे जो भी क्यों न किया हो, वह मेरे नमस्कार करने लायक है।'

डॉक्टर की दोनों आँखें जलती आग की लौ की भाँति जल उठीं। उस वज्र-सी भयंकर दृष्टि के सामने शशि मानो पागल हो गया। वह डरता हुआ बार-बार सिर हिलाकर कहने लगा–'यह आप ठीक कहते हैं। यह आप ठीक कहते हैं।'

भारती के मुँह से कोई शब्द नहीं निकला, उसका कलेजा जैसे अभूतपूर्व अव्यक्त आवेग से थर-थर काँप उठा। उसे लगा, इस आधी रात में यहाँ से रवाना होने के पहले एक पल के लिए इस आदमी का स्वरूप उसे दिखाई पड़ा।

डॉक्टर ने अपनी छाती की तरफ उँगली दिखाकर कहा–'तुम क्या कह रही थी भारती कि इसकी कीमत समझने लायक अक्ल भगवान ने मुझे नहीं दी है? यह झूठ है। सुनोगी मेरा पूरा इतिहास? कैन्टॉन की एक गुप्त सभा के बीच सन्यात सेन ने मुझसे एक बार कहा था–'

भारती अचानक डरकर बोल उठी–'न जाने कौन लोग सीढ़ियाँ चढ़कर ऊपर आ रहे हैं...।'

डॉक्टर ने कान खड़े करके सुना, जेब से इत्मीनान से पिस्तौल बाहर निकाली और बोले–'दुनिया में कोई ऐसा आदमी नहीं है जो मुझे इस अँधेरे में बाँध सके। यह कहकर वे उठकर खड़े हो गए। मगर उनके मुँह पर चिन्ता की छाया थी।

सिर्फ शशि विचलित नहीं हुआ। उसने मुँह उठाकर कहा–'आज नवतारा वगैरह एक बार आनेवाले थे, शायद...।'

डॉक्टर हँस पड़े, बोले–'शायद नहीं, वे ही हैं। बड़े हल्के कदम पड़ रहे हैं। लेकिन साथ में उनके, यह 'वगैरह' भला कौन लोग हैं?'

शशि बोला–'आपको नहीं जानते? हमारी प्रेसिडेंट आ रही हैं। शायद...।'

भारती ने विस्मित होकर पूछा–'कौन प्रेसिडेंट? सुमित्रा दीदी?'

शशि ने सिर हिलाकर कहा–'हाँ।' यह कहकर वह तेज कदमों से दरवाजा खोलने के लिए आगे बढ़ गया। भारती ने डॉक्टर के मुँह की तरफ देखा। उसे लगा, इतनी देर बाद उसने उनके यहाँ आने का कारण समझा है। आज रात बेकार नहीं जाएगी, करीब आई उथल-पुथल के सिलसिले में 'पथ का दावा' का आखिरी फैसला होना आज जरूरी है। हो सकता है, अय्यर हो, तलवरकर हो, क्या पता, हो सकता है ब्रजेन्द्र भी इस जगह को खतरे से खाली समझकर शहर छोड़कर यहीं कहीं रह रहा हो। डॉक्टर ने अपनी आदत और कायदे के मुताबिक पिस्तौल को छिपाया नहीं, पहले की तरह ही वे उसे अपने बाएँ हाथ में पकड़े रहे। यह सच है कि उनके शान्त मुँह पर अन्दर की कोई भी बात पढ़ी नहीं जा सकी, लेकिन भारती का मुँह और ज्यादा पीला पड़ गया।

पच्चीसवाँ परिच्छेद

एक-एक करके कमरे के अन्दर घुसे सभी लोग अच्छी तरह परिचित थे। डॉक्टर ने मुँह उठाकर कहा–'आओ।' लेकिन उसी मुँह के भाव से भारती को लगा, कम-से-कम आज के लिए वे तैयार नहीं थे।

वे यह तो जानते थे कि सुमित्रा यहाँ आएगी, लेकिन उन्हें यह खबर मालूम नहीं थी कि इसी बीच सभी एक साथ उनके पीछे-पीछे इस पार आकर इकट्ठा हो गए हैं। यह हरगिज कोई आकस्मिक घटना नहीं थी, इसलिए इसमें कोई सन्देह नहीं था कि उनके अनजाने कोई गहरा सलाह-मशविरा हो चुका है। सभी आकर चुपचाप फर्श पर बैठ गए। किसी के भी आचरण में जरा भी विस्मय या हलचल जाहिर नहीं हुई। यह साफ-साफ समझ में आया कि भले ही भारती के बारे में न हो, पर डॉक्टर यहाँ आएँगे, इसकी जानकारी उन लोगों को, चाहे जैसे भी हो, पहले से ही मिल चुकी थी। भारती को यह आशंका थी कि अपूर्व के मामले को लेकर दल के अन्दर एक अलगाव पैदा होगा। हो सकता है, आज ही इस पर कोई कड़ा समझौता हो जाए। यही सोचकर भारती के कलेजे में कँपकँपी शुरू हुई।

सुमित्रा का मुँह सूखा और उदास था। भारती से उन्होंने न बात की, न उसे अच्छी तरह से देखा ही। ब्रजेन्द्र ने अपनी गेरुआ रंग की बड़ी पगड़ी को उतारा और उसे हाथ की लाठी से दबाकर अपनी बगल में रखा और अपने विशाल बदन को लकड़ी की दीवार से टिकाकर आराम से बैठा। उसकी गोल-गोल खूँखार आँखें एक बार भारती के और एक बार डॉक्टर के मुँह पर मानो चहलकदमी करती फिरने लगीं। रामदास तलवरकर चुप और स्थिर थे, बैरिस्टर कृष्ण अय्यर सिगरेट सुलगाकर कश लगाने लगे और सबसे दूर जाकर बैठी नवतारा। किसी भी चीज से जैसे उसका कोई वास्ता ही न हो, आज भारती को वह पहचान भी नहीं सकी। किसी के भी चेहरे पर न हँसी थी न मुँह में बोली। इस आधी रात के सम्मेलन पर वैसी ही शान्ति छाई रही जैसी शान्ति सब कुछ तहस-नहस कर देनेवाले तूफान के आने के पहले होती है।

उस दिन रात को भारती जिस तरह डॉक्टर से सटकर बैठी थी उसी तरह आज भी वह डॉक्टर से सटकर बैठी। डॉक्टर ने मुस्कुराकर कहा–'तुम सभी से भारती ने डरना शुरू कर दिया है, और अगर वह किसी से नहीं डरती है, तो सिर्फ मुझसे।'

ऐसी टिप्पणी की कोई खास जरूरत नहीं थी, और भारती को छोड़ किसी को यह दिखाई भी नहीं पड़ा कि सुमित्रा अपनी आँखों के इशारे से ब्रजेन्द्र को मना कर रही है। लेकिन इसका कोई फायदा नहीं हुआ। या तो उसने इसका मतलब नहीं समझा या उसने परवाह नहीं की। अपनी कर्कश भर्रायी आवाज से सबको चौंकाकर वह बोल उठा–'आपकी मनमानी की हम निन्दा करते हैं और उसका कड़ा प्रतिवाद करते हैं। अपूर्व अगर कभी मुझे मिलेगा तो मैं उसकी...।'

इस अधूरे वाक्य को पूरा करते हुए डॉक्टर ने खुद ही कहा–'तुम उसकी जान ले लोगे।' यह कहकर उन्होंने खास करके सुमित्रा पर अपनी नजरें टिकाकर पूछा–'तुम सभी क्या इसका समर्थन करते हो?' सुमित्रा मुँह नीचे किए रही और दूसरे किसी ने भी इस सवाल का जवाब नहीं दिया। कई पल स्थिर रहकर वे कहने लगे–'तुम लोगों के हाव-भाव से लगता है कि तुम लोग उसका समर्थन करते हो। और इसी बीच तुम लोगों की बातचीत भी हो चुकी है।'

ब्रजेन्द्र बोला–'हाँ, इस बारे में हमारी बातचीत हो चुकी है और हम लोग सोचते हैं कि इसका प्रतिकार होना जरूरी है।

डॉक्टर ने उस पर निगाह डालकर कहा–'मैं भी यही सोचता हूँ, लेकिन उसके पहले मैं एक जरूरी बात याद दिलाना चाहता हूँ, बहुत संभव है, बेहद गुस्से में होने की वजह से तुम लोगों को यह याद नहीं हो। अहमद दुर्रानी था हमारा समूचे उत्तर चीन का सेक्रेटरी, ऐसा निडर, कर्मठ आदमी हमारे दल में कोई दूसरा नहीं था। 1910 ई. में जब जापान ने कोरिया राज्य पर अपना कब्जा जमा लिया, तो उसके महीने भर बाद ही वह मंचूरिया के किसी रेलवे स्टेशन पर पकड़ा गया था। शंघाई में उसे फाँसी दी गई थी। सुमित्रा, दुर्रानी को तुमने देखा था न?'

सुमित्रा ने सिर हिलाकर जताया–'हाँ।'

डॉक्टर बोले–'मैं तब छिता में दल को फिर से संगठित करने के काम में लगा हुआ था, मुझे कोई खबर तक नहीं मिली कि मेरा एक दाहिना हाथ टूट गया। हालाँकि उसके खिलाफ अदालत में फैसला करने का तमाशा जब पूरे जोर-शोर से चल रहा था तब उसे बचाना रत्ती भर भी कठिन नहीं था। हमारे

ज्यादातर लोग तब यहीं रह रहे थे। तब भी इतनी बड़ी दुर्घटना क्यों घटी, जानते हो? फैजाबाद के मथुरा दुबे ने तब उस पर बार-बार यह तोहमत लगाकर कि उसने यह अनुचित काम किया, वह अनुचित काम किया, दल के लोगों के मन में जहर घोल दिया था। दुर्रानी की मौत से जैसे सभी को छुटकारा मिला। मेरे वापस आने के बाद कैन्टॉन की मीटिंग में जब मुझे सारी बातें मालूम हुईं तब न दुर्रानी ही था, न मथुरा ही। मथुरा टाइफाइड से मर चुका था। प्रतिकार करने के लिए अब कुछ भी नहीं था। लेकिन इस डर से कि भविष्य में फिर ऐसी घटना न घटे, उस रात की गुप्त सभा में दो बड़े कड़े कानून पास हुए थे। कृष्ण अय्यर तुम तो उस सभा में मौजूद थे, तुम्हीं बताओ।'

कृष्ण अय्यर का मुँह सूख गया, बोला–'आप इशारे-इशारे में किसकी बात कह रहे हैं, मैं तो समझ नहीं पा रहा डॉक्टर।'

डॉक्टर ने जरा भी आनाकानी किए बिना कहा–'मैं व्रजेन्द्र की बात कह रहा हूँ। एक कानून यही था कि मेरी पीठ पीछे मेरे काम की चर्चा नहीं की जा सकती...।'

व्रजेन्द्र ने व्यंग्य-भरे स्वर में प्रश्न किया–'चर्चा भी नहीं की जा सकती है?'

डॉक्टर ने जवाब दिया–'नहीं, मेरी पीठ पीछे मेरी चर्चा नहीं की जा सकती। मगर मैं जानता हूँ कि मेरे पीठ पीछे मेरी चर्चा होती है। उसका कारण यह है कि उस दिन की कैन्टॉन की सभा में मौजूद लोग दुर्रानी की मौत से जितने उद्विग्न हो उठे थे उतना उद्विग्न मैं नहीं हुआ था, इसलिए मेरे पीठ पीछे मेरी चर्चा की भी जा रही है और मैं भी इसे नजरअंदाज किए जा रहा हूँ। मगर दूसरा बहुत बड़ा कसूर है व्रजेन्द्र।'

व्रजेन्द्र ने पहले की तरह ही उपेक्षा से कहा–'खोलकर कहिए।'

डॉक्टर बोले–'मैं खोलकर ही कह रहा हूँ। मेरे खिलाफ विद्रोह पैदा करना बहुत बड़ा कसूर है। दुर्रानी की मौत के बाद इस बारे में मुझे सावधान होने की जरूरत है।'

व्रजेन्द्र कड़ा हो उठा, बोला–'जैसे आपको सावधान होने की जरूरत है ठीक वैसे ही दूसरों को भी सावधान होने की जरूरत है। दुनिया में जरूरत पर सिर्फ आपका ही एकाधिकार नहीं है।' यह कहकर उसने सबकी तरफ निहारा, मगर सभी चुप रहे। किसी ने भी उसकी बात का जवाब नहीं दिया।

डॉक्टर खुद भी बहुत देर तक चुप रहे, बाद में धीरे-धीरे बोले–'इसकी सजा है मौत। सोचा था जाने के पहले अब कुछ नहीं करूँगा, लेकिन व्रजेन्द्र तुम्हें ही सब्र बर्दाश्त नहीं हुआ। दूसरे की जान लेने के लिए तो तुम हमेशा ही कमर

कसे रहते हो, लेकिन जब अपनी जान देने की बारी आई, तो कैसा लगता है?'

व्रजेन्द्र का चेहरा काला पड़ गया। पलभर में उसने अपने आपको सँभाल लिया और घमंड के साथ कह उठा—'मैं एक एनार्किस्ट हूँ, मैं रिवोल्यूशनरी हूँ, जान मेरे लिए कुछ भी नहीं है—मैं जान ले भी सकता हूँ और जान दे भी सकता हूँ।'

डॉक्टर ने शान्त स्वर में कहा—'तो फिर आज रात तुम्हें अपनी जान देनी होगी—लेकिन तुम्हें इतना वक्त नहीं मिलेगा व्रजेन्द्र कि तुम अपनी पिस्तौल बेल्ट से खींचकर बाहर निकाल सको, मुझे आँखें हैं—तुम्हें मैं पहचानता हूँ।' इतना कहकर उन्होंने अपने बाएँ हाथ से पकड़ी पिस्तौल तान दी, भारती ने व्याकुल होकर उनके उस हाथ को धर-दबोचने की कोशिश की, तो उन्होंने अपने दाहिने हाथ से उसे हटा दिया और सिर्फ बोले—'छिः!'

कमरे के अन्दर पलक झपकते मानो एक गाज गिर गई।

सुमित्रा के होंठ काँपने लगे, बोलीं—'आपस में यह सब क्या हो रहा है, बताइए तो?'

तलवरकर ने अब तक एक शब्द भी नहीं कहा था, अब उसने धीरे-धीरे पूछा—'आपके दल के सारे नियमों को मैं नहीं जानता। आपसे मतभेद होने की सजा क्या यहाँ मौत है? अपूर्व बाबू बच गए हैं, इससे मैं मन-ही-मन खुश ही हुआ हूँ, लेकिन इससे आपका अन्याय कम नहीं हुआ है, इस सच्चाई को कहने के लिए मैं बाध्य हूँ।'

कृष्ण अय्यर ने गर्दन हिलाकर हामी भरी। व्रजेन्द्र की आवाज में अब खिल्ली उड़ाने की हिमाकत नहीं थी, बहुतों की सहानुभूति से बल पाकर वह बोला—'जब एक आदमी की जान जानी चाहिए तब मेरी ही जान जाए। मैं तैयार हूँ।'

सुमित्रा बोली—'ट्रेटर के बदले एक ट्रायड कॉमरेड के खून की ही तुम्हें जरूरत है, तो मैं भी अपना खून दे सकती हूँ डॉक्टर।'

डॉक्टर स्थिर बैठे रहे, इस हल्ले का सहसा उन्होंने कोई जवाब देने की कोशिश नहीं की। दो मिनट बाद अपने ही मन से जरा मुस्काकर बोले—'वे सब बहुत पुरानी बातें हैं, तब भला कहाँ थे तुम लोग? इस कॉमरेड को तभी से मैं जानता हूँ। खैर छोड़ो उन बातों को। टोकियो के एक होटल में बैठकर सन्यात सेन ने एक दिन कहा था—निराशा सहन करने की शक्ति जिसमें जितनी कम है वह इस रास्ते से उतनी ही दूर रहकर चले। इसलिए यह मुझे सहन होगा। लेकिन व्रजेन्द्र मैंने तुम्हें झूठमूठ में डराने की कोशिश नहीं की है। मुझे दूसरी जगह जाना पड़ रहा है, मगर डिसिप्लिन टूट जाने पर तो मेरा काम नहीं चलेगा।

सुमित्रा अगर तुम्हारे दल में शामिल हो गई हो, तो आई विश यू गुड लक। लेकिन मेरा रास्ता तुम छोड़ दो। सुरवाया में तुमने एक बार एटेंप्ट किया था, परसों और एक बार तुमने एटेंप्ट किया था, लेकिन इसके बाद इफ वी मीट–यू नो।'

सुमित्रा ने चिन्ता से चौंककर पूछा–'इन सब बातों का मतलब? एटेंप्ट करने का अर्थ?'

डॉक्टर ने इस सवाल पर कान तक नहीं दिया, बोले–'कृष्ण अय्यर, आई एम सॉरी।'

अय्यर ने मुँह नीचा किया, लेकिन जवाब नहीं दिया। डॉक्टर ने जेब से घड़ी निकालकर उसे देखा, भारती का हाथ पकड़कर जरा खींचकर बोले–'अब चलो, मैं तुम्हें तुम्हारे डेरे पर पहुँचा दूँ, उसके बाद मैं चला जाऊँगा। चलो उठो।'

भारती सपनों में खोई हुई-सी बैठी हुई थी, उनके कहने के मुताबिक चुपचाप उठकर खड़ी हो गई। उसे आगे रखकर वे कमरे से बाहर निकल गए, दरवाजे के नजदीक से एक बार सबकी तरफ मुखातिब होकर बोले–'गुड नाइट।'

रुख्सत होते वक्त डॉक्टर के कहे गुड नाइट का किसी ने कोई जवाब नहीं दिया। अभिभूत की भाँति सब स्तब्ध बैठे रहे। भारती नीचे उतर गई, डॉक्टर ऊपर की तरफ नजरें रखते हुए जब धीरे-धीरे उतर रहे थे, तो अचानक किवाड़ खोलकर शशि ने मुँह बाहर निकालकर कहा–'लेकिन मुझे तो आपकी बड़ी जरूरत है डॉक्टर।' यह कहकर वह तेज कदमों से नीचे उतरा और उनकी बगल में आकर खड़ा हो गया, साँस रोककर कहा–'आदमियों में मेरी तो गिनती ही नहीं होती डॉक्टर सा'ब, किसी दिन आपके काम आने की ताकत भी मुझमें नहीं है, मगर आपका कर्ज मैं हमेशा याद रखूँगा। इसे मैं नहीं भूलूँगा।'

डॉक्टर ने स्नेह के साथ उसका हाथ खींच लिया और बोले–'कौन कहता है कि तुम आदमी नहीं हो, शशि? तुम कवि हो, तुम कलाकार हो, तुम आदमियों में सबसे बड़े हो। और अगर सचमुच ही मेरा कोई कर्ज तुम पर है, तो उसे तो न भूलना ही अच्छा है।'

शशि बोला–'नहीं, मैं उसे नहीं भूलूँगा। लेकिन आप चाहे जहाँ भी रहें, आप भी इसे नहीं भूलिएगा कि जो कुछ भी मेरा है वह सब आपका है।'

जब दोनों भारती के पास पहुँचे, तो उसने उत्सुक होकर पूछा–'क्या है भैया?'

डॉक्टर ने मुस्कुराते हुए कहा–'जब उसके बुरे दिन थे तब तो उसे कोई चिन्ता नहीं थी, लेकिन अब जब उसके दिन बहुरे हैं तो उसे बड़ी भारी चिन्ता सता रही है कि कहीं उसे यह याद न रहे कि मैंने कभी उसका कोई उपकार किया है। इसीलिए वह भागा हुआ यह कहने आया है कि उसका जो कुछ है वह सब

मेरा है।'

भारती बोली–'ऐसी बात है क्या शशि बाबू?'

शशि चुप रहा, डॉक्टर ने मजाक करते हुए स्निग्ध स्वर में कहा–'यह याद रहेगा जी शशि, याद रहेगा। यह चीज दुनिया में इतनी आसानी से नहीं मिलती है कि कोई इसे आसानी से भूल जाए।'

शशि बोला–'आप कब जाइएगा? उसके पहले क्या फिर मुलाकात नहीं होगी?'

डॉक्टर बोले–'मान लो कि मुलाकात नहीं होगी। लेकिन तुम तो उम्र में मुझसे छोटे हो, मैं तुम्हें आशीर्वाद देकर जा रहा हूँ कि तुम सुखी रहो।'

शशि ने विनयपूर्वक कहा–'अगले शनिवार तक भी क्या आप नहीं रह सकते?'

भारती बोली–'शनिवार को तो उन लोगों की शादी है।'

डॉक्टर मुँह दबाकर मुस्कुराए, लेकिन बोले कुछ नहीं। सामने नदी थी, लकड़ी के कुन्दों की बगल में छोटी-सी नाव आखिरी भाटे से कीचड़ पर एक ओर लुढ़क कर पड़ी हुई थी। उसे सीधी करके डॉक्टर ने भारती को बड़ी सावधानी से उस पर चढ़ा दिया और खुद भी चढ़ बैठे। शशि बोला–'शनिवार को आपको रहना ही पड़ेगा। जिन्दगी में आपने मुझे ढेरों भीख दी है यह भीख भी मुझे दीजिए। भारती, आपको भी उस दिन आना होगा।'

भारती चुप रही। डॉक्टर बोले–'वह नहीं आएगी शशि, लेकिन मैं यह दावा करके जा रहा हूँ कि अगर मैं रह गया, तो अँधेरे में छिपकर आकर तुम लोगों को आशीर्वाद देकर जाऊँगा। और अगर मैं न आऊँ, तो यह पक्का जान लेना कि सव्यसाची के लिए भी यहाँ आना संभव नहीं था। मगर मैं चाहे जहाँ भी रहूँ उस दिन मैं तुम्हारे लिए यही प्रार्थना करूँगा कि तुम्हारे बाकी दिन सुख से कटें।' यह कहकर उन्होंने हाथ के लग्गे से लकड़ियों के ढेर पर जोर से धक्का दिया, तो छोटी-सी नाव कीचड़ के ऊपर से फिसलकर नदी के पानी में आ गई।

ज्वार आना तब भी शुरू नहीं हुआ था, लेकिन भाटे का बहाव धीमा पड़ने को आ रहा था। उसी धीमे बहाव पर ऊँचे-ऊँचे तटों की छाया के नीचे से होकर उन लोगों की छोटी नाव धीरे-धीरे फिसलती हुई चलने लगी। उस पार के लिए चलने में तब भी देर थी। डॉक्टर हाथों के चप्पुओं को उनकी जगह रखकर स्थिर होकर बैठे।

थकी भारती उनकी गोद पर अपनी कोहनी रखकर उठंग होकर बैठी और बोली–'आज मैं अकेले रहती, तो मैं इतना रोती कि नदी का पानी बढ़ जाता।

भैया, भविष्य में सभी को सुखी रहने का अधिकार है, और अगर किसी को सुखी रहने का अधिकार नहीं है, तो क्या सिर्फ तुम्हें? शशि बाबू इतनी बेजा हरकत करने को तैयार हैं, उन्हें भी तुम दिल खोलकर आशीर्वाद दे आए—दुनिया में क्या कोई भी ऐसा नहीं है जो तुम्हें आशीर्वाद देकर कहे—सुखी रहो। तुम उम्र में मुझसे बड़े हो, चाहे जो भी हो, तुम्हें भी आज मैं ठीक वही कहकर आशीर्वाद दूँगी, ताकि तुम भी भविष्य में सुखी रह सको।'

डॉक्टर ने मुस्कुराकर कहा—'छोटों के आशीर्वाद का असर नहीं पड़ता। बल्कि उल्टा असर होता है।'

भारती बोली—'यह झूठ है। इसके अलावा मैं सिर्फ छोटी नहीं हूँ, बल्कि दूसरी दृष्टि से मैं तुमसे बड़ी हूँ। जाने के पहले तुम सब कुछ तहस-नहस करके सुमित्रा दीदी से हमेशा के लिए नाता तोड़कर जाना चाहते हो। मैं ऐसा नहीं होने दूँगी।' वह थोड़ी देर तक चुप रही, फिर कहने लगी—'तुम कहोगे कि सुमित्रा को तो तुम प्यार नहीं करते। भले ही तुमने सुमित्रा दीदी को प्यार नहीं किया। तुम मर्दों के प्यार की कितनी कीमत है भैया—मर्दों का प्यार आज है, कल नहीं। अपूर्व बाबू ने भी मुझे प्यार नहीं किया था, मगर मैंने तो उन्हें प्यार किया है। मैंने जो उन्हें प्यार किया है, वही सब कुछ है। इस बात को लेकर मैं किस-किस से झगड़ा करती फिरूँगी कि ततैया मधु इकट्ठा नहीं कर सकती। लेकिन आज मैं तुमसे कहती हूँ भैया कि इन नियमों का अगर कोई मालिक है, तो उन्हें नारी-हृदय के इतने बड़े प्रेम का कर्ज चुकाने के लिए अपूर्व बाबू को लाकर मेरे हाथों में सौंप देना ही पड़ेगा।' यह कहकर भारती किसी जवाब की आशा में थोड़ी देर तक स्तब्ध रही, फिर बोली—'भैया, तुम मन-ही-मन हँस रहे हो?'

'कहाँ? नहीं तो।'

'तुम जरूर मन-ही-मन हँस रहे हो। नहीं तो तुमने जवाब क्यों नहीं दिया?' यह कहकर वह अँधेरे में जहाँ तक हो सके, सव्यसाची के मुँह पर तीखी निगाह डाले रही।

डॉक्टर ने झुककर उसे देखा और इस बार हँसे, बोले—'जवाब देने के लिए कुछ नहीं था भारती। तुम्हारे इन नियमों के मालिक को अगर यही जबर्दस्ती मानकर चलना होता, तो तुम्हारी सुमित्रा दीदी का क्या होता, जानती हो? ब्रजेन्द्र के हाथों ही अपने आपको हर तरह से सौंपकर उसे राहत की साँस लेनी पड़ती।'

भारती खास चौंकी नहीं, आज की घटना के बाद यही सन्देह उसके मन में घनीभूत होता जा रहा था, उसने पूछा—'तो क्या वज्रेन्द्र उन्हें तुमसे...मैं कहती हूँ,

इतना ज्यादा प्यार करते हैं?'

डॉक्टर सहसा जवाब नहीं दे सके। उसके बाद बोले–'यह कहना जरा मुश्किल है। यह अगर एक निरा आकर्षण है, तो मानव-समाज में उसकी कोई बराबरी नहीं हो सकती। न लाज, न शर्म, न सम्मान–आवेग से उन्मत्त भले-बुरे से बेसुध जानवर को जिसने अपनी आँखों से नहीं देखा है, वह यह नहीं जान सकता कि उसके मन में क्या है। भारती तुम्हारे बड़े भाई के ये दोनों हाथ नाम की कोई चीज अगर दुनिया में नहीं रहती, तो सुमित्रा के लिए आत्महत्या करने के सिवा शायद कोई रास्ता खुला नहीं रहता। तुम्हारे सारे नियमों के मालिक भी इतने दिनों तक इन लोगों की खातिर किए बिना नहीं रह सके हैं।' इतना कहकर वे भारती के झुके सिर को अपने दोनों हाथों से थपथपाने लगे।

भारती शंका से त्रस्त हो उठी, बोली–'इतना कुछ जानते हुए भी तुम इन्हीं लोगों के हाथ सुमित्रा को छोड़कर जाना चाहते हो! मैं तो यह सोच भी नहीं सकती कि तुम इतने बड़े निष्ठुर हो सकते हो।'

डॉक्टर बोले–'इसीलिए तो आज जाने के पहले मैंने सारा हिसाब-किताब चुकता करके जाना चाहा था। मगर उसी ने यह नहीं होने दिया।'

भारती ने डरते हुए प्रश्न किया–'उन्होंने कैसे ऐसा नहीं होने दिया? क्या तुमने सचमुच ही ब्रजेन्द्र को मार डालना चाहा था?'

डॉक्टर ने गर्दन हिलाकर कहा–'हाँ, सचमुच ही मैंने उसे मार डालना चाहा था। इस बीच अगर पुलिसवाले उसे जेल न भेज दें तो वापस आकर एक दिन आखिर मुझे यह काम पूरा करना ही पड़ेगा।'

अब तक भारती उन्हीं की गोद पर उठंगकर बैठी हुई थी, उनकी बात सुनकर वह उठ बैठी और बिलकुल स्तब्ध हो गई। डॉक्टर ने यह समझा कि उसके दिल को बड़ी चोट पहुँची है। लेकिन बिना कुछ बोले वे उस पार जाने के लिए तैयार हो गए और बगल में रखे दोनों चप्पुओं को खींचकर अपने हाथ में ले लिया।

बहुत देर बाद भारती ने धीरे-धीरे पूछा–'अच्छा भैया, अगर मैं तुम्हारी सुमित्रा होती, तो क्या तुम मुझे भी इसी तरह छोड़कर चले जाते?'

डॉक्टर हँसे, बोले–'लेकिन तुम तो सुमित्रा नहीं हो, तुम भारती हो। इसलिए मैं तुम्हें छोड़कर नहीं जाऊँगा, मैं तुम्हें काम करने के लिए रख जाऊँगा।'

भारती व्यग्र होकर बोली–'मुझे बख्श दो भैया, तुम लोगों के इस सब मार-काट और खून-खराबेवाले काम से मैं दूर ही भली। तुम्हारी गुप्त समिति का

काम अब मैं नहीं करूँगी।'

डॉक्टर बोले–'तो इसका मतलब यह हुआ कि तुम भी मुझे इन्हीं लोगों की तरह छोड़कर चली जाना चाहती हो?'

डॉक्टर की यह बात सुनकर भारती क्षोभ से व्याकुल हो उठी, बोली–'इतनी बड़ी अनुचित बात तुमने मुझसे कह दी भैया? तुम्हारी जो मर्जी हो, तुम कर सकते हो, लेकिन तुम सोचो कि जब मुझे यह लगेगा कि मैं तुम्हें अपने से छोड़कर चली गई हूँ, तब क्या मैं एक दिन के लिए भी जिन्दा रह सकूँगी। मैं तब तक तुम्हारा ही काम किए जाऊँगी जब तक तुम मुझे अपनी मर्जी से छुट्टी नहीं दोगे।' वह तनिक रुककर बोली–'लेकिन मैं तो यह जानती हूँ कि आदमी की हत्या करते फिरना तुम्हारा असली काम नहीं है। तुम्हारा काम है, आदमी को आदमी की तरह जीने का हक दिलाना। तुम्हारे इसी काम में लगी रहूँगी और यही सोचकर तो मैं तुम लोगों के बीच आई थी।'

डॉक्टर ने एक पल के लिए चप्पू चलाना बन्द रखा और प्रश्न किया–'वह मेरा कौन-सा काम है?'

भारती बोली–'हमारे 'पथ का दावा' को गुप्त समिति के रूप में बदल देने की तो कोई जरूरत नहीं थी। कारखाने के मजदूर मिस्त्रियों की हालत तो मैं अपनी आँखों से देख आई हूँ। उनका कष्ट, उनकी पढ़ाई-लिखाई की बदहाली, उनकी जानवरो की-सी हालत–इसका रत्ती-भर भी प्रतिकार अगर मैं जीवन भर कर सकूँ, तो इससे बड़ी सार्थकता मेरे लिए और क्या हो सकती है? सच-सच बताओ तो भैया, यही क्या तुम्हारा काम नहीं है?'

डॉक्टर ने उसी दम कोई जवाब नहीं दिया, बहुत देर तक चुपचाप कुछ सोचकर सहसा दोनों चप्पुओं को पानी से उठा लिया और धीरे-धीरे बोले–'लेकिन तुम्हारा यह काम नहीं है भारती, तुम्हारे लिए दूसरा काम है। यह काम सुमित्रा का है–इसीलिए उसी को मैंने यह जिम्मेदारी सौंपी है।'

नदी में भाटा खत्म हो गया था और मुहाने पर ज्वार आना शुरू हो गया था, लेकिन सागर की ऊँची उठती लहरें अभी तक यहाँ नहीं पहुँची थीं–उसी शान्त नदी में उन लोगों की छोटी नाव धीमी रफ्तार से तिरती हुई चलने लगी, डॉक्टर पहले की तरह ही शान्त, मृदु स्वर में बोले–'तुम्हें यह बताना बेहतर है भारती कि कुछ कुली-मजदूरों का भला करने के लिए मैंने 'पथ का दावा' को स्थापित नहीं किया है। इसका बहुत बड़ा लक्ष्य है। इसी लक्ष्य के मुँह में हो सकता है, एक दिन भेड़-बकरियों की तरह बलि चढ़ानी हो–उसमें तुम मत रहना बहन, तुम ऐसा नहीं कर सकोगी।'

भारती चौंक उठी और बोली–'यह सब तुम क्या कह रहे हो भैया? तुम क्या आदमी की बलि चढ़ाओगे?'

डॉक्टर पहले की तरह ही शान्त स्वर में बोले–'ये लोग आदमी कहाँ हैं? ये लोग जानवर के सिवा और कुछ नहीं हैं।'

भारती डरकर बोली–'मेरा कहना है कि आदमी के बारे में तुम ऐसी बात मजाक में भी अपनी जबान पर मत लाना। मैं यह मानती हूँ कि हर वक्त तुम्हारी हर बात समझ में नहीं आती है, मैं उसे समझ भी नहीं सकती। लेकिन मैं तुम्हारी जबान को जितना समझती हूँ उससे कहीं ज्यादा मैं तुम्हें समझती हूँ भैया। तुम मुझे डराने की कोशिश मत करो।'

डॉक्टर बोले–'नहीं भारती, मैं तुम्हें झूठ-मूठ डराने की कोशिश नहीं कर रहा हूँ, मैं तुम्हें सचमुच डराने की कोशिश कर रहा हूँ ताकि मेरे जाने के बाद फिर तुम कारखाने के कुली-मजदूरों का भला करने के काम में न जुट जाओ। इस तरह से इन लोगों का भला नहीं किया जा सकता है–इन लोगों का भला किया जा सकता है सिर्फ क्रान्ति के द्वारा। और उसी क्रान्ति की राह पर इन लोगों को ले चलने के लिए मैंने 'पथ का दावा' की स्थापना की है। क्रान्ति शान्ति नहीं है। हिंसा के द्वारा ही उसे हमेशा कदम बढ़ाकर आना पड़ता है–यही उसका वरदान है और यही उसका अभिशाप है। एक बार यूरोप की तरफ नजरें उठाकर देखो। हंगरी में क्रान्ति हुई थी, रूस में बार-बार ऐसी ही क्रान्ति हुई थी, '48 ई. के जून महीने की क्रान्ति फ्रांसीसियों के इतिहास में आज भी अमर है। कुली-मजदूरों के खून से उस दिन शहर का राजपथ बिलकुल लाल हो गया था। यह रहा हाल का जापान–उस देश में भी दिहाड़ी मजदूरों के दुख का इतिहास रत्ती भर भी अलग नहीं है। आदमी अपनी बँधी-बँधाई लीक को बिना कोई खतरा उठाए नहीं छोड़ देता है भारती।'

भारती सिहर उठी और बोली–'यह तो मैं नहीं जानती, लेकिन वैसा भयानक उत्पात क्या तुम यहाँ भी खींच लाओगे? जिन लोगों का जरा-सा भला करने के वास्ते हम लोग दिन-रात मेहनत-मशक्कत कर रहे हैं उन्हीं लोगों के खून की नदी क्या तुम कारखाने के रास्ते पर बहाना चाहते हो?'

डॉक्टर अनायास बोले–'हाँ, कारखाने के रास्ते पर मैं उन लोगों के खून की नदी जरूर बहाना चाहता हूँ। यही तो मेरा सपना है कि समूची मानव-जाति की आजादी रूपी सागर की तरफ आम आदमी के खून की धारा हिलोरें मारती हुई भागी जाए। ऐसा नहीं होगा, तो इतने दिनों का पहाड़-सा पाप किस चीज से धुलेगा? और उस पाप को धोने के काम में अगर तुम्हारे बड़े भाई के दो बूँद

खून की भी जरूरत पड़ेगी, तो मैं अपना खून देने में आनाकानी नहीं करूँगा भारती।'

भारती बोली—'यह तो मैं जानती हूँ भैया कि तुम ऐसा कर सकते हो। लेकिन देश के अन्दर इस अशान्ति के लिए ही इतना बड़ा जाल बिछाकर तुम बैठे हुए हो? इससे बड़ा कोई दूसरा आदर्श तुम्हारा नहीं है?'

डॉक्टर बोले—'इससे बड़ा कोई दूसरा आदर्श मुझे आज तक तो ढूँढ़े नहीं मिला है बहन। मैं बहुत घूमा हूँ, बहुत पढ़ा है, बहुत सोचा है, मगर तुमसे तो मैंने पहले भी कहा है, भारती, कि अशान्ति पैदा करने का मतलब अकल्याण करना नहीं है। शान्ति! शान्ति! शान्ति! सुन-सुनकर कान का परदा बिलकुल फट गया है। लेकिन जानती हो, इतने दिनों तक किन लोगों ने इस झूठ का प्रचार किया है? उन्हीं लोगों ने यह झूठा मन्त्र रचा है जो लोग दूसरे की शान्ति छीनकर, दूसरों के रास्ते पर अपने हवेली-महल बनाकर बैठे हुए हैं। सर्वहारा, दुखी और सताए हुए नर-नारियों के कानों में अविराम इस मन्त्र को भर-भर कर उन लोगों ने उन्हें ऐसा बना दिया है कि आज वे ही अशान्ति के नाम से चौंक उठते हैं—वे सोचते हैं कि अशान्ति करना शायद पाप है, अशान्ति से शायद भला नहीं होगा। तुमने खूँटे में बँधी गाय को खड़े-खड़े भूखों मरते देखा है? वह खड़े-खड़े मर जाती है तब भी अपनी कमजोर रस्सी को तोड़कर अपने मालिक की शान्ति भंग नहीं करती। ऐसा ही तो हुआ है, इसी वजह से दीन-दुखियों के आगे बढ़ने की राह बन्द हो गई है। तब भी उन्हीं लोगों के सुर में सुर मिलाकर हम भी अगर आज यह कहें कि उन लोगों का हवेली-महल गिराना अशान्ति पैदा करना है, तो हमें यह रात मिलेगी कहाँ? नहीं भारती, ऐसा नहीं हो सकता है। वह हवेली-महल चाहे जितना भी प्राचीन, जितना भी पवित्र, जितना भी सनातन क्यों न हो—वह आदमी से बड़ा नहीं है—आज उस सबको हमें तोड़ डालना ही पड़ेगा। धूल तो उड़ेगी ही, बालू तो झड़ेगा ही, ईंट-पत्थर गिरकर आदमी के सिर पर पड़ेगा ही भारती, ऐसा होना तो स्वाभाविक है।'

भारती बोली—'अगर ऐसी ही बात है भैया तो शान्ति की राह छोड़कर पहले से ही मैं अशान्ति की राह पर कदम क्यों बढ़ाऊँ।'

डॉक्टर बोले—'इसकी वजह है, और वजह यह है कि शान्ति की राह को उस सनातन, पवित्र और प्राचीन सभ्यता के संस्कार से चिपकाकर बन्द कर दिया गया है। सिर्फ यह क्रान्ति की राह ही आज भी खुली हुई है।'

भारती ने प्रश्न किया—'तो हम लोगों ने जो उस दिन कारखाने के कारीगरों को संगठित करके शान्तिपूर्ण हड़ताल करवाने का आयोजन किया था वह भी क्या

तब उन लोगों के भले के लिए नहीं था? तो क्या तुम्हारे चले जाने के बाद 'पथ का दावा' का वह प्रयास भी हमें बन्द कर देना पड़ेगा?'

डॉक्टर बोले–'नहीं, लेकिन यह काम तुम्हारा नहीं, सुमित्रा का है। तुम्हारा काम अलग है। भारती, हड़ताल नाम की एक चीज है, मगर शान्तिपूर्ण हड़ताल नाम का कहीं कुछ नहीं है। दुनिया में कोई भी हड़ताल कभी सफल नहीं हो सकती जब तक उसके पीछे बाहुबल न हो। आखिरी इम्तिहान तभी देना पड़ता है।'

भारती ने विस्मय से प्रश्न किया–'आखिरी इत्मिहान किसे देना पड़ता है? मजदूरों को?'

डॉक्टर बोले–'हाँ, तुम नहीं जानती हो, सुमित्रा यह अच्छी तरह जानती है कि अमीरों की आर्थिक क्षति और गरीबों का अनशन दोनों एक चीज नहीं हैं। उनके बेकारी और बेरोजगारी के दिन उन्हें दिन पर दिन भूखा रहने को मजबूर कर देते हैं। उनके बीवी-बच्चे, परिवार भूख से रोते रहते हैं–उन लोगों की अविराम रुलाई अन्त में एक दिन उन्हें पागल बना डालती है–तब जीने के लिए उन्हें दूसरे की रोटी छीनकर खाने के सिवा और कोई दूसरा रास्ता ढूँढ़े नहीं मिलता। अमीर उसी शुभ दिन का इन्तजार करके स्थिर रहता है। अर्थ-बल, सैन्य-बल, अस्त्र-बल सभी उसके हाथ में हैं–यही तो है सरकार। और जिस दिन वे और उपेक्षा नहीं कर सकते–और जिस दिन तुम्हारी उस सनातन शान्ति और पवित्र व्यवस्था की जय-जयकार होती है उस दिन निहत्थे, भूखे गरीबों के खून की नदी बह जाती है।'

भारती ने साँस रोककर कहा–'उसके बाद?'

डॉक्टर बोले–'उसके बाद फिर एक दिन उन्हीं दुखी, दबे-कुचले, भूखे मजदूरों का दल आकर उसी हत्यारे के दरवाजे पर हाथ फैलाए खड़ा हो जाता है। भीख लेता है।'

भारती बोली–'उसके बाद?'

डॉक्टर बोले–'उसके भी बाद? उसके बाद फिर एक दिन वे दल बनाकर पहले के अत्याचारों का प्रतिकार करने की आशा से हड़ताल कर बैठते हैं, तब फिर वही पुरानी कहानी दोहराई जाती है।'

भारती का मन पलभर के लिए बिलकुल निराशा से भर गया, वह धीरे-धीरे बोली–'तब ऐसी हड़ताल करने से क्या फायदा भैया?'

डॉक्टर की आँखें अँधेरे में भी जल उठीं, बोले–'फायदा? यही तो है सबसे बड़ा फायदा भारती। यही तो है मेरी क्रान्ति का राजपथ/नंग-धड़ंग, भूखे, नादान

गरीबों की हार ही सही है, और दुनिया में गरीबों के कलेजे से बाहर निकले जहर की शक्ति सही नहीं है। यही तो है मेरा मूलधन। कहीं किसी देश में सिर्फ क्रान्ति के लिए क्रान्ति नहीं आती है भारती; उसके लिए कोई न कोई सहारा चाहिए ही। यही तो है मेरा सहारा। जो मूर्ख यह नहीं जानता और जो सिर्फ कम-ज्यादा मजदूरी के लिए हड़ताल कराना चाहता है वह उन लोगों का भी सर्वनाश करता है और देश का भी।'

भारती सहसा बोली–'हमारी नाव शायद बहुत आगे बढ़ आई है भैया।'

डॉक्टर हँसे, बोले–'उधर भी मेरी नजर है दीदी। मैं यह नहीं भूला हूँ कि मुझे कहाँ जाना है।

भारती बोली–'इतनी देर बाद मैंने यह समझा है कि तुम मुझे 'पथ का दावा' से क्यों बाहर निकाल देना चाहते हो। मैं बहुत कमजोर हूँ। हो सकता है, उन्हीं की तरह कमजोर। मैं कुछ नहीं हूँ–आज भी तुम्हारा सारा भरोसा उसी सुमित्रा दीदी पर ही है। मगर मैं यह हरगिज नहीं मान सकती कि इस रास्ते को छोड़ और कोई दूसरा रास्ता नहीं है–और आदमी की नई राह ढूँढ़ निकालने की तमाम कोशिशें बिलकुल खत्म हो चुकी हैं। मैं किसी भी सूरत में इसे सबसे बड़ा सच नहीं मान सकती कि एक का भला करने के लिए दूसरे का बुरा करना ही पड़ेगा।'

'यह मैं जानता हूँ बहिन।'

भारती बोली–'लेकिन तुम्हारा काम छोड़कर भला मैं जाऊँ कैसे? मैं क्या लेकर रहूँगी? और अगर तुम फिर लौटकर नहीं आए, तो मैं जिन्दा रहूँगी कैसे?'

'यह भी मैं जानता हूँ।'

भारती बोली–'जानते तो तुम सब कुछ हो, तो?'

थोड़ी देर तक चुप्पी छायी रही। कोई जवाब न पाकर भारती ने धीरे-धीरे कहा–'मैं यह सोच ही नहीं पाती कि क्रान्ति क्या है, इसकी इतनी जरूरत क्यों है? तब भी, जब मैं तुम्हारे मुँह से इसके बारे में सुनती हूँ, तो मेरा कलेजा न जाने कैसा रोने लगता है। लगता है, तुमने आदमी के दुखों को अपनी आँखों से कितना देखा होगा? नहीं तो किस चीज ने? इस तरह से तुम्हें पागल बनाया है अच्छा, जाते वक्त क्या तुम मुझे अपने साथ नहीं ले जा सकते हो भैया?'

डॉक्टर ने हँसकर कहा–'तुम क्या पागल हो गई हो भारती?'

'मैं पागल हो गई हूँ? हो सकता है, मैं पागल हो गई होऊँ।' फिर जरा रुककर बोली–'लगता है, मैं तुम्हारे काम में अड़चन डालती हूँ। इसीलिए तुम मुझे न जाने कहाँ परे हटा देना चाहते हो। लेकिन मैं क्या देश के किसी भी अच्छे काम में नहीं आ सकती? कोई ऐसा मौका क्या कहीं नहीं है?'

डॉक्टर बोले—'देश में अच्छा काम करने के अनगिनत मौके हैं भारती, मगर मौका खुद ढूँढ़ना पड़ता है।

भारती लाड़ लड़ाकर बोली—'मैं तो मौका नहीं ढूँढ़ सकती भैया, तुम ढूँढ़ दो।'

डॉक्टर थोड़ी देर तक चुप रहे। उनका मुस्कुराता चेहरा सहसा गम्भीर हो गया, अँधेरे में भारती को यह दिखाई नहीं पड़ा। वे बोले—'देश के अन्दर ऐसी बहुत-सी संस्थाएँ हैं जो बहुत-से अच्छे काम करती हैं—वे दुखियों की सेवा करती हैं, पुण्य कमाने के लिए नर-नारियों में दान देने की इच्छा पैदा करती हैं, बुखार और पेट की बीमारी से पीड़ित लोगों को दवाएँ देती हैं, बाढ़-पीड़ितों की मदद करती हैं और उन्हें दिलासा देती हैं। वे संस्थाएँ ही तुम्हें राह दिखा देंगी भारती। लेकिन मैं क्रान्तिकारी हूँ। मुझमें न माया है, न दया, न स्नेह—पाप-पुण्य मेरे लिए झूठा मजाक है। वे सब अच्छे काम मेरे लिए खिलवाड़ हैं। मेरा एकमात्र लक्ष्य है भारत को आजादी दिलाना। भारत को आजादी दिलाना मेरी एकमात्र साधना है। यही मेरे लिए अच्छा है, यही मेरे लिए बुरा है—इसके अलावा इस जीवन में मेरे लिए और कहीं कुछ नहीं है। भारती, मुझे अब तुम माया-मोह में मत फँसाओ।'

भारती अँधेरे में उनकी तरफ एकटक निहारती, आह भरती स्तब्ध बैठी रही।

छब्बीसवाँ परिच्छेद

आज शनिवार है, शशि और नवतारा की शादी का दिन। शशि ने डॉक्टर से यह साग्रह प्रार्थना की थी कि रात के अँधेरे में छिपकर किसी समय वे भारती को अपने साथ लेकर आएँ और उन लोगों को आशीर्वाद दें। पंचमी का चाँद अभी-अभी पेड़ के पीछे छिपा है। भारती एक काला रैपर ओढ़े दबे पाँव अपने उस सुनसान घाट के एक किनारे आकर खड़ी हो गई। डॉक्टर नाव पर उसका इन्तजार कर रहे थे, भारती नाव पर चढ़ी और बोली–'मैं कितना कुछ सोचते हुए आ रही थी, इसका ठिकाना नहीं। जानती हूँ, मुझे बताए बिना तुम हरगिज नहीं जाओगे, तब भी डर दूर नहीं होता था। यही कुछ दिन तो तुमसे मुलाकात नहीं हुई थी, मगर लग रहा था, जैसे कितने युग बीते तुम्हें देखे हुए भैया। मैं कह देती हूँ, मैं तुम्हारे साथ चीन जरूर जाऊँगी।'

डॉक्टर ने मुस्कुराकर कहा–'मैं भी कह देता हूँ, तुम वैसी कोई हरकत करने की बिलकुल नहीं करना।' यह कहकर उन्होंने भाटे के बहाव पर नाव छोड़ दी। बोले–'बस, थोड़ी ही दूर है, अच्छी तरह चले जाएँगे, लेकिन बड़ी नदी में पहुँचने पर उल्टी धारा में नाव को खेते हुए पहुँचने में आज हमें बहुत देर हो जाएगी।'

भारती बोली–'देर होगी, तो होगी। कौन-से ऐसे शुभ काम में शामिल होने के लिए हम चले ज़ा रहे हैं कि वक्त गुजर जाने पर हर्ज हो जाएगा। मेरा तो जाने का इरादा ही नहीं था, मैं तो सिर्फ इसीलिए जा रही हूँ कि तुम जा रहे हो। यह कैसी भद्दी, गन्दी हरकत है, कहो तो?'

डॉक्टर थोड़ी देर तक चुप रहे, फिर बोले–'शशि और नवतारा की शादी बहुतों के संस्कार को अखरती होगी, हो सकता है, देश के कानून को भी यह अखरती होगी। लेकिन इसमें शशि का तो कोई कसूर नहीं है। कसूर उन लोगों का है जो कानून बनाने न बनाने के लिए जिम्मेदार हैं। मेरा एकमात्र क्षोभ यह है कि काश! शशि किसी और को प्यार करता भारती।'

भारती हँस पड़ी और बोली–'खैर, शशि बाबू ने किसी और को प्यार किया होता, लेकिन जिसे उन्होंने प्यार किया होता वह उन्हें क्या प्यार करती? यह तो मैं सोच

भी नहीं सकती कि कोई औरत होशो-हवास में रहकर उन-जैसे आदमी को प्यार कर सकती है। अच्छा तुम्हीं बताओ भैया, उन्हें कोई औरत प्यार कर सकती है?'

डॉक्टर मुस्काए, बोले–'उसे प्यार करना मुश्किल तो है ही। इसीलिए तो उसे आशीर्वाद देने के लिए मैं रह गया। लगा, सचमुच की शुभकामना में अगर कोई शक्ति है, तो उस शक्ति का फल उसे मिले।'

उनकी आवाज में आई आकस्मिक गम्भीरता से भारती बहुत देर तक चुप रही, फिर पूछा–'शशिबाबू को तुम वास्तव में प्यार करते हो न, भैया।'

डॉक्टर बोले–'हाँ, मैं उसे प्यार करता हूँ।'

'क्यों? तुम उन्हें क्यों प्यार करते हो?'

'मैं इसकी क्या वजह बता सकता हूँ दीदी कि मैं तुम्हें ही इतना प्यार क्यों करता हूँ? शायद यों ही।'

भारती ने लाड़ लड़ाकर पूछा–'अच्छा भैया, तो क्या हम दोनों तुम्हारे लिए एक हैं।' लेकिन दूसरे ही पल वह मुस्कुराती हुई बोली–'तब भी तो इतने दिनों बाद मुझे अपनी कीमत का पता चला। तो चलो, मैं भी तुम्हारे साथ जाकर अब खुश होकर उन लोगों को आशीर्वाद–नहीं, नहीं, प्रणाम कर आऊँ!'

डॉक्टर भी हँसे, बोले–'चलो।'

ज्वार आने की आशा में नदी के इस पार देर तक इन्तजार करना खतरे से खाली नहीं था, इसीलिए भाटे के बहाव पर मुश्किल से नाव खेते हुए चलना पड़ा। खाई के मुँह पर एक जापानी जहाज कुछ दिनों से बँधा हुआ था। उस जगह को चुपचाप पार करके भारती ने बात शुरू की।'

बोली–'ये कई दिन रह-रहकर सिर्फ यह लगता रहा भैया कि जैसे समुद्र का तल नहीं है वैसे ही तुम्हारा भी तल नहीं है। स्नेह, प्यार, कुछ भी तुम्हारे सहारे मजबूती से खड़ा नहीं हो सकता है। सभी न जाने कहाँ डूब जाते हैं।'

डॉक्टर बोले–'पहले तो यह कि समुद्र का तल है, इसलिए तुम्हारी उपमा इस सिलसिले में बेतुकी है।'

भारती बोली–'इसको लेकर मैंने तुमसे शायद सैकड़ों बार कहा कि दुनिया में तुम्हारे सिवा और कोई मेरा अपना नहीं है। तुम चले जाओगे तो मैं कहाँ होऊँगी?' लेकिन यह बात तो तुम्हारे कानों में पहुँची ही नहीं। भला पहुँचेगी कैसे भैया, तुम्हें हृदय तो है ही नहीं। मैं ठीक जानती हूँ कि एक बार आँखों से ओझल हो जाने पर तुम मुझे जरूर भूल जाओगे।'

डॉक्टर बोले–'नहीं, मैं तुम्हें नहीं भूलूँगा। तुम जरूर याद रहोगी।'

भारती ने प्रश्न किया–'आखिर किसके सहारे मैं दुनिया में रहूँगी?'

डॉक्टर बोले–'तुम उसी के सहारे दुनिया में रहोगी जिसके सहारे सौभाग्यवती औरतें रहती हैं। पति, बाल-बच्चे, धन-दौलत, घर-बार...।'

भारती ने गुस्सा करके कहा–'यह सच्चाई मैंने तुमसे नहीं छिपाई है कि मैंने अपूर्व बाबू को तहे-दिल से प्यार किया था। तुम यह भी जानते हो कि मैं उन्हें पाती, तो एक दिन मेरा सारा जीवन धन्य हो जाता–चूँकि मैंने तुमसे कुछ भी नहीं छिपाया इसलिए तुम मुझे अपमानित करते हो।'

डॉक्टर ने अचरज में पड़कर कहा–'मैं तुम्हें अपमानित करता हूँ। मैंने तो तुम्हें जरा भी अपमानित नहीं किया है भारती।'

सहसा आँसू निकल आने से भारती की आवाज बोझिल हो उठी, बोली–'नहीं तुमने मुझे अपमानित किया है। तुम तो जानते हो कि कितनी सारी अड़चनें हैं, तुम जानते हो कि वे मुझे कबूल कर ही नहीं सकते–तब भी तुम ऐसी बात कहते हो!'

डॉक्टर जरा मुस्कुराकर बोले–'यही तो औरतों में दोष है। एक दिन वे खुद जो कहती हैं दूसरे दिन वही कोई दूसरा कहे, तो वे मारने दौड़ती हैं। उसी दिन सुमित्रा की चर्चा छिड़ी, तो तुमने कहा कि वह न जाने किसे अपने पैरों पर ला पटकेगी, और आज मैंने उसे ही दोहराया, तो रुलाई के मारे तुम्हारा गला रुँधने को आया।'

भारती ने आँखें पोंछी और बोली–'नहीं, तुम कभी मुझसे ऐसी बात मत कहना।'

डॉक्टर बोले–'अच्छी बात है, नहीं कहूँगा। लेकिन अगर इस बार मैं जिन्दा लौट आऊँ बहन, तो मेरे इन्हीं पैरों के पास गले में आँचल डालकर तुम्हें कबूल करना पड़ेगा–भैया, मुझसे ढेरों कसूर हुए हैं–जरूर तुम हाथ देखना जानती हो, नहीं तो सौभाग्य की इतनी बड़ी सही बात तब तुमने कैसे कही थी।'

भारती ने इसका जवाब नहीं दिया। थोड़ी देर तक चुप रहकर उन्होंने फिर से बात की, इस बार न जाने कहाँ से अनूठा सुर आकर उनकी आवाज में घुल-मिल गया, बोले–'उस रात जब तुमने सुमित्रा की बात कही थी, तो मैं जवाब नहीं दे सका था। इस राह का राहगीर नहीं हूँ मैं। तब भी तुम्हारे मुँह से सुमित्रा की कहानी सुनकर मेरे रोंगटे खड़े हो गए थे। दुनिया का चक्कर लगाकर मुझे बहुत-सी चीजों का पता चला है, पता नहीं चला है तो सिर्फ इस नर-नारी के प्रेम के सिद्धान्त का। दीदी दुनिया में असंभव नाम का शब्द शायद इन्हीं लोगों के शब्द-कोश में सिर्फ नहीं लिखा हुआ है।'

इस बात पर भारती ने जरा भी उत्सुकता प्रकट नहीं की। उदास-निस्पृह स्वर में बोली–'तुम्हारा कहा सही हो भैया, वह शब्द तुम लोगों के शब्द-कोश से मिट जाए। सुमित्रा दीदी की किस्मत एक दिन मेहरबान हो।' वह जरा रुकी, फिर बोली–'मैंने बहुत सोचकर देखा है, खुद मुझे अब उसमें रुचि नहीं है, मैं अब

उसकी कामना भी नहीं करती।' इतना कहकर वह फिर थोड़ी देर तक चुप रही, फिर बोली–'अपूर्व बाबू को मैं वास्तव में प्यार करती हूँ। अच्छा हो या बुरा, अब मैं उन्हें भूल नहीं सकती। लेकिन इसका यह मतलब नहीं कि उनकी पत्नी बनकर उनकी घर-गिरस्ती नहीं कर सकूँगी, तो मेरा जीवन बेकार हो जाएगा। यह मेरे लिए दुख की बात नहीं है भैया। मैं तुम्हें बेधड़क कह रही हूँ, तुम शान्त मन से मुझे आशीर्वाद देकर राह दिखाकर जाओ। तुम्हारी तरह मैं भी दूसरे के ही काम में अपने जीवन को सार्थक बना डालूँगी। बना लो न भैया, अपनी बेसहारा छोटी बहन को अपनी साथी।'

डॉक्टर चुपचाप नाव खेते रहे, इतने बड़े साग्रह अनुरोध का उन्होंने कोई जवाब नहीं दिया। अँधेरे में उनके मुँह का भाव भारती को दिखाई नहीं पड़ा। वह इस चुप्पी से आशान्वित हो उठी, इस बार उसकी आवाज में सस्नेह अनुरोध का गहरा दुख जैसे छलक पड़ा, बोली–'मुझे अपने साथ ले चलोगे भैया? इस अँधेरे में मुझे तुम्हारे सिवा और कहीं जरा-सी भी रोशनी दिखाई नहीं पड़ती है।'

डॉक्टर ने धीरे-धीरे सिर हिलाकर कहा–'यह असंभव है भारती। तुम्हारी बात से आज मुझे जोया याद आती है। तुम्हारी ही तरह उसकी अनमोल जिन्दगी बेवजह बर्बाद हो गई। भारत को आजादी दिलाने के सिवा मेरा अपना और कोई दूसरा लक्ष्य नहीं है। लेकिन यह समझने में भी मुझसे किसी दिन गलती नहीं हुई है कि जीवन में इससे बड़ी और कोई चीज नहीं है जिसे आदमी न पाना चाहता हो। आजादी मिल जाना ही आजादी का अन्त नहीं है। धर्म, शान्ति, काव्य, आनन्द–ये और भी बड़े हैं। इनके पूर्ण विकास के लिए ही तो आजादी चाहिए, नहीं तो इसका मूल्य कहाँ है? इसके चलते मैं तुम्हारी हत्या नहीं कर सकता बहन, मेरी जरूरतों को लाँघकर बहुत ऊपर उठा तुम्हारा स्नेह, प्रेम, करुणा और माधुर्य से भरा हृदय मेरी पहुँच से परे है।'

पुलक से भारती के रोंगटे खड़े हो गए। सव्यसाची के हृदय की गहराई का एक अनोखा रूप जैसे वह अपनी आँखों से देख सकी। भक्ति और आनन्द से पिघलकर वह बोली–'मैं भी तो यही सोचती हूँ भैया कि तुम्हारी अनजानी दुनिया में क्या है? और अगर कुछ है भी, तो किस वजह से तुम साजिश से जुड़े हुए हो? किसलिए तुम देश-विदेश में 'गुप्त समिति' स्थापित करते फिरते हो? इस 'गुप्त समिति' के द्वारा आदमी का सबसे बड़ा भला तो कभी भी नहीं हो सकता है।'

डॉक्टर बोले–'तुम ठीक कहती हो। लेकिन सबसे बड़ा भला करने की जिम्मेदारी हमने विधाता के हाथों छोड़ दी है और गरीब आदमियों की मामूली-सी भलाई करने की भरसक कोशिश में हम लगे हुए हैं। हम चाहते हैं कि अपने देश के अन्दर

हमें बोलने, चलने-फिरने और घूमने-टहलने की आजादी का बहुत छोटा-सा अधिकार मिले–इससे अधिक फिलहाल हम और कुछ भी नहीं चाहते, भारती।'

भारती बोली–'पर यह तो सभी चाहते हैं, मगर इसके लिए नर-हत्या करने की साजिश क्यों रची जाती है, बताओ तो? क्या है इसकी जरूरत?' लेकिन इतना कहने के बाद वह बेहद शर्मिंदा हुई, क्योंकि यह आरोप सिर्फ कठोर ही नहीं, गलत भी था।

वह तुरंत पछताती हुई बोली–'मुझे माफ करो भैया, गुस्से में आकर मैंने यह कह दिया है। मैं यह सोच भी नहीं सकती कि तुम मुझे छोड़कर चले जाओगे।'

डॉक्टर हँसकर बोले–'यह मैं जानता हूँ।'

इसके बाद बहुत देर तक कोई बातचीत नहीं हुई। कुछ दिनों से स्वतन्त्रता-आन्दोलन पूरे देश में फैल चुका था। श्रद्धा-भाजन नेता देश को गुलामी की जंजीर से छुड़ाने के लिए कानून से बच-बचाकर फुर्सत के मुताबिक जो भड़काऊ भाषण देते फिर रहे थे अखबारों में उनका सारांश बीच-बीच में पढ़कर भारती श्रद्धा-भरे विस्मय से ओत-प्रोत हो उठती थी। बीती रात जब उसने ऐसी ही कोई रोमांचकारी रचना अखबार में पढ़ी थी तब से लेकर आज अब तक उसके मन के अन्दर उत्तेजना की गरम हवा बहती फिर रही थी।

उसी भाषण को याद करके वह बोली–'मैं जानती हूँ अँगरेजों के राज में तुम्हारे लिए कोई जगह नहीं है। लेकिन सारी दुनिया में तो उनका राज नहीं है। जहाँ उनका राज नहीं है वहाँ जाकर तो तुम लोग खुलेआम अपने मकसद को पूरा करने की कोशिश कर सकते हो।'

सवाल करके भारती ने जवाब पाने की उम्मीद में कई पल इन्तजार किया और बोली–'अँधेरे में मैं तुम्हारा मुँह तो नहीं देख पाती, मगर मैं यह अच्छी तरह समझ पा रही हूँ कि तुम मन-ही-मन हँस रहे हो। लेकिन देश के काम में सिर्फ तुम और तुम्हारे विभिन्न दल ही तो शामिल नहीं हैं, बल्कि और जो लोग इस काम में शामिल हैं वे बूढ़े-बुजुर्ग हैं, जानकार हैं, राजनीति में जो लोग...अच्छा भैया, कल का बंगला अखबार...।'

उसकी बात खत्म नहीं हुई, डॉक्टर हँस उठे और बोले–'मुझे बख्श दो भारती, हमारे साथ उन पूजनीय नेताओं की तुलना करके उनकी बेइज्जती मत करो।'

भारती बोली–'बल्कि तुम्हीं उन लोगों की खिल्ली उड़ा रहे हो।'

डॉक्टर ने जोर से सिर हिलाकर कहा–'कतई नहीं। मैं उन लोगों की श्रद्धा करता हूँ, और देश को गुलामी की जंजीर से छुड़ाने के लिए दिए गए उनके भाषणों से जितना आनन्द हम लोग पाते हैं उससे ज्यादा आनन्द दुनिया में और कोई नहीं पाता होगा।'

भारती ने खिन्न होकर कहा–'भले ही तुम लोगों की राह एक न हो, मगर मकसद तो एक ही है।'

डॉक्टर कुछ देर तक स्थिर रहे, फिर बोले–'यह सच है कि मैं इतनी देर तक हँस रहा था, लेकिन अब मैं गुस्सा करूँगा भारती। यह जानी हुई बात है कि हमारी राह एक नहीं है, लेकिन तुमने भी क्या अब तक यह नहीं समझा है कि हमारा लक्ष्य तो उससे कहीं अलग है? दुनिया के बहुत-से राष्ट्र स्वतन्त्र हैं। मानव-जाति के लिए इससे बड़ा और कोई गौरव नहीं है, उसी स्वतन्त्रता का दावा करना, उसी स्वतन्त्रता को पाने की कोशिश करना तो दूर, उसकी कामना और कल्पना करना भी अँगरेजों के कानून में भारतीयों का राजद्रोह है। मैं उसी गुनाह का गुनहगार हूँ। अँगरेजों ने यह कानून बनाया है कि भारत को हमेशा गुलाम रहना है। इसलिए इन बड़े-बूढ़े पूज्य व्यक्तियों ने तो किसी दिन कानून के परे किसी भी दूसरी चीज का दावा नहीं किया था। चीन के मंचू राजाओं की तरह इस देश में भी अगर अँगरेज यह कानून बना देता कि सभी को ढाई हाथ लम्बी चोटी रखनी पड़ेगी, तो लम्बी चोटी के खिलाफ ये लोग किसी भी सूरत में कोई गैरकानूनी दावा नहीं करते। ये लोग यह दावा करते हुए आन्दोलन करते कि ढाई हाथ लम्बी चोटी रखने का कानून बनाकर देश के प्रति बड़ा भारी अध्याय किया गया है, इससे देश का सर्वनाश हो जाएगा, इसलिए ढाई हाथ लम्बी चोटी रखने के कानून को बदलकर सवा दो हाथ लम्बी चोटी रखने का कानून बना दिया जाए।' इतना कहकर उन्होंने अपने मजाक से बाग-बाग होकर अचानक नदी के अँधेरे सन्नाटे को ठहाके से आलोड़ित कर दिया।

उनका ठहाका रुका, तो भारती बोली–'तुम चाहे जो भी क्यों न कहो, मैं यह हरगिज नहीं मानूँगी कि वे लोग भी देश के लिए नमस्कार करने योग्य नहीं हैं। मैं सभी की बात नहीं करती। लेकिन यह बेझिझक कबूल करना मुश्किल है कि जो लोग सचमुच राजनीतिज्ञ हैं, जो लोग वास्तव में देश का भला चाहनेवाले हैं उन सब की मेहनत पानी में गयी। राय और राह अलग-अलग होने की वजह से किसी की खिल्ली उड़ाना शोभा नहीं देता।'

उसकी आवाज की गम्भीरता को समझकर डॉक्टर चुप रहे। पीछे से शोर मचाता हुआ एक स्टीम लॉन्च आया और ऊँची-ऊँची लहरें उठाता हुआ उन लोगों की छोटी-सी नाव को बाकायदा हिला-डुलाकर जब दूर निकल गया, तो सव्यसाची ने धीरे-धीरे कहा–'भारती न ही तुम्हें दुख पहुँचाना मेरा मकसद है, और न ही तुम्हारे नमस्कार करने योग्य लोगों की खिल्ली उड़ाना, उन लोगों के राजनीति-शास्त्र के पांडित्य पर भी मेरी कम श्रद्धा नहीं है, मगर क्या है, जानती हो दीदी, लोग जब अपनी गाय को खूँटे में छोटी रस्सी से बाँधते हैं तब उनकी एकमात्र नीति रहती

है कि गाय की पहुँच से बाहर रखे आहार को गाय न खा सके। मैं इस नीति को जानता हूँ। गाय का जी-जान से गर्दन और जीभ बढ़ाकर उसे खाने की कोशिश करना कोई गैरकानूनी काम नहीं है, बल्कि यहाँ तक कि उसका ऐसा करना कानूनन बहुत सही है। उसे उत्साह देने लायक हृदय हो, तो उसे उत्साह दे भी सकती हो। इसमें राजा की मनाही नहीं है, लेकिन दूर खड़े जो लोग उसे ऐसा प्रबल हार्दिक प्रयास करते देखते हैं उनके लिए अपनी हँसी रोकना मुश्किल होता है।'

भारती हँस पड़ी, फिर बोली–'भैया, तुम बड़े शरारती हो।' यह कहकर उसने अपने आपको संयत करके कहा–'मगर मुझे यह सोचते नहीं बनता कि जिसकी जान दिन-रात कच्चे धागे में बँधी लटक रही हो वह दूसरे की बात को लेकर कैसे हँसी-मजाक करता है।'

डॉक्टर ने सहज स्वर में कहा–'इसकी वजह है। इस समस्या का हल उसी दिन हो चुका था भारती जिस दिन मैं क्रान्तिकारियों के दल में शामिल हुआ था। अब न ही मेरे लिए सोचने को कुछ है न ही शिकायत करने को। मैं जानता हूँ, मुझे हाथ में पाकर भी जो सरकार मुझे छोड़ देती है वह या तो बेहद पागल है या उसके पास मुझे फाँसी पर लटकाने के लिए रस्सी तक नहीं है।

भारती बोली–'इसीलिए तो मैं तुम्हारे साथ रहना चाहती हूँ भैया। दुनिया में ऐसा कोई नहीं है जो मेरे मौजूद रहते तुम्हारी जान ले सके। किसी भी सूरत में मैं ऐसा नहीं होने दूँगी।' कहते-कहते पलक झपकते उसकी आवाज बोझिल होने को आई।

डॉक्टर को इसका पता चला। चुपचाप साँस लेकर बोले–'ज्वार आ गया है भारती। नाव में ज्वार के थपेड़े लगे हैं, अब हमें पहुँचने में देर नहीं होगी।'

उनकी बात के जवाब में भारती सिर्फ बोली–'भाड़ में जाए। मुझे कुछ भी अच्छा नहीं लग रहा है।' दो मिनट बाद उसने कहा–'सचमुच क्या तुम यह विश्वास करते हो भैया कि इतनी बड़ी सरकार को तुम लोग जबरन डिगा सकते हो?'

बेधड़क जवाब आया–'हाँ, मैं यह विश्वास करता हूँ, और पूरे मन से विश्वास करता हूँ। इतना बड़ा विश्वास नहीं रहता, तो मेरा इतना बड़ा व्रत बहुत दिन पहले ही भंग हो गया होता।'

भारती बोली–'इसीलिए शायद तुम अपने दल से मुझे धीरे-धीरे निकाल दे रहे हो–है न भैया?'

डॉक्टर मुस्कुराते हुए बोले–'नहीं, ऐसी बात नहीं है भारती। लेकिन विश्वास ही तो शक्ति है, लेकिन विश्वास नहीं रहने पर तुम्हारा काम कदम-कदम पर बोझिल हो जाएगा। दुनिया में तुम्हारे लिए दूसरा काम है बहन–तुम उसी कल्याणकारी, शान्तिपूर्ण राह पर चलो जिस पर तुम तहे-दिल से विश्वास करती हो।'

निःसंदिग्ध रूप से यह समझकर कि असीम स्नेहवश ही यह आदमी क्रान्ति की बेहद मुसीबतों से भरी अपनी राह से उसे दूर हटा देना चाह रहा है, भारती की नम आँखों में आँसू भर आए। छिपाकर उसने अँधेरे में धीरे-धीरे अपने आँसू पोंछे और बोली—'भैया, लेकिन मेरी बात सुनकर तुम गुस्सा मत करना। इतनी बड़ी सरकार, जिसके पास सेना है, लड़ाई के सामान हैं, अजीब-अजीब भयानक हथियार हैं, के आगे तुम्हारे क्रान्तिकारियों के दल की क्या बिसात है? समुद्र के आगे पानी-भरा गड्ढ़ा जितना छोटा है, सरकार के आगे तुम लोग उससे भी ज्यादा छोटे हो। इसके साथ तुम लोग किस युक्ति से शक्ति-परीक्षा करना चाहते हो? तुम लोग अपनी जान देना चाहते हो, तो दो, लेकिन मुझे तो दुनिया में इससे बड़ा कोई दूसरा पागलपन दिखाई नहीं पड़ता। तुम कहोगे, तो क्या देश को गुलामी की जंजीर से मुक्त नहीं किया जाएगा? जान जाने के डर से इस काम से मुँह मोड़ लूँ? लेकिन मैं ऐसा नहीं कहती। तुम्हारे पास रहकर, तुम्हारे चरित्र से मैंने यह जाना है कि जननी जन्मभूमि क्या चीज है। तुम्हें देखकर अगर मैं आज तक यह नहीं सीख सकी होऊँ कि जननी जन्मभूमि के चरणों पर अपना सब कुछ निछावर कर देने से बड़ी और कोई दूसरी सार्थकता आदमी के लिए नहीं है, तो मुझसे ज्यादा गई-गुजरी कोई दूसरी नारी पैदा नहीं हुई है। मगर निरा आत्महत्या करने से कौन-सा देश कब आजाद हुआ है? पर मेरे बारे में तुम इतनी बड़ी लगत धारणा भी बनाकर मत रखना भैया कि तुम्हारी भारती किसी भी सूरत में सिर्फ जिन्दा रहना चाहती है।'

डॉक्टर ने आह भरकर कहा—'मैं तो ऐसा ही समझ रहा था।'

'क्या समझ रहे थे तुम?'

'तुम्हारे बारे में समझने में गलती तो हुई है।' यह कहकर डॉक्टर थोड़ी देर तक चुप रहे, फिर बोले—'क्रान्ति का मतलब भारती, मार-काट और खून-खराबा ही नहीं है। क्रान्ति का मतलब है तेजी से पूरा बदलाव। सरकार के पास सेना और लड़ाई के सामान हैं, यह मैं जानता हूँ। लेकिन शक्ति-परीक्षा करना तो हमारा लक्ष्य नहीं है। आज जो दुश्मन हैं कल वे दोस्त बन भी सकते हैं। नीलकान्त ने शक्ति-परीक्षा करना नहीं चाहा था। उसने तो उन्हें अपना दोस्त बनाने की कोशिश में ही अपनी जान दी थी। हाय रे नीलकान्त! कोई भी उसका नाम तक नहीं जानता।'

अँधेरे में भी भारती यह साफ-साफ समझ सकी कि देश के बाहर देश के काम में जिस लड़के ने लोगों की नजरों से दूर रहकर चुपचाप अपनी जान दी थी उसी को याद करके इस निर्विकार अति संयत आदमी के हृदय की गहराई में पलभर के लिए आलोड़न पैदा हुआ है। अचानक वे तनकर उठ बैठे, बोले—'तुम क्या कह रही थी, भारती कि सरकार के आगे हमारी क्या बिसात? हाँ, हो सकता

है, सरकार के आगे हमारी कोई बिसात नहीं। लेकिन जो आग की चिनगारी बस्ती को जलाकर राख कर देती है उसका आकार कितना सा होता है, जानती हो? शहर जब जलता है, तो वह अपना ईंधन अपने आप इकट्ठा करके जल जाता है। उसकी राख होने की सामग्री उसी के अन्दर जमा रहती है, प्रकृति के इस नियम में कोई भी सरकार किसी दिन कोई हेर-फेर नहीं कर सकती।'

भारती बोली–'भैया, तुम्हारी बात सुनने पर बदन काँपता है। तुम सरकार को जलाकर राख कर देना चाहते हो, पर उसका ईंधन तो हमारे ही देश के लोग हैं। इतने बड़े लंका-दहन की कल्पना से क्या तुम्हारे मन में करुणा पैदा नहीं होती है।'

डॉक्टर को उसकी बात का जवाब देने में जरा भी हिचकिचाहट नहीं हुई, उन्होंने आराम से कहा–'नहीं, मेरे मन में करुणा पैदा नहीं होती। प्रायश्चित शब्द क्या सिर्फ कहने के लिए है? युगों से पूर्वजों के द्वारा किए गए पापों का ढेर किस चीज से खत्म होगा, बता सकती हो? करुणा से कहीं बड़ी चीज है न्याय करना।'

भारती ने दुख पाकर कहा–'यह तुम्हारी वही पुरानी बात है भैया। यह तो मैं सोच भी नहीं सकती कि भारत को आजादी दिलाने के लिए तुम कितने निष्ठुर हो सकते हो। खून-खराबे के सिवा और कोई बात जैसे तुम्हारे मन में पैदा ही नहीं हो पाती। खून-खराबे का जवाब अगर खून-खराबा ही है, तो फिर उसका भी जवाब तो खून-खराबा है? और उसके भी जवाब में तो इसी खून-खराबे के सिवा और कोई चीज नहीं मिलती है। यह सवाल-जवाब तो आदिम काल से ही होता आ रहा है तो क्या मानव-सभ्यता इससे बड़ा जवाब किसी दिन नहीं दे सकेगी? देश तो गुलाम हो चुका है, लेकिन आदमी तो देश से भी बड़ा होता है और आदमी तो आज भी है। क्या आदमी एक दूसरे को मारे बिना अगल-बगल में नहीं रह सकता?'

डॉक्टर बोले–'अँगरेजों के एक बड़े कवि ने कहा है कि पश्चिम और पूरब किसी भी दिन मिल-जुल नहीं सकते।'

भारती नाराज होकर बोली–'बड़ा आया कवि! कहता रहे वह। तुम तो बहुत बड़े ज्ञानी हो, मैंने तुमसे बहुत बार पूछा है, आज भी पूछती हूँ–भले ही वे पश्चिम के आदमी हों या यूरोप के, लेकिन तब भी वे हैं तो आदमी ही। क्या आदमी एक-दूसरे से दोस्ती हरगिज नहीं कर सकता? भैया, मैं ईसाई हूँ, मैं अँगरेजों की ऋणी हूँ, मैंने अपनी आँखों से देखा है, उनमें ढेर सारे अच्छे-अच्छे गुण हैं। यह सोचने में कि वे इतने बुरे हैं, मेरे कलेजे में काँटे चुभते हैं। मगर तुम मुझे गलत मत समझना भैया, मैं बंगाली घर की ही लड़की हूँ–मैं तुम्हारी ही बहन हूँ। बंगाल की धरती और बंगाल के आदमी को मैं जान से भी ज्यादा प्यार करती हूँ। कौन

जाने, जो जीवन तुमने चुना है उसकी वजह से, हो सकता है, आज की यह मुलाकात हमारी आखिरी मुलाकात हो। आज तुम शान्त मन से मुझे यह जवाब देकर जाओ ताकि इसी तरफ नजरें रखकर मैं जीवन-भर मुँह उठाए सीधे चली जा सकूँ।' कहते-कहते वह अन्त में फूट-फूटकर रोने लगी।

डॉक्टर चुपचाप नाव खेते रहे। देर देखकर भारती को लगा, शायद वे इसका जवाब नहीं देना चाहते। उसने हाथ बढ़ाकर नदी के पानी से अपना मुँह, आँख धो डाला, आँचल से अपने मुँह, आँख को बार-बार अच्छी तरह से पोंछकर वह कोई प्रश्न करने ही वाली थी कि डॉक्टर ने बात शुरू की। स्निग्ध, मृदु स्वर, उसमें कहीं जरा भी उत्तेजना या बैर की झलक तक नहीं थी, वह स्वर ऐसा शान्त और सहज था कि लगता था, जैसे किसी और की बात कोई और कह रहा हो। भारती को वे निरीह, नादान मास्टर जी याद आए जिससे उसकी जान-पहचान पहली बार स्कूल में हुई थी। जैसा गलत अँगरेजी उच्चारण वैसा ही गलत अँगरेजी वाक्य—भारती मुश्किल से अपनी हँसी दबाकर बातचीत कर रही थी। बाद में इसी को लेकर गुस्सा करके उसने डॉक्टर को बहुत दिन बहुत फटकार लगाई थी। उसी निरुत्सुक, निस्पृह स्वर में वे बोले—'एक तरह के साँप होते हैं भारती, जो साँपों को ही खाकर जिन्दा रहते हैं। तुमने कभी उन्हें देखा है?'

भारती बोली—'नहीं, मैंने उन्हें कभी नहीं देखा है, पर हाँ, उनके बारे में मैंने सुना है।'

डॉक्टर बोले—'ये साँप चिड़ियाघर में हैं। अब की बार जब कलकत्ता जाओगी, तो अपूर्व से कहना, वह तुम्हें दिखा लाएगा।'

'बार-बार मजाक मत करो भैया, कह देती हूँ, इसका नतीजा अच्छा नहीं होगा।'

'नहीं, इसका नतीजा अच्छा नहीं होगा, मैं भी तो यही कह रहा हूँ। एक साथ तो वे रह नहीं सकते। मगर जब नजदीकियाँ बढ़ जाती हैं, तो एक के पेट में दूसरे को बिना किसी खतरे के जगह मिल जाती है। विश्वास न हो, तो 'जू' के अध्यक्ष से पूछकर देखो।'

भारती चुप रही।

डॉक्टर बोले—'अँगरेज ईसाई हैं, तुम भी ईसाई हो। तुम दोनों का धर्म एक है। तुम उनकी बहुत ऋणी हो, तुमने अपनी आँखों से देखा है कि उनमें बहुत-से अच्छे-अच्छे गुण हैं—पर दुनिया को निगल जानेवाली उनकी भूख को तुमने देखा है? इस देश के मालिक हैं ये लोग—तुम्हें याद है न कि वे कब से मालिक बन बैठे? आज अँगरेजों के पास जितनी धन-दौलत है उसकी तुलना नहीं की जा सकती। उनके पास कितने जहाज हैं, कितने कल-कारखाने है, कितनी इमारतें हैं।

आदमी को मारने के असला–हथियारों का कोई अन्त नहीं है। अपनी सारी कमियों और हर तरह की जरूरतों को पूरी करके भी अँगरेजों ने 1810 ई. से लेकर अब तक इन सत्तर बरसों के अन्दर सिर्फ बाहर तीन हजार करोड़ रुपए कर्ज दिया था। जानती हो, इतनी अकूत धन-दौलत उनके पास कहाँ से आई है? तुम कह रही थी न कि तुम बंगाल की लड़की हो? तुम यह भी कह रही थी न कि बंगाल की धरती, बंगाल की जलवायु, बंगाल के आदमी तुम्हारे लिए जान से भी ज्यादा प्रिय हैं? इसी बंगाल के दस लाख नर-नारी हर साल सिर्फ मलेरिया से मरते हैं। एक-एक जंगी जहाज की कीमत तुम जानती हो? इनमें से सिर्फ एक जहाज की जितनी कीमत है उससे दस लाख माओं के आँसू हमेशा-हमेशा के लिए पोंछे जा सकते हैं। तुमने कभी सोचा है यह? तुमने देखा है कभी अपने कलेजे के अन्दर माँ का रूप? उद्योग-धन्धा चौपट हो गया, व्यापार चौपट हो गया, धर्म चौपट हो गया, ज्ञान चौपट हो गया, नदी सूखकर मरुभूमि होती जा रही है, किसान भरपेट खा नहीं सकता है, कारीगर विदेशियों के दरवाजे पर मजदूरी करता है। देश में न पानी है, न अन्न, न मवेशी–जो लोगों की सबसे बढ़िया दौलत है–तुमने दूध की कमी की वजह से बच्चों को भूखों मरते देखा है भारती?'

भारती ने चिल्लाकर उन्हें रोकना चाहा, लेकिन उसके गले से सिर्फ एक धीमी आवाज-भर बाहर निकली।

सव्यसाची की धीर, संयत आवाज किसी एक समय गायब हो गई थी, बोले–'तुम ईसाई हो, याद आता है, एक दिन कौतूहलवश तुमने यूरोप की ईसाई सभ्यता का स्वरूप जानना चाहा था? उस दिन इस डर से कि कहीं तुम्हें दुख न पहुँचे, मैंने तुम्हें नहीं बताया था, लेकिन आज मैं उसका जवाब दूँगा। मैं यह नहीं जानता कि तुम लोगों की किताबों में क्या लिखा हुआ है। पर सुना है कि उनमें ढेर सारी अच्छी-अच्छी बातें लिखी हुई हैं, मगर बहुत दिनों तक एक साथ रहने की वजह से इसका सही स्वरूप अब मेरे लिए जरा-सा भी छिपा नहीं रहा। बेहया, नंगा स्वार्थ और पाशविक शक्ति की बेहद प्रधानता ही इसका मूलमन्त्र है। सभ्यता के नाम से कमजोरों और लाचारों के खिलाफ इतने बड़े मूसल को आदमी की बुद्धि ने इसके पहले कभी नहीं ढूँढ़ निकाला था। दुनिया के नक्शे की तरफ नजरें उठाकर देखो, यूरोप की सारी दुनिया को निगलनेवाली भूख से कोई भी कमजोर राष्ट्र आज अपनी रक्षा नहीं कर सका है। अपने देश की धरती से, अपने देश की धन-दौलत से देश के लड़के किस कसूर से वंचित हुए हैं, जानती हो भारती? एकमात्र इस कसूर से कि उनमें ताकत नहीं है। हालाँकि सबके साथ समान रूप से न्याय करना सबसे बड़ा धर्म है, और यूरोपीय सभ्यता का सबसे बड़ा काम है लोगों के

पाँवों में गुलामी की जंजीर पहनाकर उन्हें गुलाम और नाकारा बना देना, उसके बाद यह प्रचार करना कि यूरोपीय उन गुलामों की बेइंतहा भलाई के लिए ही उनकी हर तरह की जिम्मेदारी उठा रहे हैं–इतने बड़े झूठ का लेखों, भाषणों, मिशनरियों के धर्म-प्रचारों, बच्चों की पाठ्य-पुस्तकों के द्वारा अथक प्रचार करना ही तुम लोगों की ईसाई सभ्यता की राजनीति है।'

भारती मिशनरियों के हाथों पली-बढ़ी है, उसने वास्तव में अपनी आँखों से देखा है कि मिशनरियों में बहुत-से लोग बड़े महान थे। खासकर अपने धार्मिक विश्वास पर ऐसे बेवजह हमले से वह दुख पाकर बोली–'भैया चाहे जिस वजह से भी क्यों न हो, तुम्हारी शान्त बुद्धि आज विक्षिप्त हो गई है। इस देश में आए ईसाई धर्म-प्रचारकों के बारे में मैं तुमसे कहीं ज्यादा जानती हूँ। उनके प्रति तुम आज निरपेक्ष फैसला नहीं कर पा रहे हो। यूरोपीय सभ्यता ने क्या तुम लोगों का कोई भला नहीं किया है? सती-प्रथा, गंगासागर में सन्तान फेंकने की प्रथा...।'

डॉक्टर ने उसे बीच में ही रोक दिया और बोल उठे–'चरख पूजा के वक्त पीठ छेदना, संन्यासियों का तलवार पर उछलना-कूदना, डाका डालना, धोखा देना, बागियों का हंगामा करना, गारों खासियों का आषाढ़ में नर-बलि देना–और याद नहीं आ रहा है भारती।'

भारती ने बात नहीं की।

डॉक्टर बोले–'ठहरो, और भी दो बातें याद आई हैं। बादशाहों के जमाने में लोग अपनी बहू-बेटियों को अपने घर में नहीं रखते थे–नवाब औरतों का पेट चीरकर देखते थे कि कोख में लड़का है या लड़की–हाय रे हाय, इसी तरह से विदेशी इतिहासकारों के लिखे इतिहास में तिल को ताड़ बनाकर देश के प्रति देश के लोगों के चित्त को विमुख कर दिया है। याद है, अपने बचपन के स्कूल की पाठ्य-पुस्तक मैंने एक बार पढ़ा था, विलायत में बैठे-बैठे सिर्फ हमारी भलाई के बारे में सोच-सोचकर ही राजमन्त्री की आँखों की नींद उड़ गई थी और मुँह की रोटी बेस्वाद हो गई थी। यह सच्चाई बच्चों को मुँह जबानी याद करनी पड़ती है और दो रोटियों के लिए शिक्षकों को इसे मुँह जबानी याद कराना पड़ता है। सभ्य राजतन्त्र की यही राजनीति है भारती। आज अपूर्व को दोष देना बेकार है।'

अपूर्व की लाँछना से भारती मन-ही-मन शर्मिंदा हुई, नाराज होकर बोली–'तुम जो कुछ कह रहे हो वह सच हो सकता है, हो सकता है कहीं किसी बड़े राजभक्त कर्मचारी ने ऐसा किया हो, लेकिन इतने बड़े साम्राज्य का झूठ ही कभी उसकी मूल नीति नहीं हो सकता है। झूठ पर आधारित इतना बड़ा प्रतिष्ठान एक दिन के लिए भी स्थिर नहीं रह सकता। तुम कहोगे, काल के हिसाब से ये कितने दिन

हैं? ऐसे साम्राज्य तो इसके पहले भी थे, पर वे क्या चिरस्थायी हुए हैं? तुम्हारा कहना अगर सही हो, तो यह भी चिरस्थायी नहीं होगा। लेकिन यह सुव्यवस्थित, सुनियोजित राज्य चाहे तुम इसकी जितनी भी निन्दा क्यों न करो–इसकी एकता, इसकी शान्ति से क्या कोई भी शुभ लाभ नहीं हुआ है? पश्चिमी सभ्यता का कृतज्ञ होने का क्या कोई भी कारण तुम्हें नहीं मिला? यह सच है कि तुम लोगों के अपनी आजादी खोए तो बहुत दिन हुए हैं, इस बीच सरकारें बदली हैं, लेकिन तुम लोगों की किस्मत तो नहीं बदली है। चूँकि मैं ईसाई हूँ, इसलिए तुम मुझे गलत मत समझना भैया। मगर अपने तमाम गुनाहों को विदेशियों के मत्थे मढ़कर ग्लानि प्रकट करना ही अगर तुम्हारे देश-प्रेम का आदर्श हो, तो तुम्हारे उस आदर्श को मैं तुम्हारे हाथ से नहीं ले सकती। अपने हृदय में इतना बैर भरकर तुम अँगरेजों का नुकसान, हो सकता है, कर भी सको, लेकिन इससे भारतीयों का कोई भला नहीं होगा, इस सच्चाई को तुम पक्के तौर पर जान लो।'

सहसा उसका उमड़ता हुआ तीखा स्वर निस्तब्ध नदी के सीने पर घायल होकर सव्यसाची के कानों में पैठा और उन्हें चौंका गया। भारती का यह रूप अपरिचित था, यह मनोभाव अप्रत्याशित था। फिर भी जिस धार्मिक विश्वास और सभ्यता के गहरे प्रभाव के बीच वह छोटी उम्र से पलकर बड़ी हुई है उसी पर चोट पड़ने की वजह से चंचल और अधीर होकर उसने जो यह निर्भीक प्रतिवाद किया, वह चाहे जितना भी कठोर ओर प्रतिकूल क्यों न हो, उसने सव्यसाची की नजरों में उसे नई मर्यादा दे दी।

उनको जवाब न देता देख भारती बोली–'कहाँ, तुमने तो कोई जवाब नहीं दिया भैया? इतनी बड़ी जलन की आग कलेजे के अन्दर जलाकर, तुम चाहे और जो भी क्यों न करो, अपने देश का भला नहीं कर सकोगे।'

डॉक्टर बोले–'तुमसे तो मैंने बहुत बार यह कहा है कि देश का भला करनेवाले चन्दा उगाहकर हर तरफ अनाथाश्रम, ब्रह्मचर्याश्रम, वेदान्त-आश्रम, दरिद्र-भंडार आदि खोलकर तरह-तरह से सेवा कार्य कर रहे हैं–महान आदमी हैं वे लोग, मैं उनकी इज्जत करता हूँ–देश का भला करने की जिम्मेदारी मैंने नहीं ली है, मैंने देश को आजाद करने की जिम्मेदारी ली है।' वे जरा रुके, फिर बोले–'मेरे कलेजे की आग बुझेगी सिर्फ दो चीजों से–एक अपनी चिता की राख से और दूसरी यह खबर सुनकर कि यूरोप का धर्म, सभ्यता और नीति समुद्र के गर्भ में समा गई है।'

भारती स्तब्ध हो गई। वे कहने लगे–'इस विष-कुंभ का भरा माल बेचकर समुद्र को पार करके यूरोप के लोग जब पहली बार व्यापार करने आए थे तब

सिर्फ जापान उन्हें पहचान सका था। इसीलिए आज उसका इतना सौभाग्य है, इसीलिए आज वह यूरोप के समकक्ष है, उसका प्रतिष्ठित दोस्त है। लेकिन यूरोप को पहचान नहीं सका था भारत और चीन। तब स्पेन का राज्य दुनिया भर में फैला हुआ था। छोटे-से जापान ने स्पेन के एक नाविक से पूछा था—दुनिया भर में तुम लोगों का राज्य कैसे फैला? नाविक बोला—'बड़ी आसानी से, हम जिस देश पर कब्जा जमाना चाहते हैं वहाँ हम पहले माल लेकर जाते हैं। उस देश के राजा के पैरों पड़कर हम उससे व्यापार करने के लिए एक बित्ता जमीन माँग लेते हैं। उसके बाद हम वहाँ मिशनरियों को ले आते हैं। वे जितना ईसाई नहीं बनाते उससे ज्यादा उस देश के धर्म को गाली-गलौज देते हैं। इससे होता यह है कि वहाँ के लोग पागल हो जाते हैं और अचानक दो-एक मिशनरियों को मार डालते हैं। तब वहाँ आती हैं हमारी तोप, बन्दूकें और सेना। हमारे सभ्य देश के आदमियों को मारनेवाले हथियार असभ्य देश से कितने श्रेष्ठ हैं, इसे हम तुरत साबित कर देते हैं। यह सुनकर जापान बोला—'जनाब आप लोग अपना बोरिया-बिस्तर गोल कीजिए। आप लोगों को अब यहाँ व्यापार करने की जरूरत नहीं है। यह कहकर जापान ने यूरोप के लोगों को अपने देश से बाहर निकाल दिया और अपने देश में यह कानून बना दिया कि जब तक चाँद-सूरज रहेंगे तब तक ईसाई हमारे देश में कदम नहीं रखेंगे। और अगर ऐसा करेंगे, तो उन्हें मौत की सजा दी जाएगी।'

अपने धर्म और धर्म प्रचारकों के प्रति इशारे-इशारे में कहे इस तीखे वाक्य से भारती उदास हो गई और बोली—'मैंने पहले भी तुमसे यह सुना है, मगर जिन जापानियों की तुम श्रद्धा करते हो, आखिर वे हैं क्या?'

डॉक्टर बोले—'मैं जापानियों का सम्मान करता हूँ? यह झूठ है। उनसे मैं नफरत करता हूँ। कोरियनों के साथ बार-बार यह वादा करके भी कि उनका कोई नुकसान नहीं किया जाएगा, बिना कसूर के झूठा बहाना बनाकर उनके राजा को कैद करके 1910 ई. में जब जापान ने कोरिया पर कब्जा किया तब मैं शंघाई में था। उस दिन के वे सब अमानवीय अत्याचार भूलने लायक नहीं है भारती। और उसे कोई नुकसान न पहुँचाने का वादा क्या सिर्फ अकेले जापान ने ही किया था? यूरोप ने भी ऐसा वादा किया था। शक्तिशाली के खिलाफ अँगरेजों ने बात नहीं की, कहा—'एंग्लो-जापानी-सन्धि से हम बँधे हुए हैं और संयुक्त राज्य अमेरिका के सभापति ने बेहद साफ शब्दों में यही बात जाहिर करते हुए कहा—'कैसा वादा? जो अक्षम, शक्तिहीन राष्ट्र अपनी रक्षा नहीं कर सकते उनका राज्य नहीं जाएगा, तो किनका राज्य जाएगा? जो हुआ ठीक ही हुआ है। हम अब जाएँ उन्हें बचाने के लिए? यह असंभव है। यह पागलपन है। इतना कहकर सव्यसाची

एक पल चुप रहे, फिर बोले–'मेरा भी यही कहना है भारती–यह असंभव है, असंगत है, पागलपन है। सभ्य यूरोप की नैतिकता यह सोच भी नहीं सकती कि कमजोरों की धन-दौलत क्यों न छीन ली जाए?'

भारती चुप रही। वे कहने लगे–'अठारहवीं शताब्दी के अन्त में ब्रिटिश दूत लॉर्ड मैकाटॉनी आए चीनी राजा के दरबार में व्यापार करने के लिए थोड़ी-सी सहूलियतें माँगने की खातिर। मंचू राजा शिन्लुंग थे तब समूचे चीन के सम्राट, वे बहुत दयालु थे, दूत के विनीत निवेदन से खुश होकर उन्होंने उसे आशीर्वाद देते हुए कहा–'देखो भई, हमारे राज्य में स्वर्ग-जैसा सुख है, यहाँ किसी भी चीज की कमी नहीं है। लेकिन तुम आए हो बहुत दूर से, बहुत दुख झेलकर। मैं तुम्हें जगह देता हूँ तुम कैन्टॉन शहर में व्यापार करो। तुम लोगों का भला होगा। राजा का आशीर्वाद पानी में नहीं गया। उन लोगों का भला ही हुआ। पर पचास साल भी नहीं बीते कि चीन के साथ अँगरेजों की पहली लड़ाई छिड़ी।'

भारती ने विस्मित होकर कहा–'क्यों भैया? उन लोगों के बीच लड़ाई क्यों छिड़ी?'

डॉक्टर बोले–'चीन ने ही अन्याय किया था। वह बेअदब अचानक कह बैठा–कृपा करके अफीम का आयात बन्द करो। अफीम खा-खाकर हमारे आँख-कान काम नहीं करते, सूझ-बूझ नहीं रही।'

'उसके बाद?'

'उसके बाद का इतिहास बहुत छोटा है। दो सालों के अन्दर फिर से अफीम खाने को राजी होकर चीन ने और भी पाँच बन्दरगाहों में फिर से पाँच रुपए सैकड़ा शुल्क पर व्यापार करने की मंजूरी दे दी और सबसे आखिर में हाँगकाँग बन्दरगाह को बयालीस बरसों के लिए दान में दे दिया। ठीक ही हुआ है। इतने सस्ते में अफीम पाकर भी जो बेवकूफ उसे खाने में एतराज करे उसके लिए ऐसा प्रायश्चित होना ही चाहिए।

भारती बोली–'यह तुम्हारी मनगढ़न्त कहानी है।'

डॉक्टर बोले–'भले ही यह कहानी मनगढ़न्त हो, पर यह कहानी सुनने में अच्छी लगती है और यह देखो न, फ्रांस की फ्रांसीसी सरकार ने कहा–'मेरे पास तो अफीम नहीं है, मगर आदमियों को मारने के लिए अच्छे-खासे हथियार हैं। इसलिए युद्धम् देहि। छिड़ गई लड़ाई। फ्रांसीसियों ने चीन का आनाम प्रदेश छीन लिया। और लड़ाई में हुए खर्च की बाबत–व्यापार करने के लिए ज्यादा से ज्यादा सहूलियतें, ट्रिटीपोर्ट आदि-आदि–इन सब तुच्छ कहानियों को रहने दो।'

भारती बोली–'लेकिन भैया, ताली क्या एक ही हाथ से बजती है? चीन ने क्या कोई अन्याय नहीं किया था।'

डॉक्टर बोले—'किया होगा। लेकिन तमाशा यह है कि जब दूसरे के देश पर धावा बोला जाता है तब जाकर यूरोपीय सरकार को यह महसूस होता है कि ऐसा करना अन्याय है या नहीं। ऐसा तो देखने में नहीं आता है कि उनके देश पर धावा बोला गया हो।'

'उसके बाद?'

'बता रहा हूँ। जर्मन सरकार ने देखा—अरे वाह, यह बड़ी मजेदार बात है। मैं तो बीच में हाथ मलता रह गया। उसने मिशनरियों से भरा एक जहाज मँगाया और उन मिशनरियों को ललकार दिया। 97 ई. में जब वे लोग अपने प्रभु ईसा मसीह की महिमा, शान्ति और धर्म-प्रचार में मशगूल थे तब चीनियों का एक दल पागल हो उठा और दो वरिष्ठ धर्म-प्रचारकों के सिर काट डाले। यह अन्याय था। चीन ने अन्याय किया था। इसलिए श्यान्टुंग प्रदेश जर्मनी के पेट में समा गया। उसके बाद आया बक्सर का विद्रोह। यूरोप की तमाम सरकारों ने एक होकर उसका जो बदला लिया, हो सकता है, उसकी कहीं कोई तुलना न हो। उसके अकूत खामियाजे का कर्ज चीन कितने दिनों में चुकाएगा, यह ईसा मसीह ही जानते हैं। इसी बीच ब्रिटिश का सिंह, जार का भालू, जापान का सूर्योदय—मगर अब और नहीं बोल सकूँगा बहन, मेरा गला सूखने को आ रहा है। दुख की घड़ी में अकेले मेरे सिवा इन लोगों का और कोई साथी नहीं है। सम्राट शिन्लुंग को निर्वाण प्राप्त हो, उन्हें बहुतों का आशीर्वाद प्राप्त है।'

भारती ने एक लम्बी साँस ली और चुप रही।

'भारती!'

'क्या भैया?'

'तुम चुप क्यों हो?'

'तुम्हारी कहानी के ही बारे में सोच रही हूँ। अच्छा भैया, तो क्या इसी वजह से तुमने चीन को अपना कार्य-क्षेत्र बना लिया है। जो लोग सैकड़ों अत्याचारों से जर्जरित हैं उन्हें उत्तेजित कर देना कठिन नहीं है, लेकिन तुमने क्या एक बात सोची है? वह यह कि इन सब निरीह, नासमझ खेतिहर मजदूरों का दुख तो यों ही काफी है, ऊपर से फिर मार-काट, खून-खराबा मचा दोगे, तो उनके दुखों की सीमा नहीं रहेगी।'

डॉक्टर बोले—'निरीह खेतिहर-मजदूरों के वास्ते तुम्हें चिन्ता करने की कोई जरूरत नहीं है भारती, किसी भी देश में वे लोग आजादी की लड़ाई में शामिल नहीं होते हैं। बल्कि वे आजादी की लड़ाई में अड़चन डालते हैं। मेरे पास इतना समय नहीं है कि उन्हें उत्तेजित करने की बेकार की मेहनत में अपना समय गवाऊँ

मेरा लेना-देना पढ़े-लिखे मध्यवित्त शरीफ घरों के बच्चों से है। अगर किसी दिन तुम मेरे काम में शामिल होना चाहो भारती, तो यह मत भूलना कि इन शान्तिप्रिय, निर्विरोधी, निरीह किसानों से यह आशा करना बेकार है कि वे आइडिया के लिए अपनी जान दे सकेंगे। वे आजादी नहीं चाहते, वे शान्ति चाहते हैं। वे उसी शान्ति को कहीं ज्यादा चाहते हैं जो शान्ति अक्षमों और शक्तिहीनों के लिए है।'

भारती व्याकुल हो उठी–'मैं भी ऐसी ही शान्ति चाहती हूँ भैया, बल्कि तुम हमें इसी शान्ति को स्थापित करने के काम में लगा दो, तुम्हारे 'पथ का दावा' की साजिश की तपिश से मेरी साँस रुकने को आ रही है।'

सव्यसाची ने हँसकर कहा–'अच्छा!'

भारती रुक नहीं सकी, पहले की ही तरह व्यग्र उल्लास से बोल उठी–'इस एक 'अच्छा' से ज्यादा क्या तुम्हें और कुछ भी कहना नहीं आता भैया?'

'लेकिन हम लोग तो आ पहुँचे हैं भारती, जरा सावधानी से बैठो दीदी, ताकि चोट न लगे', यह कहकर डॉक्टर ने तेजी से अपने हाथों के चप्पुओं से धकेलकर अपनी छोटी-सी नाव को अँधेरे में किनारे से लगा दिया। वे जल्दी से उठकर आए और भारती का हाथ पकड़कर उसे उतारते-उतारते बोले–'पानी और कीचड़ नहीं है बहन, लकड़ी बिछाई हुई है, उस पर पाँव रखो।'

अनजाने में अनजानी जमीन पर अचानक पाँव रखने में भारती को हिचकिचाहट हुई, मगर पाँव रखकर उसने तृप्ति-भरी साँस ली और बोली–'भैया, तुम्हारे हाथों अपने आपको सौंप देने में जितनी निर्विघ्न राहत मिलती है उतनी निर्विघ्न राहत और कहीं नहीं मिलती।'

लेकिन डॉक्टर की तरफ से इस टिप्पणी का जवाब नहीं आया। दोनों अँधेरे में थोड़ी दूर आगे बढ़े, तो डॉक्टर ने विस्मय-भरी आवाज में कहा–'लेकिन बात क्या है, बताओ तो? यह क्या शादी का घर है? न रोशनी, न शोर-शराबा, न वॉयलिन का सुर सुनाई पड़ता–कहीं चले गए क्या ये लोग?'

वे और भी थोड़ी दूर आए, तो नजर आई सीढ़ी के ऊपर की वही अजीबोगरीब कागज की लालटेन। भारती आश्वस्त होकर बोली–'वो रही चीनी लालटेन। इसी के बीच शशि-तारा के खर्च बचाने की चलाकी देखने लायक चीज है भैया।' यह कहकर वह हँसी।

जब दोनों सीढ़ियाँ चढ़कर चुपचाप ऊपर आए, तो खुले दरवाजे के सामने सबसे पहले नजर आया–शशि मन लगाकर कोई अखबार पढ़ रहा है। भारती आनन्दित स्वर में पुकार उठी–'शशिबाबू, लीजिए हम लोग आ गए हैं। खाने-पीने का इन्तजाम कीजिए, नवतारा कहाँ है? नवतारा, नवतारा।'

शशि ने मुँह उठाकर निहारा, बोला–'आइए, नवतारा तो यहाँ नहीं है।'

डॉक्टर ने मुस्कुराते हुए कहा–'बिना घरवाली के यह कैसा घर कवि? बुलाओ उसे, हम लोगों का स्वागत करके वह ले जाए, वरना हम खड़े के खड़े रह जाएँगे, हो सकता है, हम खाना भी न खाएँ।'

शशि ने उदास मुँह से कहा–'नवतारा तो यहाँ नहीं है डॉक्टर। वे सब लोग घूमने गए हैं।'

सहसा उसके मुँह के भाव से डरकर भारती ने प्रश्न किया–वे लोग कहाँ घूमने गए? आज के दिन? क्या गजब का है?'

शशि बोला–'शादी के बाद वे लोग घूमने रंगून गए हैं। नहीं, नहीं, मुझसे उसकी शादी नहीं हुई है–वह जो अहमद है–गोरा-सा है–कमाल का है देखने में। कूट साहब की मिल का टाइम-कीपर है। आपने उसे देखा है न? आज दोपहर में उसी से नवतारा की शादी हुई है। उन लोगों का सब कुछ पहले से ही तय था। पर नवतारा ने मुझे बताया नहीं था।'

डॉक्टर और भारती दोनों विस्मय से आँखें फाड़े देखते रहे। डॉक्टर बोले–'यह तुम क्या कह रहे हो शशि?'

शशि उठकर गया, कमरे की एक गुप्त जगह से एक चिथड़े की थैली लाकर डॉक्टर के पैरों के पास रख दी और बोला–'रुपए मिले हैं डॉक्टर। मैंने कहा था कि मैं नवतारा को पाँच हजार रुपए दूँगा, सो मैंने उसे दे दिए हैं, बाकी साढ़े चार हजार रुपए इसमें हैं। पचास रुपए मैंने लिए हैं, लेकिन...।'

डॉक्टर ने कहा–'ये रुपए क्या मुझे दे रहे हो?'

शशि बोला–'हाँ। अब मुझे इन रुपयों से क्या काम? आप इन्हें ले लीजिए। काम आएँगे।'

शशि बोला–'कल जब मुझे रुपए मिले, तभी मैं उसे रुपए दे आया था।'

'उसने ले लिए?'

शशि ने सिर हिलाकर कहा–'अहमद तो कुल तीस रुपए तनख्वाह पाता है। वे लोग एक मकान खरीदेंगे।'

भारती ने पूछा–'लेकिन आपने उसे रुपए कब दिए?'

'जरूर खरीदेंगे।' यह कहकर डॉक्टर मुस्कुराते हुए मुड़े, तो देखा, आँखों पर आँचल रखे भारती बरामदे के एक तरफ चुपचाप खिसकती चली जा रही है।

शशि बोला–'प्रेसिडेंट ने आपको एक बार मिलने के लिए कहा है। वे सुरवाया चली जाएँगी।'

डॉक्टर ने विस्मय प्रकट नहीं किया, प्रश्न किया–'वे कब जाएँगी?'

शशि बोला–'उन्होंने कहा तो यही कि वे जल्दी ही जानेवाली हैं। उन्हें लिवा जाने के लिए एक आदमी आया है।'

शशि की बात भारती के कानों में पहुँची, वह वापस आई और पूछा–'क्या सुमित्रा दीदी ने कहा है कि वे सचमुच ही चली जाएँगी शशि बाबू?'

शशि बोला–'हाँ, वे सचमुच ही चली जाएँगी। उनके चचेरे नाना के पास अकूत धन-दौलत थी। हाल ही में उनका देहान्त हो गया–इनके अलावा उनका और कोई वारिस नहीं है, उनके गए बिना काम नहीं चलेगा।'

डॉक्टर बोले–'जब उनके गए बिना काम नहीं चलेगा तब तो वे जाएँगी ही।'

शशि भारती के मुँह की तरफ निहारकर बोला–'खाने की ढेर सारी चीजें हैं, खाइएगा कुछ?'

भारती आनाकानी करती उसके पहले ही डॉक्टर साग्रह बोल उठे–जरूर, जरूर, चलो देखूँ तो सही कि क्या है।'

यह कहकर वे शशि का हाथ पकड़कर एक तरह से जबरन उसे खींचकर कमरे के अन्दर ले गए। जाते वक्त शशि ने धीरे-धीरे कहा–'और एक खबर है डॉक्टर, वह यह कि अपूर्व बाबू लौट आए हैं।'

डॉक्टर विस्मय से ठिठककर खड़े हो गए और बोले–'यह तुम क्या कह रहे हो शशि? किसने कहा तुमसे?

शशि बोला–'कल बंगाल बैंक में बिलकुल आमने-सामने मुलाकात हो गई थी। उनकी माँ शायद बहुत बीमार हैं।

सत्ताईसवाँ परिच्छेद

शशि ने बढ़ा-चढ़ाकर नहीं कहा था। अन्दर घुसते ही देखने में आया, कमरे के दाहिने किनारे में ढेर सारी खाने की चीजें भरी पड़ी हैं। दुकानदारों और होटल के लोगों ने अपनी-अपनी रुचि और मर्जी के मुताबिक तरह-तरह की खाने की चीजों से भरी छोटी-बड़ी देगचियों, प्लेटों, कागज के लिफाफों, मिट्टी के बर्तनों को उस पार से इस पार लगातार ला-लाकर उनका ढेर लगा दिया है—किसी भी चीज की कमी नहीं थी, अगर कोई कमी थी तो सिर्फ खानेवालों की। डॉक्टर ने थोड़ी देर तक उन चीजों को देखा, उसके बाद उल्लास के साथ चिल्ला उठे—'बहुत बढ़िया! बहुत बढ़िया! कमाल है। शशि कैसा हिसाबी आदमी है, तुमने देखा है भारती, उसने सब सोचकर देखा है कि कौन क्या खाएगा—क्या नहीं खाएगा बहुत अच्छा।'

भारती दूसरी तरफ निहारती रही और शशि ने हँसने की जरा-सी विफल कोशिश भर की। किसी तरफ से कोई आवाज नहीं मिली तो भी डॉक्टर का उल्लास अचानक ठहाके में फट पड़ा—'हो हो हो हो। घरवाले की जयजयकार हो—शशि! कवि! हो हो हो हो।'

भारती से और बर्दाश्त नहीं हुआ, उसने मुँह घुमाकर नम आँखों से नाराजगी भरी निगाह डाली और बोली—'तुम्हारे मन के अन्दर क्या जरा भी दया-माया नहीं है भैया? यह तुम क्या कर रहे हो बताओ तो?'

'वाह! जिन लोगों की बदौलत आज भरपेट अच्छी-अच्छी चीजें खाऊँगा उन लोगों को जरा आशीर्वाद—वाह! हो हो हो हो।'

भारती गुस्सा करके बरामदे में चली गई। दो-तीन मिनट बाद शशि जाकर उसे वापस लाया, तो उसने प्लेट में मांस, पुलाव, फल-मूल, मिठाइयों आदि को बड़े जतन से सजाकर डॉक्टर के सामने रख दिया और बनावटी गुस्से में बोली—'लो अब दस हाथ निकालकर राक्षसों की तरह खाओ और अपना हँसना बन्द करो, मुहल्ले के लोगों की नींद टूट जाएगी।'

डॉक्टर ने साँस लेकर कहा—'आहा! बड़ा स्वादिष्ट खाना है। इस खाने का तो मैं स्वाद और महक तक भूल गया हूँ।'

डॉक्टर की बात भारती के कलेजे में जाकर बिंधी। उसे उस रात के सूखे भात और झुलसी मछली की याद आई।

डॉक्टर खाना खाते-खाते बोले–'तुमने कवि को खाना नहीं दिया भारती?'

'अभी दे रही हूँ,' यह कहकर वह प्लेट में खाना सजाकर लाई, उसे शशि के पास रख दिया और डॉक्टर के सामने बैठकर बोली–'लेकिन सारा खाना खाना पड़ेगा भैया, जरा-सा भी छोड़ोगे नहीं।'

'नहीं, जरा-सा भी नहीं छोड़ूँगा–लेकिन तुम नहीं खाओगी?'

'मैं? कोई भी औरत यह सब खा सकती है? तुम्हीं बताओ।'

'लेकिन खाना बड़ा बढ़िया बनाया गया है, लगता है, जैसे अमृत खा रहा हूँ।'

भारती बोली–'मैं तुम्हें हर रोज इससे भी बढ़िया खाना बनाकर खिला सकती हूँ भैया।'

डॉक्टर ने बायाँ हाथ अपने माथे से छुलाकर कहा–'क्या करोगी दीदी, यह नसीब की बात है। जिसे खिलाने की बात है वह यह सब खाएगा नहीं और जो खाएगा उसे एक दिन या ज्यादा-से-ज्यादा दो दिन खिला पाओगी। तुम्हारी ख्याति से देश भर जाएगा। क्या कहते हो कवि? मैं ठीक कहता हूँ न? हो हो हो हो।'

इस बार भारती खुद भी हँस पड़ी, लेकिन तुरत उसने अपने आपको सँभाल लिया और झेंपकर बोली–'तुम्हारी शरारत के मारे बिना हँसे रहा नहीं जा सकता है, मगर यह तुम्हारा बड़ा अन्याय है। उसके बाद भरपेट खा-पीकर तुम रुपए की थैली भी लेकर चले जाओगे क्या?'

डॉक्टर मुँह का निवाला निगल लिया और बोले–'जरूर, जरूर–आधे रुपए तो चले गए नवतारा के मकान बनवाने के मद में और बाकी रुपए क्या मैं अहमद अब्दुल्ला साहब की बग्घी खरीदने के लिए छोड़ जाऊँ? मजाक को हर तरह से बढ़िया बनाने के लिए तुमने निहायत बुरी सलाह नहीं दी है भारती। तुम क्या कहते हो शशि? हो हो हो।'

भारती बोली–'भैया, तुम्हें ठट्ठा-मसखरी करते तो मैंने पहले भी देखा है, मगर ऐसे पागलों की तरह हँसते तुम्हें मैंने और कभी नहीं देखा।'

डॉक्टर जवाब देने जा रहे थे, लेकिन भारती के मुँह की तरफ निहारकर वे कुछ कह नहीं सके। भारती ने फिर से कहा–'नर-नारी का प्यार क्या तुम्हारी ही तरह सबके लिए मजाक की चीज है, कि इसकी हार-जीत में वैसे ही ठहाका लगाने के सिवा और कुछ भी करने को नहीं होता जैसे ताश के खेल में हुई

हार-जीत में ठहाका लगाने के सिवा और कुछ भी करने को नहीं होता। क्या तुम यह सोच नहीं सकोगे कि आजादी और गुलामी के सिवा दुनिया में और भी कुछ है जिससे आदमी दुख पा सकता है। एक बार शशि बाबू के मुँह की तरफ नजरें उठाकर देखो तो। एक दिन में वे क्या से क्या हो गए। जिस दिन अपूर्व बाबू चले गए उस दिन मुझे निशाना बनाकर, हो सकता है तुम ऐसे ही हँसे हो।

'नहीं, नहीं, वह...।'

भारती उन्हें बीच में ही रोककर बोल उठी–'तुम नहीं-नहीं किस वजह से कह रहे हो भैया? शशि बाबू तुम्हारे स्नेह-भाजन हैं, तुम यही सोचकर खुश हो उठे हो कि नवतारा उन जैसे भोले-भाले आदमी को अपने फन्दे में फँसाकर बहुत दुख देती और वे भविष्य के उस दुख के हाथ से बच गए। लेकिन भविष्य ही क्या आदमी के लिए सब कुछ है? यह तुम कैसे समझोगे कि आज का सिर्फ यह एक दिन दुख के भार से उनके सारे भविष्य को लाँघ गया? तुमने तो कभी प्यार किया नहीं।

शशि बेहद झेंप गया। उसने किसी तरह कहना चाहा कि यह उसी का कसूर है, उसी की गलती है, दुनियादारी की मामूली-सी समझदारी न रहने की वजह से ही...।

भारती व्यग्र आवाज में बोल उठी–'इसमें शरमाने की कौन-सी बात है शशि बाबू? ऐसी गलती दुनिया में क्या अकेले आप ही ने की है? आपसे सौ गुना ज्यादा गलती मैंने नहीं की है? उससे भी हजार गुना ज्यादा गलती करके जो अभागिन चुपचाप इस देश को छोड़कर हमेशा के लिए चली जाने को तैयार हो गई हैं उन्हें क्या डॉक्टर नहीं पहचानते हैं? नवतारा ने धोखा दिया है? दे न धोखा। तब भी तो हम-जैसे धोखा खाए हुए लोगों के दुखों का वर्णन करके दुनिया के आधे काव्य अमर हुए हैं।'

डॉक्टर ने विस्मित आँखों से उसकी तरफ निहारा, मगर भारती ने कोई परवाह नहीं की। वह कहने लगी–'शशि बाबू दुनियादारी की समझदारी आपको कम है? लेकिन मुझे तो कम समझदारी नहीं थी। सुमित्रा दीदी की समझदारी की तो कोई तुलना ही नहीं हो सकती। हालाँकि कुछ भी तो किसी के भी काम नहीं आया है। यह सिर्फ हार गया भैया, तुम्हारी समझदारी के आगे। जो हमेशा अजेय है, जिसकी राहों में कभी कोई अड़चन नहीं आई है वह भी तुम्हारे ही पत्थर के दरवाजे पर पछाड़ खाकर टुकड़े-टुकड़े होकर गिर गया–उसे घुसने की जरा-सी राह नहीं मिली।'

डॉक्टर ने इस आरोप का जवाब नहीं दिया, सिर्फ उसके मुँह की तरफ निहारकर जरा मुस्कुराए। भारती बोली–'शशिबाबू, मैंने आपके प्रति बहुत बड़ा गुनाह किया है, आज उसके लिए मैं आपसे माफी माँगती हूँ...।'

शशि समझ नहीं सका, मगर सकुचा गया। भारती पल-भर चुप रही, फिर कहने लगी–'मैंने एक दिन भैया से कहा था कि कोई भी औरत किसी दिन आपको प्यार नहीं कर सकती। उस दिन आपको मैंने पहचाना नहीं था। आज लग रहा है कि अपूर्व बाबू को जिसने प्यार किया था वह आपको पाती तो धन्य हो जाती। सभी आपकी उपेक्षा करते आए हैं, सिर्फ एक आदमी ने आपकी उपेक्षा नहीं की है और वे हैं ये डॉक्टर।'

डॉक्टर मुँह नीचा किए मांस के एक टुकड़े से हड्डी को अलग करने के काम में मशगूल थे, उन्हें मुँह उठाने की फुर्सत नहीं मिली। भारती ने उन्हें सम्बोधित करके कहा–'भैया, आदमी को पहचानने में तुमसे गलती नहीं होती, इसीलिए उस दिन तुमने मुझसे दुख से कहा था, काश, शशि किसी और को प्यार करता! लेकिन एक दिन भी तुम मुझे सावधान करके यह नहीं कह दे सकते थे कि भारती, तुम इतनी बड़ी गलती मत करो। मर्दों के दो आदर्श तुम दोनों मेरे सामने बैठे हुए हो–आज मेरी वितृष्णा की कोई सीमा नहीं है।'

डॉक्टर ने मांस का टुकड़ा मुँह में डाला और पूछा–'हाँ, तो अपूर्व बाबू ने क्या कहा शशि?'

भारती ने जवाब दिया, बोली–'उनकी माँ बीमार हैं, इलाज की जरूरत है, लिहाजा रुपए चाहिए। वापस आकर छिपकर गुलामी करने पर कोई जान नहीं सकेगा। डरते हैं तलवरकर से और ब्रजेन्द्र से। लेकिन उनके चाचा पुलिस अधिकारी हैं–इसका इन्तजाम जरूर ही हो गया होगा भैया। तुम्हें और मुझे भी अब बख्शा नहीं जाएगा। नीच, लालची, तंग दिल, डरपोक। छिः!'

डॉक्टर मुस्कुराए। धीरे-धीर बोले–'बिना सच्चा प्यार किए जी खोलकर ऐसी तारीफ नहीं की जा सकती है। कवि, इस बार तुम्हारी बारी है। सरस्वती को याद करके अब तुम नवतारा की तारीफों के पुल बाँधना शुरू करो–हम लोग अवगत हों।'

भारती चौंककर बोली–'भैया, तुमने मेरा तिरस्कार किया?'

डॉक्टर ने गर्दन हिलाकर कहा–'हो सकता है, ऐसा ही हुआ हो।'

अभिमान, दुख और गुस्से से भारती का मुँह लाल हो उठा, बोली–'तुम मुझे कभी मत डाँटना। तुम सोचते हो कि सभी शशि बाबू की तरह मुँह बन्द किए बर्दाश्त कर सकते हैं? तुम क्या जानो, आदमी का क्या हाल होता है।' उमड़ते

दुख से उसकी आवाज रुकने को आई, बोली—'वे लौट आए हैं, अब तुम मुझे यहाँ से कहीं और ले चलो भैया—मैं यह किस अभागे के पैरों पर अपना सब कुछ निछावर किए बैठी हुई हूँ। कहते-कहते फर्श पर अपना सिर रखकर भारती बच्चों की तरह रो पड़ी।'

डॉक्टर मुस्कुराते हुए चुपचाप खाना खाने लगे। उनके निर्विकार भाव को देखकर ऐसा नहीं लगता कि इन सारे प्रेम-उल्लासों ने उन्हें जरा भी विचलित किया है। पाँच-सात मिनट बाद भारती उठकर बगल वाले कमरे में गई और मुँह-आँख को अच्छी तरह से धो-पोंछकर वापस आकर उसी जगह पर बैठी जहाँ वह पहले बैठी हुई थी। पूछा—'भैया, तुम लोगों को और कुछ दूँ।'

डॉक्टर ने अपनी जेब से रूमाल निकालकर कहा—'ब्राह्मण का लड़का हूँ, इसमें कुछ बाँध कर दे दो, ताकि दो दिन निश्चिन्त हो सकूँ।'

मैला रूमाल वापस देकर भारती ने ढूँढ़कर एक धुला हुआ तौलिया निकाला और तरह-तरह के खाने की चीजों की एक पोटली बाँधकर उसे डॉक्टर की बगल में रख दिया और बोली—'यह रहा ब्राह्मण के लड़के का खाना। और यह रही रुपयों की छोटी-सी थैली।'

डॉक्टर ने मुस्कुराते हुए कहा—'यह है ब्राह्मण के लड़के को खाना खिलाने के बाद दी जानेवाली दक्षिणा।'

भारती बोली—'यानी तुच्छ शादी-ब्याह के मामले के अलावा दरअसल सभी जरूरी काम बेखटके खत्म हुए।'

अचानक ठहाका लगाना शुरू करते ही डॉक्टर ने हाथ से जोर से अपना मुँह दबाकर हँसी रोकी, गम्भीर होकर बोले—'यह भगवान का कैसा अभिशाप है भारती, जब मैं हँसना चाहता हूँ, तो मेरे मुँह से ठहाके के अलावा और कुछ निकलना ही नहीं चाहता। दहाड़ें मारकर रोने के लिए तुम्हें साथ नहीं ले आता, तो आज मुँह दिखाना ही मुश्किल हो जाता।'

'भैया, फिर मुझे तंग करने लगे?'

'मैं तुम्हें तंग कर रहा हूँ? मैं तो अपनी कृतज्ञता प्रकट करने की कोशिश कर रहा हूँ।'

भारती ने गुस्सा करके दूसरी तरफ मुँह घुमा लिया, जवाब नहीं दिया।

शशि बराबर चुप ही था, इतनी देर बाद उसने बात की। अचानक बड़ी गम्भीरता के साथ बोला—'अगर आप गुस्सा न करें, तो मैं एक बात कहूँ। कोई-कोई बड़ा सन्देह करते हैं कि एक दिन आप ही के साथ भारती की शादी होगी।'

डॉक्टर पल-भर के लिए चौंक गए लेकिन दूसरे ही पल उन्होंने अपने आपको सँभाल लिया और उल्लास से भरकर बोल उठे–'यह तुम क्या कह रहे हो शशि? तुम्हारे मुँह में घी-शक्कर, ऐसा अच्छा दिन क्या कभी इतने बड़े अभागे के नसीब में आएगा? यह तो सपनों के परे है कवि।'

शशि बोला–'मगर बहुतेरे तो यही सोचते हैं।'

डॉक्टर ने कहा–'हाय! हाय! बहुतेरे न सोचकर अगर सिर्फ एक व्यक्ति एक पल के लिए भी यह सोचता!'

भारती हँस पड़ी–डॉक्टर के मुँह की तरफ निहारकर बोली–'अभागे की तकदीर तो एक ही पल में बदल जा सकती है भैया। तुम हुक्म करके अगर कहो, भारती कल ही मुझसे तुम्हें शादी करनी होगी, तो मैं तुम्हारी कसम खाकर कह रही हूँ कि मैं यह नहीं कहूँगी कि और एक दिन सब्र करो।'

डॉक्टर बोले–'लेकिन बेचारा अपूर्व जो जान को हथेली पर लेकर लौट आया, उसका क्या उपाय होगा?'

भारती बोली–'वहाँ उनकी माँ उनके लिए लड़की ढूँढ़ रही है, उनके लिए तुम्हें फिक्र करने की कोई वजह नहीं है। उनकी जान नहीं निकल जाएगी।'

डॉक्टर ने गम्भीर होकर कहा–'लेकिन तुम्हारा मुझसे शादी करने के लिए राजी होना यह साबित करता है कि तुम्हें मुझ पर कम भरोसा नहीं है भारती।'

भारती बोली–'मैं तुम्हारे हाथों पड़ूँगी तो फिर डर किस बात का?'

डॉक्टर शशि की तरफ निहारकर बोले–'सुन रखो कवि। भविष्य में अगर वह मुझसे शादी करने से इनकार करे, तो तुम्हें गवाही देनी होगी।'

भारती बोली–'किसी को गवाही देने की जरूरत नहीं है भैया, तुम्हारी कसम खाने के बाद मैं कभी इनकार नहीं करूँगी। जब तुम मुझसे शादी करने को राजी हो जाओगे, तो मैं तुमसे शादी कर लूँगी।'

डॉक्टर बोले–'अच्छा, जब वक्त आएगा तब देखा जाएगा।'

'देख लेना।' यह कहकर भारती हँसकर बोली–'भैया, मेरी या सुमित्रा की भला क्या बिसात! स्वर्ग के इन्द्रदेव अगर उर्वशी, मेनका, रम्भा को बुलाकर यह कहते कि प्राचीन काल में ऋषि-मुनियों के बदले तुम लोगों को आधुनिक काल के सव्यसाची की तपस्या भंग करनी होगी, तो उन सबको अपना-सा मुँह लेकर लौट जाना पड़ता–यह मैं पक्का कह रही हूँ भैया। हाड़-मांस के हृदय को जीता जा सकता है, लेकिन पत्थर को क्या कोई पिघला सकता है। गुलामी की आग में जलकर तुम्हारा समूचा कलेजा पत्थर बन चुका है।'

डॉक्टर मुस्कुराए। भारती की दोनों आँखें श्रद्धा और स्नेह से पूनम हो उठीं, बोली–'यह विश्वास नहीं रहता, तो क्या मैं अपने आपको तुम्हें सौंप सकती थी? मैं तो नवतारा नहीं हूँ। मैं जानती हूँ, तुमसे बहुत बड़ी गलती हो गई है, लेकिन इस जीवन में उस गलती को सुधारने का उपाय भी अब नहीं है। एक दिन के लिए भी जिन्दा हैं मन-ही-मन...।'

भारती की आँखों से फिर आँसू लुढ़क पड़े। उसने उन्हें झटपट हाथ से पोंछ डाला और हँसने की कोशिश करती हुई बोली–'भैया, लौटने का वक्त नहीं हुआ है? भाटा आने में कितनी देर है?'

डॉक्टर ने दीवार की घड़ी की तरफ निहारकर कहा–'अभी भी देरी है बहन।' उसके बाद उन्होंने धीरे-धीरे अपना दाहिना हाथ बढ़ाकर भारती के सिर पर रखा और बोले–'आश्चर्य है। इतने बुरे हाल में भी आज भी बंगाल का यह अनमोल रत्न खो नहीं गया है। रहने दो न नवतारा को। हमारी भारती तो है ही। शशि, सारी दुनिया में इसका कोई जोड़ नहीं मिलेगा। हजारों सव्यसाचियों की भी मजाल नहीं कि तुच्छ अपूर्व को उसके दिल से निकाल दे। अच्छी बात है शशि, शराब की बोतल कहाँ है?'

डॉक्टर का सवाल सुनकर शशि कुछ झेंप-सा गया, बोला–'मैंने शराब नहीं खरीदी है डॉक्टर। मैं अब शराब नहीं पिऊँगा।'

भारती बोली–'तुम्हें याद नहीं है भैया, नवतारा ने उनसे प्रतिज्ञा करवा ली थी?'

शशि ने उसकी बात पर हामी भरकर कहा–'सचमुच ही, मैंने नवतारा से यह प्रतिज्ञा की थी कि मैं अब शराब नहीं पिऊँगा। मैं अपनी यह प्रतिज्ञा नहीं तोडूँगा डॉक्टर।'

डॉक्टर ने मुस्कुराकर कहा–'मगर तुम जिन्दा रहोगे कैसे शशि? शराब छूट गई, नवतारा चली गई, अपनी जमीन-जायदाद बेचकर तुम्हें जो रुपए मिले थे वे भी हाथ से गए–एक साथ इतना सदमा तुम बर्दाश्त कैसे करोगे?'

शशि के मुँह की तरफ निहारकर भारती को दुख हुआ, बोली–'मजाक करना बड़ा आसान है भैया, लेकिन सचमुच एकबार सोचकर तो देखो?'

डॉक्टर बोले–'मैंने सोचकर देखा है, तभी मैं कह रहा हूँ भारती। इन रुपयों पर शशि को कितनी आशा कितना भरोसा था, यह मुझसे ज्यादा और कोई नहीं जानता है। उसकी जान-पहचान का एक भी ऐसा व्यक्ति नहीं है जिसने इन रुपयों के बारे में नहीं सुना हो। उसके बाद आई नवतारा। छह-सात महीने तक वही उसके दिलोदिमाग पर छाई रही। और शराब? शराब तो शशि के सुख-दुख की

इकलौती साथी थी। कल तक सब कुछ था, आज उसके जीवन का सारा आनन्द, सारी सांत्वना एक साथ साजिश करके जैसे उसे छोड़कर चली गई। तब भी उसके मन में किसी के प्रति बैर नहीं है, किसी से कोई शिकायत नहीं है—यहाँ तक कि आसमान की तरफ नजरें उठाकर वह एक बार नम आँखों से यह नहीं कह सका कि भगवान! मैंने किसी का भी बुरा नहीं चाहा, लेकिन अगर तुम सचमुच हो, तो तुम इसका फैसला करो।'

भारती के मुँह से आह निकलने को आई, बोली—'तो इसीलिए तुम उन्हें इतना प्यार करते हो?'

डॉक्टर बोले—'मैं उसे सिर्फ प्यार ही नहीं करता, बल्कि मैं उस पर विश्वास भी करता हूँ। शशि ईमानदार आदमी है, उसका सारा हृदय मानो गंगाजल की भाँति शुद्ध और निर्मल है। भारती, जब मैं चला जाऊँगा, तो बहन, तुम इसको जरा देखना। मैं शशि को तुम्हारे ही हाथों सौंप रहा हूँ, वह दुख पाएगा, मगर कभी किसी को दुख नहीं देगा।'

शशि का मुँह शर्म और संकोच से लाल हो उठा। इसके बाद थोड़ी देर तक शायद शब्दों की कमी की वजह से तीनों ही चुप रहे।

डॉक्टर ने पूछा—'अब तुम क्या करोगे कवि? तुम्हारे पास तो सिर्फ वही वॉयलिन बचा। पहले की तरह फिर देश-देश में उसे बजाते फिरोगे?'

इस बार शशि ने हँसते हुए कहा—'अपने दल में आप मुझे भर्ती कर लीजिए—सचमुच मैं अब शराब नहीं पिऊँगा।'

उसकी बात और उसके बात करने के ढंग को देखकर भारती हँसी। डॉक्टर खुद भी हँसे, स्नेह से भीगे स्वर में बोले—'नहीं कवि, अब तुम्हें मेरे दल में भर्ती होने की जरूरत नहीं। तुम मेरी इसी बहन के पास रहो, इसी में मेरा बहुत बड़ा फायदा है।'

शशि ने सिर हिलाकर अपनी सहमति जताई। वह एक पल चुप रहा, फिर संकोच के साथ बोला—'पहले मैं कविता लिख सकता था डॉक्टर—हो सकता है, अभी भी लिख सकूँ।'

डॉक्टर ने खुश होकर कहा—'हाँ, हाँ, तुम तो कविता लिखा करते थे। अब तुम फिर से कविता लिखा करो, इसी में मेरा बहुत बड़ा फायदा होगा कवि।'

शशि बोला—'मैं फिर से कविता लिखना शुरू करूँगा। मैं इस बार सिर्फ किसानों और कुली-मजदूरों के लिए ही कविता लिखूँगा।'

'लेकिन वे लोग तो पढ़ना नहीं जानते हैं कवि?'

शशि बोला—'भले ही वे पढ़ना न जानते हों, तब भी मैं उन्हीं लोगों के लिए

कविता लिखूँगा।'

डॉक्टर हँसकर बोले–'ऐसा करना अस्वाभाविक होगा कवि। और जो चीज अस्वाभाविक होती है वह टिकती नहीं। अनपढ़ों के लिए अन्न-क्षेत्र खोला जा सकता है, क्योंकि उन्हें भूख लगती है। उन्हें साहित्य नहीं खिलाया जा सकता। उनके सुख-दुख का वर्णन करने का मतलब ही उन लोगों का साहित्य नहीं होता। किसी दिन अगर संभव होगा, तो वे ही लोग अपना साहित्य रच लेंगे–वरना तुम्हारा गाया हलों का गीत हलधरों का गीति-काव्य नहीं बन जाएगा। यह असंभव प्रयास तुम मत करो कवि।'

शशि ठीक से समझ नहीं सका, उसने साग्रह प्रश्न किया–'तो मैं क्या करूँ?'

डॉक्टर बोले–'तुम मेरी क्रान्ति का गीत लिखो, जहाँ तुम पैदा हुए हो, जहाँ तुम पले-बढ़े हो सिर्फ वहीं की पढ़ी-लिखी शरीफ जात के लिए गीत लिखो।'

भारती विस्मित हुई, दुखी हुई, बोली–'भैया, तो तुम भी जात मानते हो? तुम्हारा ध्यान भी सिर्फ शरीफ जात की तरफ है?'

डॉक्टर बोले–'मैंने तो वर्णाश्रम की बात नहीं की है, भारती, उस जबरन बनाए जाति-भेद के बारे में तो मैंने नहीं कहा है। वह विषमता मुझमें नहीं है–लेकिन मैं यह माने बिना नहीं रह सकता कि दो जातियाँ हैं–एक पढ़ी-लिखी जात और दूसरी अनपढ़ जात। यही तो सचमुच की जात है। यही तो भगवान के हाथों बनाई जात है। चूँकि तुम ईसाई हो, इसलिए क्या मैं तुम्हें अपने से अलग रख सका हूँ दीदी? तुम-जैसा मेरा अपना कौन है?'

भारती ने श्रद्धा-भरी आँखों से उनकी तरफ देखकर कहा–'लेकिन तुम्हारी क्रान्ति का गीत तो शशि बाबू के मुँह से शोभा नहीं देगा भैया। तुम्हारी क्रान्ति का गीत तुम्हारी गुप्त समिति के... ।'

डॉक्टर ने उसे बीच में रोककर कहा–'नहीं, मेरी गुप्त समिति की जिम्मेदारी मेरे ही ऊपर रहने दो बहन–उस बोझ को ढोने लायक जोर...नहीं, नहीं, उसे रहने दो। वह सिर्फ मेरी जिम्मेदारी है। इतना कहकर उन्होंने थोड़ी देर तक जैसे अपने आपको सँभाल लिया। बोले–'तुम्हें तो मैंने कहा है भारती कि क्रान्ति का मतलब सिर्फ खून-खराबा करना नहीं है। क्रान्ति का मतलब है बेहद तेजी से पूरा बदलाव लाना। राजनीतिक क्रान्ति नहीं–वह मेरी है। कवि, तुम जी खोलकर सिर्फ सामाजिक क्रान्ति का गीत गाना शुरू कर दो। जो सनातन है, जो प्राचीन है, जो जीर्ण-शीर्ण है, जो पुराना है–धर्म, समाज, संस्कार–सब कुछ चकनाचूर होकर ध्वस्त हो जाए और कुछ न कर सको शशि, तो सिर्फ इसी सबसे बड़ी

सच्चाई का बुलंद आवाज में प्रचार कर दो–भारत का इससे बड़ा दुश्मन और कोई नहीं है–उसके बाद रहने दो देश की आजादी का बोझ मेरे इस सिर पर। कौन?'

शशि ने कान खड़े करके कहा–'सीढ़ियों पर कदमों की आहट–'

डॉक्टर ने पलक झपकते अपनी जेब में हाथ डाल दिया और चुपचाप तेज कदमों से अँधेरे बरामदे में बाहर निकल गए, मगर पलभर बाद ही वापस आकर बोले–'भारती, सुमित्रा आ रही है।'

अट्ठाईसवाँ परिच्छेद

आधी रात को सुमित्रा के आने की खबर जितनी अप्रत्याशित थी उतनी ही अप्रिय। भारती संकुचित और त्रस्त हो उठी। थोड़ी देर बाद जब वे घुसीं, तो डॉक्टर ने उसका स्वागत करते हुए सहज आवाज में कहा–'बैठो। तुम क्या अकेले आई?'

सुमित्रा बोली–'हाँ, मैं अकेले ही आई हूँ।' उसके बाद उन्होंने भारती की तरफ निहारकर पूछा–'अच्छी हो न भारती?'

इन कई मिनटों के अन्दर ही भारती कितना कुछ सोच गई थी, उसकी सीमा नहीं थी। वह यह पक्का जानती थी कि उस दिन की तरह आज भी सुमित्रा उसकी परवाह नहीं करेंगी। लेकिन सिर्फ यही नहीं कि उन्होंने उसका कुशल-क्षेम पूछा, बल्कि उनकी स्निग्ध कोमल आवाज को सुनकर भारती के हाथ पर सहसा जैसे चाँद उतर आया। अकारण कृतज्ञता से अपने मन को भरकर वह बोली–'हाँ, मैं अच्छी हूँ दीदी। आप अच्छी हैं न?' आज उन्हें तुम कहकर पुकारने की भारती की हिम्मत नहीं हुई।

'हाँ, अच्छी हूँ'–यह जवाब देकर सुमित्रा एक किनारे बैठीं। ज्यादा बोलना उनका स्वाभाव नहीं है–एक स्वाभाविक और शान्त गम्भीरता के द्वारा वे हमेशा ही दूरी बनाए चलती थीं, आज भी उस रीति का अपवाद नहीं हुआ। लेकिन यह जानकर भी कि यह छिपे हुए गुस्से या विरक्ति का परिचायक नहीं है, भारती को अपनी तरफ से दूसरा सवाल करने का साहस नहीं हुआ।

डॉक्टर ने बात की। बोले–'मैंने शशि के मुँह से सुना कि तुम काफी धन-दौलत की वारिस बनकर जावा वापस जा रही हो।'

सुमित्रा बोली–'हाँ, मुझे ले जाने के लिए आदमी आया है।'

'कब जाओगी?'

'शनिवार को सबसे पहले जानेवाले स्टीमर से जाऊँगी।'

डॉक्टर जरा मुस्कुराकर बोले–'खैर, अब तुम बड़ी दौलतमन्द हो गई।'

सुमित्रा ने गर्दन हिलाकर हामी भरी, बोली–'हाँ, सारी धन-दौलत मिलेगी तो दौलतमन्द हो जाऊँगी।'

डॉक्टर बोले–'मिल जाएगी। एटर्नी की सलाह के बिना कोई काम मत करना। और जरा सावधान रहना। तुम्हें ले जानेवाले लोग तुम्हारे परिचित हैं न?'

सुमित्रा बोली–'हाँ, वे विश्वासी लोग हैं, मैं सभी को पहचानती हूँ।'

'तब तो कोई बात नहीं,' यह कहकर डॉक्टर मुँह घुमाकर भारती से कुछ कहने जा रहे थे कि तभी अचानक शशि ने बात की, बोला–'यह बुरा नहीं हुआ डॉक्टर। जिन तीन बंगाली औरतों को आपने 'पथ का दावा' में शामिल किया था उनमें से नवतारा चली गई, खुद प्रेसिडेंट जाने को तैयार हैं, सिर्फ भारती...।'

डॉक्टर ने मुस्कुराकर कहा–'तुम्हें फिक्र करने की कोई जरूरत नहीं है कवि, यह बिलकुल तय हो चुका है कि भारती भी इन्हीं दोनों के नक्शे कदम पर चलेगी।'

डॉक्टर की बात के जवाब में भारती ने गुस्साकर कनखियों से देखा, मगर जवाब नहीं दिया।

डॉक्टर के मजाक के अन्दर जो दुख था उसी का अन्दाजा लगाकर शशि ने कहा–'आपको भी जल्दी ही जाना पड़ रहा है। तब देखिए, आपके 'पथ का दावा' की एक्टिविटी कम-से-कम बर्मा में तो खत्म हो गई। अब कौन इसे चलाएगा।' यह कहकर शशि ने गहरी आह भरी। उसकी यह आह निखालिस और सही दुख से भरी हुई थी, मगर आश्चर्य यह कि डॉक्टर के चेहरे पर इसकी जरा भी परछाई नहीं पड़ी।

वे पहले की ही तरह मुस्कुराते हुए बोले–'यह तुम कैसी बात कर रहे हो कवि? इतने दिनों से इतना कुछ देख-भालकर अन्त में तुम्हारे मुँह से सव्यसाची को यह सर्टिफिकेट। चूँकि तीनों औरतें चली जाएँगी इसलिए 'पथ का दावा' खत्म हो जाएगा? शराब छोड़ देने का क्या यही नतीजा है? अच्छा होगा कि तुम फिर से पीना शुरू कर दो।'

डॉक्टर की बात मजाक-जैसी लगी, तो भी वह मजाक नहीं थी। यह समझकर भी भारती ठीक से समझ नहीं सकी। उसने कनखियों से देखा, सुमित्रा नजरें झुकाए चुपचाप बैठी हुई हैं। तब उसने मुँह उठाया और डॉक्टर के मुँह पर नजरें टिकाकर कहा–'भैया, मुझे तो भला समझने के लिए शराब पीना शुरू करने की जरूरत नहीं है, मगर तब भी तो मैं समझ नहीं सकी। नवतारा तो कुछ भी नहीं थी और मैं तो उससे भी गई-गुजरी हूँ, लेकिन सुमित्रा दीदी तो–जिन्हें तुमने खुद प्रेसिडेंट की गद्दी पर बिठाया है–वे चली जाएँगी, तो भी क्या तुम्हारे 'पथ का दावा' को चोट नहीं पहुँचेगी? सच-सच बताओ तो भैया, सिर्फ किसी को नीचा दिखाने के लिए गुस्सा करके मत कहना।' इतना कहकर उसने आँखें चार होने

के निःसन्दिग्ध भरोसे से पलभर के लिए सुमित्रा की तरफ निगाह डाली और फिर तुरत ही निगाह दूसरी तरफ हटा ली। आँखें चार नहीं हुईं, समित्रा जैसे चुपचाप मुँह नीचा किए बैठी हुई थी, ठीक वैसे ही चपचाप मुँह नीचा किए बुत की नाईं बैठी रही।

डॉक्टर थोड़ी देर तक चुप रहे, उसके बाद धीरे-धीरे बोले–'मैंने गुस्सा करके नहीं कहा है भारती, सुमित्रा ऐसी नहीं है जिसकी उपेक्षा की जाए। लेकिन तुम, हो सकता है, न जानो, मगर खुद सुमित्रा यह अच्छी तरह जानती हैं कि ऐसे मामलों में हम यह हिसाब नहीं लगाते कि कितना नुकसान हुआ है। इसके अलावा जो लोग अपनी जान हथेली पर लिए फिरते हैं उनकी जान की कीमत किस चीज से आँकी जाएगी, बताओ तो? आदमी तो जाएगा ही। वह चाहे जितना भी बड़ा क्यों न हो, किसी की भी कमी को हम अपना सर्वनाश न मानें; हम लोगों को सबसे पहला और प्रधान सबक यह सिखाया गया है भारती कि एक आदमी के जाने से खाली पड़ी जगह को दूसरा आदमी आराम से आकर अनायास तुरत वैसे ही भर दे सकता है जैसे पानी की धारा के बह जाने से खाली पड़ी जगह को पीछे आती जल-धारा आराम से अनायास भर दे सकती है।'

भारती बोली–'लेकिन दुनिया में सचमुच ही ऐसा नहीं होता है। मसलन तुम। मैं तो यह सोच भी नहीं सकती भैया कि तुम्हारी कमी को कोई किसी दिन पूरी कर सकता है।'

डॉक्टर बोले–'तुम्हारी विचारधारा अलग है और जिस दिन मुझे यह पता चला था उसी दिन से मैं तुम्हें फिर अपने दल में शामिल नहीं कर सका हूँ। सिर्फ लगा है, दुनिया में तुम्हारे लिए दूसरा काम है।'

भारती बोली–'और मुझे सिर्फ यह लगा है कि मुझे अयोग्य समझकर तुम मुझे दूर हटा देना चाह रहे हो। अगर मेरे लिए दूसरा काम है, तो मैं उसी को करने के लिए अभी से दुनिया में निकल पड़ूँगी। मगर मेरे सवाल का तो यह जवाब नहीं है भैया। दरअसल, यह बात तुच्छ है। तुम्हारी कमी जल-धारा की भाँति पूरी हो सकती है या नहीं? तुम कहते हो, तुम्हारी कमी पानी की धारा की तरह पूरी हो सकती है–मैं कहती हूँ, तुम्हारी कमी पानी की धारा की मानिन्द पूरी नहीं हो सकती है। मैं जानती हूँ, ऐसा नहीं हो सकता है। मैं जानती हूँ, आदमी सिर्फ पानी की धारा नहीं है–तुम तो नहीं ही हो।'

पल-भर चुप रहकर वह फिर से बोली–'सिर्फ उसी बात को जानने के वास्ते मैं तुम पर दबाव नहीं डालती थी। लेकिन जो नहीं है, जिसे तुम खुद जानते हो कि सच नहीं है उसी से तुम मुझे क्यों फुसलाना चाहते हो?'

डॉक्टर अचानक जवाब नहीं दे सके, जवाब के लिए भारती ने इन्तजार भी नहीं किया। बोली–'इस देश में अब तुम नहीं रह सकते–तुम भी जाने के लिए कदम बढ़ाए हुए हो। यह सोचने में भी कलेजा जलने लगता है कि फिर तुम्हें वापस पाना कितना अनिश्चित है, इसीलिए मैं यह नहीं सोचती, फिर भी हर पल यह सच्चाई महसूस किए बिना नहीं रह सकती। इस दुख की सीमा नहीं है। लेकिन उससे भी बड़ा दुख मेरे लिए यह है कि तुम्हें यों पाकर भी मैंने तुम्हें नहीं पाया। आज मुझे कितने दिनों के कितने सवाल याद आ रहे हैं भैया, लेकिन जब भी मैंने तुमसे पूछा है, तुमने सच और झूठ को मिलाकर कहा है–मगर तुमने सच्चाई को हरगिज उजागर नहीं होने दिया है। तुम्हारे 'पथ का दावा' की सेक्रेटरी मैं हूँ, तब भी मैंने तुमसे एक दिन के लिए भी यह नहीं छिपाया कि तुम्हारी कार्य-प्रणाली पर मुझे जरा भी आस्था नहीं थी। न तुमने गुस्सा किया, न अविश्वास–सिर्फ मुस्कुराते हुए बार-बार मुझे हटा देना चाहा है। मैं यह नहीं भूली हूँ कि तुमने अपूर्व बाबू की जान बचाई है। लगता है, सिर्फ तुम्हीं यह बता दे सकते हो कि मेरी छोटी-सी जिन्दगी के लिए क्या करना अच्छा है। विनती करती हूँ भैया, जाने से पहले अपने आपको छिपाकर मत रखो–तुम्हारे, मेरे, सबके लिए जो सबसे बड़ा सच है उसे आज बेधड़क जाहिर कर दो।'

इस अजीब विनती का मतलब न समझ पाने की वजह से शशि और सुमित्रा दोनों ही विस्मय से निहारते रहे और उन लोगों की उत्सुक आँखों की तरफ निगाह डालकर भारती अपनी व्याकुलता पर खुद झेंप उठी, उसकी झेंप डॉक्टर की नजरों से नहीं बची। उन्होंने मुस्कुराकर कहा–'सच, झूठ और सच और झूठ को मिलाकर तो सभी कहते हैं भारती, फिर मेरा खास कसूर क्या है? इसके अलावा अगर शरमाने की कोई बात हो, तो शरमाना तो मुझे चाहिए, मगर शरमाई तुम।'

भारती मुँह नीचा किए चुप रही। सुमित्रा ने इसका जवाब देते हुए कहा–'अगर शर्म तुम्हें न भी हो डॉक्टर, मगर औरतें तो सही बात को भी मुँह पर साफ-साफ कहने में शर्म महसूस करती हैं। कोई-कोई तो कह भी नहीं पाती है।'

यह टिप्पणी किसको निशाना बनाकर किस वजह से की गई, यह समझना किसी के लिए बाकी नहीं रहा, लेकिन जो श्रद्धा और सम्मान उनका प्राप्य है शायद उसी ने सबको निरुत्तर कर दिया। दो-तीन मिनट चुप्पी में गुजरे, तो डॉक्टर ने फिर से भारती से कहा–'भारती, सुमित्रा ने कहा कि मुझे शर्म नहीं है, तुमने दोष लगाया कि मैं सुविधानुसार कभी सच बोलता हूँ, तो कभी झूठ। आज भी मैं वैसा ही कुछ कहकर यह प्रसंग खत्म कर दे सकता था अगर इसके साथ मेरा 'पथ का दावा' न जुड़ा रहता तो। मैं सच कहता हूँ या झूठ, यह इस बात से

निर्धारित होता है कि मेरी बात से इसका भला होता है या बुरा। यही मेरा नीति-शास्त्र है, यही है मेरा सरल रूप।'

भारती अचरज में पड़कर बोली–'यह तुम क्या कह रहे हो भैया? यही है तुम्हारी नीति, यही है तुम्हारा सरल रूप।'

सुमित्रा बोल उठी–'हाँ, ठीक यही। यही है उनका सही स्वरूप। न दया, न माया, न धर्म–इस पत्थर की मूर्ति को मैं पहचानती हूँ भारती।'

ऐसी बात नहीं कि भारती ने उनकी बात पर विश्वास किया, लेकिन वह स्तब्ध हो गई।

डॉक्टर बोले–'तुम लोग कहा करते हो, चरम सत्य, परम सत्य–ये अर्थहीन, बेकार के शब्द तुम लोगों के लिए बड़े कीमती हैं। बेवकूफों को फुसलाने के लिए इतना बड़ा कोई दूसरा जादू नहीं है। तुम लोग सोचते हो, झूठ को गढ़ा जा सकता है, सच शाश्वत है, सनातन है, अपौरुषेय है? यह झूठ है। झूठ की तरह ही इसको मानव-जाति दिन-रात गढ़ा करती है। यह शाश्वत, सनातन नहीं है– इसका जन्म होता है, मृत्यु होती है। मैं झूठ नहीं कहता, जरूरत पड़ने पर मैं सच को गढ़ता हूँ।'

यह मजाक नहीं था, यह सव्यसाची के मन की बात थी। भारती का चेहरा फक् पड़ गया। उसने धीरे स्वर में पूछा–'भैया, तो क्या यही है तुम्हारे 'पथ का दावा' की नीति?'

डॉक्टर ने जवाब दिया–'भारती, मेरा 'पथ का दावा' तर्कशास्त्र का ढोल नहीं है। यह मेरे अपनी राह चलने के हक की ताकत है। पता नहीं किसने कब किस अनजानी जरूरत से नीति की बात कही, उसकी कही वह बात–'पथ का दावा' के लिए होगी सही और इसके चलते जिसका गला फाँसी की रस्सी से बँधा हुआ है उसके हृदय की बात गलत होगी? मैं नहीं जानता कि तुम्हारे लिए परम सच क्या है, लेकिन परम झूठ अगर कहीं है, तो वह यही है।'

उत्तेजना से सुमित्रा की आँखें तेज हो उठीं, लेकिन इस भयानक बात को सुनकर भारती शंका और संशय से बिलकुल अभिभूत हो गई।

'कवि!'

'जी।'

'देखा तुमने, शशि को कितनी श्रद्धा है?' यह कहकर डॉक्टर हँसे, लेकिन उनके साथ कोई नहीं हँसा। डॉक्टर ने दीवार की घड़ी की तरफ निहारकर कहा– 'ज्वार खत्म होने में अब देरी नहीं है। मेरे जाने का वक्त होने को आया। तुम्हारे तारा-विहीन शशि-तारा लॉज में फिर आने का मुझे समय नहीं मिलेगा।'

शशि ने कहा—'कल ही मैं यह डेरा छोड़ दूँगा।'

'कहाँ जाओगे?'

शशि बोला—'आपके कहे मुताबिक भारती के पास जाकर रहूँगा।'

डॉक्टर ने मुस्कुराकर कहा—'देख रही हो भारती, शशि मेरा कहा नहीं ठुकराएगा। उस डेरे का क्या नाम रखोगे कवि? शशि-भारती लॉज? शिकार को जाल फाड़कर भागते तो तीनेक बार मैंने ही देखा है। अब की बार शिकार फँस भी सकता है। बतौर व्यक्ति भारती अच्छी है। उसके मन में दया-माया है।'

इतनी तकलीफ में भी भारती हँस पड़ी। सुमित्रा ने मुस्कुराते हुए सिर नीचा किया।

डॉक्टर बोले—'लेकिन तुम्हारी रुपयों की थैली मैं अपने साथ लिये जा रहा हूँ। उसे मैं भारती के पास रख दूँगा, वह एक मकान खरीदेगी।'

भारती बोली—'जले पर नमक छिड़कना क्या तुम नहीं छोड़ोगे?'

शशि बोला—'रुपए आप ले लीजिए डॉक्टर, ये मैंने आपको दिए। अपने गाँव के घर-मकान सब कुछ बेचकर जो रुपए मुझे मिले हैं वे देश के काम आएँ—यही मेरी तमन्ना है।'

डॉक्टर हँसे, मगर उनकी आँखें छलछलाने को आईं। बोले—'रुपया मेरे पास है शशि, अभी उसकी जरूरत नहीं है। इसके अलावा अब शायद रुपए की कमी नहीं होगी। यह कहकर उन्होंने मुस्कुराकर सुमित्रा की तरफ निहारा।'

सुमित्रा की दोनों आँखों में कृतज्ञता उमड़ उठी। मुँह से तो वे कुछ नहीं बोलीं, मगर उनके अंग-अंग से यही बात फूटकर बाहर निकली कि सब कुछ तो तुम्हारा है, लेकिन उसे क्या तुम छूओगे।

डॉक्टर ने अपने नजरें हटाईं और कई पल स्तब्ध-भाव से रहकर पुकारा—'कवि!'

'कहिए।'

'तुम इसलिए दुख महसूस नहीं करना कि मैंने जरा पहले ब्राह्मण-भोजन कर लिया। क्योंकि जब सचमुच शुभ मुहूर्त आ पहुँचेगा। तब दूसरी बार अब मुझे फुर्सत नहीं मिलेगी। लेकिन वह आएगा। तरह-तरह के अच्छे खाने खाकर तृप्त होकर मैंने तुम्हें वर दिया, तुम सुखी होओ। लेकिन दो काम तुम कभी मत करना। एक, शराब न पीना और दूसरा, राजनीतिक क्रान्ति में शामिल न होना। तुम कवि हो, तुम देश के बड़े कारीगर हो—तुम यह न भूलना कि तुम राजनीति से बड़े हो।'

शशि ने खिन्न होकर कहा—'मैं आपके साथ कन्धे से कन्धा मिलाकर वही काम करूँगा जो आप कर रहे हैं, तो कोई दोष होगा—मैं क्या आपसे भी बड़ा हूँ?'

डॉक्टर बोले–'हाँ, तुम मुझसे बड़े हो। तुम्हारा ही परिचय तो राष्ट्र का सही परिचय है। तुम लोगों के सिवा इसे किस चीज से मापा जाएगा? एक दिन इस आजादी और गुलामी की समस्या का फैसला तो होना ही है–इसके दुख और गरीबी की कहानी को उस दिन जनश्रुति से अधिक मूल्य नहीं मिलेगा। लेकिन तुम्हारे काम का मूल्यांकन कौन करेगा? तुम्हीं तो देश की तमाम छितरी-बिखरी धाराओं को माला की तरह एक सूत्र में पिरो जाओगे।'

सुमित्रा मन्द-मन्द मुस्कुराकर बोली–'तमाम छितरी-बिखरी धाराओं को एक सूत्र में कब पिरोएँगे, यह तो वे ही जानते हैं, लेकिन तुमने बातों को पिरो-पिरोकर उनका जो मूल्य अभी बढ़ा दिया उसे भारती सँभालेगी कैसे?'

सुमित्रा की बात सुनकर सभी हँसे, डॉक्टर बोले–'शशि बनेगा हमारा राष्ट्रीय कवि। न हिन्दुओं का कवि होगा, न मुसलमानों का, न ईसाइयों का–वह होगा सिर्फ हमारे बंगाल का कवि। मेरे बंगाल में हजारों नद-नदियाँ बहते हैं, मेरे बंगाल की धरती सुजला, सुफला, शस्यश्यामला है। जहाँ न झूठी बीमारी का दुख है, न झूठे अकाल की भूख है और न विदेशी शासन के दुसह अपमान की तकलीफ है, न मनुष्यत्वहीनता का लाँछन है–तुम बनोगे शशि, वही का चारण कवि। बनोगे न भाई?'

भारती के रोंगटे खड़े हो गए, शशि भाई सम्बोधन से पसीज गया, बोला–'डॉक्टर, कोशिश करने पर मैं अँगरेजी में भी कविता लिख सकता हूँ। यहाँ तक कि...।'

डॉक्टर उसे बीच में रोककर बोल उठे–'नहीं, नहीं, अँगरेजी में नहीं, अँगरेजी में नहीं–सिर्फ बंगला में तुम कविता लिखना–सिर्फ इन सात करोड़ लोगों की मातृभाषा में तुम कविता लिखना। शशि, मैं दुनिया की लगभग तमाम भाषाओं को जानता हूँ, लेकिन सहस्र दलों में विकसित ऐसे मधु से भरी भाषा कोई दूसरी नहीं है। मैं बहुत समय सोचता हूँ भारती, कि ऐसा अमृत इस देश में कब कौन लाया था।'

भारती की आँखों की कोरों में पानी आ गया, वह बोली–'और मैं सोचती हूँ भैया कि देश को इतना प्यार करना तुम्हें किसने सिखाया था? कहीं इसकी कोई सीमा नहीं है।

इसी की प्रतिक्रिया में शशि उमड़ते स्वर में बोल उठा–'इसी बीते गौरव का गीत ही बनेगा मेरा गीत, इसी प्यार का सुर ही बनेगा मेरा सुर। अपने देश को बंगाल के लोग फिर पहले की ही तरह प्यार कर सकें–यही सबक मैं सिखाऊँगा।'

डॉक्टर ने विस्मित आँखों से पलभर शशि की तरफ निहारकर सुमित्रा के मुँह की तरफ निगाह डाली और अन्त में दोनों ही हँसे। लेकिन इस हँसी का आशय अन्य दोनों नहीं समझ सके, इस वजह से दोनों झेंप गए।

डॉक्टर बोले–'यह तुम क्या कह रहे हो, वे फिर अपने देश को पहले की ही तरह प्यार करेंगे? तुम जिस प्यार की बात कह रहे हो शशि, बंगालियों ने कभी भी बंगाल को वैसा प्यार नहीं किया है। तुम जिस प्यार की बात कह रहे हो, उसका जरा-सा अंश बंगालियों के मन में रहता, तो क्या वे विदेशियों के साथ साजिश करके इन सात करोड़ भाई-बहनों को अनायास दूसरों के हाथों सौंप सकते थे? जननी जन्मभूमि सिर्फ कहने की बात थी। मुसलमान बादशाह के पैरों पर समर्पित करने के लिए हिन्दू मानसिंह हिन्दू प्रतापादित्य को जानवरों की तरह बाँधकर ले गया था और उसका हाथ बँटाकर राह दिखाता हुआ लाया था बंगाली। लुटेरे देश को लूटने आते थे, बंगाली उनसे लड़ते नहीं थे, बल्कि सिर पर हाँड़ी रखे पानी में बैठे रहते थे। मुसलमान लुटेरे मन्दिरों को ध्वस्त करके देवताओं के नाक-कान काटकर चले जाते थे, बंगाली दौड़कर भाग जाते थे, धर्म के वास्ते अपनी गर्दन नहीं कटाते थे। ऐसे बंगाली हमारे कोई नहीं है, कवि, गौरव करने लायक उनके लिए कुछ नहीं था। उन्हें हम पूरी तरह ठुकराकर चलेंगे। उनका जो कुछ है–उनका धर्म, निर्देश, कायरता, देश-द्रोह और सामाजिक रीति-रिवाज– सबको हम ठुकराएँगे। यही तो होगा तुम्हारा क्रान्ति का गीत, यही तो होगा तुम्हारा सच्चा देश-प्रेम।'

शशि नादान की मानिन्द निहारता रहा, वह डॉक्टर की बातों को समझ नहीं सका।

डॉक्टर कहते रहे–'उन लोगों की कायरता की वजह से हम दुनिया के आगे हेय हैं, उनकी स्वार्थपरता के बोझ से संकटग्रस्त हैं, पंगु हैं। जिस धर्म को वे लोग खुद नहीं मानते, जिन देवताओं पर खुद उनकी आस्था नहीं थी उन्हीं की दुहाई देकर वे लोग समूचे राष्ट्र को सिर से लेकर पैर तक युक्तिहीन पाबन्दियों के हजारों बन्धनों में जकड़ गए हैं। यह गुलामी बहुत सारे दुखों की जड़ है।'

शशि ने धीरे-धीरे कहा–'यह सब आप क्या कह रहे हैं?'

भारती के क्षोभ की सीमा नहीं रही, बोली–'भैया आज मैं ईसाई हूँ, मगर वे लोग तो मेरे भी पूर्वज थे, उन लोगों में और चाहे जो भी दोष हो, पर तुम ऐसी अनुचित बात मत कहो कि उन्हें धर्म में विश्वास नहीं था।'

सुमित्रा चुप्पी साधे सुन रही थी, अब बोलीं। भारती की तरफ निहारकर कहा–'किसी के भी बारे में अनुचित बात कहना अन्याय है, लेकिन जिस पर

विश्वास नहीं करना चाहिए उस पर विश्वास करना भी अन्याय है, भले ही वे हमारे पूर्वज ही क्यों न हों। इसमें मिठास रह सकती है, युक्ति नहीं भारती, जो कुसंस्कार है उसे छोड़ना सीखो।'

भारती चुप रही। डॉक्टर ने शशि से कहा–'कोई चीज सिर्फ इसी बल पर सही नहीं हो जाती कि वह पुरानी है। पुरानी चीजों का बखान कर सकना ही बड़ा गुण नहीं है। इसके अलावा हम क्रान्तिकारी हैं, हमारे मन में पुरानी चीजों के प्रति मोह नहीं होना चाहिए। हमारी नजर, हमारी गति, हमारा लक्ष्य सिर्फ आगे की तरफ है। पुरानी चीजों को ध्वस्त करके ही तो हमें राह बनानी पड़ती है, इसके बीच माया-ममता को मौका कहाँ है? टूटी-फूटी पुरानी चीजें रास्ते को घेरे रहेंगी, तो हमें 'पथ का दावा' के लिए राह कहाँ मिलेगी।'

भारती बोली–'मैं सिर्फ तर्क के लिए ही तर्क नहीं कर रही हूँ, मैं सचमुच ही तुमसे अपने जीवन की राह ढूँढ़ती फिर रही हूँ। तुम पुराने के दुश्मन हो, लेकिन कोई संस्कार या रीति-रिवाज सिर्फ इसलिए नाकामयाब, बेकार और छोड़ने लायक हो जाएगा कि वह पुराना हो गया है। तो फिर आदमी बेखटके किसके सहारे किस पर खड़ा होगा भैया?'

डॉक्टर बोले–'यह तो मुझे नहीं मालूम कि इतना बोझ सहनेवाली कौन-सी चीज दुनिया में है। लेकिन यह मैं जानता हूँ कि जैसे-जैसे दिन बीतते जाते हैं वैसे-वैसे एक दिन तमाम चीजें पुरानी, जीर्ण-शीर्ण और बेकार हो जाती हैं, इसीलिए वे छोड़ देने लायक हो जाती हैं। रोज आदमी आगे बढ़ता जाएगा और उसके पूर्वजों द्वारा बनाया हुआ हजारों वर्ष पुराना रीति-रिवाज जहाँ तक तहाँ अडिग रहेगा, ऐसा होता, तो हो सकता है, अच्छा होता, मगर ऐसा होता नहीं है। सिर्फ एक मुसीबत हुई है, वह यह कि कोई संस्कार कितना पुराना है उसका निर्धारण सिर्फ इस हिसाब से नहीं किया जा सकता है कि वह कितने दिनों से चला आ रहा है। ऐसा नहीं होता, तो तुम भी आज हमारे सुर में सुर मिलाकर कहती, भैया, जो पुराना है, जो जीर्ण-शीर्ण है उस सबको बिना किसी भेद-भाव के निर्मम होकर ध्वस्त कर डालो, फिर नए आदमी, नई दुनिया की स्थापना हो।'

भारती ने पूछा–भैया, तुम खुद ऐसा कर सकते हो?'

'क्या बहन?'

'जो पुराना है, जो पवित्र है उस सबको तुम निर्मम चित्त से ध्वस्त कर सकते हो?'

डॉक्टर बोले–'हाँ, मैं कर सकता हूँ, मैं ऐसा कर सकता हूँ। यही तो हमारा व्रत है। ऐसा नहीं होता भारती कि जो पुराना है वही पवित्र है। सत्तर साल का

आदमी पुराना होने की वजह से दस साल के बच्चे से ज्यादा पवित्र नहीं हो जाता। तुम अपनी तरफ से नजरें उठाकर देखो–आदमी की जिन्दगी के हर क्षेत्र में भारत का वर्णाश्रम-धर्म तो गलत साबित हो चुका है। ब्राह्मण, क्षत्रिय, वैश्य, शूद्र इनमें से कोई भी तो इस आश्रम का सहारा नहीं लेता। जो इसका सहारा लेगा उसे मरना होगा। उस युग का वह बन्धन आज छिन्न-भिन्न हो गया है। तब भी उसे कौन पवित्र समझता है, जानती हो भारती? ब्राह्मण चिरस्थायी प्रबन्ध को बेहद पवित्र मानकर कौन लोग उसे अपने सीने से लगाए रखना चाहते हैं, जानती हो? जमींदार। इसका स्वरूप समझना तो मुश्किल नहीं है। जिस संस्कार के मोह से अपूर्व आज तुम-जैसी नारी को छोड़कर जा सकता है उससे बड़ा गलत संस्कार और क्या है? और यह क्या सिर्फ अपूर्व का वर्णाश्रम है? तुम्हारा ईसाई धर्म भी आज उतना ही गलत हो चुका है भारती। इस पुराने मोह को तुम्हें छोड़ना होगा।'

भारती ने डरकर कहा–'जिस धर्म को मैं प्यार करती हूँ, जिस धर्म पर मैं विश्वास करती हूँ तुम मुझे उसी धर्म को छोड़ने के लिए कहते हो भैया?'

डॉक्टर बोले–'हाँ, मैं तुम्हें धर्म को छोड़ देने के लिए कहता हूँ क्योंकि सारे के सारे धर्म गलत है–ये आदिम युग के कुसंस्कार हैं। आम आदमी का इतना बड़ा दुश्मन कोई दूसरा नहीं है।'

भारती मुँह लटकाए स्तब्ध बैठी रही। बहुत देर बाद धीरे-धीरे बोली–'भैया, तुम जहाँ कहीं भी रहोगे, मैं तुम्हें हमेशा प्यार करूँगी, लेकिन यही अगर तुम्हारी सही राय हो, तो आज से तुम्हारी और मेरी राह बिलकुल अलग-अलग है। एक दिन के लिए भी मैंने यह नहीं सोचा था कि इतने बड़े पाप की राह ही तुम्हारे 'पथ का दावा' की राह है।'

डॉक्टर जरा मुस्काए।

भारती बोली–'मैं यह पक्का जानती हूँ कि तुम्हारे इसी दयाहीन निष्ठुर ध्वंस की राह पर चलने से हरगिज भलाई नहीं होगी। मेरी है स्नेह की राह, करुणा की राह, धर्म-विश्वास की राह–यही राह है मेरा श्रेय, यही राह मेरे लिए सही है।'

'इसलिए तो मैंने तुम्हें अपने दल में शामिल करना नहीं चाहा है भारती। तुम्हारे बारे में गलती की थी सुमित्रा ने। लेकिन एक दिन के लिए भी मुझसे गलती नहीं हुई है। तुम अपनी ही राह चलो। स्नेह की सामग्रियाँ, करुणा की संस्थाएँ दुनिया में तुम्हें बहुत सारी मिलेंगी, ढूँढ़े नहीं मिलेगा सिर्फ 'पथ का दावा', ढूँढ़े नहीं मिलेगा सिर्फ'–कहते-कहते उनकी आँखें पल-भर को जलकर जैसे बुझ गईं। आवाज स्थिर, गम्भीर थी। भारती और सुमित्रा दोनों ने ही समझा, सव्यसाची की यही शक्ल-सूरत, यही संयत, बेलौस भाषा ही सबसे भयंकर है। उन्होंने मुँह

उठाकर कहा–'तुमसे तो मैंने बहुत बार कहा है भारती, भलाई मेरा काम्य नहीं है, मेरा काम्य है आजादी। प्रताप ने जब चित्तौड़ को सुनसान जंगल में बदल डाला था तब समूचे मारवाड़ में उससे ज्यादा अहित करनेवाला कोई दूसरा व्यक्ति नहीं था। यह आज कितनी शताब्दियों पहले की बात है–फिर भी वही अहित आज भी हजारों हितों से बड़ा बना हुआ है। खैर, रहने दो इन सब बेकार के तर्कों को, मेरा जो व्रत है उसके आगे मेरे लिए कुछ भी गलत और अहितकर नहीं है।'

भारती चुपचाप बैठी रही। तर्क और मतभेद तो बहुत दिन बहुत बार हो चुका था, लेकिन इस ढंग का नहीं हुआ था। आज उसका पूरा मन उदास और बोझिल हो उठा।

डॉक्टर ने घड़ी की तरफ निहारा, फिर उसके मुँह की तरफ निहारा, उसके बाद उसी स्निग्ध, सहज मुस्कान के साथ बोले–'मगर इधर तो नदी में फिर ज्वार आ जाने का वक्त होने को आया भारती, उठो।'

भारती उठकर खड़ी हो गई और बोली–'चलो।'

डॉक्टर हाथ में खाने की पोटली लेकर उठे, बोले–'सुमित्रा, व्रजेन्द्र कहाँ है?'

सुमित्रा ने जवाब नहीं दिया, मुँह नीचा किए चुप रही।

'तो क्या मैं तुम्हें पहुँचा आऊँ?'

सुमित्रा ने गर्दन हिलाकर सिर्फ कहा–'नहीं।'

डॉक्टर ने फिर से कुछ कहना चाहा, लेकिन अपने आपको सँभाल लिया और बोले–'अच्छा।' फिर भारती से कहा–'अब देरी मत करो दीदी, आओ।' यह कहकर वे बाहर निकल गए।

सुमित्रा पहले की ही तरह मुँह नीचा किए बैठी रही। भारती ने उन्हें चुपचाप नमस्कार किया और डॉक्टर के पीछे-पीछे चल पड़ी।

उनतीसवाँ परिच्छेद

नींद में चलते हुए आदमी की भाँति भारती नाव पर आकर बैठी और नदी को पार करते वक्त वह बराबर चुप और निस्तब्ध रही। शायद रात का तीसरा पहर होगा, आसमान के अनगिनत तारों की रोशनी से धरती का अँधेरा छँटने को आ रहा था, नाव आकर उसी घाट पर लगी। सव्यसाची ने हाथ पकड़कर भारती को नीचे उतार दिया और खुद उतरने की तैयारी की, तो भारती ने उन्हें रोककर कहा–'मुझे पहुँचा देने की जरूरत नहीं है भैया, मैं खुद चली जाऊँगी।'

'अकेले जाने में डर नहीं लगेगा?'

'हाँ, डर तो लगेगा, लेकिन इस वजह से तुम्हें आने की जरूरत नहीं।'

सव्यसाची बोले–'तुम्हारा डेरा यहाँ से कम दूर नहीं है, चलो न, मैं तुम्हें फट-से पहुँचा आऊँ बहन।'

यह कहकर उन्होंने नीचे सीढ़ी पर कदम बढ़ाया, तो भारती ने हाथ जोड़ करके कहा–'मुझे बख्श दो भैया, मेरे साथ जाकर तुम मेरे डर को हजार गुना बढ़ा न दो। तुम अपने डेरे चले जाओ।'

वास्तव में इसमें कोई सन्देह नहीं कि उनका भारती के साथ जाना बेहद खतरनाक था। इसीलिए डॉक्टर ने और जिद नहीं की, लेकिन भारती चली गई, तो भी वे बहुत देर तक वहीं पर स्थिर होकर खड़े रहे।

डेरे आकर ताला खोलकर भारती अन्दर घुसी, बत्ती जलाकर चारों तरफ सावधानी से देखा, उसके बाद किसी तरह से एक बिस्तर बिछा लिया और लेट गई। तन सुन्न और मन सुस्त था, नींद-भरी दोनों आँखें थकान के मारे मुँदी रहीं, मगर वह सो नहीं सकी। घूम-फिरकर सव्यसाची की यही बात उसे बार-बार याद आने लगी कि इस परिवर्तनशील दुनिया में सत्य नाम की कोई चीज नहीं है। वह भी पैदा होता है, मरता है। हर युग और हर काल में आदमी की जरूरत मुताबिक उसे नया बनकर आना पड़ता है। अतीत के सत्य को वर्तमान में स्वीकार करना ही पड़ेगा, यह विश्वास करना गलत है, और ऐसी धारणा कुसंस्कार है।

भारती ने मन-ही-मन कहा—'आदमी की जरूरत के मुताबिक, यानी भारत की आजादी की जरूरत के मुताबिक नया सच बना डालना ही भारतीयों के लिए सबसे बड़ा सच है। यानी इसके लिए कोई भी तरकीब गलत नहीं है। कोई तरीका, कोई तिकड़म हेय नहीं है। यह कारखाने के बदचलन कुली-मजदूरों को सही रास्ते पर लाने का प्रयास, यह उनके बच्चों को पढ़ाने-लिखाने का इन्तजाम, यह उनका रात्रि विद्यालय—इसका सारा लक्ष्य ही और कुछ है—इसे बेझिझक कबूल कर लेने में सव्यसाची को कोई हिचकिचाहट, कोई शर्म नहीं है। गुलाम देश को गुलामी की जंजीर से छुड़ाने के लिए भला रास्ते का चुनाव क्या? एक दिन सव्यसाची ने कहा था, गुलाम देश के शासक और शासित की नैतिक बुद्धि जब एक हो जाती है, तो देश के लिए इससे बड़ा और कोई दुर्भाग्य नहीं है भारती। उस दिन वह इसका मतलब नहीं समझ सकी थी, पर आज उसका मतलब उसके आगे साफ उभर उठा।

घड़ी में तीन बज गए। इसके बाद कब उसका होश नींद और खुमारी से घिर गया, यह उसे याद नहीं है, लेकिन याद आया, नींद की खुमारी में उसने बार-बार कहा है, भैया तुम महामानव हो, तुम्हारे प्रति मेरी श्रद्धा, विश्वास और स्नेह हमेशा अडिग रहेगा, लेकिन तुम्हारी यह सूझ-बूझ मैं किसी भी सूरत में कबूल नहीं कर सकूँगी। भगवान करें, वे तुम्हारे ही हाथ से तुम्हारे देश को आजादी दिलाएँ। लेकिन तुम अन्याय को कभी भी न्याय के रूप में खड़ा मत करना। तुम बड़े पंडित हो, तुम्हारी बुद्धि की सीमा नहीं है, तर्क में तुम्हें हराया नहीं जा सकता है—तुम सब कुछ कर सकते हो। विदेशियों के हाथों गुलामों को कितनी लाँछना सहनी पड़ती है, दुख के समुद्र में हमारी कितनी जरूरत है, देश की लड़की होकर क्या मैं यह नहीं जानती हूँ भैया? लेकिन इसी वजह से जरूरत को ही सबसे ज्यादा महत्त्वपूर्ण बनाकर कमजोर दिलवाले आदमी के आगे अधर्म को ही धर्म बता दोगे, तो तुम इस दुख का फिर कभी अन्त नहीं पाओगे।

अगले दिन जब भारती की नींद टूटी तब दिन चढ़ चुका था। बच्चे दरवाजे के बाहर खड़े होकर पुकार रहे थे। उसने जल्दी से मुँह-हाथ धोया और नीचे आकर किवाड़ खोला, तो कई-कई छात्र-छात्राएँ किताब-पट्टी लेकर अन्दर घुसे। उन्हें बैठने को कहकर भारती कपड़ा बदलने ऊपर जा रही थी कि तभी होटल के मालिक सरकार आ उपस्थित हुआ।

बोला—'अपूर्व बाबू कल रात से आपको ढूँढ़ रहे हैं दीदी।'

भारती मुड़कर खड़ी हो गई और पूछा—'वे रात को आए थे?'

सरकार बोला—'हाँ, वे रात को आए थे। आज भी सवेरे से वे बैठे हुए हैं, मैं जाकर उन्हें भेज दूँ?'

भारती का मुँह पल-भर के लिए सूख गया, बोली—'उन्हें मुझसे क्या काम है?'

सरकार ने कहा—'यह तो मैं नहीं जानता, दीदी। शायद अपनी माँ की बीमारी के बारे में वे तुमसे कुछ कहना चाहते हैं।'

भारती अचानक नाराज हो उठी, बोली—'उनकी माँ बीमार हैं, तो हैं, इसके लिए मैं क्या करूँगी?'

सरकार विस्मित हुआ। अपूर्व बाबू को वह अच्छी तरह पहचानता था, वे प्रतिष्ठित व्यक्ति हैं, पहले इसी घर में उनकी सेवा और खातिरदारी में कोई कोताही नहीं होती थी। वक्त-बेवक्त अपनी बहुत-सी खाने की चीजें होटल से वही दे जाता था। आज अचानक उसकी इस नाराजगी की वजह क्या है, यह उसने नहीं समझा। बोला—'मैं तो वह सब नहीं जानता दीदी, मैं जाकर उन्हें भेज देता हूँ।'

यह कहकर वह जाने को तैयार हुआ तो भारती ने पुकारकर कहा—'सवेरे मुझे बहुत काम है, लड़के-लड़कियाँ आए हैं, उन्हें पढ़ाना है, तुम जाकर उनसे कह दो कि इस वक्त मुलाकात नहीं हो सकती है।'

सरकार ने पूछा—'तो क्या उन्हें दोपहर या शाम को आने के लिए कह दूँ?'

भारती बोली—'नहीं, मेरे पास समय नहीं है।' यह कहकर इस प्रस्ताव को यहीं बन्द करके वह ऊपर चली गई।'

नहा-धोकर तैयार होकर जब वह घंटे भर बाद नीचे उतरी तब लड़के-लड़कियों से कमरा भर उठा था और उन लोगों की पढ़ाई के शोर से समूचे मुहल्ले में हलचल मच गई थी। पहले दो वक्त पाठशाला चलती थी, अब लोगों की कमी की वजह से रात्रि-विद्यालय करीब-करीब बन्द हो गया है, सुमित्रा नहीं हैं, डॉक्टर छिप गए हैं, नवतारा दूसरी जगह चली गई है। सिर्फ अपना डेरा होने की वजह से भारती सवेरे का काम चला ले रही थी। रोज की तरह आज भी वह पढ़ाने बैठी, लेकिन पढ़ाने में अपना मन हरगिज न लगा सकी। पाठ देना और पाठ सुनना आज न सिर्फ बेकार हुआ, बल्कि उसे लगने लगा कि वह अपने आपको धोखा दे रही है। तब भी किसी तरह उसने ऐसे ही दो घंटे बिताए, उससे किसी भी सूरत में यह सोचते नहीं बना कि पढ़नेवाले जब अपने-अपने घर चले जाएँगे तब वह आज का सारा दिन कैसे बिताएगी और सारी चिन्ताओं के बीच-बीच में आकर अविराम अड़चन डालने लगा अपूर्व का खयाल। इस बारे में भारती को शक नहीं था कि उसे इस तरह से ठुकराने में चाहे जितना भी अशोभनीय क्यों न हो, उसे बढ़ावा देना तो इससे भी बुरा होता। किसी न किसी बहाने मिलकर वह पहले के अस्वाभाविक सम्बन्ध को और भी बिगाड़ देना चाहता है, ऐसा नहीं

है तो, अगर माँ बीमार है, तो वह यहाँ बैठकर क्या कर रहा है? माँ उसकी है, भारती की नहीं। उनकी भयंकर बीमारी की खबर पाकर उनके पास लौट जाना तो बेटे का पहला और प्रधान कर्त्तव्य है, यह भी क्या दूसरे से विचार-विमर्श करके तय करना पड़ेगा? उसे याद आया, अपूर्व को बीमारी से बड़ा डर लगता है। उसका कोमल चित्त बाहर से दुख से व्याकुल होकर चाहे जितना भी छटपट क्यों न करे, बीमार की सेवा करने की न उसमें ताकत है और न हिम्मत। यह जिम्मेदारी उसे सौंपने जैसा सर्वनाश कोई दूसरा नहीं है। यह सब कुछ भारती जानती थी–वह यह भी जानती थी कि अपूर्व अपनी माँ को कितना प्यार करता है। दुनिया में उसके लिए ऐसा कुछ नहीं है जिसे वह अपनी माँ के लिए नहीं कर सकता है। उनके पास न जा पाने का अपूर्व को कितना दुख है–इसकी कल्पना करके एक तरफ उसके मन में जितनी करुणा पैदा हुई दूसरी तरफ इस असहनीय कायरता के क्रोध से उसका अंग-अंग उतना ही जलने लगा। भारती ने मन-ही-मन कहा–'चूँकि वह सेवा नहीं कर सकता इसीलिए बीमार माँ के पास जाने से कोई फायदा नहीं? अपूर्व क्या मुझसे इसी नसीहत की उम्मीद करता है?

ऐसे एक ही दिशा में उसकी विचारधारा प्रवाहित होने लगी। अपूर्व अपनी माँ की बीमारी के बारे में और कुछ जानना चाहता है, इसके अलावा और कोई दूसरी बात हो सकती है जिसने अपूर्व की वापसी की राह को रोक दिया होगा–इसका आभास तक उसके दिमाग में नहीं आया।

जरा भी भूख नहीं थी, इसलिए आज भारती ने खाना बनाने की कोशिश नहीं की। जब दिन का तीसरा पहर बीता तो एक घोड़ागाड़ी उसके दरवाजे पर आकर लगी। भारती ने ऊपर खिड़की से मुँह बढ़ाकर देखा तो वह विस्मय और शंका से भर उठी। छोटी-मोटी गाड़ी की छत पर चढ़कर शशि आ पहुँचा। भारती शायद इसकी कल्पना भी नहीं कर सकती थी कि बीती रात के हँसी-मजाक को दुनिया में कोई ऐसी वास्तविकता में बदल दे सकता है। लेकिन इसके लिए अचिन्तनीय कुछ नहीं था। मजाक बिलकुल साकार सही रूप में सशरीर आकर हाजिर हुआ।

भारती तेज कदमों से नीचे उतर आई और बोली–'क्या बात है शशि बाबू?' शशि ने मुस्कुराते हुए कहा–'मैंने वहाँ का डेरा छोड़ दिया और यहाँ चला आया।' और तुरत उसने गाड़ीवान को हुक्म दे दिया–'सारा सामान ऊपर ले आओ।'

भारती ने विरक्ति को दबाकर कहा–'ऊपर जगह नहीं है शशिबाबू?'

शशि बोला–'अच्छा, अच्छी बात है। तो फिर नीचे के कमरे में ही रखे।'

भारती बोली–'नीचे के कमरे में पाठशाला चलती है, वहाँ भी सहूलियत नहीं होगी।'

शशि चिन्तित हो उठा। भारती ने उसे भरोसा देते हुए कहा–'एक काम किया जाए शशि बाबू। होटल में डॉक्टर का कमरा तो आज भी खाली पड़ा हुआ है। अच्छा होगा, आप वहीं रहिए। खाने-पीने की तकलीफ नहीं होगी, चलिए।'

लेकिन कमरे का किराया लगेगा न?

भारती हँस पड़ी, बोली–'नहीं, किराया भी नहीं लगेगा। भैया छह महीने का किराया दे गए हैं।'

शशि खुश नहीं हुआ, तो भी इस इन्तजाम पर राजी हुआ। सारी चीजों के साथ सरकार के होटल में कवि को रखकर भारती जब वापस आई तब रात हो चुकी थी। आज हर तरफ से उसकी थकान और फिक्र की कोई सीमा नहीं थी, इस आशंका से कि कहीं शशि या और कोई आकर उसके अकेलेपन की शान्ति में खलल डाल दे, उसने नीचे और ऊपर के सारे दरवाजे-खिड़कियों को बन्द कर दिया और अपने सोने के कमरे में घुसी।

आदतन अगले दिन तड़के जब उसकी नींद टूटी तब भूखी रहने की कमजोरी से सारा बदन ऐसा सुस्त हो रहा था कि उसे बिस्तर से उठने में भी तकलीफ महसूस हुई। प्यास के मारे उसका कलेजा सूख गया था, इसलिए जीने के इस पहलू की उपेक्षा करने से तो काम नहीं चलेगा, यह उसकी समझ में आ गया।

यह कहना भारती के प्रति अन्याय करना होगा कि ईसाई धर्म कबूल करके भी वह सचमुच ही खाने-पीने के बारे में परहेज करके चलती थी। फिर भी वह पूरे तौर पर अपने संस्कार को नहीं छोड़ सकी थी। जिस व्यक्ति से उसकी माँ ने शादी की थी वह बेहद जुल्मी था, भारती को उसके साथ बैठकर ही खाना पड़ता था, लेकिन इस वजह से ऐसा कभी नहीं हुआ कि पहले वह जो कुछ नहीं खाती थी उसे वह खाने लगी हो। छुआछूत का भेदभाव उसमें नहीं था, मगर जहाँ-तहाँ ऐरे-गैरे के हाथ का बना खाना खाने में उसे बेहद नफरत महसूस होती थी। माँ के गुजर जाने के बाद से वह खर्चा बचाने की खातिर बराबर खुद ही खाना बनाकर खाती थी, कभी-कभार सरकार के होटल से सागूदाना-बार्ली या रोटी मँगवा लेती थी।

बिस्तर से उठकर उसने मुँह-हाथ धोया, कपड़े बदले और दूसरे दिनों की

मानिन्द तैयार हुई। लेकिन खाना बना लेने लायक ताकत या इरादा आज उसमें नहीं बचा था। इसीलिए उसने होटल से रोटी और थोड़ी-सी तरकारी बनवाने के वास्ते सरकार को खबर भेजी। चूँकि सोमवार को उन लोगों की पाठशाला बन्द रहती थी इसलिए आज उसे पाठशाला-सम्बन्धी कोई काम नहीं था।

जब दिन बहुत चढ़ गया, तो दाई हाथ में खाने की थाली लिए आई और झेंपकर बोली—'दिन बहुत चढ़ गया दीदी...।'

भारती ने अपनी थाली और कटोरा टेबल पर रखा। हिन्दू होटल की पवित्रता को बचाते हुए दाई ने दूर से थाली में रोटी और तरकारी तथा कटोरे में दाल उड़ेलते हुए कहा—'लो बैठो, और जो खा सको, दो कौर खा लो।'

भारती ने उसके मुँह की तरफ एक बार नजरें उठाकर देखा, पर कुछ बोली नहीं। दाई की बात अभी भी खत्म नहीं हुई थी, वह कहने लगी—'वहाँ से वापस आई, तो सुनती हूँ कि तुम बीमार हो, अकेली जान, तबसे छटपटाकर मर रही हूँ दीदी, मगर कोई भी ऐसा नहीं है जो दो रोटियाँ बेल देता। और देर मत करो दीदी, बैठो।'

दाई बोली—'तो मैं जाती हूँ। नौकर तो साथ गया, अकेले मुझे सब कुछ धोना-पोंछना पड़ता है। जो हो, बाबू वापस आए, बीस रुपए मेरे हाथ में देकर रो पड़े और बोले—'दाई, आखिरी वक्त में तुमने जैसी सेवा की वैसी सेवा कोई बेटी अपनी माँ की नहीं कर सकती थी। वे जितना रोते, मैं भी उतनी ही रोती दीदी। आह क्या तकलीफ है। विदेश में करीब में कोई अपना नहीं है—समुद्री सफर, टेलीग्राम करने पर भी कोई बेटा-बहू उड़कर नहीं आ सकता है—भला उन्हीं लोगों का क्या कसूर?'

चिन्ता और अनजानी आशंका से भारती का कलेजा मुँह को आ गया, लेकिन मुँह खोलकर कुछ न पूछ पाई और स्थिर होकर उसके मुँह की तरफ निहारती रही।

दाई कहने लगी—'सरकार बाबू ने बुलाकर मुझसे कहा, बाबू की माँ सख्त बीमार हैं, तुम्हें वहाँ जाना पड़ेगा। क्षान्ते। मैं इनकार नहीं कर सकी। एक तो उन्हें निमुनिया हुआ था ऊपर से धर्मशाला की भीड़, टूटे-फूटे दरवाजे-खिड़कियाँ, सब के सब खुले हुए—क्या मुसीबत। वे दिन के पाँच बजे चल बसीं, लेकिन मेस के बाबुओं को खबर देने और उन्हें बुलाने में वक्त लगा, अर्थी उठी रात के दो-ढाई बजे। जब वे लोग वापस आए, तो दिन चढ़ चुका था। अकेले मुझे सब कुछ धोना-पोंछना पड़ा...।'

अबकी बार भारती के लिए समझने को और कुछ बाकी नहीं रहा। उसने

धीरे-धीरे पूछा–'अपूर्व बाबू की माँ का देहान्त हो गया?'

दाई ने गर्दन हिलाकर कहा–'हाँ, दीदी। मानो बर्मा की मिट्टी उन्हें बुला रही थी। वह जो एक कहावत है न कि मिट्टी-मिट्टी को बुलाती है–यह भी ठीक वैसा ही हुआ। अपूर्व बाबू भी यहाँ से घर के लिए निकल पड़े थे, वहाँ वे भी बेटे से झगड़ा करके जहाज पर चढ़ चुकी थीं। साथ में सिर्फ एक नौकर था। जहाज में बुखार आया, धर्मशाला में पहुँचीं तो बिलकुल ही होशोहवास खो बैठीं। उधर घर में कदम रखते ही जब बाबू ने सुना कि माँ बर्मा के लिए रवाना हो चुकी हैं, तो वे लौटते जहाज से वापस आए। यहाँ आकर उन्होंने देखा, माँ की आखिरी घड़ी आ चुकी है। ऐसा ही हुआ, वे चल बसीं, लेकिन खड़े होकर माँ से एक पल बात करने की गुंजाइश नहीं थी दीदी, अभी सभी फिर निकलेंगे, बाकी बातें तब होंगी जब मैं शाम को आऊँगी।' इतना कहकर वह गप करने के लालच को रोककर तेजी से चली गई।

रोटी की थाली जस की तस पड़ी रही। पहले उसकी दोनों आँखें धुँधली हुईं, उसके बाद आँसुओं की बड़ी-बड़ी बूँदें उसके गालों से होकर बहने लगीं। अपूर्व की माँ को उसने देखा तक नहीं था, और उन्होंने अपने पति-पुत्र को लेकर इस जीवन में बहुत दुख पाया था–इसके अलावा उनके बारे में वह खास कुछ जानती भी नहीं थी, लेकिन कितने दिन उसने अपने एकान्त कमरे में रात को जाग-जागकर इस वृद्धा विधवा नारी के बारे में कितनी कल्पनाएँ की थीं। सुख के बीच नहीं, दुख के दिनों में कभी अगर उनसे मुलाकात होगी, और उसके सिवा कोई उनके पास नहीं रहेगा, तब चूँकि वह ईसाई है, इसलिए वे उसे कैसे दूर हटा सकेंगी–यह जानने की उसे बड़ी साध थी। उसे बड़ी साध थी इस समस्या का अन्तिम समाधान कर लेने की कि बुरे दिनों की उस अग्निपरीक्षा में कौन उसका अपना है और कौन पराया। इस सच्चाई को परखने का कि धर्मों में फर्क होने की वजह से आदमी एक दूसरे से अलग हो जाता है या नहीं, बुरा समय उसके नसीब में नहीं आया था, लेकिन वह इसे कबूल नहीं कर सकी थी। यह रहस्य इस जीवन में अनसुलझा ही रह गया।

और अपूर्व! वह आज कितना असहाय है, कितना अकेला, यह भारती से ज्यादा कौन जानता है? हो सकता है माँ का आशीर्वाद ही आज तक कवच की भाँति उसकी रक्षा करता आ रहा हो, आज वह भी गायब हो गया। भारती ने मन-ही-मन कहा–'यह सब उसके लिए आकाश-कुसुम है, उसके अवचेतन मन के सपने के सिवा और कुछ नहीं है। तब भी वही सपना उसके अनजान भविष्य को कितना सलोना, कितना अनूठा बनाए रखता था, उसके सिवा यह भला और

कौन जानता है? उससे ज्यादा यह कौन जानता है कि घर हो या बाहर अपूर्व आज कैसा लाचार और कितना अकेला है।

घर से दूर यहाँ, हो सकता है, अपूर्व को कोई काम न मिला हो, हो सकता है, उसके नाते-रिश्तेदारों ने उससे नाता तोड़ दिया हो, उसे डरपोक, लालची और तंगदिल कहकर उसके दोस्तों ने उसकी निन्दा की हो—और सबसे बड़ा दुख यह है कि आज उसकी माँ इस दुनिया में नहीं हैं। चूँकि अपनी जान-पहचान वालों में से किसी के भी पास अपूर्व शर्म के मारे नहीं जा सका था, इसीलिए शायद सारी लाज-शर्म छोड़ वह बार-बार उसी के पास भागता हुआ आया था। वह न तो उद्यमी है, न व्यवहार-कुशल और न कार्य-कुशल ही। धर्मशाला की भीड़ और शोर तथा हर तरह की कमियों और दिक्कतों के बीच जब उसकी माँ मरणासन्न हो गई होंगी तब अकेले कैसे उसके पल गुजरे होंगे—यह कल्पना करके जैसे उसके आँसुओं ने रुकने का नाम नहीं लिया। जो बात उसे बहुत बार याद आई थी वही बात आँसू पोंछते-पोंछते उसे याद आई। अपूर्व से जान-पहचान होने के साथ ही सारे दुख पैदा हुए हैं। ऐसा नहीं होता तो पिता और बड़े भाइयों की उद्दंडता के विरोध में जब उसने माँ की तरफदारी करके इतने सारे दुख झेले थे तब स्वार्थपरता ने उसे सही रास्ते से क्यों नहीं डिगाया था? कमजोरी तब कहाँ थी? अपने धर्म के प्रति आस्था और गहरी निष्ठा—सब कुछ जिसकी माँ का मुँह निहार रहा था वह क्या सचमुच ही ऐसा तंगदिल है? उसकी पूजा-अर्चना, उसका गंगा-स्नान, उसका चोटी रखना—उसका सारा कार्यक्रम—भले ही भ्रान्त हो, भले ही गलत हो तब भी तो वह सारे तानों, सारे आक्रमणों को बेकार करते हुए अडिग था। यह क्या अपूर्व के दिल की कमजोरी की इतनी बड़ी मिसाल है? तो आज वही आदमी बर्मा आकर ऐसा कैसे हो गया? और इतने दिनों तक उसकी इतनी कमजोरी कहाँ छिपी हुई थी। सव्यसाची से जवाब जानते वक्त कितने दिन यही सवाल उसकी जबान पर आता रहा। सिर्फ कौतूहल-वश ही नहीं, बल्कि दुख-भरे मन से उसने कितनी बार सोचा कि इस दुनिया में जो कुछ जाना जा सकता है भैया तो उसे जानते हैं, तो इस समस्या का भी निदान वे बता ही देंगे। सिर्फ झिझक और शर्म के मारे वह अपूर्व का प्रसंग नहीं छेड़ पाई थी।

सोचते-सोचते उसके मन में सहसा नया सवाल पैदा हुआ। अपूर्व के काम से जब सभी उससे नाराज हैं तब भी जिस आदमी की सहानुभूति से वह वंचित नहीं है, वह है सव्यसाची। मगर किस वजह से? क्या सिर्फ इस वजह से वे अपूर्व के प्रति अपनी संवेदना जताते हैं कि वे उसे बहन मानते हैं? उनका स्नेह पाने लायक क्या अपूर्व के पास अपना कुछ भी नहीं था? सचमुच ही क्या भारती इतने

ओछे को इतना महान प्यार समर्पित कर बैठी है? उस बुरे दिन उसे सतर्क करने लायक क्या उसके पास थोड़ी-सी भी पूँजी नहीं थी? क्या उसका मन इतना कंगाल, इतना दिवालिया हो गया था?

यों ही एक ही मुद्रा में बैठे-बैठे जब दो घंटे पता नहीं कैसे गुजर गए, तभी दाई वापस आ उपस्थित हुई। होटल के जरूरी कामों के बीच अधूरी बातचीत पूरी करने की उसे फुर्सत नहीं थी। अभी उसे तनिक छुट्टी मिली है। अपूर्व और भारती के बीच में एक रहस्यमय मधुर सम्बन्ध है, इसे हाव-भाव से बहुतेरे जानते थे, दाई से भी यह छिपा नहीं था। लेकिन सहसा ऐसा क्या हो गया कि अपूर्व की इतनी बड़ी मुसीबत के वक्त भी भारती उसके पास तक नहीं फटकी? औरत होकर जब तक वह यह राज जान नहीं लेगी तब तक दाना-पानी उसके गले नहीं उतरेगा। इसीलिए वह किसी बहाने आई, पहले अचरज में पड़ी, फिर बोली–'देखती हूँ, तुमने तो खाने को हाथ तक नहीं लगाया है।'

भारती झेंपकर जल्दी से उठ पड़ी और बोली–'नहीं, खाया नहीं गया।'

दाई ने सिर हिलाकर अपनी आवाज को करुण बनाकर कहा–'खाया नहीं जा सकता है दीदी, जो घटना मैं अपनी आँखों से देख आई, उसे देखने के बाद कहीं खाया जा सकता है! विश्वास न हो तो जाकर देखोगी, चलो। मेरी भात की थाली जस की तस पड़ी हुई है–मैंने एक निवाला तक मुँह में नहीं डाला।'

उसकी बिन माँगी समवेदना से भारती बहुत संकोच हुआ। उसने जोर देकर जरा हँसने की कोशिश की और बोली–'किसी से एक गाड़ी बुलवा दो न दाई।'

'तो क्या तुम वहाँ जाओगी?'

'हाँ, एक बार वहाँ जाकर देखूँ तो सही कि क्या हुआ?'

क्षांत बोली–'आज सवेरे सरकार बाबू ने मुझसे कितनी चिरौरी की। मैंने उनकी बात सुनकर कहा, आप यह क्या कह रहे हैं सरकार बाबू? मुसीबत में आदमी की मदद नहीं करूँगी, तो फिर कब करूँगी? हाथ का काम पड़ा रहा, मैं जिस हाल में थी उसी हाल में निकल पड़ी। सौभाग्य से तब भी...।'

भारती इस आशंका से घबरा उठी कि वह फिर कहीं पुरानी बातें ही न कहने लगे। भारती ने उसे बीच में ही रोककर कहा–'तुमने बुरे समय में जो किया है उसकी बराबरी नहीं है। मगर और देर मत करो दाई, एक गाड़ी मँगवा दो। दिन रहते वहाँ जाना मेरे लिए अच्छा है। जब तक गाड़ी आती है तब तक मैं घर का काम-काज निपटा लेती हूँ।'

बतौर औरत दाई बुरी नहीं है। वह गाड़ी बुलाने गई और बुरे समय में मदद

करने के आग्रह से उसने ऐसी बात भी जताई कि उसके घर का काम-काज आज वही कर देगी। यहाँ तक कि जब खाने की चीजों को हाथ तक नहीं लगाया गया है तब उनकी भी साफ-सफाई कर देने में उसे कोई एतराज नहीं होगा। अन्त में कपड़ा बदलकर सिर पर गंगाजल छिड़कने से काम चल जाएगा। विदेश में ऐसा करना ही चाहिए, आदि-आदि।

पन्द्रह मिनट बाद गाड़ी आ पहुँची। तो भारती साथ में कुछ रुपए लिए और घर में ताला लगाकर निकल पड़ी। जब वह धर्मशाला पहुँची तब भी दिन बाकी था। गैरबंगाली दरबान ने दूसरी मंजिल के उत्तरी किनारेवाले कमरे को दिखा दिया और बता दिया कि बंगाली बाबू अन्दर ही हैं, और बंगाली नौकर से बंगला में ही बात करके उसने यह बताया कि तीन दिन से ज्यादा यहाँ रहने का रूल नहीं है, हालाँकि बंगाली बाबू को यहाँ रहते छह दिन हो गए हैं, अगर मैनेजर साहब को इस बात का पता चला, तो उसकी नौकरी में गोलमाल हो जाएगा।'

भारती ने इशारा समझा। उसने आँचल खोलकर दो रुपए निकाले और उन्हें उसके हाथ में देकर उसके बताए मुताबिक ऊपर के कमरे में आई, तो देखा– समूचा फर्श तब भी भीगा हुआ था, चीजें चारों ओर बिखरी पड़ी हैं, और उन्हीं के एक किनारे एक कम्बल पर अपूर्व औंधा पड़ा हुआ है। नई चादर से मुँह ढँका हुआ है–समझ में नहीं आया कि वह जगा हुआ है या सो रहा है। भारती ने सुना था कि साथ में नौकर आया है, लेकिन वह कहीं नहीं था, उसे कमरे में घुसते देखकर किसी ने उसे मना नहीं किया। भारती पाँच-छह मिनट स्तब्ध भाव से खड़ी रही, फिर धीरे-से पुकारा–'अपूर्व बाबू।'

अपूर्व उठकर बैठा और उसकी तरफ एक बार निहारा, उसके बाद अपने दोनों घुटनों के बीच मुँह रखकर चुपचाप स्थिर रहा, फिर नजरें उठाईं और तनकर बैठा। अभी-अभी माँ से बिछुड़ जाने का असीम दुख उसके मुँह पर घनीभूत हो गया है, लेकिन आवेग की चंचलता नहीं है–शोकाच्छन्न गहरी दृष्टि के सामने इस दुनिया की सारी चीजें जैसे उसके लिए गलत हो गई हैं, माँ के आँचल तले रहनेवाले जिस अपूर्व को उसने एक दिन पहचाना था यह वह आदमी नहीं है। आज उसे आमने-सामने देखकर भारती विस्मय से ऐसी अवाक् हो गई कि उसे कुछ भी सोचते नहीं बना कि वह कौन-सी बात कहे, क्या कहकर पुकारे। लेकिन इसका फैसला कर दिया खुद अपूर्व ने। उसी ने बात की, बोला–'यहाँ बैठने के लिए कुछ नहीं है भारती, सब कुछ भीगा हुआ है, तुम उस ट्रंक पर बैठो।'

भारती ने जवाब नहीं दिया, किवाड़ का चौखट पकड़कर नजरें झुकाए वह

जैसे खड़ी थी वैसे ही खड़ी रही। उसके बाद बहुत देर तक दोनों में से कोई भी कोई बात नहीं कर सका।

गैरबंगाली नौकर तेल खरीदने दुकान गया था, वह कमरे में घुसकर पहले विस्मित हुआ, बाद में उसने लालटेन उठा ली और बाहर निकल गया।

अपूर्व बोला–'भारती, बैठो।'

भारती बोली–'अब दिन ढलने को है, बैठूँगी, तो शाम हो जाएगी।'

'तुम इसी वक्त चली जाओगी? थोड़ी देर भी नहीं बैठ सकोगी?'

भारती धीरे-धीरे जाकर ट्रंक पर बैठी, एक पल चुप रही, फिर बोली–'मैं यह नहीं जानती थी कि माँ यहाँ आई थीं। मैंने उन्हें देखा नहीं था, लेकिन मेरा कलेजा जला जा रहा है। इसको लेकर तुम मुझे और दुख मत देना। कहते-कहते उसकी आँखों से आँसू लुढ़क पड़े।'

अपूर्व स्तब्ध रह गया। भारती ने आँचल से आँसू पोंछे और बोली–'समय हो गया था, माँ स्वर्ग सिधार गईं। पहले लगा था, इस जनम में मैं तुम्हें अपना मुँह नहीं दिखा सकूँगी, मगर तुम्हें यों छोड़कर भला मैं रहूँगी कैसे? साथ में गाड़ी है, उठो, मेरे डेरे चलो।' फिर उसकी आँखों में आँसू भर आए।

भारती को डर था कि अपूर्व, हो सकता है, आखिरकार रो पड़ेगा, लेकिन उसकी सूखी आँखों में पानी की झलक तक दिखाई नहीं पड़ी, उसने शान्त स्वर में कहा–'सूतक के बहुत सारे झमेले होते हैं भारती। वहाँ सुविधा नहीं होगी। इसके अलावा इसी शनिवार के स्टीमर से मैं घर लौट जाऊँगा।'

भारती बोली–'शनिवार में अभी भी चार दिन बाकी हैं, माँ के देहान्त के बाद थोड़ा-बहुत झमेला रहता है, यह मैं जानती हूँ। लेकिन उस झमेले को मैं नहीं झेलूँगी, तो क्या इस धर्मशाला के लोग झेलेंगे? चलो।'

अपूर्व ने सिर हिलाकर कहा–'नहीं, मैं नहीं जाऊँगा।'

भारती बोली–'तुम्हारे इनकार कर देने से अगर मैं तुम्हें इस हालत में छोड़कर जा सकती, तो मैं नहीं आती अपूर्व बाबू।' यह कहकर वह एक पल चुप रही, फिर बोली–'इतने दिनों के बाद तुमसे छिपाकर, शरमाकर कहने के लिए अब मेरे पास कुछ भी नहीं है। माँ का अन्तिम काम बाकी है–शनिवार के जहाज से तुम्हें घर वापस जाना ही पड़ेगा और उसके बाद क्या होगा, यह भी मैं जानती हूँ। तुम्हारी किसी भी व्यवस्था में मैं अड़चन नहीं डालूँगी, लेकिन इस वक्त ये कई दिन भी अगर मैं तुम्हें अपनी नजरों के सामने न रख सकूँ, तो तुम्हारी ही कसम खाकर मैं कहती हूँ कि डेरे वापस जाकर आज मैं जहर खाकर अपनी जान दे दूँगी। माँ का शोक इससे बढ़ेगा ही, कम नहीं होगा, अपूर्व बाबू।'

अपूर्व मुँह नीचा किए दो मिनट चुप रहा, फिर बोला–'तो फिर नौकर को बुलाओ, उससे कहो, सारी चीजें बाँध डाले।' सामान थोड़ा ही था, उसे करीने से बाँधकर गाड़ी पर चढ़ाने में आधे घंटे से ज्यादा वक्त नहीं लगा। रास्ते में भारती ने पूछा–'तुम्हारे बड़े भाई नहीं आ सके?'

अपूर्व बोला–'नहीं, उन्हें छुट्टी नहीं मिली।'

'यहाँ की नौकरी क्या तुमने छोड़ दी है?'

'हाँ, एक तरह से मैंने यहाँ की नौकरी छोड़ ही दी है।'

'माँ का काम-काज पूरा हो जाने पर अब क्या तुम घर पर ही रहोगे?'

अपूर्व बोला–'नहीं, माँ नहीं रही, जरूरत से ज्यादा एक दिन भी मैं उस घर में नहीं रह सकता।' यह सुनकर भारती के मुँह से एक लम्बी आह निकलने को हुई।

तीसवाँ परिच्छेद

घने जंगलों से घिरे खाली पड़े खँडहरनुमा जिस टूटे-फूटे मन्दिर के कमरे में एक दिन अपूर्व के गुनाह का फैसला हुआ था, आज फिर उसी कमरे में 'पथ का दावा' की बैठक बुलाई गई है। उस दिन उसी बन्द कमरे में अदम्य गुस्से और निर्मम बदले की भावना की जो आग धू-धू करके जली थी आज उसकी चिनगारी तक नहीं है। न कोई वादी है, न प्रतिवादी, न किसी के खिलाफ किसी की शिकायत है। आज शंका और निराशा के दुसह दुख से सारी सभा निष्प्रभ, विषण्ण और म्रियमान है। भारती की आँखों की कोरों में आँसू की बूँदें हैं। सुमित्रा मुँह नीचा किए चुप और स्थिर हैं। तलवरकर पकड़ा गया है, लहूलुहान, जख्मी हालत में वह जेल के अस्पताल में है– आज तक उसे अच्छी तरह होश नहीं आया है। उसकी पत्नी अपनी बेटी को लेकर राहों में मारी-मारी फिरती रहीं, बड़ी मुश्किल से कल शाम को उसे किसी मराठी ब्राह्मण के घर रहने की जगह मिली। सुमित्रा ने पता लगाकर उसके मायके में आज तार किया है, लेकिन अभी तक जवाब नहीं आया है।

भारती ने धीरे-धीरे पूछा–'तलवरकर बाबू का क्या होगा भैया?'

डॉक्टर बोले–'अस्पताल में उसका इलाज चल रहा है, अगर वह बच गया, तो उसे जेल की सजा मिलेगी।'

भारती मन-ही-मन सिहर उठी, बोली–'ऐसा भी तो हो सकता है कि वे न बचें।'

डॉक्टर बोले–'कम-से-कम यह असंभव नहीं है। अगर वह बच गया, तो उसे लम्बे समय तक जेल में रहना पड़ेगा।'

भारती थोड़ी देर तक चुप रही, फिर प्रश्न किया–'उनकी पत्नी हैं, उनकी छोटी-सी बच्ची है–उन लोगों का क्या होगा?'

सुमित्रा ने इस बात का जवाब देते हुए कहा–'हो सकता है, उनके बाप आकर उन लोगों को ले जाएँ।'

भारती बोली–'हो सकता है। मान लीजिए, अगर कोई न आए तो? अगर कोई न हो तो?'

डॉक्टर हँसे, बोले–'ऐसा होना अजीब नहीं है। वैसी स्थिति में इन लोगों की भी वही दशा होगी जो अचानक मरे आदमी की लाचार विधवा की होती है।' वे थोड़ी देर रुके, फिर बोले–'न हम घर-गिरस्ती वाले हैं, न हमारे पास धन-दौलत है और न विदेशियों के कानून के मुताबिक हमें अपनी जन्मभूमि में भी सिर छिपाने के लिए जगह है–जंगली जानवरों की नाईं हम जंगलों में छिपते फिरते हैं–घर-गिरस्ती वालों का दुख दूर करने की शक्ति तो हममें नहीं है भारती।'

भारती दुखी होकर बोली–'तुम लोगों में ऐसी शक्ति नहीं है, लेकिन जिन लोगों में ऐसी शक्ति है, हमारे देश के वे लोग क्या ऐसे लोगों का दुख दूर नहीं कर सकते हैं, भैया?'

डॉक्टर जरा मुस्कुराकर बोले–'मगर वे लोग ऐसा क्यों करेंगे दीदी? वे लोग तो हमें यह काम करने के लिए नहीं कहते। बल्कि हम उनके चैन में अड़चन डालते हैं, उनके आराम में खलल डालते हैं–हमें वे लोग अच्छी नजरों से नहीं देखते। अँगरेज जब घमंड के साथ प्रचार करते हैं कि भारतवासी आजादी नहीं चाहते, वे लोग गुलामी ही चाहते हैं तो वे निहायत झूठ नहीं कहते। और युगों से अँधेरे के बीच बैठे रहने की वजह से जिनकी दोनों आँखें बन्द हो गई हैं, उनके खिलाफ भला हाय-तौबा मचाने की क्या बात है भारती?'

वे थोड़ी देर चुप रहे, फिर बोले–'विदेशी राजा की जेल के अन्दर अगर आज तलवरकर को मरना भी पड़े, तो परलोक से अपनी पत्नी और बेटी को राहों में भीख माँगता देखकर उसकी आँखों से आँसू बहेंगे, लेकिन यह पक्का जान लो कि वह अपने देश के लोगों के खिलाफ भगवान से भी कभी कोई शिकायत नहीं करेगा। मैं उसे पहचानता हूँ, शर्म के मारे उसका मुँह नहीं खुलेगा।'

भारती ने धीमे-से कहा–'उफ!'

कृष्ण अय्यर बंगला बोल नहीं सकता था, मगर बीच-बीच में बंगला समझता था; उसने गर्दन हिलाकर कहा–'येस, ट्रू।'

डॉक्टर बोले–'हाँ, यही तो सच्चाई है। यही तो क्रान्तिकारियों का सबसे बड़ा सबक है। रोना किसके लिए? शिकायत किससे? अगर कभी यह सुनो कि भैया को फाँसी हो गई है, तो यह जान लेना कि विदेशी हुक्म से उसके देश के लोगों ने ही वह फाँसी उसके गले में लगाई है। देश के लोग ही तो अपने देश के लोगों के गले में फाँसी लगाते हैं। बूचड़खाने से गाय-बैल का मांस तो बैल ही ढोकर लाता है। उसके लिए भला शिकायत किस बात की बहन?'

भारती ने लम्बी साँस लेकर कहा–'भैया, यही तो है तुम लोगों का नतीजा।'

डॉक्टर की आँखें जल उठीं, बोले–'यह क्या तुच्छ नतीजा है भारती? जानता हूँ, देश के लोग इसकी कीमत नहीं समझेंगे, हो सकता है, वे खिल्ली भी उड़ाएँ, लेकिन जिसे एक दिन यह कर्ज पाई-पाई करके चुकाना पड़ेगा, उसके मुँह पर आसानी से हँसी नहीं आएगी। यह कहकर वे सहसा खुद ही हँसकर बोले–'भारती खुद ईसाई होकर तुम अपने ही धर्म की शुरुआती बात भूल गई? तुम सोचती हो कि दुनिया में ईसा मसीह का खून बेकार में ही बहाया गया था?'

सभी स्तब्ध बैठे रहे, डॉक्टर फिर बोले–'तुम लोग तो यह जानते हो कि मैं कभी भी बेकार की नर-हत्या का पक्षधर नहीं रहा, नर-हत्या से मैं तहेदिल से नफरत करता हूँ। मैं अपने हाथ से एक चींटी तक को नहीं मार सकता। मगर जरूरत पड़ने पर...क्यों सुमित्रा, मैं ठीक कहता हूँ न?'

सुमित्रा ने हामी भरकर कहा–'यह मैं जानती हूँ, मैंने तो अपनी आँखों से दो बार देखा है।'

डॉक्टर बोले–'जिन लोगों ने दूर से आकर मेरी जन्म-भूमि पर अपना अधिकार जमा लिया है, मेरी मनुष्यता, मेरी मर्यादा, मेरा दाना-पानी–सब कुछ छीन लिया उसे ही है मेरी हत्या करने का अधिकार, और मुझे नहीं है कोई अधिकार? ऐसी सद्‌बुद्धि तुम्हें कहाँ मिली भारती, छिः!'

लेकिन आज भारती अभिभूत नहीं हुई, उसने बड़े जोर से सिर हिलाकर कहा–'नहीं भैया, आज तुम मुझे हरगिज शर्मिंदा नहीं कर सकोगे, ये सब पुरानी बाते हैं–हिंसा की राह पर चलनेवाले ही ऐसा कहते हैं। पर यही आखिरी बात नहीं है, दुनिया में इससे भी बड़ी, बहुत बड़ी बातें हैं।

डॉक्टर बोले–'वह बड़ी बात क्या है, बताओ, सुनूँ तो सही।'

भारती उल्लास-भरे स्वर में बोल उठी–'मैं नहीं जानती, लेकिन तुम जानते हो। जिस बैर ने तुम्हारी सद्‌बुद्धि को भीतर-भीतर से ढँक रखा है, एक बार उसे हटाकर शान्ति की राह पर लौट आओ, तुम्हारे ज्ञान और प्रतिभा के आगे हार न माने, दुनिया में ऐसी कोई समस्या नहीं है। जोर के बदले जोर, हिंसा के बदले हिंसा, अत्याचार के बदले अत्याचार, यह तो आदिम युग से ही चला आ रहा है। क्या यह नहीं बताया जा सकता है कि इससे भी महान कुछ है?'

'कौन बताएगा?'

भारती ने बेझिझक कहा–'तुम बताओगे।'

'इसके लिए तुम मुझे माफ करो भई। अँगरेजों के बूटों के नीचे चित पड़े रहकर शान्ति का सन्देश मेरे मुँह से नहीं निकलेगा–हो सकता है, मेरी जबान रुक जाए, बल्कि ऐसा करने की जिम्मेदारी तुम शशि को सौंप दो, तुम्हारी खातिर वह

ऐसा कर सकता है।' यह कहकर डॉक्टर हँसे।

भारती खिन्न होकर बोली—'तुमने मजाक तो किया, लेकिन जिन लोगों के प्रति तुम्हारे मन में इतना बैर है उन अँगरेज मिशनरियों में से बहुतों से कहकर मैंने देखा है, वे लोग सचमुच ही शान्ति का सन्देश देने में आनन्द पाते हैं।'

डॉक्टर ने कबूल करते हुए कहा—'यह बहुत स्वाभाविक है भारती। सुन्दर-वन के बीच निहत्थे खड़े होकर शान्ति का सन्देश देने पर बाघ-भालू तो खुश होंगे ही। वे लोग साधु व्यक्ति हैं।'

भारती ने इस व्यंग्य पर कान नहीं दिया, वह कहती रही—'आज भारत का चाहे जितना भी दुर्भाग्य क्यों न आ जाए, भारत हमेशा से ऐसा नहीं था। एक दिन भारतवासी सभ्यता के ऊँचे शिखर पर पहुँच गए थे। उस दिन हिंसा और बैर नहीं, धर्म और शान्ति का सन्देश हर दिशा में फैला था। मेरा विश्वास है, हमारा वह दिन फिर लौट आएगा।'

बहुत देर से भारती की बातों से शशि का कवि-मन विश्वास और प्यार से पसीजता जा रहा था। वह गद्गद स्वर में बोल उठा—'मैं भारती का पूरे तौर पर समर्थन करता हूँ डॉक्टर। मेरा भी विश्वास है कि भारत की वह सभ्यता वापस आएगी।'

डॉक्टर ने दोनों के मुँह की तरफ बारी-बारी से निहारा और बोले—'मैं नहीं जानता कि तुम लोग भारतवर्ष के किस युग की सभ्यता के बारे में कह रहे हो, मगर सभ्यता की एक सीमा होती है। धर्म, अहिंसा और शान्ति के नशे में उसे लाँघ जाने पर मौत आती है। उस सीमा को लाँघनेवालों को कोई भी देवता मौत से नहीं बचा सकता। जानते हो, भारतवर्ष ने हूणों के आगे कब हार कबूल की थी? तब, जब उन लोगों ने भारतीय बच्चों को मशाल की तरह जलाना शुरू किया और औरतों की पीठ की चमड़ी से लड़ाई का बाजा बनाना शुरू किया। उस कल्पनातीत नृशंसता का जवाब देना भारतवासियों ने नहीं सीखा था। उसका नतीजा क्या हुआ? देश गया, राज्य गया, देवमन्दिर तहस-नहस हो गए, हमारी उस अक्षमता की शान्ति आज तक खत्म नहीं हुई है।'

डॉक्टर ने भारती से कहा—'तुम प्रायः एक लोकगीत गाती हो—देश गया है, क्या दुख है, तुम लोग फिर आदमी बनो हे। लेकिन बताओ तो आदमी कितना आदमी बने कि देश वापस मिल जाए। तुमने सोचा है, तुम्हारे आदमी बनने के रास्ते में कोई अड़चन नहीं है, तुम्हारा रास्ता बिलकुल खुला हुआ है? सपाट है? तुमने सोचा है, देश के दरिद्रनारायण की सेवा करने और मलेरिया का कुनैन बाँटते फिरने को ही आदमी बनना कहते हैं? इसे आदमी बनना नहीं कहते। आदमी के रूप में जन्म लेने की मर्यादा के बोध को ही आदमी बनना कहते हैं। मौत के

डर से छुटकारा पा लेने को ही आदमी बनना कहते हैं।'

पलभर चुप रहकर वे फिर बोले–'तुम्हारा कोई खास कसूर नहीं है भारती। तुम उन लोगों के बीच में पली-बढ़ी हो, इसीलिए तुम्हें लगता है कि यूरोप की ईसाई सभ्यता से बड़ी कोई दूसरी सभ्यता नहीं है। सभ्यता का मतलब क्या आदमियों को मारने के लिए हथियार बनाना है? अत्याचारियों के लिए बहाने की कमी नहीं होती है–इसलिए अपनी रक्षा करने के बहाने रोज नए-नए हथियार बनाने के काम में कोई रुकावट नहीं है। लेकिन सभ्यता का अगर कोई मतलब है, तो वह यह है कि लाचारों और कमजोरों का वाजिब हक ताकतवरों द्वारा जबरन न छीना जाए। कहीं तुमने देखी है इन लोगों की यह नीति, कहीं तुमने देखा है इन लोगों को लाचारों और कमजोरों को उनका वाजिब हक देते? एक दिन मैंने तुमसे कहा था दुनिया के नक्शे पर नजरें उठाकर देखने के लिए। याद है वह बात? याद है, मेरे मुँह से सुनी चीन के बक्सर विद्रोह की कहानी? ब्रिटेन पर हमले का बदला लेने के लिए सभ्य यूरोप के शक्तिशाली देशों ने मिलकर उन पर जो जुल्म ढाए उन जुल्मों के आगे चंगेज खाँ और नादिरशाह के जुल्मों की क्या बिसात? जैसे सूरज के आगे दीया। वजह चाहे जितनी भी छोटी क्यों न हो और अन्याय चाहे जितना भी मामूली क्यों न हो, लड़ाई का बहाना मिलने पर ये लोग कुछ भी करने से बाज नहीं आते, बूढ़ों, बच्चों, औरतों को मारने में न इन्हें कोई संकोच हुआ था, न हिचकिचाहट–जिस पाप की सीमा नहीं होती भारती, इन लोगों ने वैसा ही पाप किया था जहरीली गैस का इस्तेमाल करके। नर-संहार करने में भी इनकी नैतिकता ने इन्हें नहीं रोका था। मतलब गाँठने की जरूरत के मुताबिक कोई उपाय, कोई भी रास्ता इन लोगों के लिए पवित्र है। नीति की अड़चन, धर्म की मनाही क्या सिर्फ हम निर्वासित और पद-दलित लोगों के लिए ही है।

भारती बिना कोई जवाब दिए बैठी रही। वह तो इन सब बातों को जानती नहीं, तो फिर इन आरोपों का प्रतिवाद वह करे तो कैसे! जो निर्मम, अत्यन्त दृढ़चित्त, शंकाहीन, क्षमाहीन क्रान्तिकारी है, जिसके ज्ञान, बुद्धि और पांडित्य का अन्त नहीं है, गुलामी की अनबुझी आग में जिसका सारा तन-मन दिन-रात लौ की भाँति जल रहा है उसे युक्ति से हराने के लिए कहाँ क्या ढूँढ़े मिलेगा? भारती के पास इसका कोई जवाब नहीं था, उसकी वाणी मूक हो गई, लेकिन उसका निष्कलुष नारी-हृदय अन्ध-करुणा से चुपचाप सिर पटक-पटककर रोने लगा।

सुमित्रा ने बहुत दिनों से ऐसे बहस-मुबाहिसे में शामिल होना बन्द कर दिया था, आज भी वह मुँह नीचा किए स्तब्ध रही। कृष्ण अय्यर अधीर हो उठा। बातचीत का बहुत-सा अंश वह समझ नहीं पा रहा था, इस चुप्पी के बीच उसने

पूछा—'हमारी सभा का काम शुरू होने में और कितनी देर है?'

डॉक्टर बोले—'कोई देर नहीं है। सुमित्रा, तुम्हारा जावा वापस जाना तय है?'

'हाँ।'

'तो तुम कब जाओगी?'

'शायद इसी बुधवार को। पिछले शनिवार को मैं नहीं जा सकी थी।'

' 'पथ का दावा' के साथ जो तुम्हारा लगाव था उसे क्या तुमने तोड़ दिया?'

सुमित्रा ने सिर हिलाकर बताया—'हाँ।'

सुमित्रा की बात के जवाब में डॉक्टर तनिक मुस्कुराए। उसके बाद अपनी जेब से कई तार के कागज निकाले और उन्हें सुमित्रा के हाथ में देकर कहा—'इन्हें पढ़कर देखो। हीरा सिंह कल रात इन्हें मुझे दे गया था।'

अय्यर झुक पड़ा, भारती ने जलती मोमबत्ती को उठाकर दिखाया। लम्बे-लम्बे तार, भाषा अँगरेजी, अर्थ भी स्पष्ट, मगर सुमित्रा का मुँह गम्भीर हो उठा, दो-तीन मिनट बाद उसने मुँह उठाकर कहा—'कोड के सारे शब्द मुझे याद नहीं है।' शंघाई के जमाइका क्लब और क्रूगर ने तार भेजे हैं, इसके अलावा और कुछ भी मैं समझ नहीं सकी।'

डॉक्टर बोले—'क्रूगर ने तार भेजा है कैंटॉन से। शंघाई के जमाइका क्लब का पुलिस ने तड़के घेराव किया था—तीन पुलिसवाले और हमारा विनोद मारा गया है। दोनों भाई महतप और सूर्य सिंह एक साथ पकड़े गए हैं। अयोध्या हाँगकाँग में है—दुर्गा और सुरेश पेनांग में हैं। सिंगापुर के जमाइका क्लब के लिए पुलिस सारे शहर में तहलका मचाती फिर रही है। कुल मिलाकर अच्छी खबर यही है।'

खबर सुनकर कृष्ण अय्यर का चेहरा पीला पड़ गया। उसके मुँह से सिर्फ निकला—'डन'

डॉक्टर बोले—'मैं नहीं जानता कि वे दोनों भाई रेजिमेंट छोड़कर कब और क्यों शंघाई आए। सुमित्रा, क्या तुम जानती हो कि व्रजेन्द्र वास्तव में कहाँ है?

सवाल सुनकर सुमित्रा पत्थर बन गई।

'मैं पूछता हूँ कि क्या तुम यह जानती हो कि व्रजेन्द्र कहाँ है?'

पहले तो उसके गले से कोई स्वर नहीं फूटा, उसके बाद उसने गर्दन हिलाकर कहा—'नहीं, मैं यह नहीं जानती कि व्रजेन्द्र कहाँ है।'

कृष्ण अय्यर बोला—'मुझे यह विश्वास नहीं होता कि वह ऐसा काम कर सकता है।'

डॉक्टर ने 'हाँ' या 'नहीं' कुछ भी नहीं कहा, वे चुपचाप स्थिर होकर बैठे रहे।

शशि बोला—'व्रजेन्द्र यह जानता है कि आप बर्मा से पाँव-पैदल निकल चुके हैं।'

डॉक्टर ने इस बात का भी जवाब नहीं दिया, वे पहले की ही तरह स्तब्ध रहे।

किसी के मुँह में न कोई शब्द था, न बोली। सब के सब बुत की नाईं बैठे हुए थे, सामने तार के कागज पड़े हुए थे। मोमबत्ती जलकर खत्म होती जा रही थी। शशि ने और एक मोमबत्ती जलाकर फर्श पर रख दी। दसेक मिनट इसी तरह गुजर गए, उसके बाद पहले अय्यर के बदन में सुगबुगाहट दिखाई दी। उसने अपनी जेब से सिगरेट निकालकर उसे मोमबत्ती की लौ से सुलगा लिया और धुएँ के साथ लम्बी साँस छोड़कर बोला–'नाउ फिनिश्ड।'

डॉक्टर ने उसके मुँह की तरफ निहारा। जवाब में उसने सिगरेट में फिर से एक लम्बा कश लगाया और फिर धुआँ छोड़ा। शशि शराब पीता था, मगर सिगरेट का धुआँ बर्दाश्त नहीं कर सकता था। तब उसने खामखा एक चुरूट सुलगाकर बार-बार कश लगाकर कमरे को धुएँ से भर दिया।

अय्यर बोला–'वर्स्ट लक। वी मस्ट स्टॉप।'

शशि बोला–'मैं तो पहले ही जानता था। कुछ भी नहीं होगा सिर्फ...।'

डॉक्टर ने सहसा प्रश्न किया–'हाँ, तो सुमित्रा, तुम कब जा रही हो? बुधवार को?'

सुमित्रा ने मुँह उठाकर नहीं देखा, सिर हिलाकर कहा–'हाँ।'

शशि ने फिर से कहा–'दुनिया की सबसे ताकतवर सरकार के खिलाफ क्रान्ति करने की कोशिश करना सिर्फ बेकार नहीं, पागलपन है। मैं तो बराबर ही यह कहता आया हूँ डॉक्टर कि अन्त तक कोई नहीं रहेगा।'

अय्यर ने क्या समझा, यह तो वही जाने, पर मुँह से अधूरा धुआँ निकालकर सिर हिलाकर कहा–'ट्रू।'

डॉक्टर सहसा उठकर खड़े हो गए और बोले–'तो आज के लिए हमारी सभा खत्म हुई।'

तुरत सभी उठकर खड़े हो गए, सभी ने अपनी-अपनी राय जाहिर की, पर अपनी राय जाहिर नहीं की सिर्फ भारती ने। वह चुपचाप डॉक्टर की बगल में आई, उनका दाहिना हाथ खींचकर अपने हाथ में लिया और धीरे से बोली–'भैया मुझे बताए बिना तुम कहीं चले तो नहीं न जाओगे।'

डॉक्टर ने कुछ नहीं कहा, जिस पतले-से कोमल हाथ को वे अपने मजबूत हाथ से पकड़े हुए थे उसे जरा दबा दिया और बाहर निकल गए।

इकतीसवाँ परिच्छेद

अगले दिन सुबह से ही आसमान में धीरे-धीरे बादल जमा होने लगे थे, रात में थोड़ी-सी बूँदाबाँदी भी हुई थी, लेकिन आज दोपहर से बारिश और हवा जोर से आई। कल भारती ने सुमित्रा को जाने नहीं दिया था, तय हुआ था कि आज खाने-पीने के बाद वह विदा लेकर अपने डेरे जाएगी। लेकिन मौसम इतना खराब हो गया कि बाहर कदम बढ़ाना मुश्किल था, नदी को पार करना तो दूर। न राहत, न आराम, दिन ढलने के साथ ही आँधी और पानी क्रमशः बढ़ने लगा। शशि हिन्दू होटल में रहता है, दोपहर में वह घूमने आया था, वह अभी तक लौट नहीं सका था। कब दिन बीता, कब शाम ढली, मालूम भी नहीं पड़ा। भारती के ऊपर के कमरे में दरवाजे-खिड़कियों को बन्द करके बत्ती जलाकर बैठक लगी थी। सुमित्रा सिर से लेकर पाँव तक कपड़ा ढाँपे आराम कुर्सी पर लेटी हुई थी, शशि चारपाई पर उँकड़ू बैठा हुआ था, नीचे कम्बल पर अपूर्व था, और उसी के नाश्ते का इन्तजाम करने के लिए फर्श पर हँसुली रखकर बैठे-बैठे भारती फलों के छिलके छुड़ा रही थी, करीब ही एक किनारे मूँग की दाल की खिचड़ी खदखद करके खौल रही थी।

अपूर्व ने कहा था कि घर-गिरस्ती में अब उसकी दिलचस्पी नहीं है, एकमात्र संन्यास ही उसके लिए श्रेयस्कर है। शशि इस बात का समर्थन नहीं कर सकता था, वह युक्ति के साथ इस बात का खंडन करके उसे समझा रहा था कि ऐसा सोचना अच्छा नहीं है, क्योंकि संन्यास में कोई मजा नहीं है, बल्कि बरिशाल कॉलेज में प्रोफेसर की नौकरी के लिए दी गई दरखास्त अगर मंजूर हो जाती है, तो उसे वह नौकरी करनी चाहिए।

अपूर्व खिन्न हुआ, लेकिन उसने बात नहीं की। भारती सब कुछ जानती थी, इसीलिए उसी ने इसका जवाब देते हुए कहा—'जिन्दगी में मजे से घूमने के अलावा क्या आदमी के लिए कोई बड़ा उद्देश्य नहीं हो सकता अपूर्व बाबू? दुनिया में सबका नजरिया एक नहीं होता है।'

उसके कहने के ढंग से शशि झेंप गया। भारती फिर से बोली—'उनके मन की हालत अभी अच्छी नहीं है, भविष्य में उन्हें क्या करना चाहिए और क्या नहीं

करना चाहिए, उसके बारे में इस समय बात करना सिर्फ बेकार ही नहीं, अनुचित भी है। बल्कि इससे अच्छा तो यह है कि हम अपने-अपने...।'

'मुझे याद नहीं था भारती।'

शशि को याद न रहना कोई अजीब बात नहीं थी। इस बीच अपूर्व के साथ और भी एक घटना घट गई थी, उसे भारती के अलावा और कोई नहीं जानता था। दुनियादारी के हिसाब से माँ के न रहने का जितना असर उस पर पड़ा था उस पर उससे कम असर नहीं पड़ा था। माँ की मौत की खबर पाकर अपूर्व के बड़े भाई विनोद बाबू ने तार के द्वारा दुख प्रकट किया था, लेकिन उससे ज्यादा और खास कुछ नहीं लिखा था। यह समझकर कि माँ गुस्सा करके, संभवतः बहुत अपमानित होकर ही अन्त में म्लेच्छों के देश बर्मा, जहाँ गंगा नहीं है, आई थी, अपूर्व दुख और क्षोभ से आत्मविस्मृत हो गया था। जो दो दिन वह कलकत्ता में था उन दो दिनों में न उसने घर में खाना खाया था और न सोया था और वापस आते वक्त बाकायदा झगड़ा करके आया था। फिर भी उसे यह पक्का भरोसा था कि इतनी भयानक घटना की खबर पाकर कोई न कोई उसे ले जाने के लिए आएगा ही, क्योंकि वह सबसे छोटा है। तिवारी रहता तो क्या होता, कहा नहीं जा सकता, लेकिन वह भी नहीं है। वह छुट्टी लेकर घर गया है।

बंगाली पुरोहित यहाँ भी हैं, आज ही सवेरे अपूर्व ने भारती को बुलाकर कहा था कि वह कलकत्ता नहीं जाएगा, चाहे जैसे भी हो, वह अपनी माँ का श्राद्ध यही करेगा।

अपूर्व यह खबर सुनकर आया था कि अपने बेटों के प्रति अत्यधिक मान-अभिमान की वजह से माँ अचानक यहाँ आई थी, वह यह नहीं जानता था कि इस घटना के साथ ईसाई लड़की भारती की कहानी कितनी जुड़ी हुई है। बहुत बीमार, बेहोश माँ को बताने का मौका नहीं मिला और विनोद बाबू ने गुस्सा करके बताया नहीं।

सहसा अपने मुँह से चादर हटाकर सुमित्रा उठ बैठीं, बोलीं–'नीचे का दरवाजा खोलकर न जाने कौन घुसा भारती।'

हवा और अविराम बरसते पानी की झमझम आवाज के बीच कुछ भी सुनाई पड़ना मुश्किल था। शंका से सभी चौंक उठे, भारती ने एक पल कान खड़ा करके मृदु स्वर में कहा–'नहीं कोई नहीं है। सिर्फ अपूर्व बाबू का नौकर नीचे बैठा हुआ है।' मगर दूसरे ही पल सीढ़ियों पर जानी पहचानी पद-चाप सुनकर वह आनन्द कलरव करती चिल्ला उठी–अरे, यह तो भैया है। एक हजार, दस हजार, बीस

हजार, एक लाख वेलकम।' हाथ के फल और हँसुली को छोड़कर वह भागती हुई सीढ़ी के मुँह पर जाकर बोली–'एक करोड़, दस करोड़, बीस करोड़, हजार-हजार करोड़ गुड इवनिंग भैया, जल्दी आओ।'

सव्यसाची कमरे में घुसे और पीठ पर की बहुत बड़ी गठरी को उतारते हुए मुस्कुराकर बोले–'गुड इवनिंग, गुड इवनिंग, गुड इवनिंग।'

भारती ने उनके दोनों हाथों को खींचकर अपने हाथों में लिया और बोली–'यह देखो भैया, तुम्हारे वास्ते मैं खिचड़ी बना रही हूँ। पहले ओवरकोट उतारो। इस्स, जूते-वूते सब भीग गए हैं, रुको, पहले मैं उन्हें उतार लेती हूँ।' यह कहकर वह तय नहीं कर सकी कि वह पहले उनका कोट उतारे या बूटों के तस्मे खोले। वह उन्हें कुर्सी के पास खींच लाई, उन्हें उस पर जबरन बिठा दिया और बोली–'मैं जूते उतार लेती हूँ। अच्छा, इस बरसात में किराए पर एक गाड़ी लेकर नहीं आना चाहिए! हाँ भैया, दोपहर में तुमने क्या खाया था? पेट भर गया था? अच्छी बात है। मुझे खबर मिली है कि सरकार बाबू के होटल में आज मांस बनाया गया है। लाऊँ भैया, भागकर एक कटोरी मांस? मांस खाओगे? सच-सच बताओ।'

डॉक्टर मुस्कुराकर बोले–'अरे, यह तो आज मुझे पागल कर देगी।

भारती ने उनके जूते उतार दिए, वह उठकर खड़ी हो गई और उनके सिर पर हाथ रखकर बोली–'मैंने जो सोचा है ठीक वही हुआ है। तुम तो जैसे नहा गए हो, वैसे ही भीग गए हो।' यह कहकर वह अरगनी पर से जल्दी से तौलिया लाने गई।

मिनट भर के अन्दर उसने बच्चों की तरह ऐसी हरकत की कि शशि हँस पड़ा। बोला–'भारती जैसे आपको दस बरसों के बाद देख पाई हों।'

डॉक्टर बोले–'उससे भी ज्यादा।' यह कहकर उन्होंने भारती के हाथ से तौलियाँ खींच लिया और बोले–'उसके लाड़-प्यार के मारे मेरी तो जान निकल गई।'

'तुम्हारी जान निकल गई? तो बैठे रहो।' यह कहकर भारती बनावटी अभिमान से मुँह फुलाए अपने फलों के छिलकों को उतारने के लिए वापस गई और हँसुली लेकर बैठी। आज के इस खराब मौसम में उसका दोस्त, यार, सगे से भी ज्यादा सगा कल्पनातीत और अप्रत्याशित रूप से आया है, इस वजह से स्नेह, श्रद्धा, गर्व और निःस्वार्थ, निष्पाप प्रीति से उसका हृदय लबालब भर आया है–ऐसे में वह अपने आपको रोके तो कैसे रोके? आधिक्य अगर हो भी गया हो, तो वह उसे रोकेगी किस चीज से? सुमित्रा चुपचाप देख रही थीं, वह चुप ही रहीं, लेकिन नफरत ईर्ष्या जलन से बने जिस मोटे परदे ने इतने दिनों तक उनकी नजरों

को रोक रखा था, अचानक उसके हट जाने से जहाँ तक देखा जा सकता है वहाँ तक उन्हें इन दोनों नर-नारियों के बीच सिर्फ अनाविल सौहार्द की स्वच्छ नदी ही बहती दिखाई पड़ी। यह याद करके आज उसका सिर झुक गया कि कभी पलभर के लिए भी उनके मन में कलुष पैदा हुआ था। चूँकि छिपा और शरमाकर करने को भारती के लिए कुछ भी नहीं था, इसीलिए वह ऐसे लाज-शरम छोड़कर सव्यसाची की अपनी बन सकी थी, सुमित्रा ने आज यह समझा।

इतनी देर तक सव्यसाची को लेकर ही भारती व्यस्त थी, अब उस गठरी पर उसकी नजर पढ़ी। उद्विग्न शंका से त्रस्त होकर वह बोल उठी–'अच्छा, इस आँधी-पानी में उस गठरी को साथ लेकर क्यों आए हो, बताओ? कहीं चले तो नहीं न जा रहे हो? यह मैं तुम्हें बता देती हूँ–भैया कि झूठ बोलकर तुम मुझे धोखा नहीं दे सकोगे।'

डॉक्टर ने हँसने की कोशिश की, लेकिन उनके मुँह पर अब हँसी नहीं आई, फिर भी मजाक की मुद्रा में बात को हल्की करके उन्होंने कहा–'जाऊँ नहीं तो क्या रामदास की तरह पकड़ा जाऊँ?'

शशि ने सिर हिलाकर कहा–'हाँ, आप सही कह रहे हैं।'

भारती ने गुस्सा करके कहा–'हुँ, आप सही कह रहे हैं! आप क्या जानते हैं शशि बाबू जो आप अपनी राय दे रहे हैं।'

'वाह! मैं क्या नहीं जानता हूँ?'

'आप कुछ भी नहीं जानते।'

डॉक्टर ने मुस्कुराकर कहा–'झगड़ा करोगी, तो खिचड़ी बर्बाद हो जाएगी। अच्छा अपूर्व बाबू, कल के जहाज से नहीं गए तो आप समय पर पहुँच नहीं सकेंगे।'

अपूर्व ने गम्भीर होकर कहा–'माँ का श्राद्ध मैं यहीं करूँगा डॉक्टर।'

'यहाँ? कारण?'

अपूर्व चुप रहा, भारती ने भी जवाब नहीं दिया।

डॉक्टर ने मन-ही-मन समझा, कुछ हुआ है जिसे जाहिर नहीं किया जा सकता। बोले–'अच्छी बात है, अच्छी बात है। तो फिर वापस जाने की ही भला क्या जरूरत है? आपकी नौकरी तो है न?'

अपूर्व ने इसका भी जवाब नहीं दिया। शशि बोला–'अपूर्व बाबू संन्यास लेंगे।'

डॉक्टर हँस पड़े–'अपूर्व बाबू संन्यास लेंगे? यह भला कैसी बात है?'

उनकी हँसी से अपूर्व खिन्न हुआ। बोला–'घर-गिरस्ती में जिसकी कोई

दिलचस्पी नहीं, जिसकी जिन्दगी में कोई आकर्षण नहीं उसके लिए इसके अलावा और क्या रास्ता है डॉक्टर?'

डॉक्टर बोले–'ये सब बड़ी-बड़ी आध्यात्मिक बातें हैं अपूर्व बाबू, इन बातों की अनाधिकार चर्चा करने के लिए मुझे अब मत ललचाइए, बल्कि इससे बेहतर यह होगा कि आप इस बारे में शशि की राय लीजिए; उसे इसकी जानकारी है, स्कूल में फेल होकर एक बार उसने एक साल तक एक साधु बाबा का चेला बनकर जिन्दगी गुजारी थी।'

शशि ने संशोधन करते हुए कहा–'एक साल से ज्यादा, लगभग दो साल तक।'

सुमित्रा और भारती हँसने लगीं। पर इससे अपूर्व की गम्भीरता में कोई कमी नहीं आई, वह बोला–'माँ की मौत के लिए मैं अपने आपको गुनहगार मानता हूँ डॉक्टर। उस दिन से मैं लगातार यही सोचता आ रहा हूँ। वास्तव में घर-गिरस्ती में मेरी कोई जरूरत नहीं है। घर-गिरस्ती मेरे लिए कड़वा बनने को आई है।'

डॉक्टर थोड़ी देर तक उसके मुँह की तरफ निहारते रहे, शायद उसके हृदय के सच्चे दुख को उन्होंने समझा। स्नेह के साथ मृदु स्वर में बोले–'आदमी के इस पहलू पर सोचकर देखने की मुझे कभी जरूरत नहीं पड़ी है अपूर्व बाबू, लेकिन सहज बुद्धि से लगता है, हो सकता है, ऐसा करना गलत हो। कड़वाहट के अन्दर से होकर घर-गिरस्ती को छोड़कर बदनसीब आवारा जीवन जिया जा सकता है, लेकिन वैराग्य प्राप्त नहीं होता है। करुणा और आनन्द से गुजरे बिना क्या...मैं तो कुछ ठीक-ठीक नहीं जानता।'

भारती ने अचानक जैसे एक नया ज्ञान प्राप्त किया। व्यग्र स्वर में बोल उठी–'तुम ठीक जानते हो भैया, तुम्हारे मुँह से कभी कुछ गलत नहीं निकलता है, निकल नहीं सकता है। यही सही है।'

डॉक्टर बोले–'लगता तो यही है। माँ चल बसीं, वे यहाँ क्यों आई थीं, किस वजह से उन्होंने यहाँ से जाना नहीं चाहा, मैं कुछ भी नहीं जानता, जानने का कौतूहल भी नहीं है, लेकिन किसी के भी आचरण में उन्हें कड़वाहट अगर मिली हो, तो सारे भावी काल के लिए सिर्फ वही सही हुआ, और अगर कहीं अमृत मिला हो, तो जीवन में वे उसका कोई दाम नहीं देंगी?'

अपूर्व ने कहना चाहा–'घर-गिरस्ती में मेरे भाई ने अगर...।'

डॉक्टर बोले–'घर-गिरस्ती में अपूर्व के बड़े भाई विनोद बाबू ही हैं, भारती के बड़े भाई सव्यसाची क्या नहीं हैं? उस घर में अगर आपके लिए कोई जगह न भी हो, तो क्या कलकत्ता के उस छोटे-से मकान ने आपके लिए उसी तरह कोई

जगह नहीं छोड़ी है जिस तरह वामन के पैरों ने सारी दुनिया को माप कर कोई जगह नहीं छोड़ी थी? अपूर्व बाबू दिल का जोश कीमती चीज है, मगर जोश को होश पर हावी होने दिया जाए, तो आदमी के लिए उस जोश से बड़ा कोई दूसरा दुश्मन नहीं है।'

अपूर्व बहुत देर तक चुप रहा, फिर बोला—'लेकिन धर्म का पालन करने के लिए या आत्मा की मुक्ति की कामना से मैंने घर-गिरस्ती को छोड़ना नहीं चाहा है डॉक्टर, अगर मैं ऐसा करूँगा, तो दूसरों के लिए ही करूँगा। मुझ पर विश्वास करना आप लोगों के लिए मुश्किल है—आप लोग मुझ पर विश्वास नहीं करेंगे, तो भी आप लोगों को दोष देने की कोई बात नहीं है। लेकिन एक दिन जिस अपूर्व को आप लोग जानते थे माँ के मरने के बाद वह अपूर्व मैं अब नहीं हूँ।'

डॉक्टर उठकर अए और उसके बदन पर हाथ रखकर बोले—'तुम्हारी यह बात सही हो अपूर्व।'

अपूर्व ने भर्रायी आवाज में कहा—'आज से मैं देश, आमलोगों और दीन-दुखियों के काम में अपने आपको लगा दूँगा।'

यह कहकर वह थोड़ी देर तक स्थिर रहा, फिर कहने लगा—'कलकत्ता में मेरा घर है, मैं शहर में ही पला-बढ़ा हूँ, लेकिन शहर के साथ अब मेरा रत्ती भर भी सम्बन्ध नहीं रहा। अब से गाँवों की सेवा करना ही होगा मेरा एकमात्र व्रत। एक दिन गाँव ही थे कृषि-प्रधान भारत की जान, गाँव ही थे उसके हाड़-मांस-लहू। आज उन्हीं गाँवों का विनाश होता जा रहा है। शरीफ जाति के लोग गाँवों को छोड़कर शहर चले आए हैं, यहाँ से वे लोग दिन-रात गाँवों के लोगों को डाँटते-फटकारते हैं, और उनका शोषण करते हैं। इसके अलावा उन लोगों ने गाँवों के लोगों से कोई नाता ही नहीं रखा। भले ही शहर के लोग गाँव के लोगों से नाता न रखें, मगर जो किसान शहर के लोगों को खाने के लिए रोटी और पहनने के लिए कपड़ा हमेशा प्रदान करते हैं वे ही आज भूखे, अनपढ़ और लाचार होकर तेजी से मौत के मुँह में चले जा रहे हैं। अब से मैं उन्हीं लोगों का भला करने में अपने आपको लगा दूँगा और भारती ने यह वादा किया है कि वह इस काम में जी-जान से मेरी मदद करेगी। गाँव में पाठशाला खोलकर, जरूरत पड़ेगी, तो घर-घर जाकर किसानों के बच्चों को पढ़ाने-लिखाने की जिम्मेदारी वह लेंगी। मैं संन्यास लूँगा देश के वास्ते, अपने लिए नहीं डॉक्टर।'

डॉक्टर ने कहा—'यह अच्छी बात है।'

किसी ने यह उम्मीद नहीं की थी कि उनके मुँह से सिर्फ यही छोटा-सा वाक्य

निकलेगा। भारती उदास होकर बोली–'और एक तरह से देखा जाए, तो यह तो तुम्हारा ही काम है भैया। इस कृषि-प्रधान देश में किसानों की हालत में सुधार नहीं होगा, तो कुछ भी नहीं होगा।'

डॉक्टर बोले–'पर मैंने उसकी बात का प्रतिवाद नहीं किया है भारती।'

'लेकिन तुमने तो हमें उत्साहित भी नहीं किया है भैया।'

डॉक्टर ने सिर हिलाकर कहा–'तुम लोग गरीब किसानों का भला करना चाहते हो, इसके लिए मैं तुम लोगों को आशीर्वाद देता हूँ। लेकिन यह सोचने की जरूरत नहीं है कि तुम लोग मेरी मदद कर रहे हो। किसान राजा बनें, वे दूधों नहाएँ, पूतों फलें। लेकिन मैं उनसे मदद की उम्मीद नहीं करता।'

वे अपूर्व की तरफ निहारकर बोले–'किसी का भी भला करने का मतलब यह नहीं होता अपूर्व बाबू कि उसके बुरे हाल का ठीकरा किसी दूसरे के सिर पर फोड़ दिया जाए। इन लोगों के दुख और गरीबी की जड़ पढ़ी-लिखी शरीफ जाति नहीं है। इस जड़ को निकालने के लिए तुम्हें दूसरी तरफ खुदाई करके देखना होगा।'

अपूर्व सकुचा गया। बोला–'लेकिन क्या आज सब यही नहीं कहते हैं?'

'कहने दो। जो गलत है उसे तैंतीस करोड़ लोग मिलकर कहेंगे तो भी वह गलत है। बल्कि बंगाल में इस पढ़ी-लिखी शरीफ जाति के समाज से ज्यादा लाँछित, अपमानित और दुर्दशाग्रस्त कोई दूसरा समाज नहीं है। ऊपर से उन पर झूठा कलंक लगाकर क्यों उनका सत्यानाश करना चाहते हैं। तुमने क्या यह सोचा है कि दूसरे देश की समस्याएँ और युक्तियाँ अपने देश में लागू कैसे होंगी। जब बाहर का अनाचार पल-पल सर्वनाश लिए आ रहा है तब आपस में एक-दूसरे के खिलाफ किसलिए विद्रोह पैदा करना चाहते हो? असन्तोष से देश भर गया है–स्नेह और विश्वास का बन्धन किसलिए टूटने को आया, जानते हो? तुम जैसे दो-दस आदमियों के दोष से–पढ़े-लिखे के प्रति पढ़े-लिखे के अभिमान से। शशि, याद है, एक दिन मैंने तुम्हें यह काम करने से मना किया था? अपनों के खिलाफ अपनों को बदनाम करने में एक निरपेक्ष स्पष्टवादिता का घमंड होता है, एक तरह से सच्ची ख्याति भी एक मुँह से दूसरे मुँह फैल जाती है, लेकिन यह सिर्फ गलत नहीं, झूठ है। तुम लोग उन लोगों का भला करो, मगर दूसरों पर कलंक लगाकर नहीं, एक के खिलाफ दूसरे को उत्तेजित करके नहीं–दुनिया के आगे उन लोगों को हास्यास्पद बनाकर नहीं। दूर भविष्य से हो सकता है, वह एक दिन आ पहुँचे, लेकिन आज भी उसके आने में देर है।'

सभी चुप रहे, सिर्फ भारती ने धीरे-धीरे कहा–'बुरा मत मानना भैया, लेकिन मैं बराबर ही देखती आई हूँ कि गाँवों के प्रति तुम्हारी सहानुभूति कम है, तुम्हारी

नजर सिर्फ शहर पर है। किसानों के प्रति तुम सदय नहीं हो, तुम्हारी दोनों आँखें टिकी रहती हैं सिर्फ कारखाने के कुली-मजदूरों और कारीगरों की तरफ। इसीलिए तुमने इन्हीं लोगों के बीच अपने 'पथ का दावा' की स्थापना की थी और अगर दिल नाम की कोई चीज तुम्हारे पास हो, तो वह सिर्फ भरा पड़ा है मध्यवित्त, पढ़े-लिखे और शरीफ जाति को लेकर। ये ही लोग तुम्हारा आशा-भरोसा हैं, ये ही लोग तुम्हारे अपने हैं। बताओ, क्या मैं गलत कह रही हूँ?'

डॉक्टर बोले–'यह गलत नहीं है बहन, एकदम सही है। मैंने तो कितनी बार तुमसे कहा है कि 'पथ का दावा' किसान कल्याणकारी संस्था नहीं है। यह है मेरे लिए आजादी हासिल करने का हथियार। मजदूर और किसान दोनों एक नहीं हैं भारती। इसीलिए तुम मुझे पाओगी कुली-मजदूरों और कारीगरों के बीच, कारखाने के बैरक में, लेकिन देहात में किसानों के घर में मैं तुम्हें ढूँढ़े नहीं मिलूँगा। लेकिन बातों-बातों में तुम यह मत भूल जाना कि तुम्हें कौन-सा सबसे बड़ा काम करना है।'

यह कहकर उन्होंने स्टोव की तरफ उसका ध्यान आकर्षित करके कहा–'देश को बचाने के काम में दो दिनों की देरी होगी, तो यह बर्बाद होगा, लेकिन बनी-बनाई खिचड़ी जल जाएगी, तो यह बर्दाश्त नहीं होगा।'

भारती भागती हुई गई, हाँड़ी का ढक्कन उतारकर खिचड़ी की जाँच की और मुस्कुराती हुई बोली–'डरने की कोई बात नहीं है भैया, बादलों-भरी रात की खिचड़ी तुम खा सकोगे। खिचड़ी जली नहीं है।'

'मगर खिचड़ी बनने में कितनी देर है?'

भारती बोली–'खिचड़ी बनने में और पन्द्रह-बीस मिनट लगेंगे। लेकिन तुम्हें इतनी जल्दी किस बात की है, बताओ, तो?'

डॉक्टर ने हँसकर कहा–'आज मैं तुम लोगों से विदा लेने के लिए आया हूँ।' यह बात चाहे जैसी भी क्यों न हो, उनके हँसते चेहरे को देखकर किसी ने भी उस पर विश्वास नहीं किया। बाहर आँधी-पानी रुकने का नाम नहीं ले रहा था। भारती ने पलभर के लिए खिड़की खोलकर देखा और वापस आकर बोली–'शायद दुनिया तहस-नहस हो जाएगी। यही तो विदा लेने का समय है भैया।' पलक झपकते उसे दूसरी बात याद आई, बोली–'लेकिन आज तुम्हें उसी छोटे-से कमरे में सोना पड़ेगा। मैं अपने हाथों से कमाल का बिस्तर लगाऊँगी, ठीक है न? यह कहकर वह हृदय के गुप्त आनन्द से भरकर खाना बनाने के काम में लग गई। उसने इस पर भी ध्यान नहीं दिया कि डॉक्टर की तरफ से कोई जवाब नहीं आया।'

यथासमय खाना बनकर तैयार हुआ, डॉक्टर ने गर्दन हिलाकर कहा–'ऐसा नहीं हो सकता है भारती, खाना परोसने के बहाने तुम खाना खाने नहीं बैठोगी, तो काम नहीं चलेगा। आज हम सब एक साथ खाने बैठेंगे।

भारती राजी होकर बोली–'ऐसा ही होगा भैया, हम चारों गोलाकार बैठेंगे खाना खाने के लिए।'

डॉक्टर बोले–'गोलाकार बैठ सकता हूँ खाना खाने के लिए, लेकिन भूखे अपूर्व बाबू नजर लगाकर हमारे हाजमे में कहीं गोलमाल न कर दें। यह उनसे कह दो।'

अपूर्व हँसा, भारती भी मुस्कुराई और बोली–'इस बात का डर हम लोगों को हो सकता है, लेकिन तुम्हारे हाजमे में कौन गोलमाल कर सकता है भैया? उस आग में पहाड़-पर्वत को पीसकर डाल दिया जाए, तो वह भी राख हो जाएगा। मैंने तो देखा है तुम्हें खाते हुए।' यह कहकर भारती यह याद करके कि एक और दिन उन्होंने कितना खाना खाया था, मन-ही-मन सिहर उठी।

खाने-पीने का दौर शुरू हुआ। तारीफ और हल्के हँसी-मजाक से कमरे का माहौल पलभर के अन्दर बदल गया। जब खाने-पीने का दौर पूरे शबाब पर था, तो अपूर्व ने सहसा रंग में भंग डाल दिया। बोला–'दो दिन पहले मैंने अखबार में एक अच्छी खबर पढ़ी थी डॉक्टर। अगर वह खबर सही हो, तो आपकी क्रान्ति करने की कोशिश बिलकुल बेकार हो जाएगी। भारत सरकार ने अपने शासन के तौर-तरीके में आमूलचूल बदलाव करने का वादा किया है।'

शशि ने पलक झपकते अपनी राय दी–'यह झूठ है, छल है।'

ऐसी बात नहीं कि भारती ने उसकी बात पर ठीक-ठीक विश्वास किया, मगर वह निखालिस फिक्र के साथ बोली–'छल नहीं भी तो हो सकता है शशिबाबू। जो लोग नेता हैं, जो लोग इन पचास बरसों से–नहीं भैया, मैं कह देती हूँ, तुम हँसोगे नहीं–तुम सोचते हो कि उन लोगों के जी-जान से किए गए आन्दोलन का कोई नतीजा नहीं निकला है? वे लोग विदेशी शासक हैं, तो भी आखिर हैं तो वे आदमी ही। धर्म-ज्ञान और नैतिकता का वापस आना तो बिलकुल असंभव नहीं है।'

शशि ने अपनी राय पहले की ही तरह बेझिझक जाहिर की–'ऐसा होना असंभव है। यह झूठ है। यह धोखेबाजी है।'

अपूर्व बोला–'यह सच है कि बहुतेरे यही सन्देह करते हैं।'

भारती बोली–'उन लोगों का सन्देह करना गलत है। क्या भगवान नहीं हैं?' और दूसरे ही पल वह असीम आग्रह से बोल उठी–'भारत सरकार अपने शासन

के तौर-तरीके में बदलाव करेगी, जुल्म-सितम में सुधार करेगी–सचमुच ही अगर यह सब होता है, तब तो तुम्हारी क्रान्ति की तैयारी, विद्रोह पैदा करने की कोशिश बिलकुल बेमतलब हो जाएगी भैया।'

शशि बोला–'हाँ, सब कुछ जरूर बेमतलब हो जाएगा।'

अपूर्व बोला–'निःसन्देह सब कुछ बेमतलब हो जाएगा।'

भारती ने डॉक्टर के मुँह की तरफ निहारकर कहा–'तो कहो भैया, तब तुम इस भयंकर रूप को छोड़कर शान्त रूप धारण करोगे?'

डॉक्टर ने दीवार घड़ी की तरफ निहारकर हिसाब लगाया और मानो अपने आप से ही कुछ कहा, अब ज्यादा देरी नहीं है। उसके बाद अचानक स्निग्ध भाव धारण करके भारती से कहा–'भारती मैं खुद ही यह नहीं जानता कि यह मेरा भयंकर रूप है या शान्त रूप, मैं सिर्फ यह जानता हूँ कि इस जीवन में मेरा स्वरूप अब बदलनेवाला नहीं है। और तुम्हारे आदरणीय नेताओं के–डरो मत दीदी, आज उन लोगों को लेकर मजा लूटने का समय भी मेरे पास नहीं है। विदेशी शासन में क्या सुधार होता है, जी-जान से आन्दोलन करने के बदले में वे लोग क्या चाहते हैं, जो चाहते है वह कितना असली और कितना नकली–शशि के मुताबिक क्या मिलने पर धोखेबाजी नहीं होगी और आदरणीय लोगों का रोना, इसके बारे में मैं कुछ भी नहीं जानता। विदेशी सरकार को आँखें दिखाकर जब वे लोग नारा बुलन्द करके कहते हैं–हम अब सोए नहीं हैं, हम जाग गए हैं। हमारे आत्मसम्मान को बहुत बड़ी चोट पहुँची है या तो हमारी बात सुनो, नहीं तो वन्देमातरम की कसम खाकर हम कहते हैं कि तुम लोगों के अधीन रहकर हम आजाद होंगे ही। देखते हैं किसकी मजाल है कि हमें आजादी पाने से रोक सके। यह कैसी माँग है और इसका स्वरूप क्या है, यह मेरी समझ के परे है। मैं सिर्फ यह जानता हूँ कि उन लोगों के इस माँगने और पाने के साथ मेरा कोई सम्बन्ध नहीं है।'

वे थोड़ी देर रुके, फिर बोले–'सुधार करने का मतलब है मरम्मत करना–उखाड़ फेंकना नहीं। भारी बोझ की वजह से जो जुल्म आज आदमी के लिए असहनीय हो उठा है उसे ही सहने लायक करने, जो मशीन बिगड़ने को आई है उसकी मरम्मत करके उसे ही फिर से चालू का जो कौशल है शायद उसी का नाम है शासन-सुधार। मैंने यह नहीं चाहा है कि एक दिन के लिए भी मुझे कोई यह चकमा दे; एक दिन के लिए भी मैंने यह नहीं चाहा है कि मेरे जेल के अहाते को और थोड़ा बढ़ाकर मुझे धन्य करो। भारती मेरी कामना में, मेरी तपस्या में अपने आपको ठगने का मौका नहीं है। यह तपस्या पूरी होने के लिए सिर्फ दो रास्ते खुले हुए हैं–एक है मौत और दूसरा है भारत की आजादी।'

डॉक्टर की इन बातों में नया कुछ भी नहीं था, फिर भी मौत और इस भयंकर संकल्प की फिर से चर्चा सुनकर भारती का कलेजा मुँह को आया और उसकी दोनों आँखें आँसुओं से भर गईं। बोली–'लेकिन तुम अकेले क्या करोगे भैया? एक-एक करके सभी तुम्हें छोड़कर दूर हट गए।'

डॉक्टर बोले–'गए, तो गए। पर मेरा ईमान धोखा बर्दाश्त नहीं कर सकता बहन।'

भारती का जी चाहा कि वह कहे कि दुनिया में सभी धोखेबाज नहीं होते भैया, अगर तुम्हारा दिल पत्थर नहीं हो गया होता, तो तुम्हें इसका पता चलता। मगर आज वह यह कह नहीं सकी।

खाना-पीना खत्म हुआ, तो डॉक्टर ने मुँह-हाथ धोया और आकर कुर्सी पर बैठे। किसी ने ध्यान नहीं दिया कि उनकी आँखें पता नहीं किस चीज की उत्कंठित प्रतीक्षा में धीरे-धीरे विक्षुब्ध होती चली जा रही हैं। यह कोई भी नहीं जानता था कि उनका एक कान तो बहुत देर से सदर दरवाजे पर लगा हुआ था। रास्ते के किनारे कोई आवाज हुई, उस आवाज की ओर किसी ने परवाह नहीं की, लेकिन डॉक्टर चौंककर उठकर खड़े हो गए और पूछा–'नीचे अपूर्व बाबू का नौकर है न? वह जगा हुआ है न? ऐ हनुमन्त जरा दरवाजा खोल दो।'

कौन कहाँ सोएगा–'भारती सुमित्रा से पूछ रही थी, भारती ने विस्मय के साथ मुँह घुमाकर कहा–'किसके लिए दरवाजा खोलेगा भैया? कौन आया है?'

डॉक्टर बोले–'हीरा सिंह आया है। उसके आने की आस में मैं बाट जोह रहा हूँ। कहो कवि, कुछ काव्य-सा लगा न?' यह कहकर वे हँसे।

भारती बोली–'इस खराब मौसम में अकेले तुम्हारे काव्य के मारे हम आतंकित हो रहे हैं। फिर भला यह भग्नदूत किसलिए आया?'

शशि बोला–'भग्नदूत गया-गुजरा नहीं होता भारती, अगर वह नहीं होता, तो इतना बड़ा 'मेघनाद-बध' काव्य रचा ही नहीं जाता।'

'देखूँ, यह किस काव्य की रचना करता है।' यह कहकर भारती ने झाँककर देखा, अपूर्व के नौकर ने बाहर का किवाड़ खोला, तो जो व्यक्ति घुसा वह सचमुच ही हीरा सिंह था। पलभर बाद उसने ऊपर आकर सबको नमस्कार किया और सव्यसाची को हाथ जोड़कर प्रणाम किया। सरकारी वर्दी पहने, कन्धे से लटकती सरकारी चपरास, सरकारी मुरैठा, कमर में टेलीग्राफ प्युन का चमड़े का बैग–ये सारी चीजें भीगकर भारी हो गई थीं। घनी दाढ़ी-मूँछों से पानी टपक रहा था। उन्हें बाएँ हाथ से निचोड़कर शायद अपने आपको जरा हल्का करने की कोशिश की और इसी मौके पर धीमी आवाज सुनाई पड़ी–'रेडी।'

डॉक्टर उछल उठे—'थैंक यू! थैंक यू! थैंक यू सरदार जी! कब?'

नाव, यह कहकर वह फिर से सबको नमस्कार करके नीचे जा रहा था कि तभी सभी एक साथ चिल्ला उठे—'क्या हुआ है सरदारजी? क्या नाव?'

हालाँकि सभी यह जानते थे कि भले ही उसका गला रेत दिया जाए, मगर बिना हुक्म के उसकी बोली नहीं फूटेगी। इसलिए जब जवाब के बदले उसकी घनी-काली मूँछों को भेदकर कई दाँतों के अलावा और कुछ भी बाहर नहीं निकला तब कोई भी अचम्भे में नहीं पड़ा। सभी यह जानते थे कि वह न निन्दा से नाराज होता है, न तारीफ से खुश, न वह मान-अपमान की परवाह करता है, न उसका कोई दुश्मन है, न कोई दोस्त। देश के काम में सव्यसाची को अपना सरदार मानकर उसने इस जीवन का सारा भला-बुरा, सारा सुख-दुख निछावर करके कठोर सैनिक की जिम्मेदारी अपने कन्धों पर ली है। और वह न कोई तर्क करता है, न कोई चर्चा, वह वक्त-बेवक्त का हिसाब नहीं लगाता, कोई कठिन काम करने की जिम्मेदारी उस पर थी, सो अपनी जिम्मेदारी निभाकर वह बाहर निकल गया। इन लोगों का कौतूहल दूर करके डॉक्टर ने खुद ही कुछ कहा। संक्षेप में वह इस प्रकार है—

दूर से यह बताना मुश्किल है कि कितना नुकसान हुआ है। संभवतः काफी हुआ है। लेकिन नुकसान चाहे जितना भी क्यों न हो, दो काम तो उन्हें करने ही पड़ेंगे और चाहे जैसे भी हो व्रजेन्द्र को ढूँढ़ निकालना ही होगा। नदी के दक्षिण में सिरियाम के करीब एक चीनी जहाज माल लादकर अपने देश जानेवाला है, कल तड़के वह छूट जाएगा, इसी में किसी तरह एक जगह मिली है। हीरा सिंह यही खबर दे गया है।

यह सुनकर सुमित्रा का चेहरा फक पड़ गया। बहुत संभव है, व्रजेन्द्र अभी सिंगापुर में हो और जो व्यक्ति उसकी तलाश में चला है उसकी नजर से वह चाहे स्वर्ग में हो या पाताल में कहीं भी बच नहीं सकता है। उसके विश्वासघात के जुर्म का आखिरी फैसला करने का वक्त आएगा। दल के अन्दर किसी से भी यह छिपा नहीं है कि उसके इस जुर्म की सजा क्या है। सुमित्रा भी यह जानती है। व्रजेन्द्र उसका कोई नहीं लगता, और अगर उसने जुर्म किया है, तो उसे उसके किए की सजा मिले। व्रजेन्द्र की सजा की याद आने की वजह से सुमित्रा का चेहरा फक नहीं पड़ा था, बल्कि उसका चेहरा इसलिए फक पड़ गया था कि व्रजेन्द्र कोई चींटी नहीं है। वह अपना बचाव करना जानता है। यही नहीं कि उसकी जेब में पिस्तौल छिपी रहती है, उसके जैसे धूर्त, चालाक और अत्यन्त सतर्क व्यक्ति दुनिया में कम हैं। उससे सबसे बड़ी गलती यही हुई है कि वह

पक्का विश्वास करके गया है कि डॉक्टर बर्मा छोड़कर पाँव-पैदल निकल गए हैं। अभी अगर उसे डॉक्टर का पता चल जाए, तो डॉक्टर का वध करने के लिए जितने तीर उसके तरकश में हैं उनका इस्तेमाल करने में वह पलभर भी नहीं हिचकिचाएगा। वास्तव में जीने-मरने की समस्या के बारे में दूसरा भला क्या कह सकता है?

कुछ भी नहीं। हीरा सिंह के शान्त, मृदु स्वर में कहे दो शब्द 'नाव' और 'रेडी' उन सबके कानों हजार गुना भयंकर होकर हजारों तरफ से आघात-प्रतिघात करने लगे। भारती को याद आया, उसके मौलिमिन के घर में एक दिन सालगिरह के उत्सव के पूरे आनन्द के बीच मेहमान और सबसे अच्छे दोस्त रेवरेंड लॉरेल दिल का दौरा पड़ने से अपने टेबल पर मर गए थे। आज भी वैसे ही अचानक हीरा सिंह कमरे में घुसकर मृत्युदूत की भाँति एक पल में सब कुछ तहस-नहस करके बाहर निकल गया।

अचानक शशि बोल उठा। उसने मुँह से फुस्स से एक लम्बी साँस छोड़ी और कहा—'सब कुछ सूना होता जा रहा है डॉक्टर।'

बात सीधी और बेहद मोटी थी। लेकिन सबकी छाती पर उसने जैसे हथौड़ा मारा हो।

डॉक्टर हँसे। शशि बोला—'आप हँसिए या चाहे जो भी कीजिए, पर बात सही है। यह याद आते ही कि आप करीब नहीं हैं, सब कुछ ब्लैंक—सूना, धुँधला-सा हो जाता है। लेकिन मैं आपका हर हुक्म मानूँगा।'

'जैसे?'

'जैसे मैं शराब नहीं पिऊँगा, पॉलिटिक्स में नहीं पड़ूँगा, भारती के पास रहूँगा और कविता लिखूँगा।'

डॉक्टर ने एक बार भारती के मुँह की तरफ निहारा, लेकिन वे उसका मुँह देख नहीं सके। तब उन्होंने मजाक करते हुए प्रश्न किया—'खेतिहर मजदूरों के लिए कविता नहीं लिखोगे कवि?'

शशि बोला—'नहीं।' वे लोग अपनी कविता लिख सकते हैं, लिखें, मैं नहीं लिखनेवाला। आपकी उस बात पर मैंने बहुत सोचकर देखा और आपकी यह नसीहत भी मैं कभी नहीं भूलूँगा कि आइडिया के लिए सब कुछ निछावर कर सकते हैं सिर्फ पढ़े-लिखे शरीफों के बच्चे, अनपढ़ किसान आइडिया के लिए सब कुछ निछावर नहीं कर सकते। मैं पढ़े-लिखे शरीफ बच्चों का कवि बनूँगा।

डॉक्टर बोले—'अच्छी बात है, तुम पढ़े-लिखे शरीफ बच्चों का ही कवि बनना। लेकिन यही आखिरी बात नहीं है कवि, आदमी की रफ्तार यहीं नहीं रुकी रहेगी।

एक दिन किसानों के भी दिन बहुरेंगे, राष्ट्र के सारे भले-बुरे की जिम्मेदारी उन्हीं के हाथों सौंप देनी होगी।

शशि बोले–'बहुरें उनके दिन। तब आराम से शान्त मन से सारी जिम्मेदारी उन्हीं के हाथों सौंपकर हम छुट्टी ले लेंगे। मगर आज नहीं। आज अपने आपको निछावर करने की भारी जिम्मेदारी का बोझ वे लोग नहीं ढो सकेंगे।'

डॉक्टर उठकर आए और उसके कन्धे पर अपना दाहिना हाथ रखकर खड़े हो गए, बोले कुछ नहीं।

अपूर्व अब तक चुपचाप सुन रहा था। किसी भी चर्चा में उसने बात नहीं की थी। लेकिन शशि की आखिरी टिप्पणी उसे बहुत बुरी लगी। जिन किसानों के भले के लिए उसने अपने आपको लगा देने का संकल्प किया है उनके प्रति ऐसी राय से वह क्षुब्ध और असन्तुष्ट हो उठा–'शराब पीना बुरी बात है। अच्छी बात है, वे शराब पीना छोड़ दें; कविता लिखना अच्छी बात है; वे कविता ही लिखा करें। लेकिन कृषि-प्रधान भारतवर्ष के किसान क्या ऐसे तुच्छ हैं, इतनी उपेक्षा की चीज हैं? और ये ही लोग अगर बड़े नहीं बन पाएँगे तो आप लोगों की क्रान्ति आखिर कौन करेगा? और भला करेगा ही क्यों? और पॉलिटिक्स! मैं सही कह रहा हूँ डॉक्टर, किसानों के भले के लिए अगर मैंने संन्यास नहीं लिया होता, तो आज अपने देश की राजनीति ही होती मेरे जीवन का एकमात्र मकसद।'

डॉक्टर बहुत देर तक उसके मुँह की तरफ निहारते रहे। सहसा प्रसन्नता-भरी स्निग्ध हँसी से उनका चेहरा चमक उठा। बोले–'मैं तन-मन से चाहता हूँ कि तुम्हारा मकसद पूरा हो। राजनीति का क्षेत्र भी उपेक्षा की चीज नहीं है। देश और आम लोगों का भला करने के लिए अगर तुमने वैराग्य ग्रहण किया है, तो किसी से भी तुम्हारा बैर नहीं होगा। मैं सिर्फ यही कहता हूँ अपूर्व बाबू कि हर आदमी हर काम करने लायक नहीं होता।'

अपूर्व ने यह कबूल करते हुए कहा–'यह सबक मुझसे ज्यादा और किसने सीखा है डॉक्टर? आप कृपा नहीं करते तो बहुत पहले इसी भ्रम के चलते मुझे मौत की सजा मिल चुकी होती।' यह कहकर जब उसने पहले की घटना याद की, तो उसके रोंगटे खड़े हो गए।

शशि इस घटना के बारे में कुछ नहीं जानता था, किसी ने भी उसे उस घटना के बारे में बताना जरूरी नहीं समझा था। अपूर्व की बात सुनकर उसने इससे ज्यादा और कुछ नहीं सोचा था कि यह उसकी विनय और श्रद्धा-भक्ति भर है। बोला–'भ्रम तो बहुतों को होता है, लेकिन उसकी सजा भुगतती है अपनी

जन्मभूमि। मैं सोचता हूँ डॉक्टर, कि आपसे ज्यादा योग्य व्यक्ति कौन है? किसे इतना ज्ञान है? हर राष्ट्र और हर देश की राष्ट्रीयता की इतनी जानकारी किसे है? किसे इतना दुख है? हालाँकि कुछ भी काम नहीं आया। चीन की चीजें बर्बाद हो गईं, पिनांग की चीजें गईं, बर्मा का कुछ भी नहीं रहा, सिंगापुर की भी चीजें जरूर जाएँगी। संक्षेप में आपकी इतने दिनों की तमाम कोशिशें बेकार हो जानेवाली हैं। सिर्फ आपकी जान ही बाकी है, वह भी पता नहीं किस दिन चली जाए।'

डॉक्टर मुँह दबाकर तनिक मुस्कुराए। शशि बोला–'आप हँसिए या चाहे जो भी कीजिए, यह मैं दिव्यचक्षु से देख पा रहा हूँ।'

डॉक्टर ने पहले की तरह मुस्कुराकर प्रश्न किया–'दिव्य-चक्षु से और कुछ नहीं देख पाते हो कवि?'

शशि बोला–'हाँ, सो भी देख पाता हूँ। इसीलिए तो आपको देखने पर लगता है कि खून-खराबेवाले से रहित शान्तिमय राह पर अगर हमारा सचमुच का 'पथ का दावा' सुई की नोंक भर भी खुला रहता।

अपूर्व बोल उठा–'वाह! एक ही साथ दो उल्टी बातें।'

सुमित्रा ने अपनी हँसी छिपाने के लिए मुँह घुमाया, डॉक्टर खुद भी हँसे और बोले–'इसकी वजह है, उसके अन्दर दो सत्ताएँ हैं, अपूर्व बाबू। एक है शशि और दूसरी है कवि। इसी वजह से एक के मुँह की बात दूसरे के मन की बात से टकराकर ऐसी बेसुरी हो जाती है।' जरा रुककर वे बोले–'बहुत-से आदमियों के अन्दर ऐसे ही दूसरा आदमी गुप्त रूप से रहता है। आसानी से इसका अन्दाजा नहीं लगाया जा सकता। इसीलिए आदमी की कथनी और करनी में तालमेल की कमी हो जाती है, इसीलिए उसके बारे में कठोर फैसला करने पर अन्याय हो जाने की संभावना ज्यादा रहती है। अपूर्व बाबू, मैं तुम्हें पहचान सका था, लेकिन सुमित्रा तुम्हें नहीं पहचान सकी थी। जीवन में अगर कभी ऐसा आघात पहुँचे दीदी, तो दिवंगत बड़े भाई की यह बात मत भूलना। लेकिन अब मैं चलूँगा। घाट पर मेरी नाव बँधी हुई है। भाटे के बहाव में जोर-जोर से चप्पू चलाए बिना अब मैं भोर में जहाज नहीं पकड़ सकूँगा।

भारती शंका से व्याकुल होकर बोली–'इस भयंकर नदी में? इस भीषण तूफानी रात में?'

उसकी व्याकुल आवाज से सुमित्रा के आत्मसंयम का मजबूत बाँध टूट गया। उसने पीले मुँह से प्रश्न किया–'तो क्या तुम सचमुच ही सिंगापुर उतरोगे? ऐसा काम तुम कतई मत करना डॉक्टर, वहाँ की पुलिस तुम्हें अच्छी तरह पहचानती

है। अबकी बार उसके हाथ से तुम हरगिज...।'

उसकी बात खत्म नहीं हुई कि जवाब आया—'पुलिस क्या यहाँ मुझे नहीं पहचानती सुमित्रा?'

लेकिन इसको लेकर तर्क का कोई फायदा नहीं था। युक्ति दिखाने की फुर्सत नहीं थी। हो सकता है, यह प्रश्न सुमित्रा ने सुना भी नहीं हो। जो बात बाहर आने की व्याकुलता से इतने दिनों से सिर पटक-पटककर मर रही थी वही बड़ी तेजी से बाहर निकल आई—'सिर्फ एक बार डॉक्टर, सिर्फ एक बार के लिए तुम मुझ पर निर्भर होकर देखो, मैं तुम्हें सुरवाया में लेने जा सकती हूँ या नहीं। उसके बाद रुपए से क्या नहीं होता, बताओ।'

डॉक्टर झुककर जूतों के तस्मे बाँध रहे थे, फारिग होकर उन्होंने मुँह उठाया और कहा—'रुपए से बहुत सारे काम होते हैं सुमित्रा, उसका दुरुपयोग नहीं करते।'

सभी ने समझा, यह चर्चा करना बेकार है। लाचारी में सुमित्रा का दिल दुखों से भर गया और उनकी आँखों में आँसू भर आए। उन्होंने अपना मुँह दूसरी ओर घुमा लिया।

भारती बोली—'मुझे अपार समुद्र में बहाकर तुम चले भैया, हालाँकि तुम बार-बार मुझसे यह कहा करते थे कि सिर्फ मुझ पर नहीं, बल्कि मेरी हमउम्र जहाँ भी जितनी लड़कियाँ हैं उन सब पर तुम्हें बड़ा प्यार है, तुम सभी को बेहद प्यार करते हो, वह प्यार क्या यही है?'

डॉक्टर ने हामी भरकर कहा—'सचमुच ही मैं लड़कियों को प्यार करता हूँ भारती। लड़कियों पर मुझे कितना लोभ है, कितना भरोसा है, खुद तुम लोगों को यह जानने का मौका नहीं मिला, लेकिन अगर तुमसे हो सके, तो अपने बड़े भाई की तरफ से तुम उन लोगों को यह बता देना बहन। अब तो तुम्हारे साथ कोई नहीं है—तुम बिलकुल अकेला हो।'

भारती सहसा रो पड़ी और बोली—'मैं उन लोगों को यह बता दूँगी कि तुम सिर्फ हम लोगों की बलि देना चाहते हो।'

डॉक्टर ने थोड़ी देर तक उसके मुँह की तरफ निहारा और बोले—'अच्छी बात है, तुम उन लोगों से यही कहना। बंगाल की एक भी लड़की अगर इसका मतलब समझ पाए, तो मैं धन्य हो जाऊँगा।' यह कहकर उन्होंने भारी भरकम गठरी अपने कन्धे पर उठा ली।

डॉक्टर के पीछे-पीछे सभी नीचे उतर आए। भारती ने आखिरी कोशिश करते हुए कहा—'जिसकी देश की तैयारी बेकार हो जाती है, उसकी विदेश की तैयारी

से क्या होता है भैया? जो तुम्हारे जिगरी दोस्त थे, वे सभी एक-एक करके तुम्हें छोड़ गए।'

डॉक्टर ने इसे स्वीकार करते हुए कहा–'तुम ठीक कहती हो। लेकिन मैंने अकेले ही शुरू किया था भारती। और विदेश? लेकिन भगवान ने इतनी-सी कृपा की है कि उन्होंने इसकी गुंजाइश नहीं रखी है कि आदमी अपनी मर्जी के मुताबिक छोटी-बड़ी दीवारें खड़ी करके उनकी दुनिया को और हजारों जेलों में बाँटकर रख दें। उत्तर से लेकर दक्षिण तक और पूरब से लेकर पश्चिम तक–जहाँ तक नजरें जाती हैं वहाँ तक, विधाता का राजपथ बिलकुल खुल चुका है। इसे बन्द करके रखने का तिकड़म आदमी की पहुँच के बाहर हो चुका है। अब एक छोर की आग की चिनगारी को उड़ाकर बहुतेरे ऐसे हैं जो दूसरे छोर तक लाएँगे भारती। यह तांडव देश-विदेश की सीमा नहीं मानेगा।'

लेकिन इधर रुद्र के सच्चे तांडव ने कमरे के बाहर क्या उग्र रूप धारण किया हुआ था, उसे अन्दर से कोई भी समझ नहीं सका था। बिजली, अँधड़, बाढ़ और वज्रपात से मानो प्रलय शुरू हो गया था। डॉक्टर ने ब्योड़ा खोला, तो एक पल में तेज बारिश की बौछार ने अन्दर घुसकर सबको भिगो दिया, बत्ती बुझा दी, सब कुछ तितर-बितर कर दिया और घर-बाहर सबको पलक झपकते अँधेरे में डुबोकर बिलकुल एकाकार कर दिया।

डॉक्टर ने पुकारा–'सरदार जी!'

बाहर से आवाज आई–'येस डॉक्टर रेडी।'

सब चौंक गए। इस अंधड़ और मूसलाधार बारिश में भीगता हुआ कोई इस घुप्प अँधेरे में अडिग खड़ा होकर चुपचाप पहरेदारी कर सकता है, सहसा कोई सोच ही नहीं सका।

डॉक्टर ने मजाक में कहा–'अच्छा, तो अब मैं चलता हूँ।' यह कहकर ज्योंही उन्होंने कदम बढ़ाया त्योंही अपूर्व व्यग्र, व्याकुल आवाज में बोल उठा–'एक दिन मेरी जान बच गई थी, यह मैं हमेशा याद रखूँगा डॉक्टर।'

अँधेरे से जवाब आया–'तुम्हारी जान बची सिर्फ इस मामूली-सी बात को तुमने बड़ा समझा अपूर्व बाबू, जिसने तुम्हारी जान बचायी उसे तुमने याद नहीं रखा?'

अपूर्व ने चिल्लाकर कहा–'उसे याद रखूँगा। इस जीवन में उसे नहीं भूलूँगा। जब तक जिन्दा हूँ तब तक यह कर्ज मैं...।'

दूर अँधेरे के अन्दर से उसकी बात का जवाब आया–'प्रार्थना करता हूँ कि सच्चे प्राणदाता को एक दिन तुम पहचान सको अपूर्व बाबू, उस दिन सव्यासाची का कर्ज...।'

डॉक्टर की बात का आखिरी अंश सुनाई नहीं पड़ा। धीमी आवाज हवा के झोंके से शून्य में उतर गई। उसके बाद थोड़ी देर के लिए जैसे किसी को भी होश नहीं रहा। बेजान बुत की मानिन्द कई पल अडिग खड़ी रही भारती। फिर अचानक चौंक उठी, और तेजी से ऊपर आई। सभी उसके पीछे-पीछे आए। उसने जल्दी से खिड़की खोली और जहाँ तक नजरें जा सकती थीं, वहाँ तक अँधेरे में अपलक देखती हुई पत्थर की नाईं खड़ी रही। वह बहुत देर तक इसी तरह खड़ी रही। सहसा बड़े जोर की आवाज हुई, हो सकता है, करीब ही कहीं गाज गिरी और उसी की तेज रोशनी ने सिर्फ पलभर के लिए आसमान और जमीन को चमकाकर एक बार उसे उनका अन्तिम दर्शन करा दिया।

इतने खराब मौसम में घर से बाहर आकर इन लोगों की गतिविधियों पर नजर रखें, ऐसा पागलपन शायद पुलिसवालों में से किसी में नहीं था। दोनों राजपथ को छोड़ मैदान के दक्षिणी सिरे से घूमकर धीरे-धीरे चले जा रहे थे। बीच-बीच में झाड़ियों और कँटीले पेड़ों का बाड़ा था। इस घुप्‌ प अँधेरे में फिसलन भरी पगडंडी पर डॉक्टर पीठ पर बहुत बड़ी गठरी लिये झुके-झुके सावधानी से आगे बढ़ रहे थे और हीरा सिंह अपनी बड़ी पगड़ी से बारिश से अपने सिर को भीगने से भरसक बचाता हुआ उनके पीछे-पीछे चल रहा था।

पल भर बाद ही सब कुछ ओझल हो गया, रहा सिर्फ घना अँधेरा।

अचानक गहरी साँस लेकर शशि बोल उठा–'बुरे दिनों के दोस्त! नमस्कार सव्यसाची।'

तुरंत अपूर्व ने भी अपने दोनों हाथों को माथे से छुआकर उन्हें नमस्कार किया। उसके मन के अन्दर से जैसे एक बोझ उतर गया।

भारती पहले की ही तरह पत्थर के बुत की भाँति अँधेरे में निहारती हुई खड़ी थी। जैसे शशि की बात भी उसके कानों में नहीं पहुँची वैसे ही वह यह भी नहीं जान सकी कि ठीक उसी की तरह और एक नारी की दोनों आँखों से आँसुओं की धारा बही जा रही थी।

●●●